《历城文史资料》第二十六辑

改革开放时代的

济南市历城区政协文史资料委员会 编

山东人民出版社 · 济南
国家一级出版社 全国百佳图书出版单位

图书在版编目（CIP）数据

改革开放时代的历城/济南市历城区政协文史资料委员会编．--济南：山东人民出版社，2018.11
ISBN 978-7-209-10766-2

Ⅰ．①改… Ⅱ．①济… Ⅲ．①改革开放－成就－历城区 Ⅳ．①D619.524

中国版本图书馆CIP数据核字(2018)第269596号

改革开放时代的历城

GAIGEKAIFANG SHIDAI DE LICHENG

济南市历城区政协文史资料委员会　编

主管部门　山东出版传媒股份有限公司
出版发行　山东人民出版社
出 版 人　胡长青
社　　址　济南市英雄山路165号
邮　　编　250002
电　　话　总编室（0531）82098914
　　　　　市场部（0531）82098027
网　　址　http://www.sd-book.com.cn
印　　装　北京图文天地制版印刷有限公司
经　　销　新华书店

规　　格　16开（170mm×240mm）
印　　张　33.5
字　　数　530千字
版　　次　2018年12月第1版
印　　次　2018年12月第1次
ISBN 978-7-209-10766-2
定　　价　98.00元

《改革开放时代的历城》编委会

序

寇少杰

一

“改革开放是决定当代中国命运的关键一招，也是决定实现‘两个一百年’奋斗目标、实现中华民族伟大复兴的关键一招。”习近平总书记富于中国文化传统而又生动鲜活的话语，深刻表达出中国共产党人和亿万中国人民对改革开放的认识和感悟，宣示了当代中国坚定不移地推进改革开放的信念和决心。

实现中华民族伟大复兴，是中华民族近代以来最伟大的梦想。这个梦想，凝聚了几代中国人的夙愿，体现了中华民族和中国人民的整体利益，是每一个中华儿女的共同期盼。为了实现中华民族伟大复兴的中国梦，中国共产党人进行了长期不懈的奋斗和极为艰辛的探索。经过深刻总结历史经验，科学认识中国国情，顺应时代发展潮流，终于找到了一条正确道路。这条道路，就是中国特色社会主义道路，而改革开放则是中国特色社会主义道路最鲜明的特征。

1978年12月18日召开的党的十一届三中全会，翻开了中国发展史上新的一页，自此中国全面走上了对内改革、对外开放的发展道路。“党团结带领中国人民进行的改革开放这一新的伟大革命，使中国赶上了时代，实现了中国人民从站起来到富起来、强起来的伟大飞跃”，习近平总书记的话语掷地有声。正是靠着改革开放，不断打破束缚思想的桎梏、扫除阻碍发展的藩篱，我们成功开启了新的壮阔征程，开创了新的前进道路，开辟了新的发展空间，古老而又年轻的社会主义中国走向充满希望、充满生机的新天地。也正因为这一历史性创举，使得中国经济社会发生了翻天覆地的变化。中国的经济总量连续跃上几个大台阶，综合国力大幅提升，全国人民总体上过上小康生活，城乡面貌焕然一新。同时，中国政治、文化、社会、生态文明建设等各领域取得了举世公认的巨大成就，中国的国际地位越来越高，影响力越来越大。当今的中国，正以更大胸怀、更广视野的全新姿态，以决胜全面建成小康社会为目标，开启了全面建设社会主义现代化国家的新征程。

二

一滴水可以反映出太阳的光辉，一个地方可以体现一个国家的风貌。沐浴着改革开放的春风，历城人民解放思想、开拓创新、锐意进取、埋头苦干，以大改革、大开放推动大发展、大跨越，谱写了历城发展史上自强不息、顽强奋进的壮丽史诗。40载峥嵘岁月，40载风雨兼程。40年来，历城儿女满怀光荣与梦想，肩负使命和责任，在小康路上意气风发，矢志前行，取得了辉煌成就。由县到区，城市化进程快速推进，经济实力大幅增强，城乡面貌发生巨变，群众幸福指数不断提升，各项事业蒸蒸日上，改革发展欣欣向荣。40年来，历城持续推进转型升级，由农业大县跃入全国百强区、省会城市发展核心区，古老的历城生机勃勃、厚积而薄发。

为展现历城改革开放40年的历史进程，讴歌改革开放伟大成就，呈现改革开放人物群像，书写改革开放时代新篇，启迪当代、教育后人，留下宝贵史料，发挥文史资料“存史、资政、团结、育人”的作用，作为全区纪念改革开放40周年的重要方式之一，区政协编辑《改革开放时代的历城》一书，既是对《建设新中国初期的历城》史料的衔接与后续，又是系统反映新中国成立69年来历城的变化与发展的载体。同时，编辑此书，客观回顾改革开放40年来历城取得的一系列成绩，总结历城区改革开放以来的伟大实践和宝贵经验，抢救性地征集改革开放以来的文史资料，把改革开放的光辉历史真实地呈现出来，从而极大增强全区党员干部群众的自信心，鼓舞全区人民沿着改革开放的道路继续前进，凝聚起同心共筑中国梦的磅礴力量。

三

40年来，我们是改革开放的实践者、参与者、亲历者，也是改革开放的见证者、受益者、分享者。回望前路，是为了更好地关注当下。“一个时代有一个时代的问题，一代人有一代人的使命。”建设社会主义现代化强国、实现中华民族伟大复兴的新征程已经开启。中国特色社会主义进入新时代，新的历史方位、新的社会主要矛盾、新的现代化时间表……新征程上，向高处登攀、向远方前行，还有一道道山梁需要翻越，一个个险滩必须跋涉。

时代在召唤，使命在呼唤，我们都应当振奋起来、行动起来，支持改革、参与改革、投身改革，紧握奋斗之桨，高扬奋斗之帆，走好自己的路，做好自己的事——

如果你是忙碌在工作岗位的党员干部，应当不忘初心、牢记使命，坚定理想信念，增强“四个意识”，带头撸起袖子加油干，敢作敢为，善作善为，面对艰巨任务冲锋在前，面对艰难险阻奋战在先，以实际行动传递信心和信仰，凝聚奋进的力量。

如果你是劳作在生产一线的工人，应当挺起宽厚的肩膀，以劳动模范为榜样，用辛勤劳动追求梦想，干一行爱一行，钻一行精一行，练就一身真本领，掌握一手好技术，以卓越的劳动创造未来，争做新时代的大国工匠。

如果你是耕耘在田间地头的农民，应当积极投身乡村振兴的火热实践，始终保持致富奔小康的劲头，扎根沃土、热爱农业，学习技术、熟悉经营，用辛勤的汗水浇灌希望的田野，用勤劳的双手建设美丽的家园。

如果你是拼搏在市场大潮中的企业家，应当坚守实业报国、实业兴国的追求，发扬新时代的企业家精神，立足主业、专注品质、追求卓越，始终敬畏契约和信用，勇于承担肩头的责任，在市场中敢闯敢试、勇搏激流，在发展中实现价值、奉献社会。

如果你是埋头在创新攻关中的科研人员，应当牢记“科技兴则民族兴、科技强则国家强”的重托，积极投身自主创新的主战场，树立大志向、甘坐冷板凳，瞄准关键领域、“卡脖子”的地方，潜心钻研、孜孜求索、精诚协作，勇攀科技新高峰，建功立业新时代。

如果你是凭窗苦读憧憬未来的青年学生，应当珍惜时代赋予的难得机遇，立鸿鹄志、做奋斗者，为强国复兴求真学问、练真本领，扣好人生第一粒扣子，勤学修德、明辨笃实，始终保持青春朝气、年少锐气，以时代新人的姿态做社会主义建设者和接班人……

每一个人只要各尽其责、苦干实干、全力以赴，就能激荡出无往不至、无坚不摧的磅礴力量。

幸福都是奋斗出来的！神圣使命需要历史担当，拼搏实干成就美好未来。让我们紧密团结在以习近平同志为核心的党中央周围，不忘初心、牢记使命，咬定目标、砥砺前行，为争当全市走在前列排头兵、打造省会城市发展核心区而努力奋斗！

（作者系政协第九届济南市历城区委员会党组书记、主席）

目　录 / CONTENTS

时代人物

精彩回望

身边故事

改革抒怀

光辉历程

GUANG HUI LI CHENG

ATIONAL AIRPORT
南

40年改革开放波澜壮阔，40年改革开放沧桑巨变。沐浴着改革开放的春风，历城人民解放思想、开拓创新、锐意进取、埋头苦干，以大改革、大开放推动大发展、大跨越，谱写了历城发展史上自强不息、顽强奋进的壮丽史诗。40年来，历城经济社会发展走过了一段不平凡的历程，取得了辉煌成就。由县到区，城市化进程快速推进，经济实力大幅增强，城乡面貌发生巨变，群众幸福指数不断提升，政治建设、文化建设、社会建设、生态文明建设取得巨大成就，各项事业蒸蒸日上。40年来，历城民主政治建设取得历史性成就，人民代表大会制度不断完善，宪法和法律赋予的职权得到充分履行，人民政协围绕团结和民主两大主题，政治协商、民主监督、参政议政职能得到充分发挥。近年来，全区上下高举中国特色社会主义伟大旗帜，不忘初心、牢记使命，奋发有为、扎实工作，努力争当新时代全市走在前列的排头兵，改革开放时代的新历城更加充满活力。

勇立潮头四十载　改革开放谱新篇

——改革开放时代的历城经济社会发展综述

张　晓

历城，自古有“齐鲁首邑”之名，“文物之盛，区域之广，甲于通省”，积淀着历史的璀璨与厚重。勤劳、智慧的历城人民在这块资源丰富、文化悠久的土地上，埋头耕耘，辛勤劳作，创造了灿烂的物质文明、精神文明。新中国成立后，伟大领袖毛主席三次亲临历城，广大干部群众倍受鼓舞，意气风发，斗志昂扬，积极投身社会主义建设事业。自

1978年党的十一届三中全会开启中国改革开放新征程以来，千年古县历城勇立潮头四十载，紧跟时代变革的脚步，踏准改革的每一个节奏，解放思想，深化改革，敢闯敢试，埋头苦干，综合经济实力明显增强，基础设施极大改善，人民生活水平不断提高，各项事业全面发展，经济社会取得辉煌成就，勤劳智慧的历城人民谱写了改革开放的新篇章。

改革开放，助推历城县旧貌换新颜

改革开放前的历城县是一个传统的农业大县。1977年底，历城县共有19处公社，817个生产大队。全县126565户，612948人，其中农业人口588642人。全县总面积1900平方千米，其中荒山115万亩，村、河、路、厂占67万亩，耕地103万亩。山区占总面积的35%，平原占总面积的17%，丘陵占总面积的32%，沿黄涝洼区占总面积的16%。1977年，

历城县工业产值7900万元，商业局系统销售总额1588万元，外贸出口仅为少量的农副产品，财政收入4329.7万元，农民人均年收入82元。

从1978年党的十一届三中全会召开至1986年，历城县经过拨乱反正，清除“左”的思想影响，各项事业发展进入新中国成立以来生机最旺盛的时期，政治上安定团结，经济上欣欣向荣，社会事业蓬勃发展。

历城县委、县政府采取“决不放松粮食生产，积极发展多种经营”的方针和“以工补农”的措施，实行各种形式的承包责任制，初步确立起农村经济新体制的框架。按照中央“充实、巩固、配套、提高”的精神，深化农村改革，完善家庭联产承包责任制，并根据有计划发展商品经济的要求，改革农产品统派购制度，建立并完善农产品市场体系，各种形式的城乡横向联合出现了百家纷呈的局面，初步形成了以公有制为主导，多种经济成分、多种经营方式并存的新格局；农村产业结构日趋合理，农业的基础地位得到了加强，农林牧副渔有了较快发展；镇（乡）村户工业不论在速度、效益，还是水平、后劲上，都有了较大的突破。从1978年到1985年，农村经济总收入由10705万元提高到59940万元，增长了

4.6倍；粮食亩产由367公斤提高到445.5公斤，增长了21.4%。随着生产的发展，农民收入逐步增长，1986年农民储蓄余额达到10759万元，每人平均存款160元。其间，农民居住条件明显改善，过去的土墙茅舍大部分建成砖墙瓦房。农村劳动力的就业结构发生了很大变化，据1985年统计，全县256473个农村劳动力中，从事种植业、养殖业为主的约占64.27%；从事工业、建筑业、商业、运输业和其他各种服务行业的约占35.73%，农村经济的全面发展为剩余劳力提供了广阔的道路。

历城县工业经新中国成立后30年的发展，形成了相对齐全的支农工业体系，但因技术力量薄弱，管理水平较低，亏损严重，1976年亏损额高达785万元。党的十一届三中全会后，历城县推行经济体制改革，工业内部结构逐步改善，工业品种不断增加，销售范围日益扩大，经济效益显著提高。全县上下更新观念、强化商品意识，打破了条块分割、部门封锁和城乡阻塞的割据状态。1986年，历城县的企业与全国各省、自治区、直辖市的200多个单位建立了横向经济联系，形成了63个联合体。自1984年起，在区直企业推行厂长负责制；乡镇企业在“一包三改”的基础上，推行多种形式的经济承包责任制，在个别单位试行了“股份制”；革新挖潜，上新创新，积极组织规模经济，引进人才，搞好智力开发。1987年，历城工业已形成冶金、食品、建材、塑料和轻纺5个门类，乡镇企业3700多个，农民联户企业3100多个，逐步打破了“单农”结构。1978年乡镇工业产值为2791万元，1985年已达7175万元，占全县工业总产值的41.21%。“珍珠牌”覆膜砂、玻璃器皿、芦笋罐头、糖酥煎饼、锦绣川特酿、“济南青”和“柳埠红”花岗石、“盘龙山牌”325号和425号水泥都在省内外市场享有盛誉，有的还打入国际市场。

1985年，由香港喜多来集团有限公司、浪潮电子信息产业集团、大涧沟东村、北京四通公司4家合资建立了全市第二家中外合资企业——东港实业有限公司。东港公司的成立发展起到良好的示范作用，促进了全县外向型经济的发展。1986年后，历城外向型经济得到了较快发展，镁碳砖、花岗石、电缆等历城名牌产品开始出口创汇。外向型经济的发展，使历城工业逐步形成以外促内、以内养外、内外结合的发展格局。

工农业的发展促进了各行各业的繁荣。1986年，历城县实现工农业总产值62140万元，其中工业产值26700万元，是1977年的3.38倍。社会商品零售额达23594万元。财政收入稳步上升，1986年达到了2559万元，是1949年的22.4倍。全县人均收入565元，是1977年的6.9倍。文教卫生事业也有了长足的发展。1986年，全县有小学539处，中学82处，中等师范1处，教师进修学校1处，职业学校5处，幼儿园291处，特殊教育、辅读班2个班。全县已基本普及小学教育。1985年，县内拥有新工艺研究所1处，各行业科技人员1181名，有114项科研成果获奖（省级6项、市级11项）。全县有医疗卫生事业机构55个，医护人员1067人，病床603张。县文化馆、图书馆、电影院、广播站、工人文化宫等文化设施比较齐备，各乡镇普遍设有文化站、广播站和电影队。县府驻地建有体育馆和体育场。1985年，全县有业余体育队伍83250人，其中达到县级代表队水平的3668人，达到国家等级裁判水平的116人，达到等级运动员水平的134人，全县先后为国家、省、市体工院校输送优秀运动员19名。

截至1986年，历城县先后被国家农牧渔业部授予“农业技术经济效益评价先进县”称号，被民政部评为全国“双抚”先进单位，被评为“山东省水土保持先进单位”“1986年度济南市社会主义物质文明和精神文明建设先进单位”。

撤县建区，跻身全国百强

1987年5月，经国务院批准，历城撤县建区，成为济南市最大的市辖区。

1987年6月中共济南市历城区第七次代表大会召开，会议确定了未来

3年工作的指导思想：进一步贯彻“改革、放开、搞活”的方针，积极开展“双增双节”运动，从历城已具备的“有城有乡，城乡一体”的新特点出发，强化商品经济意识，农村、城市一起抓，按照“决不放松粮食生产，积极发展多种经营”和“服务城市、富裕农民”的方针，在不断强化农业基础地位，优化产业结构，积极发展农村商品经济的同时，加强市区和卫星城镇的建设和管理，加快城乡一体化的进程，促进城乡共同繁荣，确保城乡经济持续、稳定、协调发展。

3年来，全区经济建设和社会事业取得新的进展。1989年，全区工农业总产值达到129861万元，比1986年增长77.2%，其中工业产值达到10.4亿元，比1986年增长2倍，农村经济总收入达到12.61亿元，比1986年增长68.4%；外贸出口总值达到1726万元，比1986年增长1.76倍；财政收入完成了8014万元，比1987年增长了55.3%；农民人均收入达到738元，比1986年增加了173元；农民人均储蓄达到435元，比1986年增加275元。

在工商企业中，全面推行了厂长、经理负责制，完善了考核企业的指标体系和奖惩办法。在农村改革中，大力推广了土地有偿承包，稳妥地推行适度规模经营。整顿市场秩序，培育市场体系，完善和发展了生

产资料市场和技术开发、人才流动市场。开展治理整顿，加强固定资产投资管理，清理在建项目，一批重点项目陆续投产，投资结构有所改善；对一些公司和单位政企不分、违法经营问题进行了严肃查处。全区的固定资产投资规模得到有效控制，物价上涨的势头趋于缓和，流通领域混乱的状况有了较大改善。以四项基本原则为核心，以培养“四有”新人为目标，以“讲友爱、树新风、创三优”为主要内容，对全区城乡实行综合治理，开展了创建活动。全区有40%的乡镇、25%的村庄、40%的单位跨入区级文明先进行列，有2个乡镇、18个村庄、16个单位达到市级文明单位水平，有3个单位跨入省级精神文明先进行列，青年、民兵、妇女、职工之家发展到520个，“五好家庭”“双文明户”发展到10万多户。严厉打击严重刑事犯罪和严重经济犯罪活动，广泛深入地开展了“扫黄”和除“六害”斗争，净化了社会环境，稳定了社会秩序。

1990年3月中共济南市历城区第八次代表大会召开，会议确定了未来5年工作的指导思想：深入贯彻党的十三届五中、六中全会精神，坚持“一个中心，两个基本点”，强化农业基础地位，充分发挥历城综合优势，以科技为先导，以提高经济效益为中心，以调整经济结构、优化资源配置为突破口，实施面向国际国内两个市场，开放开发并重，城乡共同发展的战略，争取早日把历城建设成为繁荣、富裕、文明的城郊型社会主义现代化市区。

5年间，全区上下抓住有利时机，发挥区位优势，各方面工作都取得新的成就。1994年，全区实现国内生产总值43亿元，比1989年翻了两番；工农业总产值139.4亿元，比1989年增长近6倍；财政收入达2.0026亿元，比1989年增长1.5倍；乡镇以上工业实现利税2.2亿元，比1989年增长4倍。粮食总产量达到3.9亿公斤，林果、蔬菜、畜牧业等在农业产值中的比重显著提高，农产品商品率超过66%。1994年，全区农民人均纯收入1414元，比1989年增加646元；城乡居民储蓄存款余额达到18.4亿元，比1989年增长3.8倍；小康村达到210个。

工业企业实施技术改造298项，固定资产投资总额近30亿元，比前5年增长2倍，涌现出一批有一定规模、技术设备较为先进的骨干企业。到1994年底，产值过千万元的企业达到107家，产值过亿元或利税过千万元的企业达到10家，其中5家企业进入全国1000家最佳经济效益乡镇企业行列。第三产业有了长足发展，新建扩建市场80处，其中专业市场15处；新发展私营企业811家，个体工商户3万家。一、二、三产业的比例调整到17∶53∶30。外贸出口供货值达到4.6亿元，比1989年增长25倍，三资企业由1989年的6家发展到168家，合同利用外资总额达到8238万美元，实际利用外资2788万美元。在海外兴办企业或办事机构的企业有6家。一批骨干企业通过利用外资嫁接改造，实现了规模、档次地快速提高。

建设改造区机关驻地，开发近郊乡镇，实现了与市区的自然连接，城区面积扩大到32平方千米。花园路、大桥路两侧商贸区和七里堡、还乡店、小苏家住宅区的开发建设初具规模，以仲宫为代表的卫星城镇逐渐崛起。历城区先后完成了东外环路、机场路、老济青路、大桥路、荷花路等干线道路和县乡公路的拓宽改造，交通条件明显改善；投资5000

多万元新建7座变电站，全区供电能力提高1倍。开通了1.9万门程控电话，基本实现了通讯程控化。组织实施新产品开发等各类科技计划345项。城乡中小学普遍进行校舍改造，各级各类学校升学率进一步提高。全区各级各类医疗卫生机构和病床分别增长20%和26%。人口自然增长率下降到3.15‰。历城有线电视台、3处电视差转台和10处地面接收站相继开播。

1995年3月中共济南市历城区第九次代表大会召开，会议确定了未来3年工作的指导思想：以邓小平同志建设有中国特色社会主义理论和党的基本路线为指导，贯彻“抓住机遇，深化改革，扩大开放，促进发展，保持稳定”的方针，深化“南北开发、中间发展，全面开放、重点突破，抓住机遇、跳跃前进”发展战略，继续强化农业和基础工业，突出抓好外向型经济、第三产业和科技教育三个战略重点，以建设经济强区为目标，提高经济整体素质和运行质量，保持国民经济和社会事业持续、快速、健康发展。

3年间，全区经济和社会各项事业呈现出欣欣向荣、蓬勃向上的发展

局面。1997年，全区国内生产总值达到85.03亿元，是1994年的2倍；工业总产值完成127.9亿元，比1994年增长98.9%；农业总产值完成13.6亿元，比1994年增长47%；财政收入完成4.22亿元，比1994年增长2.1倍，其中地方财政收入完成2.61亿元，年均递增近30%。固定资产投资3年累计完成38亿元，综合经济实力已经接近经济强县（区）标准。

1996年，全区粮食总产首次突破4亿公斤大关，被确定为全国商品粮基地县（区）。林果、蔬菜、畜牧业等在农业产值中的比重均有较大幅度地提高，农产品商品率达到65.4%；工业企业的整体素质有了新的发展，3年累计新上和引进项目800余个，投入资金7.86亿元，完成技改项目163项。到1997年底，全区产值过亿元或利税过千万元的企业达到12家，产值过千万元或利税过百万元的企业近百家。组建起一批企业集团，国家级大中型工业企业31家，其中有27家企业和4家企业集团进入全国大中型乡镇企业和乡镇企业集团行列；第三产业全面发展，市场总规模不断扩大。1997年，社会消费品零售总额达到30亿元，比1994年增长2.6倍，全区个体业户发展到4.32万户，私营企业1356家，个体私营业户上缴税金在地方财政收入中的比例逐年增加。一、二、三产业的比例调整到17.1：48.8：34.1。外贸出口大幅度增长，出口商品达到10个大类、130个品种，8家企业取得了自营进出口权。3年间，历城区批办三资企业近百家，累计达到217家，合同利用外资3657万美元，实际利用外资3222万美元，累计达到6010万美元。1997年，三资企业实现产值15亿元，出口创汇3550万美元，分别比1994年增长62.5%和142.7%；自营出口企业完成出口创汇1070万美元，是1994年的8.5倍。

完善了9个卫星城镇的整体功能，加强了8条国道的综合治理，交通通过能力明显加强。省道002线、小清河治理工程、区老干部活动中心和会议中心等重点建设项目相继完成。造绿工程绿化面积5万平方米，城区绿化覆盖率达到27.5%。1997年，全区农民人均纯收入2618元，比1994年增长1.9倍，有5个乡镇被命名为“小康镇”、331个村被命名为“小康村”。1997年，城乡居民储蓄余额40亿元，比1994年增加近22亿元。

3年间，历城区实施各类科技项目69项，1996年被评为全国科技先进县（区）。农村医疗顺利通过全省初级卫生保健达标验收，历城区被省委、省政府命名为“计划生育工作三为主先进区”。历城区广泛开展了“讲文明、树新风”“争先进、创一流、树立历城新形象”等群众性精神文明创建活动；实施了正党风的“先锋工程”、正行风的“窗口工程”、正民风的“细胞工程”，连续3届被评为“全省精神文明建设先进区”。1997年，历城分别被省委、市委命名为全省、全市“社会治安综合治理模范区”。

1998年4月中共济南市历城区第七次代表大会召开，会议确定了未来5年工作的指导思想：高举邓小平理论伟大旗帜，全面贯彻落实党的十五大精神和省委对济南工作的指示，以富民强区为目标，强农重工兴三产，推进农业产业化、城乡一体化进程，大力发展个体私营经济，推动经济建设持续、快速、健康发展和民主法制建设、精神文明建设以及各项社会事业的全面进步，把历城建设成为特色鲜明、环境优美、富有吸引力的现代化新型城郊大区。

5年间，全区经济快速发展，科教事业全面进步，民主制度逐步健全，社会和谐稳定，人民安居乐业。2002年，全区完成国内生产总值98亿元，年均增长13.2%；完成财政总收入10.98亿元，是1997年的1.9倍，年均增长23.99%，其中地方财政收入（老口径）7.9亿元，是1997年的2.3倍，年均增长26.87%；农民人均可支配收入达到3448元，比1997年增加830元。工业强区步伐明显加快，骨干企业和优势产品得到巩固和发展；大棚经济、林果、畜牧、花卉苗木、观光农业逐步成长为主导产业，都市农业形态显现；第三产业蓬勃发展，现代服务业繁荣活跃，新型商业业态迅速兴起。区位经济特色更加鲜明，南部山区林果经济加旅游业、东部平原新型工业加精品农业、城区近郊现代工业加新兴服务业的区域经济格局已经形成，区位优势、资源优势正逐步转变为产业优势和经济优势。

全区新批办外商投资企业64家，合同利用外资16308万美元，实际利用外资7687万美元；累计引进内资项目4760个、实际利用资金104亿元；2002年，完成出口创汇5000万美元。工业园区建设势头强劲，成为加快招商引资步伐的强力支撑，一批投资过亿元的新型工业项目落户历城，为加快历城经济发展积蓄了后劲与力量。

区属国有工业企业全部完成改制并实现向现代企业制度的转变，国合流通企业改革稳步推进，全区镇村企业改制率达到98%，民营经济成为历城经济发展的主流。顺利完成第二轮土地延包工作，积极稳妥地进行农村税费改革。区和乡镇机构改革顺利完成，实施了城区撤镇建办体制改革，初步建立起新的社区管理体制，社会保障、住房制度等方面的改革取得新进展。

以“济南五年大变样”为动力，历城区先后拓宽改建了省道327线、103线、518线、港西路、荷花路等交通干线，实施了工业北路、花园路等城区道路改建工程，形成了贯通城乡的快速交通网络“一小时历城

圈”；建成了辛弃疾纪念馆、神通寺博物馆、洪楼高级中学，实施了历城二中扩建、教师安居工程；配合省市完成了济南绕城高速、济南机场扩建、经十东路拓宽改建、卧虎山水库和锦绣川水库增容等一批重点工程；连续开展造绿工程、蓝天工程、旧村改造、退路进厅、“容貌工程进乡镇”等综合整治工程，城乡环境持续改善，洪楼广场等绿地广场成为全区城乡形象的新标志。

2003年3月中共济南市历城区第十一次代表大会召开，会议确定了未来5年工作的指导思想：以邓小平理论和党的十六大精神为指针，按照全面建设小康社会的要求，围绕建设东部产业带、城市商贸中心区、南部生态经济区的总体布局，加快实施工业强区、农业调整、民营经济、城镇带动、科教兴区五大战略，把历城建成经济持续发展，科技教育发达，文化事业繁荣，服务功能完善，生态环境良好，社会和谐稳定，人民生活富足的现代化新型城区。

截至2006年，全区超额完成了“十五”期间的奋斗目标，赢得了“十一五”发展的良好开局。2006年，全区实现生产总值453亿元、地方一般预算收入11.67亿元、农民人均纯收入6040元，分别比2002年增长134%、119%、75%，连续两次被评为“全省县域经济发展先进单位”；蔬菜、林果、花木种植总面积达到74.5万亩，比2002年增长52%，奶牛达

到3.73万头，是2002年的近4倍，被评为“全省农业产业化工作先进单位”；全区规模以上工业企业增加值、销售收入、利税分别达到261.5亿元、740亿元、93亿元，分别比2002年增长179.2%、176.1%、151.4%。2005年，服务业增加值达到103.5亿元，社会消费品零售总额比2002年翻了一番，旅游综合收入是2002年的8倍；民营经济增加值占到全区生产总值的50%。4年中，历城区累计实际利用内外资分别达到382.8亿元、3.02亿美元，2005年全区完成出口6.5亿美元，是2002年的12.7倍。

全面取消农业税，顺利完成区镇机构改革、高而和锦绣川撤乡并镇、孙村镇代管交接工作。在农村，实现了柏油路（水泥路）村村通、客车村村通、自来水户户通、有线电视户户通，全面完成平原集中供水工程，彻底解决了211个村、21万人的饮水安全问题，226个村实现了硬化路“户户通”，460个村建成文明一条街，236个村建成“文明生态村”，所有村都建成现代远程教育活动站和科普一条街。在洪楼城区，高标准改造提升19条主干道和155条背街小巷。唐冶新区一期工程10条道路和港西立交桥基本建成，26万平方米的村民安置中心开工建设。绿化荒山8.5万亩，全区林木覆盖率提高到39.2%。

全区5所高中全部成为省级规范化高中，“两免一补”政策惠及近万名学生，农村义务教育阶段学校实行免收学生学杂费。新型农村合作医疗工作列入省级试点，农民参合率达到92.4%，抗击非典取得胜利。建立了农村低保标准自然增长机制，30%的五保老人实现集中供养。农民人均纯收入、城镇居民可支配收入分别比2002年增长71%、61.4%，被评为“全省农民增收先进区”。

2006年12月中共济南市历城区第十二次代表大会召开，会议确定了未来5年工作的指导思想：以邓小平理论和“三个代表”重要思想为指导，全面贯彻落实科学发展观，紧紧围绕全面建设小康社会的奋斗目标，扎实推进社会主义新农村建设，强力推进新型工业化进程，致力提升城区综合服务功能，着力加强和谐社会建设，不断提高人民群众的生活水平，全面加强党的先进性建设和执政能力建设，奋力把历城建设成为富强民主文明和谐的现代化中心城区。

5年来，历城区谱写了经济社会发展新篇章。2011年，全区实现地区生产总值679.7亿元，是2006年的1.74倍；规模以上工业增加值实现280亿元，是2006年的1.69倍；固定资产投资265亿元，是2006年

的2.3倍；地方财政一般预算收入实现24.3亿元，是2006年的2.1倍；社会消费品零售总额255亿元，是2006年的2.5倍；实际利用外资达到1.15亿美元，完成出口10亿美元，分别是2006年的4.2倍和1.3倍；城镇居民人均可支配收入和农民人均纯收入分别由2006年的14537元、6040元提高到2011年的26700元、10940元。一、二、三产业比例由2006年的5∶64.6∶30.4调整到2011年的4.6∶53∶42.4。粮经比例由2006年末的56∶44调至37∶63，华鲁、锦秀源等一批龙头企业带动农业产业化经营水平大幅提升。历城区累计完成工业投资428.52亿元，是5年前的2.1倍；服务业增加值是2006年的2.3倍。

二环东路沿线建成一批现代服务业聚集和人居环境优良的房地产项目；保利海德公馆、重汽翡翠清河、恒大城等项目相继开工建设；滨河新区和东部新区建设全面展开，全区整村迁建3.4万户，超额完成市里下达任务的67%，排名全市第一；出台《历城区南部山区生态保护与经济发展规划》。自筹资金7.2亿元建成区体育中心和国内一流赛马场，实施济莱高速连接线等13项区重点公路提升改建工程，配合国家、省市完成区内青银高速公路、省道102线、二环东路高架、小清河综合整治、南水北调等重点工程，对洪楼主城区七里河路、华信路等主次干道进行高标准改造和整治，城市承载能力全面提升。建立节约集约用地的“挖潜模式”，破解土地瓶颈制约，2011年被评为“全国节约集约用地模范试点区”。5年累计拆除违法违章建筑117万平方米，新增绿地268万平方米，完成造林绿化11.6万亩，林木覆盖率达到47%，提高8个百分点，居全市之首。

从2009年开始，每年投资超过5亿元，大力实施“十大救助”和“十大惠民”工程，在全市率先实现公路村村通，在全省率先实现自来水户户通，率先通过电气化区达标验收，获得“国家级生态富民沼气建设示范区”“全省劳动力转移培训阳光工程先进区”等荣誉。历城区累计投入救助资金1.91亿元，救助各类困难群众57.24万户次。在全省推出大病补充医疗保险救助、农村低保大病周转金预付制度、困难家庭学生

从学前教育到大学第一年实施全程免费教育三大首创举措，阳光民生救助体系建设列入济南市“十二五”规划，被中国社会科学院列为专题进行研究。

2011年12月中共济南市历城区第十三次代表大会召开，会议确定了未来5年工作的指导思想：高举中国特色社会主义伟大旗帜，以邓小平理论和“三个代表”重要思想为指导，深入贯彻落实科学发展观，强力推进城市发展、产业升级、科技创新、民生改善，扎实推进社会主义经济建设、政治建设、文化建设、社会建设、生态文明建设和党的建设，全面推动经济社会超常规跨越式发展，努力建设经济繁荣、人民富裕、社会和谐、生态良好、宜业宜居的省会现代化中心城区。

5年中，全区上下聚焦发展，苦干实干，经济社会事业都有了长足进步。2016年，实现地区生产总值868.8亿元，年均增长8.6%；一般公共预算收入达到81.27亿元，年均增长16.33%，2015年、2016年增幅均居全市第1位；社会消费品零售总额达到510亿元，年均增长11.5%；完成固定资产投资592亿元，年均增长20.6%；实现进出口总额16亿美元，连续多年居全市第1位。全区21个发展主体中，财政收入过5亿元的街镇由1个增加到7个。一、二、三产业比例达到5.5∶40.8∶53.7。市级重点农业园区达到51个，居全市首位，农村居民人均可支配收入年均增长10.8%；38家老工业企业搬迁改造，齐鲁制药、力诺集团成为全市率先实现年产值过百亿的民营企业；2016年服务业对经济增长的贡献率达到60%。5年累计实施重点项目808个，完成投资1300多亿元，其中投资过10亿元的项目有91个，创历史之最。历城区实施科技创新券制度，科技对经济增长的贡献率不断加大，被评为“全国科技进步先进区”。

实施棚户区征迁改造，5年完成征迁面积780万平方米，44个城中村旧貌变新颜；以唐冶为中心的东部新城区开发建设速度不断加快，日益成为济南东拓的重要引擎和公共服务中心。济青高速改扩建、石济客专等一批重大交通工程相继开工建设，机场路及南延工程全线贯通，新建、

改造城乡道路490千米，27条城市道路完成改造提升，农村实现村村通公路、通公交。新增绿地面积300万平方米，城市绿化覆盖率达到40%，被授予“全国绿化模范区”称号。

5年累计新增城镇就业6万余人，城镇登记失业率控制在3%以内。居民基本养老保险、基本医疗保险和大病保险实现城乡统筹、全覆盖，社会救助达46万多人次。投入17.47亿元实施校舍安全、办学条件标准化等“四大工程”，荣获“全国义务教育发展基本均衡示范区”称号。投资1.1亿元的文博中心投入使用，被评为“全国文化先进单位”。全面推行网格化管理机制，在村居全面实行“合同监管项目竞标”，建立健全法律顾问制度，被评为“全国首批法治创建活动先进单位”。

从1987年至2016年的30年间，全区人民砥砺奋进，攻坚克难，历城实现了由农业大县到中心城区，由基本温饱向小康社会迈进的历史性跨越，历城面貌发生了翻天覆地的变化。

历城经济迅猛发展，1986年全区财政收入只有1.5亿元，2016年达到81.27亿元，增长了53倍，在全省县域经济排名中，位次由第30位上升到第13位。经济实力和区域竞争力持续增强，两次入选“中国中小城市最具投资潜力百强区”和“创新创业百强区”，连续3年获评“全国

综合实力百强区”。

建区之初，历城区工业产值低于农业产值，一、二、三产业结构比例为51.2：30.6：18.2。30年来，历城区坚持产业高端发展，进一步加大腾笼换业力度，全力构建现代产业体系，2016年，一、二、三产业结构调整为5.5：40.8：53.7，产业融合聚集发展迈出了坚实步伐。服务业繁荣发展，对经济增长的贡献率达到60%。全区独立纳税金融保险企业、新三板挂牌企业分别达到128家和17家，挂牌企业数居全市第2位。阿里巴巴菜鸟物流中心等一批大项目签约落地，累计发展市级重点物流企业29家，其中5A级物流企业3家，居全市各县（市、区）之首。工业转型加快推进，新能源、新医药、新信息、高端装备制造等战略性新兴产业进一步发展壮大。

民营经济实现增加值占全区生产总值的比重达到48%。高新技术产业加快发展，实现高新技术产业产值153亿元，占规模以上工业总产值比重达30.6%。临港经济开发区承载能力大幅提升，在全省134家省级经济开发区综合评价排名中，位次由第82位上升到第43位。临港欧洲工业

园、国际物流园聚集效应明显增强，智能机械装备特色产业基地被评定为2016年第一批“国家火炬特色产业基地”。都市现代农业稳步发展，累计完成土地流转面积18.5万亩，粮食生产实现“十四连丰”。市级以上重点农业园区和农业龙头企业分别达到51家、110家，均居全市首位，农业产业化经营水平显著提高，被评为“全国出口农产品质量安全示范区”。

建区30年，历城城市建设始终坚持高标准规划、高效能管理、高水平经营，城市管理水平明显提高，城乡面貌发生了翻天覆地的变化。建区之前，历城交通设施落后，中心城区狭小，当时的洪楼主城区面貌甚至不如今天的小城镇。2016年的历城区是省城富有活力的现代化中心城区。历城坚持改善民生与城市更新有机结合，落实“不与民争利、阳光征收、用群众工作方法”三项原则，强力推进棚改旧改、征地拆迁，老城区改造与新区开发并重，市民人居环境得到改善。唐冶、雪山片区，总占地30平方千米，历经8年精心打造，一座生态宜居的现代化新城悄然崛起，已汇集国内外知名企业集团、省内外机关单位50多家，成为省城东部最具发展潜力和活力的区域中心。华山片区，占地14.69平方千米，历时三年戮力攻坚，涉及23个村、总量420多万平方米的拆迁任务决胜收官，安置房、商品房次第开工建设，华山湖试验段景观效果初现。新东站片区，占地30平方千米，作为国家级重点工程，征地拆迁、开发建设不断提速，截至2016年，完成145万平方米拆迁任务，核心区安置房建设基本完成。潘田片区，项目总建设用地3649亩，基本完成2000余户居民、7000多人的拆迁，为投资630亿元的万达文化旅游城项目实施提供了开工条件。2016年，历城区入选“全国中小城市城镇化质量百强区”，向建设省会现代化中心城区的目标迈出了更大的步伐。

济乐高速、石济客专等一批重大交通枢纽工程相继开工建设，机场路及南延工程、港西路改建工程全线贯通，华能路、花园路等27条城区干线道路完成改造提升，新改建镇村公路180条，增开公交线路21条，城乡居民出行条件进一步改善。建成了莲花山热源厂、唐冶热源厂、水质净化三厂，完成了山大北路、黄台南路、七里河路等供热管网改造工程。道路交通、“四供两排”等市政基础设施不断完善，城市功能和承载支撑发展能力明显增强。

历城区不断提升完善以区和街道为主体、多部门综合治理的大城管机制，城市管理水平明显提高，城市面貌更加靓丽。深化城乡环卫一体化工作，基本实现农村生活垃圾统一收运和无害化处理。依法整治违法用地，拆除违法建设和户外违法广告招牌，有效遏制了“六乱”现象。开展大气污染防治“十大行动”，重拳治污治霾，东部老工业区关停、转移、淘汰各类高污染高耗能企业40家，临港经济开发区污水处理厂投入运行，超额完成市政府下达的节能减排任务。新增和改造绿地面积300万平方米，城市绿化覆盖率达到40%，全区林木覆盖率达到49.7%。

30年来，历城区切实把维护人民群众根本利益放在首位，坚持把民之所盼作为政之所为，高度关注并认真解决群众最急需、最直接、最关心的热点难点问题，民生投入逐年增加，发展红利更多地惠及广大群众。2012年—2016年，历城区投入各项民生和社会事业资金169亿元，占财

政总支出的75%以上。全面实施脱贫攻坚，3.5万多贫困人口实现脱贫。伴随着经济高速发展和民生保障事业快速推进，历城区老百姓的钱袋子越来越鼓。30年来，特别是“十二五”期间，历城区城镇居民人均可支配收入和农村居民人均可支配收入年均增长达到9.5%和10.5%，收获了发展带来的红利，让历城老百姓的幸福感倍增。

30年的发展乐章，改革始终是其中的“最强音”。紧跟时代步伐，历城区充分利用体制机制改革带来的巨大活力，依靠创新释放的强大助推力，集中突破发展难题，不断开创发展局面，实现了综合实力的持续快速攀升。翻看历城发展的成绩单，处处透露出锐意改革、致力创新的时代气息。以改革为动力，以问题为导向，确立了20项专项领域改革措施，重点围绕转变政府职能、城乡协调发展、保障改善民生等方面不断深化体制机制改革。全面落实行政权力清单和责任清单制度，法治政府、责任政府、廉洁政府建设取得新成效；行政审批制度改革继续深化，开通运行“一号通”审批系统，行政效率不断提高；全面完成土地承包经营权确权登记和集体林权制度改革，农村综合改革不断深入，发展活力有效释放。

除此之外，教育综合改革不断深化，历城二中和历城实验小学两个教育集团正式成立，公共教育均等化迈出新步伐；顺利完成食品药品安全监管体制改革，监管责任进一步明确，监管效率大大提高；医药卫生体制改革深入推进，城镇居民医保和新农合实现并轨运行，公费医疗改革和公立医院改革顺利完成；政府机构改革稳步推进，南部山区完成管理体制改革，除唐王镇外全部实现撤镇设办，多个政府部门完成撤并和职能转换，体制机制不断健全完善。

30年来，历城区获得“全国乡镇企业百强区”“全国土地节约集约利用模范区”“全国粮食生产先进区”“全国无公害农产品生产示范基地区”“全国林业先进区”“全国科技工作先进区”“全国科普示范区”“全国区域教育发展特色示范区”“全国文化先进单位”“全国体育先进区”“全国计划生育优质服务先进区”“全国白内障无障碍区”“全国社区服务建设先进区”“全国首批法治县（市、区）创建活动先进单位”“山东省级文明区”“全省县域经济发展先进单位”“全省农民增收先进区”“全省教育工作示范区”“全省农村义务教育先进区”“全省社会文化先进区”“山东省双拥工作先进单位”“全省信访工作先进单位”等荣誉称号。

勇立潮头，建设省会城市发展核心区

2017年初中共济南市历城区第十四次代表大会召开，会议确定在未来5年，把“一条主线、一个目标、五个提升”始终贯穿于全区经济社会发展全过程各领域。“一条主线”，即以新型城镇化为主线。着眼于当前我国正处于新型城镇化加速推进的机遇期，特别是历城已经成为济南市城市发展核心区这一重大现实，坚持用新型城镇化的思路谋划发展，用新型城镇化的办法推进工作，实现由城乡经济向城市经济的转变。“一个目标”，即争当全市“四个中心”建设排头兵，在率先全面建成小康社会中走在前列；突出发展主题，进一步做大经济总量，提升发展质量，特别是在“四个中心”建设方面，努力唱主角、争先进、创一流，走在全市最前沿，发挥主阵地和领头雁作用。“五个提升”，即持续提升经济综合实力，生产总值年均增长8%左右，一般公共预算收入年均增长10%左右；持续提升城市功能形象，构筑产城一体化协调发展新格局；持续提升发展活力动力，推动开放型经济迈上新台阶；持续提升民生幸福指数，提前实现居民收入比2010年翻一番目标，现行标准下农村贫困人口全部脱贫；持续提升党建科学化水平，营造山清水秀的政治生态和干事创业的浓厚氛围。

历城进入加快发展、全面提升、阔步前行的轨道，全区上下全面贯彻落实党的十九大精神，对标市委“453”工作体系，雷厉风行抓落实，快干实干促发展，新型城镇化迈出坚实步伐，经济社会发展实现崭新跨越。2017年，在《人民日报》发布的中国中小城市科学发展指数研究成果中，历城成功入选全国综合实力、投资潜力、新型城镇化质量、创新创业四个全国百强区，分列41位、53位、51位、33位。2018年，在中国中小城市科学发展指数研究成果中，历城区再次入选全国综合实力百强

区，位居第27位，相比2017年前移14位，在全省入选的城区中排名第2位。此外，历城区还同时入选全国绿色发展和全国投资潜力两个百强区，分列23位和47位，彰显了历城区强劲的发展势头。

2017年，历城区实现地区生产总值840亿元，比上年增长8.1%；完成一般公共预算收入91.5亿元，比上年增长23.7%，其中税收收入79亿元，比上年增长28%。地区生产总值高于全市增幅，继续保持中高速增长，主要经济指标实现在全市晋位升级。一般公共预算收入增幅、税收收入增幅和固定资产投资增幅均居全市第一，财政收入总量前移至全市

第三。区域性经济中心建设和物流中心建设均位列全市第一，区域性金融中心和科创中心建设均位列全市第三，棚改旧改工作位居全市第一，项目建设工作位居全市第二，招商引资总量和增幅都位居全市第三。各项工作基本进入济南市“排头兵”的行列。2018年经济社会发展的主要预期目标是：地区生产总值增长7.8%左右，一般公共预算收入增长11%左右，固定资产投资增长14%左右，社会消费品零售总额增长10.5%左右，城镇居民人均可支配收入增长8%左右，农村居民人均可支配收入比2017年增长8.5%左右，城镇登记失业率控制在3.5%以内。

2017年以来，历城区经济发展质量明显趋优，税收收入比重高出全市6.34个百分点，高新技术企业产值占规模以上工业产值比重达到32%，提高了1.5个百分点。提前完成16家高耗能、高污染企业搬迁改造的年度任务，关停了有着60年发展历史的济钢，关停了拥有1000多名职工的庚辰钢铁，为全市空气质量的改善和“去产能”作出了突出贡献，也为全市经济高质量发展作出了应有的贡献。

历城区在全市率先推行大部制改革，人才扶持政策“黄金十条”和总部经济、楼宇经济扶持政策效果初步显现，发展思路更加清晰，措施更具针对性。2017年，顺利完成了南部山区管委会、临港开发区等行政区划的调整。2017年举办的3次集中签约活动引进投资1300多亿元，万达文旅城等重点项目实现当年落地当年开工，临港开发区异地迁建工作也拉开了序幕，为历城区经济加快发展积聚了新动能。

弘扬片区拆迁“华山精神”，创造了“潘田速度”“王舍人、鲍山效率”。2017年征收拆迁一举突破千万平方米，完成了1100余万平方米，成为全市亮点，为新型城镇化腾退了巨大空间，每个街镇都有了充分的发展平台，历城区发展大框架全面拉开。新东站枢纽、轨道交通、济青

高速扩容等高铁高速路网加快建设，工业北路快速路和二环南路东延工程建成通车，145条城乡道路建设改造提升全部完成，全区道路交通条件和水、热、电基础设施有了质的提升。唐冶片区、新东站片区、彩石片区正加速成为全市经济社会发展的新热土，城市中心的地位更加凸显，中心城区功能全面升级。建立了城管委管理体制，每月召开一次城市管理工作专题调度会，针对城市管理中的热点难点问题，形成合力推进、全面提升的良好态势。2017年，拆除违章建筑418万平方米，建绿透绿17.8万平方米，道路保洁面积达到1000万平方米，马路市场得到全面清理。完成29个老旧小区整治、7条街道更新提升和39条背街小巷整修工程，群众的居住环境大幅改善。城乡环境秩序明显改善，交通状况进一步好转，群众的文明程度大幅提升。

历城区坚持以人民为中心的发展思想，发展为了群众，发展依靠群众，发展成果由群众共享。2017年，民生及社会重点事业方面支出达52亿元，占一般公共预算支出的80.4%，增长12.2%。全面落实扶贫攻坚政策，在全市率先全面实施特惠保险，圆满完成年度脱贫任务，困难群众的生活条件有了很大改善。强力推进中央环保督察问题整改，黑臭水

体整治、铁路沿线综合整治及小清河绿化等各项重点治理工作扎实有效。空气良好以上天数为159天，比2016年增加24天，空气质量明显改善，“蓝天白云、繁星闪烁”逐渐成为常态。全区新增城镇就业1.76万人，城镇登记失业率为2.56%；新建了8所中小学、4所幼儿园，高标准建设的历城二中新校区2018年秋季实现了招生入学。在全市率先推行被征地农民养老保险制度，率先并超额完成省级养老服务试验区创建任务。历城区获评“山东省食品安全先进区”。这些惠民措施使历城更有温度、更富活力、更具动力，群众归属感、获得感、幸福感不断增强。在全市率先实现村（居）法律顾问全覆盖，涌现出南全福社区“三元共治”等一批基层社区治理先进经验，基层社会治理工作扎实有效。围绕十九大安保维稳，先后开展信访积案化解和打击“村霸”等专项治理工作，实现了“五个不发生”和“七个零”的工作目标，为全区经济社会发展打下坚实基础。

全区广大党员干部坚持以习近平新时代中国特色社会主义思想武装头脑指导实践、推动工作，牢固树立“四个意识”，坚定“四个自信”，深入学习宣传贯彻党的十九大精神。在全市率先推行全面从严治党“两个责任”清单管理制度，严格落实中央八项规定精神，扎实推进巡察和派驻工作，党要管党、全面从严治党向纵深推进。突出“实在实干实绩”的用人导向，打通干部交流通道，破格提拔优秀干部，为真正干事创业的干部撑腰打气，风清气正的政治生态得到巩固。推动“两学一做”学习教育常态化制度化，深入开展“作风建设年”活动，全区上下同心谋事、齐心干事、一心成事的氛围日渐浓厚，勇于担当、你追我赶、竞相发展的工作作风正成为主旋律，为加快全区发展、率先全面建成小康社会提供了坚强的思想和队伍保障。

2018年7月10日，中共济南市历城区第十四届委员会第四次全体会议召开。全会以习近平新时代中国特色社会主义思想为指导，全面贯彻落实党的十九大精神，深入学习习近平总书记视察山东重要讲话精神，审议通过了《中共济南市历城区委关于深入学习贯彻习近平总书记视察山东重要讲话精神，奋力争当新时代全市走在前列排头兵的意见》。全会指出，推动习近平总书记视察山东重要讲话精神落地，必须树立“走在前列”新标杆，明确走在前列新目标。要对“争当排头兵”的目标再认识、再深化、再提高，从重点工作的排头兵提升为全方位的排头兵，从“争当‘四个中心’建设的排头兵”提升为“争当全市走在前列的排头兵”。

如今的历城，正以史无前例的高起点规划、高标准建设、高效能管理的姿态，成为济南市现代化建设的先行区和改革发展的重要载体。全区上下精神振奋，热情高涨，决心更加紧密团结在以习近平同志为核心的党中央周围，深入学习贯彻习近平新时代中国特色社会主义思想和党的十九大精神，担当作为，乘势而上，为争当新时代全市走在前列的排头兵、建设省会城市发展核心区而不懈奋斗！

民主政治建设的时代印记

——改革开放时代的历城人民代表大会发展历程

杨　迎

在历城人民代表大会的历史进程中，1954年5月24日至28日，是具有里程碑式的一页，历城县第一届人民代表大会第一次会议在当时的县政府驻地祝甸村胜利召开，揭开了人民代表大会制度在历城实践和发展的生动篇章。党的十一届三中全会后，党中央提出了加强社会主义民主政治建设这一历史任务，作出了在地方各级人大设立常务委员会的重大决策。伴随着改革开放的春风，1980年12月11日至15日，翻开了历城人民代表大会历史上最为精彩的一页，历城县第九届人民代表大会决定依法设立常务委员会，并选举产生了历城县第九届人民代表大会常务委员会组成人员。从此，开启了历城人大常委会依法履职的历程，也揭开了人民代表大会制度在历城实践的新篇章。走过40年，民主政治建设在历城改革开放时代留下了深刻印记。

历城人民代表大会制度与时代同行，也经历了风风雨雨。从第一届人民代表大会第一次会议召开到1968年3月共召开了七届人民代表大会。此后，这一制度中断。1978年5月，第八届人民代表大会第一次会议胜利召开，标志着人民代表大会制度正式恢复。此后这一制度与时俱进，走过了一个个辉煌历程。

第九届至第十一届人大常委会

（1980年12月—1990年3月）

1980年12月11日至15日，历城县第九届人民代表大会第一次会议召开，会议决定设立历城县九届人大常务委员会，王衍振当选为历城县第九届人大常委会主任。1984年4月10日至14日，历城县第十届人民代表大会第一次会议召开，于进渭当选为第十届人大常委会主任。1987年5月14日至18日，历城区第十一届人民代表大会第一次会议召开，于进渭当选为第十一届人大常委会主任。

10年间，在党的十一届三中全会路线指引下，区（县）人大常委会自身建设不断完善，履行了讨论决定本行政区域重大事项等职权，人民代表大会制度对于历城区的发展起到越来越重要的作用。

助力依法行政。1986年2月，历城县十届人大常委会第十五次会议审

议通过《关于加强土地管理、合理利用土地资源的决定》。9月，县人大常委会第十九次会议批准《历城县乡镇财政管理办法》。10月，县人大常委会第二十次会议批准县政府《关于保护水利工程设施和水产资源的布告》《关于封山育林和加强林木管护的布告》。1987年11月，区十一届人大常委会第四次会议通过《关于认真学习、宣传、贯彻中共十三大文件，为建设富强、民主、文明的社会主义现代化国家而奋斗的决议》，批准区政府《关于加强农作物种子管理的布告》。1988年11月，区人大常委会第十一次会议批准区政府《关于认真做好森林植物检疫工作的布告》。

推进依法治区。1988年5月，历城区十一届人大常委会第八次会议批准区政府《普法教育规划方案》。同年11月，区人大常委会第十一次会议通过《区人大常委会学习贯彻全国人大常委会〈关于加强民主法制，维护安定团结，保障改革和建设顺利进行的决定〉的决定》《关于在全区进行执法大检查的决定》；12月，区人大常委会第十三次会议审议区政府《关于依法治区实施意见》，并通过相应决议。

积极开展调研视察。1987年6月，历城区对9个乡镇、16个村庄贯彻执行《中华人民共和国土地管理法》情况进行视察，针对存在的问题，提出整改意见和建议。1989年，区十一届人大常委会对党政机关、干部办企业和公司过多过滥、固定资产投资规模过大、非生产性开支增长过猛等突出问题进行多次调研，听取审议区政府专项汇报，并要求区政府根据中央继续深入清理整顿和深化改革的一系列重要指示，对重点企业实行倾斜政策，调整投资结构，保证国民经济发展有后劲，使工农业生产保持适当发展速度。

第十二届人大常委会
（1990年3月—1993年1月）

历城区十二届人民代表大会第一次会议于1990年2月27日至3月4日召开，高洪勋当选为区第十二届人大常委会主任。

区十二届人大共召开常委会18次，听取并审议区政府、区法院、区检察院工作报告和有关方面的汇报65项；组织大型视察22次，专题调研57次，到乡镇和区政府职能部门听取工作汇报、召开座谈会272次，形成调研材料152份，依法任免常委会办事机构和“一府两院”工作人员146名，交办代表批评、意见和建议573件，接待群众来信来访672件（次）。

1990年11月，区十二届人大常委会第五次会议审议批准区政府《关于计划生育工作的若干规定》。

1991年2月，区人大常委会第六次会议审议区政府关于《水资源管理暂行规定（草案）》及其说明的汇报。同年11月，区人大常委会第十次会议审议区政府情况汇报后，作出《历城区解决农村人畜饮水困难村庄三年规划的决议》。区人大常委会先后组织区人大代表进行3次视察，5次专题调查，推动《决议》的落实。1991年12月，组织30名驻区市人大代表，对小清河沿岸污染区的王舍人、华山、遥墙、唐王4个镇部分村受害情况进行视察。区人大常委会向市人大常委会作出《关于部分市人大代表要求解决小清河污染问题》的专题报告。经过多方论证，历城区制定

了《解决小清河污染区人畜饮水三年规划》并实施，市政府拨款400万元。该工程两年后竣工。

1992年4月10日至5月15日，区人大常委会为促进国务院《农民承担费用和劳务管理条例》及《山东省农民负担管理条例》实施，组织市、区、乡镇三级人大代表，对全区农民负担状况进行普遍视察，共有410名代表参加视察活动，先后走访238个村，812户。区人大常委会根据视察情况提出3条建议，并将整个活动情况向市人大常委会和中共历城区委作了书面报告。

1992年11月3日至12月4日，开展《中华人民共和国宪法》宣传月活动，先后主持召开千人动员大会、专题报告会、座谈会，举办宪法征文比赛，组织全区党政干部3.5万人参加宪法会考。

第十三届人大常委会

（1993年1月—1998年1月）

历城区十三届人民代表大会第一次会议于1993年1月9日至13日召

开，高洪勋当选为区第十三届人大常委会主任。

这5年，区人大共召开常委会38次，听取和审议“一府两院”执法和工作汇报127项；作出决议、决定66项，其中围绕经济和社会各项事业发展的重大问题作出决议14项；依法任免国家机关工作人员304人（次）；围绕区委的中心工作和常委会审议议题，组织执法检查和工作视察、调研113次，到部门和基层走访、座谈600余次。

区人大常委会围绕改革开放和现代化建设中的重大问题以及人民群众关心的热点问题，根据不同时期的工作重点，通过组织调研、视察、听取专项汇报等形式，先后对26部法律法规的执行情况进行了38次检查。实行国家机关执法责任制，将300多项法律法规，按照职责分工落实到43个单位和部门，各单位层层分解到科室、人员，明确了执法主体和责任。区人大常委会先后三次举办了区领导和机关干部参加的法制讲座，组织了领导干部的法律考试。

深入学习宣传《代表法》，进一步密切同区人大代表的联系。指导区人大代表小组依法开展活动。区人大代表小组活动日趋活跃，代表们积极履行职责，解决了一些群众亟待解决的问题。区人大常委会着力抓住按期办结率、问题解决率、代表满意率三个环节，通过视察、检查、听取汇报等形式，督促承办单位与区人大代表见面、现场答复，从而提高了办理实效和质量。

1996年，按照修改后的《选举法》《地方组织法》的规定，圆满完成了乡镇人民代表大会的换届选举任务。1997年，从10月底开始，用近两个月的时间，选举出新一届区人大代表315名。

第十四届人大常委会
（1998年1月—2003年1月）

历城区十四届人民代表大会第一次会议于1998年1月13日至17日召

开，李福水当选为区第十四届人大常委会主任。

区十四届人大共听取工作汇报29项，开展执法检查44次。区人大常委会将国家机关执法责任制适用法律、法规目录重新进行了修订，将适用法增加到406项，落实到72个部门和单位，做到了执法目标具体化，执法责任明晰化，执法行为规范化。

围绕“中心”行使职权，区十四届人大常委会组织召开主任会议54次，常委会会议37次，听取审议“一府两院”工作汇报67项，作出决议决定40项，围绕全区改革开放和现代化建设中的重大问题以及人民群众关注的热点问题，不断加大工作力度，通过强化对国民经济和社会发展计划及财政预决算执行情况的监督、对农业和农村工作的监督、对人民关心的热点问题的监督，增强了监督实效。

采取发表电视讲话、印制宣传画册、举办图片展览、举办“代表风采”专栏等形式，宣传人大工作、代表事迹，对妨碍代表履行职责和侵犯代表权利的行为认真查处，增强了代表意识，激发了履职热情。组织117名区人大代表在选区内向选民进行了述职，41名代表进行了书面述职，

512名乡镇人大代表在选区内进行了述职，密切了人大代表和选民的联系，增强了人大工作的透明度。

区人大常委会制定了总体规划，1999年、2000年、2001年连续3年对区政府序列部门及区法院、区检察院进行了工作评议。依据《宪法》《地方组织法》和《人事任免办法》等法律法规，区人大常委会郑重行使任免权，坚持任前考察、法律知识考试、被任命人员列席区人大常委会会议、当场颁发任命书、常委会领导向被任命人员提出要求等行之有效的做法，提高了被任命人员的人大意识和民主法治意识。

第十五届人大常委会
（2003年1月—2007年12月）

历城区十五届人民代表大会第一次会议于2003年1月20日至24日召开，于正齐当选为区第十五届人大常委会主任。

区十五届人大共听取审议执法工作汇报26项，开展执法检查45次。先后对《义务教育法》《人口与计划生育法》《环境保护法》《安全生产法》《食品卫生法》《土地管理法》《建筑法》等法律法规的贯彻执行情况进行了检查。对发现的问题，责成有关部门依法纠正，限期整改，增强监督实效，维护法律尊严。每年都对普法工作进行检查，听取和审议区政府专题汇报，及时提出意见和建议，并督促整改，确保了“四五”普法工作顺利通过省市的考核验收。5年间，区十五届人大常委会共受理群众来信来访754件、1376人次，区人大常委会都依法处理，妥善解决，理顺了群众情绪，化解了社会矛盾，维护了社会稳定。

区人大常委会突出发展主题，把保障和促进发展作为区人大工作的第一要务，认真履行监督职能，努力增强监督实效。历城区第十五届人大共召开主任会议46次，常委会会议41次，听取审议区政府、区法院、区检察院工作汇报91项，有力地促进了“一府两院”各项工作

的健康开展。通过加强对经济工作、司法工作、全区重点工作的监督，促进了各项工作的顺利开展。

坚持并完善了集中联系代表、固定联系代表、接待代表日、邀请代表列席常委会会议、走访代表等制度，定期向代表通报全区经济和社会事业的发展情况，进一步拓宽了代表知情知政的渠道。研究制定了《区人大代表小组活动安排意见》和《关于开展部分区人大代表向选民述职的安排意见》。开展了代表建议办理周活动，研究落实措施，现场答复代表，进一步提高了落实率。区人大代表提出的616件意见和建议，均在规定的期限内办复，代表满意率和基本满意率连续5年在99%以上。

5年来，历城区第十五届人大共任免国家机关工作人员257名，任命人民陪审员43名。

第十六届人大常委会
（2007年12月—2012年1月）

历城区十六届人民代表大会第一次会议于2007年12月5日至10日召开，谭延伟当选为区第十六届人大常委会主任。区十六届人民代表大会第二次会议于2009年1月8日至11日召开，补选李胜利为区第十六届人大常委会主任。

区十六届人大突出发展主题，把保障和促进发展作为第一要务，自觉地服从和服务于区委的总体部署，努力做到监督和支持并举，促进和保障同步。4年来，区十六届人大共召开常委会会议32次，听取审议区政府、区法院、区检察院专项工作报告63项，有力地促进了“一府两院”各项工作的健康开展；以促进法律法规在历城的有效贯彻实施为重点，推进依法治区进程，共听取审议执法工作汇报16项，开展执法检查40次。

4年来，区人大常委会着力建设区人大代表履行职责平台，坚持并完善了集中联系代表、固定联系代表、接待代表日、走访代表等制度，定期向代表通报全区经济和社会事业的发展情况，征求代表意见，进一步拓宽了代表知情知政的渠道。

根据《宪法》《选举法》和《地方组织法》的规定，按照上级人大统一部署，自2006年9月始至12月12日为止，经过宣传发动、选民登记、提名推荐确定区人大代表候选人、投票选举四个阶段，圆满完成了全区人大代表的换届选举工作。

区人大常委会积极适应新形势新任务的需要，始终把自身建设作为重要工作来抓，不断提高依法履职的能力和水平，致力于建设决策科学、运转高效、作风优良、廉洁勤政、充满活力的地方国家权力机关。坚持民主集中制原则，坚持把调查研究作为加强和改进工作的重要举措，深入基层，深入群众，为审议决定有关事项提供了可靠依据，促进了决策水平和议事质量的提高。以深化学习为先导，以转变作风为重点，以效

能建设为突破口，坚持高规范、高质量、高效率，人大机关的工作水平进一步提高。

第十七届人大常委会
（2012年1月—2017年2月）

历城区十七届人民代表大会第一次会议于2012年1月11日至15日召开，李胜利当选为区第十七届人大常委会主任。

区十七届人大共召开常委会会议38次，听取和审议“一府两院”工作报告76项，开展视察、检查和调研活动125次，作出决议决定33项，依法任免国家机关工作人员235人次。

此外，区十七届人大常委会创新监督方式，先后对区教育、食药、财政、公安、环保、民政等12个部门进行了评议，有力地促进了政府部门工作效率的提升。

区人大常委会立足于推进依法治区进程，贯彻“提升法治观念、规范社会秩序”理念，不断推进严格执法、公正司法和全民守法。率先在全市落实宪法宣誓制度，共有4批39名被任命人员向宪法庄严宣誓。听取审议了区政府关于“六五”普法和“五五”依法治区工作情况的报告，作出了贯彻实施“六五”依法治区纲要的决定和开展“七五”普法的决议，提出了培育法治精神、夯实依法治区基础等建议。

区十七届人大常委会连续4年举办了全体人大代表培训班，邀请省市人大、高等院校的专家教授以及优秀全国人大代表作专题辅导报告，这在全市县级人大尚属首次。建立了区人大代表联系群众机制，对所在选区的民生要求、发展需求，做到有所见解、有所反映，切实成为人民群众的代言人。健全完善主任接待代表日、常委会组成人员集中联系代表、固定联系代表3项制度，加强区人大常委会同区人大代表的联系。在历城电视台开办了《人大代表在基层》专题栏目，展示区人大代表风采，展现在经济社会和民主法治建设中的代表作用。依法加强督办工作，推动代表建议的办理落实。区十七届人大代表提出的414件意见建议，全部在法定期限内办理完毕，办理满意率进一步提高。

第十八届人大常委会
（2017年2月至今）

历城区十八届人民代表大会第一次会议于2017年2月5日至8日召开，孙德顺当选为区第十八届人大常委会主任。

区十八届人大常委会高举习近平新时代中国特色社会主义思想伟大旗帜，认真学习贯彻落实党的十九大精神，紧紧围绕区委“1+115”总体部署，切实履行宪法和法律赋予的各项职责，突出“五个全面”，着力抓好“两个年”（对外交流年、主题活动年）和“十个一”（一键通、一个数据库、一本白皮书、一个接待日、一个学习日、一个服务周、一个联席会、一个访谈、一个史料馆、一套工作规范）工作，锐意进取，主动作为，有力地促进了全区经济社会发展和民主法治建设。

推动“四个中心”建设。参照济南市人大做法，成立了“四个中心”建设专项监督领导小组，下设经济中心、金融中心、物流中心、科创中

心、项目建设五个专项监督工作组，深入“四个中心”建设一线开展调研视察和督促检查，提出相关意见建议30余条，进一步推动全区“四个中心”建设顺利开展。

积极推进专门委员会建设。2017年，区人大常委会研究制定了各专门委员会工作规则，为依法开展工作提供了遵循。各专门委员会突出专业特点，体现专业优势，累计召开专门委员会会议22次，开展专项调研15次，为常委会审议相关议题、增强监督实效打下了良好基础。聘请18位相关方面专家成立专家咨询委员会，积极发挥专家的智囊作用，推进依法履职更具权威性、专业性、科学性。

加强对外交流。区人大主任会议成员分别带领相关处室、街镇人大负责人和部分人大代表，分赴上海、广东、浙江、江苏、湖北等先进地区的14个区县人大进行交流学习，系统学习了先进地区人大在监督工作、代表工作、自身建设、街镇人大规范化建设、人大代表开展活动等方面的先进做法与经验，并且在县（市、区）人大、街镇人大分别签署了友好交流合作协议，为下一步双方以交流促提升、以合作促共建，加大互动协作力度，推动双方人大工作共同提高打下了良好基础。

加强代表培训，强化载体建设。区十八届人大常委会把加强代表培训

学习作为一项基础性工作，组织部分委员和代表到全国人大、中国政法大学培训基地和山东农业工程学院参加业务培训，有效提升了代表依法履职的能力。突出代表活动室和代表联络站建设，全区已建成高标准代表活动室20个、代表联络站80个，实现了数量和质量的双提高。在区人大代表中深入开展了“爱我历城、助力发展”主题实践活动，确定每月27日为区人大常委会领导接待代表日，听取代表反映意见和诉求，认真给予答复和解决，打造常委会和代表沟通的桥梁，进一步密切人大常委会同人大代表的联系。开通运行了“历城人大”微信公众号，搭建起广大代表和人大工作者的沟通平台，畅通了人大发出好声音、传递正能量的重要渠道。

切实加强机关建设。以创建学习型、团结型、服务型、创新型、守纪型“五型机关”，选树学习标兵、实干标兵、服务标兵、文明标兵、创新标兵“五类标兵”为抓手，开展一系列丰富多彩、卓有成效的创建活动，形成了“团结、紧张、严肃、活泼”和“相处相长、相处欢畅”的良好局面，2017年区人大常委会机关被评为“省级文明单位”。

强化督办，办理建议不断提质。代表在区十八届人大一次会议上提出的95件建议、批评、意见，均已按时办理完毕并答复代表，办理结果满意率和基本满意率达到99.8%。

着力推进依法治区进程。区十八届人大常委会对全区“七五”普法工作进行调研，促进全区普法工作向纵深发展；组织部分区人大代表到区法院开展旁听庭审主题日活动，对监督司法公正、促进代表对法院工作了解、强化法院庭审活动的公开和阳光规范审案起到积极作用；对全区《档案法》《森林法》等法律法规的实施情况进行检查，保证法律法规的落地实施，推进了依法治区进程。

40年风雨兼程，历城区人民代表大会在区委的坚强领导下见证了改革开放时代历城发展的点点滴滴，书写了历城民主政治建设的光辉篇章，在中国特色社会主义新时代，将与时俱进、开拓创新，绘就历城民主政治建设更新更美的篇章。

风雨同舟　荣辱与共

——与改革开放同频共振的历城政协

张　晓

不知不觉间，我在历城区政协已工作26年，1984年成立的政协比我的工作生命大8岁。今年适逢改革开放40周年，区政协文史委要征集相关史料，历城政协自成立以来一直伴随改革开放时代的步伐成长、发展，是40年来历城改革开放的一个重要组成部分。自从踏入工作岗位一直在区政协机关工作，是我与政协这一爱国统一战线组织的特殊“缘分”。26年的工作经历也使我更加了解政协、更加热爱政协。为《改革开放时代

的历城》编辑之需，将我所知、所见、所闻，并结合相关资料、政协老领导的回忆，将与改革开放同频共振的历城政协之发展历程简述如下。

县政协的筹建与政协第一届历城县委员会（1983年12月—1987年5月）

根据中共中央办公厅《关于县（市）和市辖区设立政协问题的通知》和济南市委转发市委统战部《关于设立区县政协的请示报告》精神，1983年12月7日，历城县委召开五届六次全委会议，决定在召开县、乡人民代表大会的同时，建立中国人民政治协商会议历城县委员会。县委根据《政协章程》有关规定，结合历城实际，制定了《关于设立中国人民政治协商会议历城县委员会的意见》。1984年3月中旬，县委召开各民主党派、人民团体、各界人士代表会议，协商通过了15人组成的政协第一届历城县委员会筹备委员会（简称“筹委会”）。3月14日，筹委会举行第一次会议，推选了主任、副主任，协商通过了政协第一届历城县委员会人数和界别。3月15日，县委〔1984〕8号文件公布了筹委会组成人员，主任为亓刚文，副主任为李焜祥、赵绪昌、卫敏行、董毓鑫，委员包括孙文成、赵衍印、吕琦、程继周、林言顺、王树廷、刘秀河、唐增生、王尉、胡光芹。筹委会下设办公室，县委统战部部长赵衍印兼任办公室主任，张曰明任副主任。

事属初创，虽然千头万绪，没有现成做法经验可循，但是筹建工作仍然在有条不紊地推进。筹委会首先采取多种方式广泛宣传人民政协的地位、性质、任务，并印制政协资料选编小册子发至各单位用于学习、提高认识。在政协委员的安排上，筹委会统筹兼顾，坚持代表性，注重质量，严格按照《中共中央关于转发〈全国统战工作会议纪要〉的通知》（中发〔1982〕12号）文件强调的原则来推荐、考察人选。协商推选的政协委员不仅包括各民主党派、无党派、人民团体、少数民族、宗教界、

对“四化”建设有贡献的知识分子、对祖国统一有影响的归侨侨眷、港澳台同胞及其家属代表等各方面人士，还从统战工作需要出发安排了党内有影响的老同志、全县各条战线上先进工作者、先进生产者、“三八”红旗手、新长征突击手以及科技户、专业户、重点户中的代表性人士，体现了人民政协大团结、大联合的政治属性。筹委会经过认真、慎重、细致的工作，并履行相应的程序，形成了政协第一届历城县委员会19个界别、104名委员名单草案。

1984年4月2日、4月8日筹委会先后举行会议通过了委员名单、开幕词、筹委会工作报告等会议文件，并确定了政协第一届历城县委员会第一次会议的议程、日程和会期。

1984年4月9日至14日，政协第一届历城县委员会第一次会议在历城县招待所召开，县委、县人大、县政府、县纪委等班子主要领导出席会议，县委书记姬广文到会祝贺并讲话。从这次会议起，县（区）委书记在政协全委会议上讲话成为惯例，并延续到2005年1月召开的区政协六届三次会议。亓刚文当选为政协第一届历城县委员会主席。因亓刚文1986年2月去世，县政协一届三次会议补选侯金水为政协第一届历城县委员会主席。

县政协机关最初仅有6名工作人员，至一届县政协届末，通过毕业生分配、机关人员调配，政协机关工作人员增加到16人。

首届县政协的3年间，正是全国深入贯彻党的十一届三中全会精神，坚持“一个中心，两个基本点”，全面推进社会主义现代化建设时期。新生的县政协在这一时期主要是服务经济建设，面向社会各界宣传政协，完善工作机构。这期间开展的主要工作，一是学习宣传人民政协的地位和作用，二是积极参政议政，三是设立工作机构，四是服务经济建设，五是筹建民主党派组织，六是积极组织开展联谊走访活动。

根据工作需要，县政协于1984年5月17日成立了办公室（下设秘书科、组织宣传科、调研科）、文史资料委员会、学习委员会和9个工作组（农业、文体、医药卫生、教育、妇幼、民族宗教侨务对台、企业财贸、科技、青年），1985年5月8日设立提案工作委员会，1986年7月28日增设经济工作组、书画工作组。1986年10月31日，县政协机构设置为一室二委二科：办公室、文史资料委员会、提案工作委员会、组织宣传科、调查研究科。同时，着手筹建民主党派组织，县政协成立之初，民主党派如九三学社、民盟、民建、农工等只有几个成员，没有支部组织。在县统战部的协助下，从委员中吸收成员，民建、民盟等历城县基层组织相继建立起来。

政协第二、三届济南市历城区委员会
（1987年5月—1993年1月）

1987年4月，历城撤县设区，新的区划5月1日完成。政协历城县委

员会相应改称为政协济南市历城区委员会，新设立的政协济南市历城区委员会届次按原政协历城县委员会的届次顺延。原郊区政协确认的委员凡归属在历城区区域内的资格有效，与原历城县政协确认的委员一同构成政协第二届济南市历城区委员会。

政协第二届济南市历城区委员会第一次会议于1987年5月13日至18日在区工会俱乐部召开，侯金水当选为主席。二届区政协工作机构设置没有变动。政协第三届济南市历城区委员会第一次会议于1990年2月27日至3月3日在区工人文化宫召开，侯金水当选为主席。三届区政协撤销学习委员会、提案工作委员会、组织宣传科、调查研究科，增设两个专门委员会：学习提案委员会、工作组工作委员会。

这一时期，区政协主要围绕以经济建设为中心履行职能。二届政协期间，每年召开一次规模较大的各界人士为“四化”建设服务经验交流大会，总结经验，发扬成绩，表彰政协委员和各界人士中涌现的先进集体和先进个人。通过经验交流，全区各界人士形成了一个互相学习、互相促进，努力争创一流工作成绩的热烈氛围。各界人士投身“四化”建设的

热情高涨，推动了政协各项工作的开展，扩大了统一战线的影响。

1991年3月，中共历城区委召开了第一次全区政协工作会议，区委副书记陈学科传达了省委、市委召开的政协工作会议精神；区委书记谢传仁、区长孙继鑫分别讲话；九个乡镇、区直部门党委作了大会发言，总结交流了做好新时期人民政协工作的经验。这是政协成立以来，区委首次召开全区性会议专题研究政协工作，对进一步坚持和完善中国共产党领导的多党合作和政治协商制度，发挥区政协在两个文明建设中的作用，具有重大意义。1991年6月19日，区委、区政府制定下发济历城任〔1991〕26号文，决定历城区各乡镇成立正乡镇级政协统战办公室，从而保证了基层政协工作的有力开展。区政协主动牵线搭桥，助推自然资源开发、企业发展；同时，发挥委员业务专长，积极开展各类人才培训、医疗服务、书画下乡等活动，为推动全区经济社会发展作出了有益贡献。

政协第四届济南市历城区委员会
（1993年1月—1998年1月）

政协第四届济南市历城区委员会第一次会议于1993年1月8日至12日在区供电局召开，孙继鑫当选为主席。四届区政协于1996年5月16日撤销工作组工作委员会，增设3个专门委员会：经济科技委员会、社教文卫体委员会、台港澳侨联络委员会。

第四届区政协的5年间，适逢邓小平同志南方谈话、党的十四大、十五大召开，改革开放进程不断加快，社会主义市场经济逐步确立。政协事业进入发展期，各项工作渐趋规范成熟。

1993年，区政协研究制定了《评选优秀提案及提案办理先进单位的试行条件和办法》，在每届次立案的政协提案中评选1/10为优秀提案，承办单位总数的1/3为提案办理先进单位。对所评选出的优秀提案、提案办理先进单位在下届次的政协全委会议上进行表彰。这项制度，延续至今，评选条件、评选程序有所调整，至区政协九届一次会议共评选出优秀提案334件、提案办理先进单位325个，持续有效地推动了提案质量、办理质量的提高。

1994年，区政协经过考察、调查、分析、论证，向区委、区政府提出了《重视高级中等教育发展，加快人才培养步伐》的建议案，建议在普及九年制义务教育的基础上，积极发展高级中等教育，有效促进了全区教育事业的发展。

1995年，区政协四届二次会议参照上级政协的做法，把大会发言作为政协委员参政议政的重要方式，在全委会议上进行安排。自此，除有换届任务外，每次全委会议上都安排民主党派、社会各界代表人士进行大会发言，就全区经济发展、社会进步、民生改善等提出真知灼见，并邀请区党政主要领导、部门负责人现场聆听。截至区政协九届二次会议，共安排大会发言20次，参加大会发言的民主党派、无党派人士、界别代表、政协委员219人次。

第四届区政协委员学习活动开展得非常活跃。区政协建立学习中心组，并制定学习制度、学习计划，坚持每两周学习1次，先后选学了《邓小平文选》和中国特色社会主义理论、中央会议精神和有关方针政策，集中收看16盘“内部参考”录像带。另外，为帮助区政协委员学习，除编发《学习资料》外，将驻乡镇区政协委员按交通便利原则编成3个学习组，定期组织学习，并邀请区委党校高级讲师对政协委员进行政协统战理论、时事形势辅导。

建立健全了政协信息网络，全区各乡镇和部分区直部门有140多个政协信息联络员；政协办公室与区委宣传部联合发出《关于进一步加强人民政协宣传工作的意见》的通知后，更加活跃了政协的宣传工作；在区委、区政府的支持下，《人民政协报》刊登了历城专版，就区委加强对政协的领导、区政府支持政协工作、区政协围绕中心参政议政进行了详

细报道，扩大了历城在全国的知名度。届期内，应加拿大里贾纳市大学谢培智夫妇的邀请，孙继鑫主席带领商贸团赴加拿大考察，在引进乳品加工设备的同时，还与里贾纳凯迈公司签订了合资建立商贸公司的协议。经区政协牵线搭桥，洪楼小学与加拿大里贾纳市迪埃普学校正式结为友好学校，这在历城是首例。

政协第五届济南市历城区委员会
（1998年1月—2003年1月）

政协第五届济南市历城区委员会第一次会议于1998年1月12日至16日在区会议中心召开，潘忠田当选为主席。五届区政协于2002年7月27日增设人口资源环境委员会，机构设置增加到一室、六委。

1997年9月，党的十五大召开，我国进入了高举邓小平理论伟大旗帜、推动建设有中国特色社会主义事业跨世纪发展的新时期。在党的十五大精神指引下，区政协工作坚持“维护区委领导，支持政府工作，让社会各界更加满意，使委员更加努力”的原则，围绕区委中心工作，服务大局，虚实结合，创造性地开展工作，区政协机关连续5年被区委、区政府评为“两个文明建设先进单位”，连年被省政协评为“宣传发行先进单位”、两次被评为“文史工作先进集体”；涌现出区级“人民好公仆”冯邦尧、杨振刚，“济南市廉洁勤政十佳模范个人”冯邦尧。2001年，历城区政协在全市政协工作会议上作了典型发言。

五届区政协工作有以下几个特点：

一是从坚决维护区委领导、支持政府工作出发，区政协领导班子团结带领各民主党派、工商联、社会各界人士创造性地开展各项工作，履行好政协职能。政协全体委员从思想上行动上始终与党中央保持一致，与各级党委保持一致。

二是每年围绕区委的中心工作确定政协的工作重点，在调查研究的基础上向区委提出一到两个建议案。5年中，区政协提出了加快旅游业发展、加快个体私营经济发展、实施科教兴区、加快小城镇建设、加快省城后花园建设、加快工业园区建设等6个有数据、有目标、有措施的建议案。每件建议案，区委常委会都专题研究，区委、区政府主要领导作出批示，并以区委文件转发街镇、部门参照执行，所提建议有的纳入了《全区中长期经济和社会发展规划》。

三是开展民主评议工作。为促进全区环境创新，区政协常委会作出《关于开展环境创新，组织委员民主评议政府职能部门的决定》，制定了实施方案。五届四次、五次会议期间，分别组织政协委员对10个、15个职能部门进行了民主评议。会后，把收集到的问题、意见和建议原汁原味地反馈给被评议部门，并持续跟踪监督。经过共同努力，被评议部门办事环节明显优化、收费标准更为合理、依法办事自觉性明显增强，截至2002年底，多数跨入区级双文明和环境创新先进行列。

四是加强政协机关自身建设。在加强思想组织作风和制度上下功夫。狠抓廉政建设，不动用公款乱吃乱喝，并建立制度，公开区政协的财务收支情况，不断增强机关的凝聚力和战斗力。

政协第六、七届济南市历城区委员会
（2003年1月—2012年1月）

政协第六届济南市历城区委员会第一次会议于2003年1月18日至23日在农丰宾馆召开，谭传友当选为主席。政协第七届济南市历城区委员会第一次会议于2007年12月5日至9日在区机关北三楼会议室召开，谭传友当选为主席。

2002年11月党的十六大提出了全面建设小康社会的奋斗目标，引导各级政府把工作重心不断向农村倾斜。2007年10月党的十七大对科学发展观的时代背景、科学内涵和精神实质进行了深刻阐述，对深入贯彻落实科学发展观提出了明确要求。六届、七届区政协以邓小平理论、“三个代表”重要思想、科学发展观为指导，全面贯彻落实党的十六大、十七大精神，发挥人才优势促进经济文化强区建设，发挥大团结、大联合优势

促进社会和谐稳定，发挥民主监督优势促进民生问题解决。

精心打造建议案，助推经济社会发展。区政协坚持把干事创业体现在深入开展调研、搞好建言献策上，紧紧围绕事关全区经济社会发展的综合性、全局性和前瞻性课题，举政协全力集中开展综合调研，9年提出10件建议案，全部纳入区委决策。

每年年初，区委主要领导与政协协商拟定1—2个综合调研题目，这些题目都是全区经济社会发展中较为薄弱、但又必须重视解决的突出问题。2003年—2007年，围绕建立现代都市农业，政协连续开展了农业结构调整、农村劳动力转移、农村社会保障、失地农民基本生活保障、新农村文化建设等5项涉及“三农”工作的系列调研。2008年—2011年，又围绕转方式、调结构，重点就发展现代服务业、优化工业经济结构、生态建设与保护、撤镇建办、水利设施建设等课题进行调研。调研过程中，区政协注重搭建“两个平台”。一是发挥委员主体作用的平台。不仅吸收区政协常委、省市政协委员参与，而且与街镇政协委员联络组同步调研，写出调研报告，每次调研的委员参与率都在70%以上。二是动员社会各界围绕调研课题献计出力的平台。区政协通过发放问卷、分层次座谈、外出考察等，反思现状，提出既符合产业发展政策又符合区情实际的好建议。

推动开展“提案督办周”活动。2005年—2011年，区政协连续7年配合区委、区政府开展“提案督办周”活动。每年政协提案交办后，由党政部门对重点提案先行调研、提出初步解决方案，然后从中选出最能反映当年经济社会热点难点、最具代表性的数件提案，由区长亲自召集会议予以办理，区政协主席、副主席、分管副区长以及办理单位共同参加，当面听取委员意见，协商办理方向、措施，然后有关部门按照协商意见认真组织落实。对其他大部分提案，按照“谁分管、谁负责”的原则，由分管副区长牵头办理。每年第三季度，常务副区长向政协常委会通报提案办理情况。这些督办措施，促进了一些重大问题的解决。

争取党政重视支持。2006年，中共中央《关于加强人民政协工作的意见》颁布后，区委、区政府分别出台《关于贯彻落实〈中共中央关于加强人民政协工作的意见〉的实施意见》《关于支持人民政协履行职能的意见》两个文件，进一步明确了各级各部门重视支持政协工作的责任和义务，并针对街镇政协统战办公室撤销问题，在全市率先提出“街镇党（工）委要有一名领导同志负责政协方面的工作，并兼任政协委员联络组组长”；在《历城区农村改革实施方案》中将“搞好政协统战工作联络协调”的内容列入街镇综合办公室的职能。2009年9月，区政协协助区委召开了庆祝人民政协成立60周年大会。

重视宣传工作。自2006年开始，在历城电视台开设《政协委员风采》栏目，及时宣传广大委员扎实履行职能、服务经济社会发展的先进事迹。2006年4月，历城区政协作为全市唯一代表，接受了省委宣传部和省政协办公厅新闻采访团的联合采访。2007年9月，在全省政协工作经验交流会上，区政协作了典型发言。

政协第八届济南市历城区委员会（2012年1月—2017年2月）

政协第八届济南市历城区委员会第一次会议于2012年1月10日至14日在山东省法官培训学院召开，刘传勇当选为主席。

2012年11月，党的十八大胜利召开，创新、协调、绿色、开放、共享的发展理念深入人心，改革发展进入关键期、攻坚期。八届区政协高举爱国主义和社会主义伟大旗帜，牢牢把握团结、民主两大主题，围绕中心工作，扎实履行政治协商、民主监督、参政议政职能，为促进全区经济、政治、文化、社会、生态文明建设作出了积极贡献。

建言成果进入高层决策。2012年，区政协邀请12位省市知名专家组成调研组，围绕加快推进省会南部生态经济区建设开展综合调研，形成了《关于积极推进省会南部生态经济区科学发展的建议案》。首次提出了

“省会南部生态经济区”的科学定位，提出加强规划引导、出台扶持政策、建立生态补偿机制、完善基础设施、理顺体制机制5大建议，得到了省市领导的充分认可，并作出重要批示。

2013年，借助山东大学等驻地高校智力优势，深入开展工业调研，形成了《关于加快全区工业发展的建议案》。2014年，就推进城乡环卫一体化工作开展专题调研，因地制宜提出了建立健全垃圾集中处理、市场化运作、考核监督、资金保障的“四大机制”，为探寻一条“城乡一体、市场运作、政府监督、管干分离”的市场化之路提供了有益借鉴。

支持委员成立爱心联合会。2013年7月10日，区政协充分尊重委员意愿，支持委员自发筹备成立“历城政协委员爱心联合会”。截至2016年底，入会会员达260人，既有省市区三级政协委员，也有外地非公经济人士。先后围绕困难群众就业、就学、养老、住房、就医等问题，开展了10余次大规模救助活动，共计发放爱心款和爱心物资达253.7万元，为党委、政府民生工作提供了有益补充。

联谊活动丰富多彩。2012年，在全体委员中集中开展了“六个一”活动。2014年，以庆祝人民政协成立65周年、历城区政协成立30周年为契机，开展了“五个一”活动。其中，以“走过三十年”为主题，同步举办书画摄影展、征文和文史书籍编写策划活动，展现了历城区政协成立以来，与各族各界同舟共济，求实创新，共同致力于历城现代化建设的风雨历程。

呼吁设立街镇政协工作室。2012年2月，组织驻区省、市政协委员，分别在省、市政协全会上提出联名提案，建议在街镇设立政协工作机构。为此，省、市编办专门到历城区进行调研，听取区政协党组的意见和建议。在此基础上，济南市编办于2012年9月，制定下发了《关于在乡镇（街道办事处）设立政协工作室的通知》。根据市编办文件要求，2015年，统一更名为街镇政协委员联络室。街镇政协机构在取消11年后得以恢复，政协工作进一步下沉，在基层有人管事、有人办事。

政协第九届济南市历城区委员会
（2017年2月至今）

政协第九届济南市历城区委员会第一次会议于2017年2月4日至7日在历城文体中心召开，寇少杰当选为主席。

步入新时代，站在建区30周年新的历史起点上，九届区政协常委会高举习近平新时代中国特色社会主义思想伟大旗帜，紧紧围绕市委“1+454”工作体系，牢牢把握区委“1+115”总体思路，以打造“为民政协、务实政协、开放政协”为目标，以“1631”重点工作为主线，真诚协商、务实监督、深入议政，在全区各项事业发展中贡献了政协智慧，书写了新的篇章。

助推“四个中心”建设彰显新作为。围绕打造区域性物流中心，邀请4位省市专家成立课题组，深入全区3大物流片区实地考察，赴广州、成都、郑州等地学习，收集经验材料5万余字，梳理资料4大类、56项，形成了《关于加快推进我区物流业转型升级的建议案》。立足国家和省市最新战略，站到加快新旧动能转换的高度，提出了历城物流业未来发展的目标定位和政策建议。建言成果得到市、区两级主要领导的高度重视。2018年6月，济南市政府印发《加快推进国际内陆港建设三年行动计划》；8月，济南市政府出台的《全市物流专项规划》中，历城区政协的很多建议被采纳。同时，围绕金融业发展、招商引资、重点项目建设、“亿元楼”经济、科技创新、城市提升、农旅小镇、特色街区更新、产业龙头企业、社区“网格化”管理、优化营商环境等，开展调研视察50余次，为党政决策提供了重要依据。

协商平台建设取得新突破。为贯彻落实习近平总书记“有事好商量，众人的事情由众人商量”的重要思想，在历城电视台创办《共商·共识》栏目，利用电视媒体，对现有协商形式进行深化和延伸，推进政协协商进一步走向基层、走近群众。2018年，围绕拆违拆临、城市绿化、农村环境整治、美丽乡村建设等课题，引导委员走到百姓中间，畅所欲言，充分协商，达到了解民情、反映民意、增进共识的目的。市政协主要领导给予高度评价，认为栏目形式新颖，贴近群众，充分发挥了政协围绕中心、服务大局的作用，体现了协商于民、协商为民的精神。

政协民主监督展现新亮点。2017年，为协助打好脱贫攻坚战，分南北两大片区，开展监督性调研。为保障群众舌尖上的安全，深入学校、餐饮单位、田间地头，查问题、找短板。区委主要领导高度重视，作出重要批示，有关部门积极行动，推动两项工作进一步落到实处。提案工作，以实现提案质量和办理质量“双提升”为目标，形成了“办前充分协商、办中因案制宜、办后双向评议”的典型做法，一批群众关心关注的问题得到解决。2018年5月，历城作为全省唯一的区县，相关经验被省委督察室在全省范围内推广。充分发挥社情民意信息“直通车”作用，在全区设立信息员86人，报送信息160余条。其中，“菜篮子”进社区、保护

济钢钢铁文化、民办幼儿园规范管理、解决城区无名道路等建议被市政协采纳，规范农产品二维码使用的建议被省政协采纳。历城区政协被市政协评为“2017年度反映社情民意信息先进单位”。

“开放政协”建设取得新进展。着力从三个维度，推进“开放政协”建设，为促进历城发展最大限度地汇聚智慧力量。一是面向政协组织，进一步密切对内对外联系，与西藏白朗、海南万宁、湖南保靖、河北枣强、四川涪城、内蒙古呼伦贝尔等地建立友好往来。二是面向广大委员，进一步提高工作开放度。以庆祝建区30周年为契机，精心筹办“恢宏华彩满金秋”文艺演出，制作完成《季风吹拂·齐鲁首邑》宣传片。利用自媒体传播快、覆盖广的优势，创办“历城政协”微信公众号，开辟了政协机关与委员之间宣传交流的新渠道。三是面向各界群众，进一步丰富履职载体。举办“政协讲堂”，在街镇建设“委员之家”，深入开展“委员大走访”，引导委员深入基层、联系群众，政协工作的深度和广度不断扩大，凝聚力、向心力明显增强。

历经30多年，政协第九届济南市历城区委员会已经是涵盖7个民主党派、工商联、无党派人士、各主要人民团体的28个界别、288名政协委员的重要政治组织。政协机构设置办公室和提案委员会、经济科技委员会、人口资源环境委员会、社教文卫体委员会、台港澳侨联络委员会、文史资料委员会。政协机关人员达到36人。区政协机关每年都被区委、区政府评为“区级文明单位”“两个文明建设先进单位”“科学发展先进单位”“经济社会发展先进单位”。

一至八届区（县）政协共举行全委会议33次，常委会议174次，主席会议358次。

历届区（县）政协始终把学习工作放在政协事业发展全局来筹划，以服务委员懂政协、会协商、善议政和守纪律、讲规矩、重品行为出发点及着力点，坚持把加强委员学习与党政中心工作，与推进政协履职能力建设相结合，突出政协学习的政治性、政策性和统战性特点，发扬人民政协学习工作自我教育的优良传统，以学习增进思想共识，以学习引领履职实践，为推动协商民主新发展提供坚实的基础。30多年来，通过全体委员会议、常委会议、主席会议，政协学习中心组，暑期读书会、形势报告会、学习培训班等专题学习，结合调查研究、参观考察、订阅报刊、建立微信公众号等经常性学习，组织推动委员学习马克思列宁主义、毛泽东思想、邓小平理论、“三个代表”重要思想、科学发展观、习近平新时代中国特色社会主义思想，学习党的基本路线、重要方针政策和时事政治，学习统一战线和人民政协的理论、方针、政策，政协章程和有关规章制度，学习社会主义市场经济与社会主义法治的基本理论、基本知识和现代化科学技术知识。

提案作为政协履行职能最直接、最便捷的有效形式，自历城区政协成立之始便作为政协重要工作之一，被历届政协在全局中研究部署，先后制定完善了《提案工作条例》《优秀提案和提案办理先进单位评选办法》《重点提案遴选和督办办法》等提案工作制度。通过区长、副区长与主席会议成员重点督办、专委会跟踪督办、热点问题协商督办等形式，有效促进了提案落实。截至区政协九届一次会议，立案提案共4041件，全部予以办复。

富有政协特色的文史工作，30多年硕果累累。自1985年，历城区

政协结集出版《历城文史资料》，到2018年底已出版发行26辑，其中专辑15种，选辑11种。另外，历城区政协还编辑出版了《志在四方的历城人》《历城政协志》《田遨丛稿》《走过三十年》《大东风雅李攀龙》等5种专题史料。多种书刊在“全省政协优秀文史书刊”评选中获奖，其中《建设新中国初期的历城》获一等奖，《历城文史集粹》《赴藏记忆》《历城地名溯源》《历城古韵》获二等奖，《历城文史资料第七辑（抗战专辑）》《历城名胜古迹》《历城名人》《历城文史资料第十三辑》《军旅人生》获三等奖。区政协7次被省政协评为“全省文史工作优秀集体”。

作为大团结、大联合的统一战线组织，历届政协每逢重大节庆、政治性纪念活动，都适时举办有关人士参加的专题会议和活动，如“纪念抗日战争胜利50周年座谈会”“迎接香港回归祖国座谈会”“迎接澳门回归座谈会”“庆祝建国暨人民政协成立60年大会”等，围绕团结和民主两大主题，宣传党的路线方针政策，引导推动各界人士为历城区经济社会事业发展发挥作用，贡献力量。

30多年来，历城区（县）政协在区（县）委的坚强领导下，始终坚持与党政工作同心，与人民利益同行，与时代脉搏同向，以饱满的热情、创新的精神、务实的作风、争先的干劲，围绕民主和团结两大主题，履行政治协商、民主监督、参政议政三大职能，为促进历城经济社会持续发展，促进社会主义民主政治建设，发挥了重要作用，作出了积极贡献，成为推动全区（县）经济、政治、社会、文化和生态文明建设不可替代的重要力量。

砥砺奋进

DI LI FEN JIN

改革开放的40年，是勤劳智慧的历城人民砥砺奋进的40年。40年里，历城党政和各级各部门根据时代发展新要求，一心一意抓改革，凝神聚力促发展，从城市到农村、从微观到宏观、从对内搞活到对外开放，都取得了令人瞩目的成就。40年里，在历城这片改革开放的热土上，无数改革者不图安逸、敢闯敢试，工农商各行业，一、二、三产业打破思想禁锢，勇于担当、真抓实干，在改革浪潮中创造了一个个惊人业绩。40年里，各项改革措施的落地，给历城各行各业带来勃勃生机。40年里，历城持续转型升级，全面建成小康社会取得重大进展，由农业大区迈入经济强区，并向省会城市发展核心区阔步迈进。近年来，从华山的突破到唐冶的崛起，从发展空间的拓展到新兴产业的培育，从美丽乡村的新一轮建设到新型城区的布局发展，从富民战略的有效落实到民生保障的持续发力，从精神文明建设的持续推进到党的建设的不断强化，砥砺奋进的历城人正在创造新的辉煌。

体制几经变化　财源滚滚进账

——历城财政收入四十年增长二百倍

石　倩

改革开放40年，历城财政部门紧紧围绕全区经济社会发展大局，不断完善财政体制，加强财源培植，财政收入一年一个台阶。2018年，全区预计实现一般公共预算收入109亿元，比改革开放之初的1978年增长了200倍。

财政体制几经变化

改革开放以来，由于区划调整和政策调整，历城财政体制经历了数次变迁。1978年，实行“增收分成，收支挂钩”的管理体制。1979年，实行“收支挂钩，超收分成”的管理体制。1980年，实行“划分收支，分级包干”的管理体制，除工商税收入全部上解外，其他各项财政收入为县级收入。1982年，改进“划分收支，分级包干”的管理体制，县按总收入的65%上交济南市，35%留县，其不足开支部分给予总额补助。1986年，实行“划分税种、核定收支、分级包干”的管理体制。1988年，财政体制改革，实行财政包干体制，采取“定额上解”办法，即按原来核定的收支基数，收大于支的部分，确定固定的上解数额。1994年，财政体制由“财政包干”改为“分税制”，增值税为中央和地方共享，中央分享75%、地方分享25%，以1993年净上划中央的收入为基

数，核定县（区）级税收返还基数，然后根据每年上缴中央两税数额，按1：0.3的比例增加税收返还，继续保留定额上解和专项上解。2002年，地方各级企业缴纳的企业所得税和个人所得税纳入省、市、县分享范围。2004年，实行“税收属地管理，主体税种两级分享”的财政体制，重新划分了市、区两级的收入范围。2007年，为加快济南临港经济开发区发展，对临港开发区实行“核定收支基数，增收全留，超支不补，自求平衡，一定五年不变”的财政体制。2013年，市政府调整完善市区财政管理机制，在收入划分方面实行“收入下放，属地反映”，除市级管理的非税收入外，其他地方公共财政收入，全部作为区级收入，全面体现区域内实现的地方公共财政收入状况，同时确立了以“基数上解、增量分成”为主线的财力调节原则。

街镇财政不断调整

1986年，历城开始建立乡镇财政所，负责乡镇一级财政的收支管理，并制定“定收定支，收支挂钩，总额分成（或定额补助），超支不补，结余留用，一年一定”的财政体制。随着经济发展及收入形势的变化，改为“定收定支，收支挂钩，总额分成，超支不补，结余留用”的财政体制。1994年，根据分税制的要求，对全区乡镇财政体制进行调整，收入基数按1993年乡镇实际收入即税制改革和各级收入划分情况测算固定收入为基数，支出基数按1993年实际支出适当考虑政策性增支因素为基数。1998年，对乡镇实行“超收全留，短收不补，自求平衡，一定五年不变”的财政体制。2000年，区政府对大正示范小区财政体制进行调整，实行“超收全留，短收不补，自求平衡，一定三年不变”的财政体制。2001年，区政府制定《街道办事处财政管理体制试行办法》，对办事处实行“税收比2000年增长20%以上的增收部分，按重新确定后的隶属关系全部留给办事处，对当年3月10日以后新建企业形成的地方收入按区30%、办事处70%分成”的财政体制。2002年，街道财政体制调整为“确定收支基数，以收定支，超收全留”。2003年，对体制进一步调整与完善，将体制定为“核定收支基数，收支挂钩，超计划按比例返还，一定三年不变”。2005年，对镇实行“核定收支基数，上解递增，补助递减，超收

全留，自求平衡，一定三年不变”的财政体制。2006年，进一步理顺区与街道的财政收入划分办法和分配关系，对4个街道办事处实行“收入按属地协助征管，收支按增幅比例挂钩”的财政体制。2008年，对各镇实行“税收属地征管，区镇共享；核定收支基数，适当上解，定额补助，超收全留，超支不补”的财政管理体制。2009年，对街道办事处实行“税收属地征管，增量分档分成”的财政管理体制。2012年至今，对街镇实行“核定收支，增量分成，补助递减”的财政体制。

1978年，历城县财政收入5409.6万元，主要是工商各税和农业税。1980年，因区划变更，财政收入减为81.7万元。（1980年4月重建济南市郊区。将历城东郊、西郊、北园、吴家堡、华山、姚家6处公社和邵而公社的4个大队，英雄山公社的13个大队划归郊区。历城辖遥墙、唐王、董家、港沟、孙村、大龙堂、邵而、英雄山、仲宫、锦绣川、高而、西营、柳埠等13处公社、846个自然村。）1981年后，县财政收入稳步上升，1991年财政收入首次突破1亿元。1994年，实行分税制财政体制后，历城区财政收入稳步增长，2005年财政收入突破10亿元，2010年突破20亿元。2013年，实行税收属地征管后，历城区财政收入更是不断迈上新台阶，2013年财政收入一举突破50亿元，2017年财政收入历史性突破90亿元。2018年，预计全区实现一般公共预算收入109亿元，比1978年增长200倍，年均增长14.18%。

改革开放以来，全区经济迅猛发展，广泛培植挖掘财源，全区财政收入实现跨越式增长。

历城农村税费改革的“加减法”

——从取消农业税到增加农业补贴

王燕　樊庆德　朱玉芳

中国农村改革发端于1978年底安徽凤阳小岗村的“大包干”。党的十一届三中全会后，农村家庭联产承包制犹如星星之火，短短几年就扩展至全国。1982年底，历城有95%以上的生产队实行了以“大包干”为主要形式的联产计酬责任制。1983年底，基本确立了集体统一经营与农户分散经营相结合的双层经营体制，大大解放了农业生产力，调动了农民的生产积极性，农业生产出现超常规增长。到了20世纪80年代中后

期，历城的粮食产量由1983年的21.86万吨增加到1988年的28.76万吨，出现“六连增”，人均粮食突破1000斤。

实行家庭联产承包责任制以后，根据当时政策要求，为了解决乡镇、村级组织开支困难的问题，乡镇政府每年都要向农民收取“三提五统”。现在“三提五统”已成为一个历史名词，在当时却是一种税赋制度。“三提”是指农村的“公积金、公益金、管理费”三项村提留，“五统”是指“教育附加费、计划生育费、民兵训练费、民政优抚费、修建乡村道路费”五项乡镇统筹。由于城乡二元结构及农村体制机制等原因，农民不仅要缴纳农业税、缴纳“三提五统”，还要承担各种乱收费、乱罚款、乱集资，甚至光棍也要缴纳计划生育费和教育附加费，造成农民增产不增收，税赋负担沉重。1991年省七届人大颁布《山东省农民负担管理条例》，确立采取“定向限额”的办法，明确了“三提五统”的收费方式和收费标准。但个别乡镇、村巧立名目地乱收费、各种评比达标屡禁不止。针对此类现象，区里成立由区长任组长的农民负担监督管理领导小组，1993年进行农民负担“四清理”“三整顿”工作（“四清理”指清理涉及农民负担的各种文件、项目、非生产性建设和承包合同外收费提留；“三整顿”指整顿村提留和乡镇统筹费的使用与管理，整顿收费、罚款的使用与管理，整顿义务工和劳动积累工的使用与管理）。区纪检部门牵头派驻工作组进入乡镇，专查各种增加农民负担的恶性案件。但这些都是“治标”，要“治本”还得靠改革农村的税费制度。

一道道税费改革做“减法”。为减轻农民负担，治理乱收费问题，1999年—2002年，历城区从纪检、财政、农业等单位抽调人员组成了税费改革工作小组，开展调查研究，拟订方案试点进行“费改税”，加大乡镇财政转移支付。2002年，历城区全面实行税费改革，取消“三提五统”和各种杂费，逐年取消劳动积累工、义务工，适当提高农业税率，只收农业税和农业特产税及附加。尽管如此，农民缴纳的费用降低并不多。2003年，济南市统一要求农业税率由10.5%调减为6%。同年，中央农村工作会议提出“逐步取消一切不应由农民承担的税费”。济南市结合实际提前将农业特产税附加取消。2004年，开始免征农业特产税，减征农业税3个百分点。2005年12月29日，第十届全国人大常委会第十九次会议决定，自2006年1月1日起废止农业税条例。由此，国家不再针对农业单独征税，一个在我国存在两千多年的古老税种宣告终结。历城区按照上级统一部署，自2006年1月1日起全部取消针对农民征收的各种税费，全区有58.18万农民直接受益，减轻负担2873万元，农民种地实现了零赋税。“祖祖辈辈都要缴的皇粮国税取消了，共产党为俺们农民办了件大好事。”回忆起税费改革，彩石镇玉龙村农民潘光云老人十分感慨，“80年代，农业税、‘三提五统’、各种集资摊派费用一轮下来，辛苦了一年，除了吃饭农民手里什么都没有了，如今不交税了，我们农民干农业更带劲了。”取消农业税，是解决农民问题的关键一环，农民轻轻松松进入休养生息的新时代。

一条条惠农政策做“加法”。农业税虽然取消了，农民负担没有了，但城乡差距、城乡居民收入差别仍然呈扩大趋势，单项性的改革解决不了农民增收的根本问题。进入21世纪后，特别是2003年深化农村综合改革以来，国家提出对农民实行“多予、少取、放活”的方针。同年10

月28日，国务院召开的农业和粮食工作会议决定，从2004年起，在全国范围内实行粮食直补。10多年，国家不断加大惠农力度，相继出台了一系列农业补贴政策，促进了农民的稳定发展。为了调动农民的生产积极性，继粮食直补之后，良种补贴、农机购置补贴和农资综合补贴相继实施，农业补贴从2004年的1项扩充到2008年的4项。农业补贴资金规模由2004年的416.51万元增加到2016年的3349.38万元。14年来，历城累计发放农业补贴3.4亿元。小麦、玉米政策性农业保险实现全覆盖，为农民挽回损失269.8万元。截至2017年，农业补贴已覆盖农业支持保护、政策性农业保险、农业机械购置等农业生产的多个领域，形成了综合补贴与专项补贴相结合、收入性补贴与技术性补贴相配套的框架体系。在确保农民种好粮的同时，2004年，国家实行重点粮食品种最低收购价，为农民种田保底。从2008年开始，最低收购价逐年提高，农民的丰收果实转化成了实实在在的收入。如今，农民不但“种地不再交税”，而且还过上了“国家给补贴”的好日子，农民家庭经营性收入和转移性收入快速增长，历城区农民的人均可支配收入由2003年的3725元增加到2017年的18316元，增长近5倍。农民生活质量大幅提升，幸福指数日益提高。

“加减法”聚合力推动现代农业发展。改革促进了生产力的大发展，国家取消农业税，深化农村改革，以保护农业生产、支持农民增收、减

轻农民负担和促进农业发展等农业政策为主，不断加大财政投入，让农民切身感受到了国家对农民、对农业前所未有的保护与支持，系列惠农政策激发了农民建设农业、发展农业的无限潜力。2008年，区委、区政府实施《历城区现代都市农业2008—2012年发展规划》，农业产业结构得到进一步优化，农业综合生产能力得到持续稳定增长，逐步实现了由传统农业向现代农业转型。此后区委、区政府制定出台《关于实施乡村振兴战略的意见》，举全区之力全面推进乡村振兴工程。截至2017年底，全区粮食总产量实现11.38万吨，蔬菜总产量达到41万吨，渔业养殖产量提高到600吨。“董家张而草莓”“唐王大白菜”“港沟香玲核桃”等特色产业规模不断扩大，农业质量、效益和竞争力大幅提高，不断满足社会对农产品的多样化需求。农业新产业、新形态蓬勃发展，产业功能进一步增强，生态农业、循环农业、休闲农业、农产品加工业、电商等农业发展模式越来越丰富，一、二、三产业融合发展逐步向纵深拓宽，农业多元功能日益彰显。10年来，历城区先后获得“全国粮食生产先进县”“全国无公害农产品示范区”“国家出口食品农产品质量安全区”“全国奶业强区”“全省农业增收先进区”“全省现代农业示范区”“全省农业产业化经营工作先进区”等省部级荣誉称号近20个，这是全区上下干部群众努力奋斗的成果，是历城现代农业发展的里程碑。可以说，历城现代农业的发展为全面建成小康社会奠定了坚实的基础，历城的乡村振兴之路即将呈现在眼前。

走过辉煌的历城乡镇企业

王瑞国

伴随着改革开放的春风，历城乡镇企业异军突起。20世纪90年代历城乡镇企业进入“黄金时代”。那时候提起“镁碳砖”“通讯电缆”“移动空调”“济南青花岗石”“双彩皮衣”等驰名省内外的品牌，人们无不交口称赞。可以说，历城乡镇企业是靠改革开放催生并崛起与壮大的。

我于1990年底至1998年在区委宣传部工作，多次陪同各级媒体记者或自己单独到区乡镇企业局和重点乡镇企业座谈采访，并多次参加市区有关促进乡镇企业发展的工作会议和现场会议，耳闻目睹了全区乡镇企业的发展历程，特别是20世纪90年代的辉煌成就，同记者或乡镇企业局机关人员联合

撰写、单独撰写过大量反映乡镇企业改革发展的稿件。在纪念改革开放40周年之际，特别撰写此文，展示历城改革开放的这一突出成就，并以此献给勇立改革潮头的历城乡镇企业及乡镇企业的开拓者。

乡镇企业走过一条曲折的发展之路。解放后，乡镇企业在中国农村手工业的基础上经过多年的发展，逐渐成为一支重要的工业力量。“文化大革命”期间，由于国营企业正常生产受到破坏，一些工业产品，特别是轻工业产品奇缺，农村公社、大队兴办了许多工业企业来补充国营工业生产能力的不足。党的十一届三中全会以后，改革春风吹遍祖国大地，党和国家及地方各级党委、政府制定了一系列改革的政策措施，大力鼓励和扶持乡镇企业的发展，迅速催生了这一新生事物，并得以崛起与壮大。历城乡镇企业同其他地方一样也经历了漫长的发展历程。1955年，县政府设立手工业科专门管理乡镇手工业。1958年，手工业科改为手工业局。1978年，历城县第二工业局成立，负责管理社队工业。1984年，社队企业改为乡镇企业，历城县成立乡镇企业局。历城乡镇企业沐浴着改革开放的春风，勇立改革潮头，解放思想、奋力开拓、勇于创新、敢为人先，曾经走在了全市甚至全省前列。作为专门管理服务乡镇企业的历城乡镇企业局，从1984年成立到2001年撤销合并至区经济贸易局加挂中小企业局的牌子，存续了17年。这17年也是历城由“乡镇企业”向“中小企业”演变，乡镇企业由弱变强、转轨变型的17年。此后，在改革大潮的冲击中，历城的乡镇企业有的仍然屹立不倒，有的则败下阵来，淡出了人们的视野。

改革开放之初，历城乡镇企业以手工操作和半机械化为主。其主要行业集中在建筑材料、食品生产、服装鞋帽、石材木材加工和初级机械加工等方面。1984年，中央颁布4号文件，决定把社队企业改为乡镇企业，并要求各地各部门积极支持乡镇企业的发展，努力开创乡镇企业发展新局面。按照中央要求，乡镇企业由“乡办、村办、户办、联户办”四轮驱动，逐渐发展形成了“多轮驱动、多业并举、多轨运行”的蓬勃发展局面。1986年，历城乡镇企业发展到5866个，产值达到21480万元。乡镇企业的地位和作用也越来越明显，已成为容纳农村剩余劳动力的理想场所，强农富民的支柱产业，国有工业的重要补充，农村城市化的物质基础和财政收入的重要来源。

历城地处近郊，境内大专院校、科研单位和国有大中型企业众多，又有丰富的自然资源和人力资源，发展乡镇企业有着得天独厚的优势。区委、区政府抢抓机遇，高度重视，扶持乡镇企业走上了发展和振兴之路。1991年4月，区委、区政府制定印发了《关于“南北大开发、中间大发展”的实施意见》，要求中部乡镇发挥各自经济和地理位置优势，大力发展乡镇企业。

1992年，邓小平同志南方谈话发表后，区委开展了“解放思想、扩大开放”大讨论，提出破除“左、满、旧、小”观念的束缚，增强改革开放和市场经济意识，树立高标准、高起点、超常规、跳跃式发展的雄心壮志。1992年底，区委、区政府又召开全区“村办企业年”动员大会，全区上下掀起了乡镇企业大发展的热潮。纵观在改革开放中催生的历城乡镇企业，在创业之初也曾经走过“村村点火，户户冒烟”，“作坊式”生产、家族型管理和盲目铺摊子求发展的道路。市场经济的风浪一起，很多企业便陷入困境。从20世纪90年代中期开始，历城乡镇企业掀起“二次创业”热潮，逐渐注重由量的提升发展到质的转变，结构调整上能够紧扣市场需求，坚持以市场为中心，以改革为主线，实现了几大转变：由单纯加大投入转到活化、优化资产存量并加大技改力度上；由增加经济总量投入转到增加科技投入上；由发展耗能大、工艺简单的产品转到发展耗能小、科技含量高的产品上；对老企业的改造由单纯靠自身改造转到引进外资、引进先进技术上；由简单产品的过剩生产转到生产名牌、规模产品上。历城促进乡镇企业振兴和发展的举措可以概括为以下四个方面：

培植规模企业。组建大型企业集团，大力培植规模骨干企业。坚持以规模企业为依托，以拳头产品为龙头，引导中小企业向经营多样化、跨行业、跨地区的大企业集团发展，增强抵御风险的能力。例如，旬柳、利农等村加挂山东旬柳集团、山东成大集团等牌子，实行村企合一、一体化企业管理，集中村内各种资源优势，发展村办企业。各大企业集团的形成，增强了企业实力，促进了生产要素的合理组合与流动，企业的路子越走越宽。同时，对正在巩固壮大的一批企业集团，如大正、济南青花岗石、金菱制锁等企业集团，在政策资金等方面给予大力支持；对有培养发展潜力的企业，如“双彩”皮衣、镁碳砖、晨美玻璃器皿等实行重点扶持、集约投入；通过股份制、兼并、联合、破产等方式，盘活存量资产，发展壮大了一批骨干企业。1994年，农业部评选“全国最大经营规模乡镇企业”，历城的济南镁碳砖厂、济南通讯电缆厂等5家企业入选，超过了全市入选企业的1/3。山东大正集团、山东旬柳集团、山东成大集团、济南青花岗石集团4家企业还被农业部批准为国家级乡镇企业集团，27家企业被评为国家级大中型乡镇企业。入选企业的规模效益在济南市独占鳌头。

依靠科技助推。发挥地处近郊，辖区内有山东大学、山东省农科院等20多所大专院校、科研单位的科技优势，聘请1200多名科技人员在历城安家落户，500多名专业技术人员以顾问、技术指导、星期日工程师等形式活跃在乡镇企业主战场。同时，聘请100多名专家教授与区、乡镇结成对子，30多名科技人才挂职担任了科技副区长、副乡（镇）长，为乡镇企业发展出谋献策。按照“挂靠一流院所、聘请一流专家、引进一流成果、开发一流产品”的目标，引导企业与高科技“联姻”。近百家企业通过技术转让、联合开发、提供中试、技术服务等形式与省内外60多所高等院校对接，共同组织实施了90多个项目，研创开发出近百个新产品，使传统产业向“大、高、外”发展。另外，实施了多项“星火计划”和“火炬计划”项目，提高了产品档次。通过科技助推，研发出光缆、可

移空调、镁碳砖、冰柜等十几种高科技含量、高附加值的拳头产品，一举改变了乡镇企业产品科技含量低、技术装备差、工艺落后、产品“黑大粗笨”的形象。加大外向型经济发展力度，区委、区政府先后出台了《关于进一步加快利用外资的若干规定》《关于鼓励三资企业发展的优惠办法》等文件，推出了一系列扶持乡镇企业发展外向型经济的举措，通过横向联合和外向带动提高乡镇企业的科技创新能力，增强产品科技含量。一方面发挥地域优势开展横向联合。全区乡镇企业与驻济大中型国有企业、大中专院校、科研单位进行多种形式的联合，借助外力促进产业产品升级。20世纪90年代后期，全区有400多家乡镇企业与山东省农科院、山东大学、山东工业大学、济南钢铁集团总公司、济南汽车制造总厂、中国轻骑集团等180多家单位进行了联合，引进上亿元资金，嫁接改造企业100多家，为全区乡镇企业的不断发展注入了新的活力。例如，党家庄镇镇办冲压厂与济南汽车制造总厂进行横向联合，成立济南汽车制造总厂车厢厂，技术水平和生产能力迅速提高，研制生产出黄河、罗曼、斯太尔三大系列、17种规格的车厢和150种汽车配件，并具备了生产各种改装车的能力，产品销往全国并出口东南亚。另一方面坚持外向带动，发展外向型经济，形成了以外促内、以内养外、内外并举的发展格局。全区乡镇企业中三资企业发展到200多家，合同利用外资近亿美元，出口交货值500万元以上的企业有25个，超1000万元的乡镇有12个，有6个乡镇8家企业获得“自营进出口权”。

出口商品主要有电缆、花岗石、镁碳砖、皮革制品、玻璃器皿等150多个品种，远销欧美、东南亚等30多个国家和地区。1991年，孙村镇镇办企业孙村灯泡厂引进“香港晨美”，

成立了济南晨美玻璃制品有限公司，成为历城最早的三资企业之一；1996年，又与香港台有玻璃国际股份有限公司合作，成立了济南台有玻璃制品有限公司，很快从一个劳动密集型人工吹制玻璃制品小厂发展成为济南市先进外资投资企业、外贸出口先进企业。特别是1996年获得“自营进出口权”后，企业技改热情高涨，玻璃制品花色品种达到1600多个，一度成为江北最大的玻璃制品生产厂家，产品畅销欧美市场。“双彩”皮衣在北京经贸洽谈会上，一次签订了2万件出口俄罗斯的供货合同。

实施名牌战略。为打造历城的名牌，全区排出了50家骨干乡镇企业，从各方面给予全力支持；同时引导企业树立名牌意识，狠抓新产品开发和产品质量的提高，强化市场开拓，提高市场竞争力。通过这些举措，乡镇企业有品无牌的状况很快得到了改变。在第三届全国乡镇企业出口商品展览会上，历城一举夺得两块金牌、三块银牌，占济南市金、银牌总数的1/2。获金牌的可移式空调，出口到了比利时、奥地利，当时可移式空调“三室一厅一台足矣”的广告在各大媒体上竞相播出，有很高的知名度。镁碳砖在日、美市场更是供不应求。除上述名牌产品之外，获“乌兰巴托国际博览会金奖”和“乡镇企业出口商品展览会银奖”的由

济南鸿图裘革制品有限公司生产的“双彩”皮衣，济南金菱造锁有限公司生产的自行车系列防盗锁，济南第二水泥厂生产的“卧虎山硅酸盐水泥”，历城张越家麦芽厂生产的啤酒大麦芽等名牌产品也是产销两旺。可以说，20世纪90年代历城乡镇企业名牌产品是全市乡镇企业的佼佼者，名牌辈出，产品供不应求。名牌战略的实施，不仅使企业自身“强筋壮骨”，而且影响带动了一大批企业的升级换代。

发挥典型效应。针对乡镇企业管理意识淡薄、管理基础脆弱、管理水平低下的状况，区里坚持以提高经济运行质量和效益为中心，强化科学管理，增强企业活力。通过召开现场会、经验交流会、推广企业质量认证等形式，抓点带面、典型带动，促进了全区乡镇企业管理水平的提高。全区90家企业达到全国乡镇企业现场管理一级标准、21家企业达到省乡镇企业现场管理一级标准，并获得多项乡镇企业管理成果奖，5家企业进入全国最佳经济效益乡镇企业行列。当时孙村、洪楼、王舍人、十六里河、党家庄、华山等近郊镇的乡镇企业蜚声省内外。特别是孙村镇，有济南通讯电缆、雪松冷冻设备、晨美玻璃、双林木制品、兴达标志服等多家名牌企业，在第三届乡镇企业产品展览会上，可移式空调获得金牌，通讯电缆和冰柜获得银牌，双林木制品有限公司代表山东省参加了轻工业部在北京举办的全国家具系列展评，其摩天牌卧房系列家具被评为金牌产品。一个镇摘取了全国多块金银牌，当时在省内外都是罕见的。我曾参加过济南市在孙村镇召开的一次乡镇企业现场会，当时一位参加会议的同志说，一个镇的企业规模如此之大，他们一个县也没法比。全省城乡社会主义思想教育座谈会的全体与会人员，曾经在省、市委领导的带领下，到孙村镇实地视察了济南通讯电缆厂、济南雪松冷冻设备厂、历城标志服厂等镇村企业，对孙村镇的规模乡镇企业给予了高度评价。1996年4月，历城以济南通讯电缆厂为依托，成立了济南市首个乡镇企业示范小区——济南大正乡镇企业示范小区，对小区内11个村在经济发展、社会事业等方面实行统一领导，发挥了骨干乡镇企业的示范带动作用。

“滚滚长江东逝水，浪花淘尽英雄。”杨慎的这一千古名句，道出了人生万分感慨。像历史人物一样，乡镇企业在短短二三十年中也有巨大的沉浮，在大浪淘沙中，有的勇立潮头，更多的却是销声匿迹，成为过眼云烟，使人无限惋惜。市场经济的大潮是无情的，历城的乡镇企业也同其他地方的乡镇企业一样经受了巨大冲击。进入21世纪，经历“黄金时代”的历城乡镇企业受经济全球化影响，发展开始放慢，增幅逐渐回落，而亏损面日渐扩大。同时，经营管理后继乏力，家族式管理、创新能力不强、技术人才匮乏、产品科技研发滞后、结构不合理等弊端也日渐显现，靠“关系”打市场已经落伍，加之受资源、环保等客观条件的限制，乡镇企业生存空间越来越小。当初的名牌产品，“济南青”“柳埠红”“丘山石料”等资源开采加工型产品因矿山整治、山体保护，逐渐停止开采，企业随之消亡；“周佳造纸”“东郊水泥”“历城选矿”等污染型产品因环境治理，业已被取缔；“大华服装”“绣川针织”“珍珠口服液”等轻工食品类产品经不住市场冲击纷纷倒闭；“芦笋糖浆”“啤酒麦芽”“济南兽药”等产品因研发跟不上市场的需求，昙花一现，退出市场；“移动空调”“双彩皮衣”“金菱锁具”等当年耳熟能详的名牌拳头产品在经历一段荣耀与辉煌之后，逐渐败落，终被淘汰。生产企业也在市场经济的大潮中潮起潮落，起伏跌宕；有的产权不清、债台高筑，有的破产倒闭、不知所终，有的疲于奔波、惨淡经营，有的被兼并、联合或出租转让，有的则调整结构、转轨变型。当然，也有许多傲立潮头、破浪前进的佼佼者再创辉煌。

济南通讯电缆厂能够立足于国内外市场且持续发展、长盛不衰，走的是外向型的路子。他们与美国派克摩城集团合资，成立了济南市派克线缆有限公司，由美国通信技术专家长期驻厂负责技术工作，不仅具有较强的技术力量，而且建立了完善可靠的质量保证体系，产品在国内外享有极高声誉。该公司研发的主要产品有同轴电缆、网络用数据电缆、汽车线、特种通讯电缆、音响线等，其中大部分产品获得美国认证。目前，该公司已成为中国最大的汽车线生产基地，特种通讯电缆全部返销美国，电子线及汽车线全部销往世界最大插接件及汽车线束生产商之一的加拿大NOMA集团，其他产品销往国外市场及国内大部分省区。目前，公司实现年产值2.8亿元，年出口交货值3000万美元。

济南晨美玻璃制品有限公司在与香港晨美合作的基础上，先后又同世界知名的香港台有、美国洋基和可口可乐公司合作，秉承“以人为本、以科技为动力、以质量求生存、以客户满意为宗旨”的经营发展理念，实施集约化生产、走出去战略，已成为瑞典宜家、德国哈玛、捷克泰斯科

码等公司的重要供应商和全国玻璃器皿出口生产领军企业。公司拥有各种型号的大中型熔炉，30多条生产流水线，集研发、生产于一体，产品涵盖所有日用玻璃制品，包括家居玻璃、硼硅玻璃、装饰玻璃等。目前，该公司有90%的产品出口，年出口创汇4500多万美元。

2018年7月6日，为探求济南镁碳砖厂在历城众多乡镇企业中傲立潮头、破浪前进的奥秘，我重访济南镁碳砖厂，但见办公楼还是20多年前我采访报道这家企业时的那座楼，且略显陈旧。到车间参观，只见宽敞的车间里机器轰鸣，操作人员仅有寥寥数人，同20年前车间里人员密集劳动的场景大不相同。带着数个疑问，同厂里几个元老进行了座谈。今年75岁的老董事长方元德将我的疑问一一解开。他说，济南镁碳砖厂在激烈的市场竞争中能站稳脚跟且能稳步前进的奥秘有三条。一是2003年镇上支持企业转轨变型，由镇办集体企业改制为民营企业，企业不再吃大锅饭。企业经营体制发生了根本性变化，有了自主权、决策权，可以灵活面对市场。二是外向型的路子在企业发展中起了关键作用。在同日本东京贸易金属株式会社合资经营的基础上，又与位居日本耐火材料第一位的日本川崎（今品川）耐火材料株式会社合资引进日本一流耐火材料企业的管理理念，将产品研发、生产置于世界一流水平。同时，产品立足国际市场以出口外销为主，受国内市场跌宕影响较小。三是坚持以科技创新、质量取胜。将厂里的企业技术中心升级为山东省企业技术开发中心，同一流科研机构、高等学校建立了稳固的合作关系，聘请了国内外一批耐火材料顶级专家作为技术顾问，产学研取得累累硕果。在此基础上，投巨资进行了3次技术改造，先后引进了国内首台1600吨复合式抽真空压砖机和3600吨液压抽真空全自动压砖机，大大提高了产品质量和生产能力，成为全国同行业领军企业。2018年，企业年出口创汇可达5000万美元，利税3500万元，销售收入4亿元，主要经济指标比改革前翻了一番。产品销往日本、德国、俄罗斯等十几个钢铁大国和地区，在国内销往宝钢、鞍钢、山钢等50多家知名钢铁企业。由于国内一流制砖机为计算机全自动操作，加之引进了德国“机器人”搬运产品，因此20多年前车间里靠手工和半手工加工、搬运的人流不见了，既节省了人力成本，又减轻了工人的劳动强度。问及企业的办公楼为什么一直没有新建，方元德说，他们把钱都花在了技术改造上，至于办公场所，

有个地方就行了。我想，不讲排场，勤俭务实，算是镁碳砖厂兴旺发达的第四条奥秘吧。

以上3家企业的共同特点是：通过改制企业焕发了生机，调动了经营创业积极性；坚持走外向型的路子，引进吸收国外先进管理理念和先进技术，将产品推向国际市场，企业得以在开放中搞活；坚持科学技术是第一生产力，科技创新成为这些企业兴旺发达的不竭动力。在改革开放中崛起的历城乡镇企业，在20世纪八九十年代创造过辉煌，却好景不长，到90年代末如昙花一现，大多凋谢、衰败，使人禁不住无限悲伤。但值得欣慰的是也有许多乡镇企业的开拓者，矢志不渝，将原来的小企业做大做强，逐渐成长为现代化新型企业。我相信他们创造过乡镇企业辉煌的过去，也一定会创造现代企业灿烂的明天。他们见证过乡镇企业这一改革开放的成果，他们的成功之路也是坚持改革开放的结果。他们的发展经验恰恰证明，在建设中国特色社会主义的新时代，仍然必须坚定不移地依靠改革开放，只有勇于改革开放，各项事业才能始终充满奋勇前进的强大动力。

三次教改助推历城教育实现新进步

王钢城

改革开放40年，历城教育由“基本普及九年义务教育、基本扫除青壮年文盲”到基本达到教育均衡发展，再到今天在城市化进程中追求教育优质均衡，走过了不平凡的历程。其中，不失时机地进行教育教学改革是一条工作主线。我有幸经历了历城区教育的三次改革：分层次区域创新教育教学改革、历城二中优化升级、初中教学过程改造项目。这三次教育改革，助推历城教育事业跨上新台阶。

分层次区域创新教育教学改革

1999年9月初，我由区教研室教研员调任政府教育督导室办公室主任。此时，中共中央、国务院颁布了《关于深化教育改革全面推进素质教育的决定》，全国上下出现了教育改革的热潮。山东也积极探索符合本省实际的教育教学改革。省教科所（山东省教科院前身）张志勇同志主持了“山东省中小学创新教育实验”的课题，我被选为课题研究的核心成员。我认为历城区作为一个教育大区，在省级平台上进行教学改革探索，将有助于促进教育教学质量的提升。我的想法得到了区教委的全力支持。经过近两个月的研究、策划，1999年10月27日，区教委在洪楼小学召开启动大会，会上印发了《分层次区域创新教育教学改革方案》，由此拉开了长达5年的历城教育教学改革序幕。

这次教育改革确定的基本思路是：按照“让历城的孩子接受更好教育”的理念，在素质教育思想的指导下，以培养学生基本知识、基本技

能、基本能力、基本情感为基础，以增强学生创新精神和实践能力为重点，依靠现代教学论的基本观点和创造思维与个性教学模式的基本原理，充分发挥教学双主体的积极性，以课堂教学改革为核心，以IT应用和校园文化建设为两翼，分层次、循序渐进地进行教学改革，提高义务教育的实施水平。

教学改革是一项非功利性的渐进事业，分层次区域创新教育教学改革更是一项复杂的创新工程。为避免"一哄而起"，区教委采取了分层次整体推进的策略。在教育阶段的层次性上，首先在小学阶段实施，逐步向初中、高中推进；在阶段目标的层次性上，首先确立教师创新教育理念，逐次向构建学科教学模式、青年骨干教师成长、学生创新意识和实践能力提高等方面推进；在区域层次性上，先在实验基地推行，逐级推广到乡镇中心学校，最终在全区中小学实施。

创新教育教学改革的过程，主要包括四个阶段：1999年10月—2001年10月，以学习创新教育理论为先导，吸收、内化创造思维与个性教学论，以教学案例为重点；2001年10月—2002年10月，小学阶段教学改革由以教学案例为重点向以教学设计为重点过渡，创新教育由小学阶段向初中阶段延伸；2002年10月—2003年10月，以学科应用“多维互动教学模式”为重点，全面贯彻创新教育的观点、模式、方法；2003年10月—2005年10月，构建分层次区域创新教育学科教学模式，重点构建体现创造思维与个性教学论“十大教学策略”的学科教学模式，建立区域创新教育教学体系。

为确保改革顺利推进，区教育局成立了以局长为组长的总课题组，全区成立了22个课题组，拥有280名成员；公布了一批实验基地；成立了区教育科学研究室，为区域创新教育提供了决策依据。区教育局编写了《分层次推进创造思维与个性教学模式实践研究》一书，共计36万字，包括创造思维与个性教学论学科教学模式、学校整体改革方案，为广大教师提供了理论指导；创办了《分层次推进创新教育实践研究简报》，交流创新教育信息。此外，区教育局举办“创新教育教学改革沙龙”，每月开展大型活动一次，每次开设2—3节创新教育观摩课；举办创新教育理论专题讲座与培训。每学期组织广大教师、教育干部参加严密的创新教

育基本理论考试；先后派出90名校长赴北京、天津、上海挂职锻炼；通过“一推双考”选拔161名校长，实现了中小学校长知识化、年轻化，为创新教育教学改革提供了人才支持。

历时5年，在全区教育工作者的努力下，历城分层次区域创新教育教学改革取得了一定的成果。全区课堂教学水平显著提高，初步构建了学科教学模式和活动课程开发模式，学生的创新意识和实践能力得以开发释放，为全区实施新课改奠定了良好的基础。《创新教育》杂志设专栏介绍了历城区创新教育的研究成果。山东大学出版社先后出版《分层次区域创新教育探索》《创新教育初中教学改革设计》《创新教育教学设计实践与研究》等专著。我发表的《关于创新教育理论的思考》，被教育学术界誉为“创新教育原创理论研究”的突破，“自探共研，当堂训练”教学模式被称为“山东省创新教育有影响的十大教学模式之一”。

2000年8月，由中央教科所和山东省教育厅主办、历城区教育局承办的“山东省首届创新教育沙龙”在历城举行，中央教科所田慧生博士称，“历城区整体推进区域创新教育为推动创新教育理念向实践转化提供了范例”。2002年4月，山东省第三次创新教育理论研讨会在历城召开，教育厅分管副厅长张志勇在讲话中说：“历城区区域性推进创新教育实践与研究，一直走在全省前列。”历城区被山东省教育厅命名为“山东省创新教育实验与研究先进区”。

历城二中优化升级

2001年12月，济南市教育局决定实施“五个一优化升级工程”。2002年1月17日，谢玉堂市长、刘荫岛副市长视察历城二中。24日，市教育局要求优化升级历城二中，并要求历城抓紧研究拟订方案。区教育局将这一工作的牵头任务安排给了我。

历城二中进行优化升级有良好的基础。这所学校自1958年建校至2002年已有44年的历史，历经艰苦创业和积极创新，凝练出“勤奋、敬业、踏实”的校风，被省教委评为“山东省规范化学校”。我曾在历城二中工作8年，紧张而又繁重的教学增进了我对教育、教学的理解及规律的把握。我带着这种感情，投入这项工作中。

历城二中是市教育局优化升级的第一所学校，怎样优化升级？标准是什么？达到怎样的目标？正值春节前夕，时间紧，怎样落实市教育局的决策，大家都很焦急。2002年1月26日、27日是周末，我在办公室边看书、边思考，感觉到信心倍增。因为我具备三个优势：一是熟悉历城二中的情况，特别是课程与教学、教师群体风貌、学生群体的学习力；二是在机关工作近两年，对教育政策及全区教育情况熟悉；三是1998年—1999年，我在山东大学21世纪山东发展研究中心，承担了市长基金项目“济南市教育社会化服务目标与对策选择”研究，对济南市基础教育现状、问题有系统的了解，曾向市政府建议“在外环路一带建设面向21世纪代表济南水平的寄宿高中，加快普及高中阶段教育”。多日的思索、分析，历城二中优化升级的方向、路径在我的脑海中渐渐清晰。春节前夕，确立了基本框架：瞄准全国示范性高中的条件，着力优化“升级行动标准”、优化“升级行动计划”。

2月19日，节后上班的第一天，我把《济南市历城二中优化升级行动计划》《济南市历城二中优化升级行动标准》交给区教育局领导，局领导修改审定后报送给市教育局。3月5日上午，市教育局召开专题会议研究历城二中优化升级方案，历城上报的方案获得了市教育局领导和专家的一致认可。2002年3月12日，历城二中优化升级专家论证会在历城二中举行。省教育厅分管副厅长张志勇、市教育局局长刘元刚与来自高校、科研、基教等领域的专家，集中讨论了《济南市历城二中优化升级行动计划》《济南市历城二中优化升级行动标准》，对两个文件所展现的教育学术水平给予了充分肯定，认为行动计划目标明确，具有科学性、可操作性，具有相当的教育视野，为历城二中的优化升级提供了科学的文本和实践依据。由此拉开了历城二中优化升级的大幕。

优化升级分为行动理念、行动目标、行动策略和行动日程。

关于行动理念。方案提出了建构“为每一个学生搭建发展阶梯”的行动理念，注重处理基础与发展的关系、学生整体水平与精英学生培养的关系、学习主体与客体的关系。同时，确立了历城二中的办学宗旨：弘扬优良传统，以学生发展为本，培育健全人格、基础扎实、善于创新的21世纪农村青少年。

关于行动目标。从济南市发展为现代化省会城市定位出发，历城二中“优化升级”的目标选择为：基于济南市教育现代化的要求，以现代教育思想为指导，把历城二中建设成为山东省一流、全国知名的示范性、寄宿制现代化的普通高级中学。

关于行动策略。基于“为每一个学生搭建发展阶梯”的理念，科学规划教育生态化环境，承担科学与人文高度融合的校园文化的时代使命；构建以继续加强必修课为基础、开发校本课程、以分层选择为切入点的课程体系；建立张扬学生主体精神的课堂教学方法体系；全面开发寄宿制高中的教育资源，构建让学生自主参与的半军事化管理机制；培育、提高教师的教学能力和学术研究水平。

关于行动日程。我们划分了3个阶段：

第一阶段：2002年3月—12月，整体性准备阶段。在初步确立现代教育观念上取得初步共识；完成历城二中基础设施建设的设计方案、预算方案，列出第一批重点建设项目；启动第一批重点建设项目；启动现代教学体系建设的规划工作。

第二阶段：2003年1月—2004年12月，全面推进历城二中的优化升级阶段。学校确立现代教育观念，教师队伍建设目标基本达到；基础设施建设的第一批重点项目完成，启动第二批重点建设项目；基本形成适应农村寄宿制高中特点的管理体系；高一、高二年级全面实行分层选择制；开发出具有历城二中特色的校本课程。

第三阶段：2005年1月—2006年12月，历城二中优化升级完善阶段。

这一阶段主要是验证优化升级目标实现的情况，制定历城二中新一轮发展的方案。

为形成优化升级的精神支柱，我从《宋史·辛弃疾传》“人生在勤，当力耕于田”中，抽象出“人生在勤”作为二中的校训。在上上下下的共同努力下，2002年3月—2003年7月，在短短的一年零四个月的时间中，历城二中总投资4825万元，发展成占地264亩，集现代化、人文化、生态化为一体的寄宿制学校。2003年，历城二中经受住了全省高考统一划线和优化升级本身的考验，以50.07%的本科上线率，跃进济南市前三名，倍受济南市民的关注。优化升级为历城二中的腾飞奠定了良好的基础，历城二中已成为响当当的济南市教育名牌。

区域初中教学过程改造

2008年6月，我转任区教育局副局长，分管初中教学、科研、职业教育、成人教育等工作。7月—8月，我集中调研了全区22所初中学校，梳理了教学过程的6大环节中存在的20个问题，将其概括为以

“讲解—练习”为特征的教学过程占统治地位。为改变这一状况，我先后召开了部分教师、教导处主任、校长座谈会，连续组织教研员、校长务虚会，听取意见，7月底征求了市教育局、省厅分管领导的意见。在此基础上，确定实施区域初中教学过程改造项目，基本思路是：以“让质量成为教学过程改造的自然结果”为理念，以活动建构教学论和第四代教育评价理论为指导，以区域整体推进、重点突破、循序渐进的方式改造教学过程，全面推动以“讲解—练习”为特征的教学过程向以“活动探究”为特征的教学过程转变，提高初中教学质量。根据这一思路，我很快拟定出“区域初中教学过程改造研究项目方案”，8月23日，区教育局办公会研究并原则同意该改革方案，从此开始了长达10年的教学改革。

这次改革，按学年安排，采取以行政整体推进的方式，运用行动研究的方法，分7个阶段实施。

第一阶段（2008年8月—2009年8月）重点解决学校片面抓考试成绩问题，建立区教育局对学校教学工作评价机制。区教育局印发《初中教学工作基本规程》《初中学校教学工作评价方案》，涵盖落实国家课程、备课、课堂教学、作业设置与批改、教学辅导、教学评价、教研等

8个领域。

第二阶段（2009年9月—2011年8月）改造备课领域，重点矫正教师片面追求考试成绩的突出问题，建立学校对教师教学工作评价机制。区教研中心印发《济南市历城区关于初中电子备课系统的实施意见》，初期建立教师个人工作室2000个，学校学科协作组453个，形成集应用、交流、监督、评价功能于一体的初中电子备课系统。教师的备课由备知识点、练习题转变为重点备课标、备内容、备学情、备目标、备活动过程。区教育局印发《初中教师教学工作评价方案（试行)》规范教学评价程序与细则，从备课、课堂教学、作业设置与批改、教学辅导、教学评价等6个领域30个评价点，由学校教师教学工作评价委员会对教师教学工作进行每学期两次评价，评价结果作为教师职称评聘、评优奖先的主要依据。经过两年的实践，初步建立起“两会制”的教学管理机制。

第三阶段（2011年9月—2012年8月）重点改造教学辅导领域，建立对学科教研组教学的评价。针对初中学生“两极分化”及农村学校学困生较多的现状，区教育局印发了《关于改进教学辅导方式，实施补偿教育

的意见》。其主要措施是：尽量满足外出务工子女在校住宿；降低教学难度，注重学习；建立规范的教师辅导制度、学困生成长记录制度、家长联系制度。教学辅导领域出现了“村居学习互助组”等形式，学困生数量显著降低。区教育局公布了语文等9个学科《教学工作评价方案》，目标是建立有学科特点的教学过程的行为规范。区教研室按学科每学期对各教研组教学过程的6个领域，实施两次评价，进一步规范了学科教学的行为，促进了教研组的建设。

第四阶段（2012年9月—2013年8月）建构全体教师新课标的主体意识，实施全员参与的“新课标三说活动”。2011年底，教育部颁布了义务教育阶段各学科课程标准。区教育局以此为契机印发了《关于开展“初中教师说课标活动”的通知》，明确规定了“全员参与，人人达标”的要求，在全区开展教研组、学校、片区、全区逐层选拔性的说课标活动。全学年5503人次的教师参加，平均每位初中教师参加说课标评比活动4.3次。

第五阶段（2013年9月—2015年8月）改造“讲解—练习”为特征的课堂教学。2013年9月—2014年8月为规范阶段。区教育局印发《初中课堂教学改革方案》，将目标定为：初中教师全面学习活动建构教学论，重点消化因学定教、生活重建、多维互动、活动建构、动态生成五个基本观点；基本掌握自主学习、问题探究、情景体验、实践活动等课堂教学的四种类型；实践“构建动场—自主学习—交流探究—综合建模”等四个基本程序。2014年9月—2015年8月为深化阶段。区教育局印发文件，实施《2014—2015学年济南市历城区初中课堂教学改革方案》。目标是提高教师“四种能力”，即课程标准中具体目标的选择能力、教学内容的选择能力、教学目标的建设能力、教学活动设计与实施能力。历经两年，推动了以“讲解—练习”为特征的课堂教学过程向以“活动探究”为特征的课堂教学过程的转变。

第六阶段（2015年9月—2016年8月）重点改造作业设置与批改领

域，实施课程综合改革。区教育局印发实施《作业设置与教学评价改革方案》，解决作业繁多、一刀切、无序等突出问题，建立学校作业设置与批改的管理机制。课程综合改革全面展开。区教育局先后印发《历城抗战史课程实施指导纲要》《初中选修课程开发与实施指导意见》《初中学校学科活动课程设计与实施指导意见》。目前，“历城抗战史”作为地方乡土课程，已在全区初中开设，深受师生、家长的欢迎；初中学校平均开发出20门以上的选修课程，实施每周半天的选课日；在农村寄宿制初中，晚自习全部开发为学科活动课程。

第七阶段（2016年9月—2017年8月）项目总结与研究成果的转化。全面做好研究项目的总结、课题鉴定工作。

2016年12月，项目通过山东省教育科学规划领导小组办公室组织的专家组鉴定，认为“该课题研究成果达到国内先进省内领先水平”。

区教育局吸收研究成果，制定了《济南市历城区初中教学基本规程》（简称《基本规程》）、《济南市历城区初中学校教学工作评价方案》（简称《评价方案》），成为全区教学过程的基本遵循。《基本规程》对教学过程中课程设置与管理等7个领域进行了规范，是初中教师实施教学和学校指导、管理、评价教学的依据。《评价方案》将《基本规程》的7个领域细化为29个评价点、76个细则，是评价初中学校教学工作的工具。同时，通过10年持续不断地教学过程研究、实践，形成了《济南市历城区初中"活动建构"常态课评价指标》，建立了层级化的初中教学工作评价机制，建立了"教学分析会、工作会"制度，开发了"案例—实证"教研模式，建立了初中教学电子备课系统，开发了寄宿制学校晚自习的"学科活动课程"。

10年的研究实践中，最关键的是教育价值观的转变。"让质量成为教学过程改造的自然结果"理念集中体现了教育工作者的价值追求，教育价值观的转变保证了实践效果，促进了初中教学水平的显著提高。2008年，历城区中考达到普通高中分数线的比率为53%。2017年，这个比率达到69.6%，提高了近17个百分点。

改革过程中，我先后在《基础教育课程》等刊物发表研究论文30余篇。2012年4月，省教育厅副厅长张志勇到历城初中学校考察，发表长篇博文《教育思想的重要转变——从考试成绩到教学过程》给予鼓励。2014年10月，济南市教育教学改革现场会在历城区郭店中学召开，推介该成果。2016年10月，历城区教育改革成果通过省级鉴定。2017年2月，被教育部基础教育课程教材发展中心评选为"2016年全国基础教育课程改革典型案例"；7月，被济南市教育局评为"教育教学品牌成果"；10月26日—27日，山东省教育厅在历城区召开山东省初中教学改革现场会推介该成果。其间，先后有36个县（市、区）、110余所学校组团观摩、交流。

持续深化医改　彰显公益特色

韩宪利　郭丽娜

自2009年新一轮深化医药卫生体制改革工作启动实施以来，历城区按照上级医改部署，紧紧围绕“保基本、强基层、建机制、惠民生”的改革原则，逐步建立起“医疗、医保、医药”三医联动的改革机制。改革实践证明，历城区医改方向正确、路径清晰、重点突出、措施得力，改革逐步由打牢基础转向提升质量，由形成框架转向制度建设，由单项突破转向综合推进，取得了新的阶段性成效，全区卫生事业实现了健康快速发展，人民群众越来越多地享受到改革带来的实惠，群众的获得感、幸福感逐步提高。

医改体制机制进一步健全。区委、区政府高度重视医改工作，区委书

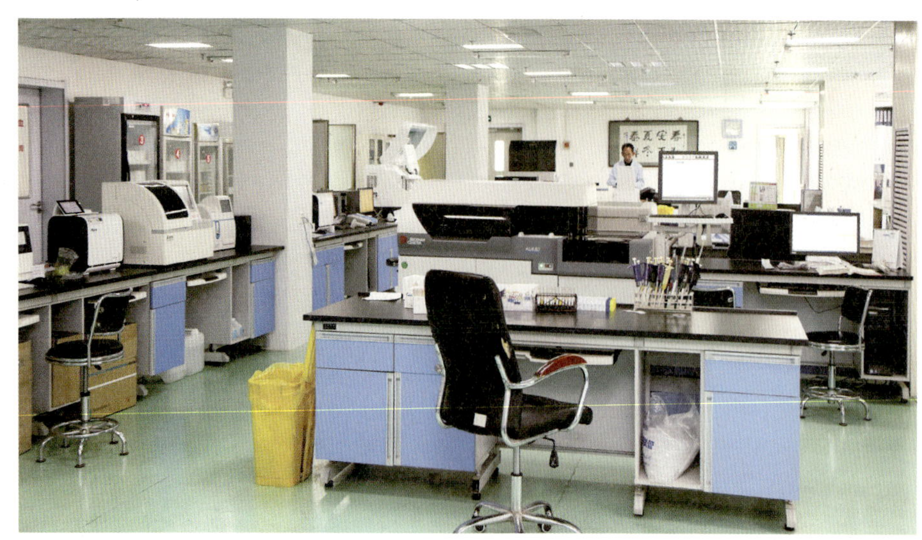

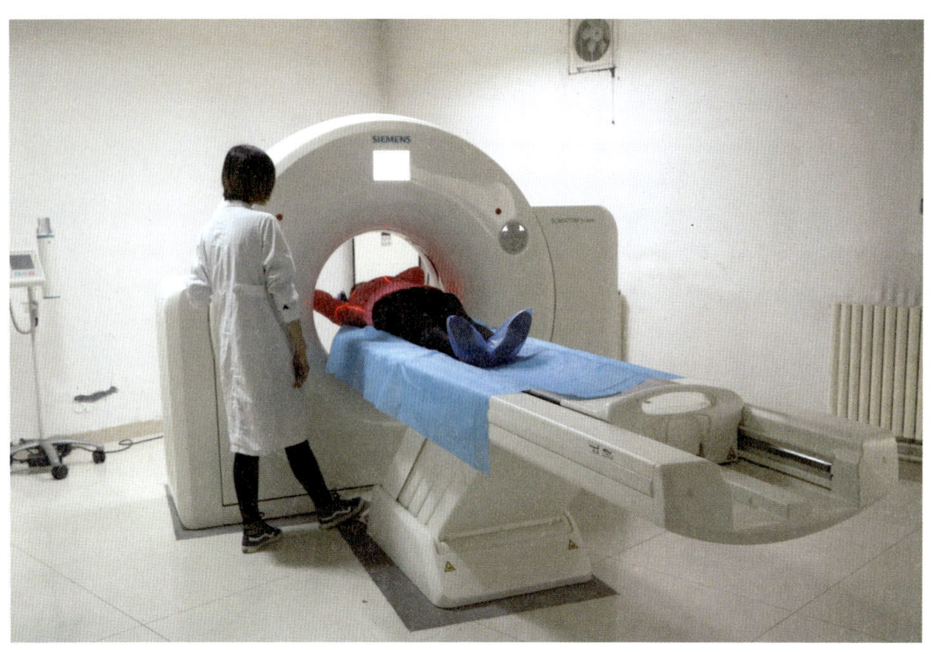

记办公会、常委会、区政府常务会议多次听取工作情况汇报，研究解决医改工作中的重点难点问题，区委、区政府出台了《关于深化医药卫生体制改革的实施意见》，并将医改工作写入党委、政府工作报告，列为重大民生工程与经济社会发展目标同安排、同部署、同考核、同奖惩。为全力推进医改工作，区政府成立了以区长为组长、3名副区长担任副组长，区直有关部门主要负责人为成员的医药卫生体制改革领导小组，组建了医改办公室。区医药卫生体制改革领导小组和分管区长多次到医疗单位调研，及时研究解决医改工作中的困难和问题，确保了改革的顺利推进。

医疗卫生保障体系日臻完善。历城区于2014年3月完成了新农合管理职能由卫生部门向人力资源和社会保障部门移交工作。自2015年起，按照省市要求新型农村合作医疗与城市居民医保统筹管理，新农合政府补助资金由2008年的每人每年60元提高到2017年的居民医保资金450元，进一步提高了居民医疗保障水平。

国家基本药物制度惠及民生。自2011年1月1日起，全区14个政府办基层医疗卫生单位全部启动实施了基本药物制度，实行药品零差价销

售，实现了政府办基层医疗卫生机构基本药物制度全覆盖。自2011年5月1日起，配备使用的基本药物全部通过省基本药物集中采购平台统一采购，初步改变了基层医疗卫生单位药价虚高、滥用药物等现象，有效缓解了群众“看病贵”的问题，基层医疗单位逐步走向公益性发展的道路。自2017年起，大力推进药品、耗材集中采购，推进“两票制”，进一步挤压药价虚高空间。

医疗卫生服务体系撑起群众健康保护伞。深入实施“卫生强基”十大工程，即实施资源配置、硬件提升、培训提高、规范管理、质量强化、特色创新、典型培养、人才建设、科技创新、文化引领十大行动以及“医疗提数量，公卫提质量”为主要内容的双提工程，切实提高了基层医疗卫生机构的内涵建设。进一步加强医联体建设，区级医疗机构和基层医疗机构先后同千佛山医院、济南市第三人民医院、济钢总医院等单位签订了合作协议，以医联体或专科联盟以及特色科室联合等形式，实现了优质资源下沉，为居民提供了更优质的医疗卫生服务，实现双向转诊，推动了分级诊疗制度的实施，让群众享受到省市级医院的医疗卫生服务。

基本和重大公共卫生服务均等化造福百姓。促进基本公共卫生服务逐步均等化，实施国家基本和重大公共卫生服务项目，旨在提高城乡居民健康水平，努力使群众不生病、少生病。国家基本公共卫生项目，政府投入资金由2009年的每人每年15元增加到2018年的55元，基本公共卫生项目由11类增加到14类。截至2017年底，全区共建立城乡居民电子健康档案579931份，建档率为90%；儿童预防接种建证率、建卡率均在99.64%以上，扩大国家免疫规划疫苗接种覆盖率达到了100%；常住人口0—6岁儿童保健管理43443人，管理率89.26%；孕产妇早孕建册5944人，产后访视5532人；全区65岁及以上老年人健康管理率67%、高血压和Ⅱ型糖尿病患者健康管理率在40%以上；认真做好传染病及突发公共卫生事件报告和处理、卫生监督协管等工作。深入推进重大公共卫生项目，2009年—2011年全面启动农村妇女两癌普查，全区共完成10.6万人的宫颈癌检查和11.2万人的乳腺癌检查任务，确诊宫颈癌前病变患者31例、乳腺癌患者22例，均及时予以手术治疗，实现了早诊早治。2012年历城区被确定为农村妇女乳腺癌检查国家项目县，2013年被确定为宫颈癌检查省级项目县。截至2017年，历城区累计完成乳腺检查13240人，查出乳腺癌5例；完成宫颈癌检查70277人，查出宫颈癌及高级别病变85例，其中早期诊断84例，早期诊断率为98.8%，经随访有83人进行手术治疗，治疗效果良好，保障了广大妇女的身心健康。

公立医院改革稳步推进。自2016年7月1日起，药品（中药饮片除外）全部实行零差率销售，同时理顺了部分医疗服务价格，主要包括提高手术、护理收入、静脉输液、医疗诊查、床位费用及降低大型医疗设备费用。区有关部门制定印发了《关于印发

〈济南市历城区公立医院法人治理结构建设实施方案〉的通知》，建立了区中医医院法人治理结构，成立了第一届理事会和监事会。区中医医院与齐鲁医院医疗集团建立远程合作协作关系，扩展检查项目，与山大二院建立了合作医院。

政府财力保障，基层医疗卫生服务机构工作人员享受同等事业人员的工资待遇。2011年以实行国家基本药物制度和基层医疗卫生机构综合改革为契机，在区委、区政府以及区财政、人社等部门的大力支持下，历城区按照与教育、科技等同等事业单位工作人员工资水平衔接的原则，核定了政府举办的基层医疗卫生服务机构工作人员包括基础工资、规范性津贴和各种养老、医疗保险在内的工资总量，基层医疗卫生机构工作人员享受同等事业人员的工资待遇。改革前，区财政按80%差额支付社区医疗卫生服务机构工作人员工资，且规范性津贴补贴发放不到位，多数工作人员无医疗和事业人员保险保障。改革后，同其他事业人员一样，区财政按100%拨付其工资，且增加了规范性津贴补贴，并为每人购买了医疗保险和失业保险等事业人员享有的各种保险。

清理化解基层医疗机构债务，基层医疗卫生机构轻装上阵。随着基本药物制度在基层全面实施，“以药补医”机制逐步扭转，基层医疗卫生机构以往形成的债务问题进一步显现，影响到基层医疗卫生机构正常运行。为确保基本药物制度顺利实施，促进基层医疗卫生机构建立新的运行机制和持续健康发展，历城区按照上级要求对截止到2009年12月31日以前形成的长期债务进行了化解。区政府专门召开区长办公会议，确定对锁定的2335.37万元基层医疗卫生单位债务全部由政府承担，并于2012年12月底前将债务全部化解完毕。

绩效考核，激发基层医疗卫生机构内部活力。为贯彻落实“以基层为重点”的新形势下党的卫生与健康工作方针，完善基层医疗卫生运行新机制，建立和完善符合行业特点的人事薪酬制度，进一步完善基层医疗卫生机构实施绩效工资工作制度，激发内部活力，在区委、区政府的关心支持下，区卫生行政部门制定了探索落实医院人事管理自主权的有效途径，深化薪酬分配制度改革。在全省率先按照“两个允许”的要求，联合区人社局、区财政局出台《进一步完善基层医疗卫生事业单位绩效工资实施办法》，确定政府举办的基层医疗卫生事业单位可参照当地公益二类事业单位实施绩效工资的有关规定，在一类全额拨款事业单位绩效工资水平基础上上下浮动，上浮比例原则上不超过50%，所需经费从单位医疗服务收入扣除成本并按规定提取各项基金后的结余中列支，并报区人力资源和社会保障局、区财政局备案。积极落实制定了基层医疗卫生机构绩效考核办法，既避免实行全额工资后“吃大锅饭”“干好干差一个样”等问题的发生，又提高了基层医疗卫生机构工作人员收入水平。

政府出大头　生病有靠头

——新农合为农民架起健康桥

郭　军

新型农村合作医疗制度是由政府组织、引导、支持，农民自愿参加，个人、集体和政府多方筹资，以大病统筹为主的农民医疗互助共济制度，是党和国家为了解决农民“看病难、看病贵”问题，于2003年出台的重大惠民举措。历城区于2004年启动新农合试点工作，2006年在全区全面实施，一直运行到2014年城乡居民医保制度整合，历时11年，取得了显著的成绩。这一政策“政府出大头，农民出小头，生病有靠头”，架起了全区农民健康的桥梁，深受广大群众的欢迎。自己作为区新型农村合作医疗办公室（简称“新合办”）主任，经历并见证了历城区新农合制度从无到有，不断完善，直到并入城乡居民医保制度的全过程。

开启新农合制度发展征途

2004年，新农合作为一种崭新的农村社会保障制度，区委、区政府高度重视，建立健全了领导机构和办事机构。区、镇两级政府均成立了新农合管理委员会和办公室，区里成立了由区人大、区政协、区直有关部门负责人和农民代表组成的监督委员会。区、镇两级统一行动，步调一致，有关部门和机构分工明确，配合密切。按照省、市关于建立新农合制度的有关意见要求，历城区制定出台了《历城区新型农村合作医疗工作实施方案》《历城区新型农村合作医疗基金财务管理暂行办法》《历城区新型农村合作医疗定点医疗机构管理办法》《关于加强新型农村合作医疗基金监督管理的意见》等规范性文件；对基金的筹集、管理、使用作出严格的规定，明确了在全区建立健全新农合制度的原则、方法步骤、筹资标准、基金补偿比例和范围、定点医疗机构管理和组织实施等；确定了“试点前审查方案，启动后及时指导，运行中加强监管，阶段性调度总结”的试点运行监管思路，建立了全区统一的新农合试点运行模式，为确保新农合从试点阶段进入规范化、科学化管理的轨道奠定了基础。

让农民享有基本医疗保障

历城区于2004年被市政府列为新农合试点单位，当年启动董家、遥墙、西营3个试点乡镇。2005年，历城区又增加了港沟、绣川两个试点乡镇，对参合农民实行市、区、镇三级财政每人每年补助10元，农民个人每年缴纳10元，人均筹资额20元。2006年，历城区被确定为新农合省级试点单位，新农合制度由点到面在全区全面实施，省、市、区、镇四级财政对参合农民每人每年补助30元，农民个人每年缴纳10元，人均筹资额40元。之后，新农合筹资标准逐年增加，至2014年，人均筹资额增加到400元，其中各级政府每人补助320元、农民个人缴纳80元，个人出资20%、政府补助80%，让广大农民都能参加新农合，充分享受到基本的医疗保障待遇。另外，对于全区17000余名五保户、低保户、残疾人和抚恤定补优抚对象等困难人员，其个人每年参加新农合应交纳的筹资款也全部由区财政承担。2014年，全区参合农民达到46.85万人，行政村覆盖率达到100%，实现了应参合尽参合。

新农合实行区级统筹，我作为新农合工作负责人和全区新农合实施方案的测算者、设计者和相关文件的起草者，为切实保障群众利益，我潜心研究政策，科学设计了各个年度的工作方案。新农合筹资标准逐年增加，全区报销方案须年年调整。新农合运行11年，始终坚持最大限度便民利民的原则，积极回应群众期盼，不断完善惠民政策，各级定点医疗机构报销比例逐年提高。截至2014年，与试点初期相比，参合群众受益水平有了大幅提升：村卫生室报销比例由20%提高到50%；基层卫生院门诊报销比例由15%提高到50%；增加了区级医院门诊报销，报销比例为40%；基层卫生院住院报销比例由30%提高到85%，基本药物报销比例达90%；区级医院住院报销比例由25%提高为65%—75%；省市级医院住院报销比例由15%提高为40%—60%。对大病参合患者实行政策倾斜：对住院一次性医疗新农合政策范围内费用8万元以上的部分补偿85%（不超过封顶线）；因患终末期肾病、重性精神病、肺癌等20类重大疾病在各级医疗机构发生的住院医药费报销70%；终末期肾病透析和血友病门诊治疗按重大疾病住院比例报销；因恶性肿瘤发生的门诊放化疗费按就诊医院普通疾病住院比例报销。参合农民每人每年最多报销额也由2004年的2万元提高到2014年的16万元。惠民政策的不断调整，让新农合如甘露，滋润着广大参合群众的心田。

新农合以“大病统筹”为原则。为充分发挥资金的最佳使用效果，历城区曾三次利用累计结余资金对参合患者医疗费用进行二次补偿，受到社会的广泛赞誉。2007年，历城区对2006年度住院医药费在1万—2万

元、2万—5万元、5万—10万元和10万元以上的982名参合农民分别按当年住院医药费的5%、10%、20%、30%的比例进行了212.47万元的二次补偿，这一种做法在专送省委常委、副省长的第四期《内参特刊》上刊发。2009年，对2008年15597名参合农民按住院医药费发生额的13%再次补偿1306.7万元。2012年，又对当年22918名住院参合患者按政策范围内医药费用的10%进行了二次补偿1912.19万元。三次再补偿，全区累计向参合农民发放补偿金3431.36万元，进一步减轻了他们的医疗费用负担，使新农合真正起到了雪中送炭的作用，让广大参合群众真切感受到了党和政府惠民政策的温暖。

大病保险为参合患者撑起健康保护伞

“多亏了大病保险，要不俺这病真的治不起。”在历城区鲍山街道简家村，一位60岁的寇姓村民高兴地说。2014年春天，她得了乳腺癌，为了给她治病，家里东凑西借了15.6万元，当时这笔钱压得一家人喘不过气来。后来，通过新农合报销了9.8万元，大病保险又报了2.6万元，自己只承担了3.2万元。

2013年，区里启动了省级统筹的新农合大病保险试点，以每人15元的标准，为46万名参合群众购买了重大疾病保险，资金从新农合基金中支出。参合农民患乳腺癌、肺癌、胃癌等20类重大疾病产生的医药费用经新农合报销70%后，个人负担的合规费用超过8000元（含8000元）的部分报销73%，8000元以下的部分报销17%。2014年，将大病保险基金筹资标准，由每人每年15元提高到35元，其中32元从新农合基金中划转，剩余3元由区政府承担。2013年—2014年，区财政共支付承担保险公司大病保险基金2003.49万元，全区参合农民累计获得大病保险补偿1.1万人次、补偿金额2157.95万元。大病参合患者不再是“一人大病，全家返贫”。

为参合群众健康保驾护航

新农合是党和政府一项重大的民心工程、德政工程。历城区新农合制度运行11年，始终坚持以全面落实惠民政策为主线，以保障群众利益和基金安全为原则，紧紧围绕实现群众“病有所医”目标，为广大参合群众的身体健康保驾护航。工作中，不但要想群众之所想，急群众之所急，热情为群众做好服务工作，还要不断强化基金监管，切实管好用好新农合基金，避免资金流失，让参保群众的“救命钱”切切实实地发挥作用。通过开展支付方

式改革，严格控制医疗费用不合理增长，做到事先防范；通过网上实时监控和对定点医疗机构定期或不定期地现场检查，杜绝挂床住院、冒名就医等行为，做到事中管控；通过医疗费用专业审核和核查病历资料等方式，防止出现违规收费、过度医疗等行为，做好事后监督。2004年—2014年，全区累计筹集新农合资金8.02亿元，其中农民个人筹资1.56亿元，各级财政补助资金6.43亿元（包括省级1.77亿元、市级1.87亿元、区级2.36亿元、镇级0.43亿元），利息收入0.03亿元；11年累计支出7.67亿元，其中为全区参合农民报销医疗费用7.47亿元（包括门诊报销1.1亿元、住院报销6.37亿元），支付保险公司大病保险支出0.2亿元。截至2014年底，新农合总体资金使用率为95.64%，达到了最佳的资金运行效果。自2015年起，新农合与城镇居民基本医疗保险两项制度整合为城乡居民基本医疗保险制度，新农合累计结余3480万元，并入了区居民基本医疗保险基金。新农合完成了光荣的历史使命，向党和人民交上了一份满意的答卷。区新合办多次被评为“济南市新农合工作先进单位”。

春华秋实，时光流逝。多年已经过去，但我仍不曾忘记，受益的困难群众送来的面面锦旗；依然记得，曾经帮助过的一位农民下跪表达他的谢意，震撼着我的心灵。从事新农合工作的这段经历，让我懂得了什么是责任重于泰山，也让我在工作中得到历练，实现了自己的人生价值。我的工作得到了领导和同志们的充分肯定，辛勤的付出也让我收获了诸多荣誉。2007年、2008年，我先后被评为“区级优秀共产党员”和“新农合工作先进个人”，2009年—2014年先后5次被评为“济南市新农合工作先进个人”，2013年被评为“山东省新农合工作先进个人”，记三等功。曾经参与新农合这样一项制度建设，为广大参合农民服务，这是我的荣幸和财富。民有所呼，我有所应；民有所求，我有所为。我将始终怀着这样一份真挚的感情，继续投身于城乡居民基本医疗保障事业中，恪尽职守，砥砺前行，为提高全区城乡居民的身体健康保障水平作出新的更大贡献。

从单一的文化馆到四馆俱全的文博中心

——历城区级文化场馆的发展与变迁

何庆亮

2014年，坐落在唐冶新区的历城文博中心巍峨矗立，向公众无偿敞开了大门。作为历城区第一座集文化馆、图书馆、博物馆、美术馆四馆于一体的多功能综合性文化场馆，它的前身可追溯至改革开放前的历城县文化馆。从单一的文化馆到四馆俱全的文化地标，40年的发展历程，承载着历城公共文化场馆设施的发展足迹，成为历城文化事业40年不断砥砺前行的重要标志。

文化馆：从三足鼎立到三馆合一，整合文化资源

改革开放前，历城县原有位于王舍人驻地的第一文化馆和位于仲宫驻地的第二文化馆。1970年，两个馆共建一个革命领导小组，成为一个单位，即历城县文化馆。1982年，因王舍人划归济南市郊区，县政府恢复了第二文化馆建制。

第一文化馆馆舍建筑面积1132平方米，设文艺、宣传、图书3个组，负责辅导遥墙、唐王、孙村、港沟、董家、郭店6个镇及彩石乡的群众文化工作；第二文化馆馆舍建筑面积不足1000平方米，设文艺、美术摄影、

图书3个组，负责辅导仲宫、柳埠、西营、十六里河、党家5个镇和锦绣川、高而两个乡的群众文化工作。

1987年，历城县撤县建区，第一文化馆回归，位于洪家楼镇驻地的原济南市郊区文化馆改为历城区洪楼文化馆。至此，历城区共有第一文化馆、第二文化馆、洪楼文化馆三处文化馆，形成了“三足鼎立”的场馆格局。

针对历城区文化馆设置重复、场馆分布碎片化、布局极不合理的现状，区政府在深入调研后，根据历城文化场馆的实际情况，于1990年12月对历城区的文化场馆进行了调整：将洪家楼文化馆改为历城区文化馆，撤销历城区第一文化馆和历城区第二文化馆。调整后的历城区文化馆于1991年1月正式启用公章，并对外开展业务活动，设摄影、舞蹈、音乐、美术等部室。

2002年6月，因城建开发需要，位于洪楼西路41号的历城区文化馆被拆除，先后租用二环东路大舜文化市场、历城区工人文化宫、山大北路区文化局办公楼等3处房舍作为文化馆的临时办公场所。2004年4月，区政府将位于闵子骞路4号的一座三层楼房划拨给历城区文化馆作为馆舍。

2007年，按照济南市创建全国文明城市的要求，区级文化馆馆舍面积须达到2500平方米。为满足这一要求，区政府于6月8日召开第七次区长办公会议，研究文化馆馆舍面积达标议题。这次办公会议决定，租用位于祝舜路600号的祝甸社区2800平方米的房产作为区文化馆馆舍。2007年8月1日，历城区文化馆迁入新馆。文化馆设立多功能厅、舞厅、老年活动室、少儿活动室、电子阅览室、美术培训室、书法培训室、音乐培训室、舞蹈培训室以及少儿文化课培训室等各类功能厅室，成为集演出、展览、培训、辅导、讲座于一体的文化活动中心，为区文化馆的公益文化服务提供了更广阔的平台。

图书馆、博物馆、美术馆：从无到有，填补文化空白

改革开放以前，历城区文化场馆的建设规划不合理、不平衡，全区只有文化馆，场馆种类单一、多样化明显不足，不能发挥不同类型文化场馆设施的优势作用，缺乏特色。文化形式单一、功能单调的问题日益突出，成为阻碍文化事业发展的绊脚石，原有文化馆不再具有吸引力而门庭冷落，造成了巨大的资源浪费。如何均衡配置文化设施，如何发挥图书、文博、美术各个文化门类的功能，成为摆在区委、区政府面前案头的重要工作。于是，区政府决定对区级文化场馆进行统一规划配置。

1990年12月26日，在对全区文化场馆进行摸底调查的基础上，依据济历城编发〔1990〕24号文件规定，撤销历城区第一文化馆，设立历城区图书馆；撤销历城区第二文化馆，设立历城区博物馆。新成立的图书馆、博物馆于1991年1月正式启用公章，并对外开展业务活动。1997年11月4日，依据济历城编发〔1997〕78号文件，历城区书画院（区美术馆的前身）正式成立，并于12月1日正式启用公章，对外开展业务活动。至此，历城区基本形成了布局合理、功能完善的公共文化基础网络。

图书馆的前身是原3个文化馆的图书室，合计面积200多平方米，馆

藏图书文献的主要来源是原3个文化馆图书室的藏书，图书总量仅有3万余册。历城区图书馆成立当年，区政府将购书经费纳入区财政预算。为提高图书质量、丰富图书品种，最大限度地满足读者的需求，图书馆组织专人有计划地定期选购新书、修补破旧图书，每年采集新书达2000余册。馆舍面积达到了2062平方米，馆内设置成人阅览室、少儿阅览室、图书借阅室、文献资料库等厅室。1994年，区图书馆被文化部评定为三级公共图书馆。2001年，区政府拨专款10万元，对图书馆进行旧房改造扩建，使图书馆总面积达到了2500平方米。2005年，区图书馆被文化部评定为二级公共图书馆。2008年，图书借阅自动化管理系统由ILAS改用Interlib系统，实现了与济南市图书馆馆际通借通还，读书外借服务随之由单一走向多元化。2013年，区图书馆被文化部评定为一级公共图书馆。

博物馆成立后，以“保护文物，传承文化”为目标，实现了藏品保护、管理水平、服务品质、展陈内容的全面提升。建馆之初，博物馆十分重视文物的征集工作，通过各种途径，征集到大量流散在民间的珍贵文物，为变革中的城乡社会保存了珍贵的物化记忆。1997年8月22日，

区文化局库存文物转交博物馆收藏；8月26日，四门塔文管所馆藏文物转交区博物馆收藏。经年累月，博物馆已有藏品300余件（套），基本搭建起了框架完整、脉络清晰的历城文明发展文物展示体系。博物馆不断改进陈列方式，利用这些藏品积极开展各项有教育意义的活动。2002年，博物馆多方筹集资金对馆舍进行翻新扩建，馆舍面积达到1160平方米。从1990年成立到2014年，博物馆以全新的展陈构思打造了20多个展览，通过丰富多彩的活动，让收藏在博物馆里的文物“活”了起来，深入诠释了“齐鲁首邑”的文化积淀和内涵，唤醒了人们对历城优秀文化最美好的回忆。

1997年岁末，历城区书画院作为省城首家区（县）级书画院诞生。书画院成立后，大家都希望请沈鹏老先生题写院名。沈老先生是书坛泰斗，一字千金，能否“赏脸”，大家心里特别忐忑。没想到老人家十分慷慨，泼墨挥毫，写下了“历城书画院”五个大字。带着沈老先生期望和祝福的历城书画院，一步步走向成熟。2016年3月，为适应历城书画事业的发展，根据济历城编发〔2016〕4号文件，历城区书画院改为历城区美术馆。美术馆的建立，填补了历城区以前没有专业美术展览馆的空白。

文博中心四馆：从分散到集中，彰显文化魅力

改革开放以来，历城区不断加大对各类文化场馆的资金投入，坚持体系化、多样化，大力完善公共文化设施，通过“建、改、调、合、租”等多种方式，积极弥补短板。对文化馆、图书馆、博物馆等场馆多次进行升级改造，公共文化服务功能逐渐增强，但其规模与群众日益增长的精神文化需求相比，仍有很大差距。

2013年，第十届中国艺术节在济南举办。为迎接这一盛会，2011年3月，济南市委办公厅、市政府办公厅下发《关于加强基层公共文化设施建设实施方案》的通知，要求各级要借力“十艺节”，把基层公共文化服务体系基本建成。

面对这一前所未有的历史性发展机遇，历城区顺时而动，顺势而为。2012年5月28日，第十届中国艺术节历城区文体中心设计方案招标会在唐冶新区管委会二楼会议室举行。市规划局、区政府有关领导、区直相关部门负责人参加了招标会。经过激烈竞标，华南理工大学建筑设计研究院设计的文博中心楼中标。

2012年9月22日，区文博中心破土动工，2013年12月，一座美轮美奂的大型不规则弧形建筑——历城文博中心，在唐冶新区拔地而起，为历城东部新区平添了浓郁的文化氛围，也成为历城这片沃土上崭新的文化新地标。2014年，建筑面积15000平方米的文博中心全面投入使用，内设文化馆、图书馆、博物馆、美术馆四馆。四馆聚集，形成强大的文化气场，散发着浓厚的文艺气息。

文博中心四馆不仅外形时尚大气，而且内部更是容量弘敞、功能设施齐全。

文化馆设有演艺厅、多功能厅、戏剧排练厅、舞蹈排练厅、录音棚、摄影棚、公益培训中心、非物质文化遗产保护中心、教学琴房、声乐教

室、器乐教室、曲艺教室等功能厅室。2016年，区文化馆被文化部评定为一级文化馆。

图书馆设有阅览座席424个，总藏书量达384588册，设有总服务台、培训教室、报告厅、国学讲堂、自然科学和社会科学借阅室、电子阅览室、读者自习室、儿童借阅室、视障阅览室、古籍和地方文献室、声像资料欣赏区、图书漂流区、报刊阅览区、休息休闲服务区。同时，设置了电子读报机，开设了24小时自助图书室。新图书馆不但具有藏书、借阅、检索、咨询等功能，而且具备教育培训、报告展示、学术交流、文化休闲等功能，提供无线上网，听讲座、听报告会、参加知识培训等文化服务，成为历城名副其实的“文化新高地，市民大书房”。

博物馆陈列展览得到全面提升，馆内设有“馆藏文物陈列展厅”“大辛庄商代历史文化展厅”“历城民俗文化展厅”3个基础展厅。除基本陈列外，还设有专题临时展览厅、观众体验室等功能厅室，馆内活动更加广泛，展览形式更加丰富多彩，社会效益更加突出。

美术馆设有展厅、美术培训室、书画创作室等厅室，设有大型综合主展厅1个，面积近1000平方米。另外，还设有日常书画家创作、教学培训、书画交流等功能用房。

文博中心四馆开放后，为公众提供了丰富多彩的公益性、均等性的文化服务，满足了公众多层次、多样化的文化需求。2018年，文博中心提出了“活力文博，文化惠民”新思路，积极探索“文教、文企、文旅”等融合的新路子，发挥文博中心的资源优势，举办一系列精彩纷呈的展览、展演、展示，讲座、体验等活动，吸引更多的群体走进文博中心，感受文化的魅力。

文博中心四馆，是改革开放以来历城区兴建的标准最高、规模最大、设施最齐全的公共文化设施，是历城区推进文化强区建设的重大战略部署，是落实文化民生建设的具体实践。昂然矗立的文博中心见证着改革开放40年历城文化设施的发展足迹，承载着历城公共文化的辉煌，也必将书写新时代历城公共文化建设新篇章。

条条致富路

——历城农村公路建设二十年

张　波

俗话说："要致富先修路。"历城地处城乡结合部，既有广袤的平原，又有地势复杂的山丘，农村公路建设在人民群众致富奔小康进程中的重要性不言而喻。改革开放以来，特别是近20年来，历城农村公路建设日新月异，修建的条条道路已成为农民群众的致富路和小康路。

我从1998年区公路局设置农村公路专门的管理科室以来，一直从事农村公路建设和管理工作，见证了20年历城农村公路的变化，特将这些

变化历程记录下来，以使这些道路更好地延伸延续。

1998年前后，历城区的农村公路由区公路管理局管理，这是受济南市公路管理体制的影响，当时全省只有济南和泰安两个市的农村公路由公路管理局管理，其他地市则由交通局管理。1998年以前，区公路管理局没有专门的农村公路管理科室，由国省道管理的有关科室一并管理，受当时上级管理体制、汽车保有量、农村公路通车里程以及建管资金的限制，农村公路只有在年底上级检查时才突击进行修复和整修，也仅限于检查路线。历城区农村公路第一个专门的管理科室是1998年3月区公路局成立的地方道路养护管理科，在现公路局办公楼4楼办公，下设王家闸、郭店、仲宫3个养护班房。由于市级没有专门的农村公路管理机构，也受建管资金的限制，当时地方道路养护科的有关技术人员主要工作放在区政府每年的重点工程上，下设的养护班房基本是巡查路线，处理应急的事情，指导乡镇的农路公路管理工作，没有大规模地开展农村公路建设和养护。1998年前后，区政府先后改建了省道106（今省道102）、省道103、省道327、县道518（今县道X055）、港西路等一大批省、市、区公路重点工程。其中，港西路是第一条由区交通局自己设计、自己监理的公路改建工程。区农村公路建设和养护管理的腾飞应该说是从2002年7月开始的。2002年初，济南市交通运输局组建了交通工程质量监督站专门负责全市农村公路的建设和养护管理。为了理顺体制，在市交通局的推动下，区交通局积极争取，2002年7月区政府成立了区县乡道路养护管理办公室（以下简称“县乡办”），该机构为区交通局的下属正科级事业单位，在现区城乡交通运输局1楼办公（后期搬到5楼），原区公路局地方道路养护管理科的全部人员整编制划入该办公室，下设王家闸、唐王、彩石、高而4个公路站。

2003年—2006年，是历城区农村公路发生质变和量变的关键时期。省政府2003年5月提出从2003年起，用3—5年的时间，每年投资150亿元，基本实现全区行政村通油路（“村村通”工程）。区政府出台有关政策文件，以乡镇为实施主体开展了大规模的农村公路建设，2003年—2006年平均每年建设约100千米的农村公路。根据不同情况，省、市、区给予每千米的补助资金为6万元、10万元、13万元不等，“村村通”公路工程实施，极大地改变了全区农村公路通行状态，多个多年未通汽车的村庄有了进村公路，如，柳埠南田村、西山村等。在此期间，区政府每年将1—2条农村公路主干线作为区重点工程列入建设计划，区长为建设指挥部总指挥，调度整个工程。这期间，作为区重点工程完成的项目如下：2003年，完成港九路（16.2千米）、机场路（5.1千米）、洪冷路（4.1千米）、唐临路（8.6千米）4条公路重点工程建设；2004年，完成彩西路（27.938千米）、摩苇路（10.42千米）和荷花路东延（12.58千米）3条公路新改建工程建设；2005年，完成东区1号路及旅游路东段路基工程建设；2006年，完成旅游路东段的路面工程（8.6千米）、防洪沟工程及交通安全设施工程建设。在完成村村通和区重点工程的同时，有关乡镇还完成了部分危桥的改造和加固任务，这几年改造的危桥有巨野桥、滩头桥、朝阳大桥、摩天岭桥、张家桥、尹家桥、西营A桥、西营B桥。其中，位

于荷花路的朝阳桥是历城区农村公路总跨径最长的桥（210米），该桥还开辟了历城区公路桥梁工程委托独立第三方（招标代理机构）进行招标选择参建队伍的先例。在公路养护方面，自2002年始，乡镇逐渐组建农村公路管理站，设置专人管理农村公路，县乡办制定了一系列的管理制度，乡镇农村公路的日常养护也大规模地展开。特别是2006年6月，区政府印发了《济南市历城区农村公路养护管理规定》（济历城政发〔2006〕10号），是历城区农村公路养护历史上的一个关键文件，使全区农村公路养护管理工作步入正轨。

2008年—2018年是历城区农村公路由量变到质变的一个关键时期。经过前几年的“村村通”公路工程建设，区农村公路村村通目标基本实现，通车里程基本满足老百姓的需求，农村公路建设由增加数量向提高通行水平转变，即由解决“吃饱”问题转向“吃好”问题，提出了“畅、安、舒、美”的公路建设目标。自2008年始，区政府将全区的农村公路主干线提升改造作为公路重点工程逐步进行。其中，2008年，改造了荷花路东段（12.8千米）、孙唐路董家段（2.9千米）、唐王拖机路（2.3千米）；2009年，改造了港九路（16.2千米）；2010年，改造了稼轩路（7.1千米）；2011年，改造了大陈家—唐王渔场公路（6.5千米）；2012年—2014年，改造了港西路（15.364千米）、机场路（17.086千米）。其中，机场路及南延工程是省、市、区的重点工程，在建设管理上实现了手续齐全、程序完善等多个突破。在此期间，根据省、市、区逐步消灭农村公路上的危桥的要求部署，完成了九曲大桥、巨野桥、大龙桥、藕池桥、宝峪桥、三石桥、橛疃桥、狼市沟桥、唐东桥、柳埠老桥、东湖二桥、尧庄桥、大南营桥、涝峪桥、橛疃B桥、柳中桥、四季村桥等一大批危桥改造任务，全区农村公路基本消灭了危桥。2016年，历城区被省交通运输厅、省财政厅列入全省第三批村级公路网示范县，计划从2016年—2018年利用3年时间，建设总里程为320千米的农村公路。根据区划调整扣除南山区和高新区，全区共实施网化工程120千米，争取省、市补助资金3200万元，区财政拿出资金3800万元用于村级公路网化工程，村级公路网化工程基本不增加基层负担，该项目2017年已完成100千米的建设任务。2016年—2017年，全区还实施了农村公路安全生命防护工程（简称“安防工程”）。村级公路网化工程和安防工程的实施，使全区农村公路在外观质量和附属设施上有了根本性的提高。在此期间，县乡办完成

了建设管理的有关规章制度，并开始了有关行政审批工作，如施工图设计批复、施工招投标监管、质量监督批复等。在农村公路养护方面，2009年3月，区政府印发了《关于进一步加强农村公路管理养护工作的意见》（济历城政办发〔2009〕3号），明确了农村公路的日常养护资金，区级财政按每千米县道2000元、乡道1300元、村道1000元的标准给予补助。2017年8月，区交通运输局下发了《关于进一步明确交管所负责辖区农村公路管理工作职责的通知》（济历城交〔2017〕44号），进一步明确了交管所的农村公路管理职责。

历史的车轮滚滚前进，根据区政府2017年底大部门制改革整合方案，县乡办更名为区道路桥梁管理中心，负责全区城市道路和农村公路的建设和养护工作。农村公路的行政职能由区城乡交通运输局收回，区农村公路单独设置科室管理成为历史。由于工作需要，我也于2018年3月调整到其他岗位工作。也许，随着城市化的发展，辖区全部道路都将划为城市道路，农村公路在历城区也将成为历史，但从1998年3月到2018年3月，农村公路建管20年过程中许多往事将牢牢铭记在我的心中。

城市道路三十年延伸三十倍

——历城城市道路的延伸与拓展

韩丽娟　徐玉强

一个地区的城市道路反映着这个地区的城市化水平。历城建区之初的1987年，城区道路总长仅有6.25千米，如今，历城城区道路总长度达192.9千米，30年增长了30倍。由此，我们可以看出历城正朝着现代化新型城区的目标一步步迈进。

承担城市市政设施管理、养护、基建的历城区市政管理局成立于1987年9月，其前身为历城区市政工程养护管理处。当时，洪家楼地区有花园路、山大北路、洪楼西路、洪楼南路、洪家楼路5条主要道路，总长6.25千米，总面积6.47万平方米。

20世纪80年代后期至2000年，随着城市化的发展、群众生活水平的提高，机动车数量不断增加，历城区的城市道路网建设有了较大的提升。这一时期，历城区主要通过改建和扩宽道路来满足交通需求的快速增长。1988年—1989年，改建洪楼南路、闵子骞路；新建花园路东段，全长2782米；拓宽改造黄台南路，全长1691米。1992年—1993年，新建二环东路中段和科技城花卉路、树德路，总长5250米，总面积11.8万平方米。1994年，改造北园路东段，全长1300米，宽50米；拓宽改造工业南路，宽35米。1995年，拓宽改造工业北路济钢厂前道路。1996年，新建高新开发区花香路。1998年，拓宽改造小清河北路历城段，长5000米；新建山大南路东段，贯通二环东路，长1020米。

进入21世纪，汽车工业高速发展，城市汽车数量飞速增长，工业化、城市化进程的加速推进，拥堵问题开始显现且日益严重。为缓解交通拥堵，历城区加大了城市道路的修建和改造速度。1999年—2001年，拓宽改造还乡店零公里处至坝王路段，长6755米，宽60米。2001年，维修改造二环南路，长17500米；改造山大北路、洪楼南路人行道，铺装彩色花砖4000平方米。2002年，实施花园路商业街改造工程，全长1100米，宽35米，铺筑沥青路面23000平方米，铺装人行道16000平方米；改造山大路历城段，长1214米，铺设花砖21860平方米，铺筑沥青路面15372平方米。2003年，改造洪楼西路山大北路至洪楼小学段；改造整治洪楼北路教堂至七里堡西路桥段，长608米。2004年，改造华龙路西段、山大北路、桑园路、辛祝路、七里堡西路、辛北路、洪兴路等7条道路；济南市实施经一路延长线工程，对花园路（洪楼广场至化纤医院段）进行了拓宽改造。2005年，改造洪楼南路、黄台南路、七里堡东路、山大南路，洪楼西路洪楼小学至胶济铁路段等5条道路，对桑园路进行沥青罩面，累计铺设雨污水管道8700米，铺设人行道4.31万平方米，铺筑沥青路面9.58万平方米；济南市拓宽改造工业南路（含历城区段），红线70米，2006年3月，移交历城区管理。2006年，改造整治祝甸路、西周南路、花洪路、学府路、海蔚路等5条道路，铺筑沥青路面6万平方米，铺装人行道2.8万平方米，铺设雨污水管道11741米；改造工业北路坝王路至济钢铁路桥段，全长928米，红线60米；6月，东区飞跃大道、兴港路、凤歧路、凤鸣路、世纪大道等5条道路移交历城区，总长16.44千米，总面积45.29万平方米；7月，东环科技城华龙路、华信路、华阳路、华能路、七里河路等5条道路由高新区移交历城区，总长8.2千米，总面积19.87万平方米。2007年，拓宽改造七里河路，长1666米，宽30米，铺筑沥青路面3.9万平方米，铺装人行道9205平方米。2007年，城区有主要道路47条，总长64.4千米，总面积191.75万平方米。2003年—2007年，历城区累计投资3亿多元用于城区道路建设改造。原来坑洼不平、脏乱差的道路变成一条条平整宽阔的道路，道路环境得到优化升级。

伴随历城区城市化进程的前进步伐，城市道路也在不断增加。2007年—2017年，新建铁厂北路、冷水路、西周南路、辛甸西街、祝舜路等道路，接收机场路、旅游路东段、白菜路、开源路、坝王路、烈士山东路原区交通局管辖道路，接收济钢片区指挥部建设道路凤鸣路、济钢改制后交管政府的济钢新村中路，接收港西路北段、龙凤山路、唐冶西路、唐冶中路、唐冶东路、围子山路、兴元街、规划1号、规划2号、区间路唐冶管委会管辖道路，接收市交通委建设道路奥体中路、旅游路西段、凤凰路、旅游路北段等市级投资建设道路。

桥梁工程也得到长足的发展。2007年，历城区纳入市政设施维修范围的桥梁有韩仓桥、大辛桥、引水桥、南全福庄桥、北全福庄桥、殷家小庄桥，共6座。2013年—2017年，随着市政府管理下移实施方案，纳入历城区设施维修范围的桥梁增加至82座，其中市政桥梁58座。

2017年12月，历城区城乡交通运输局成立，原区交通运输局的职责、原区市政管理局城市道路管理职责、原区公路管理局行政管理职责划入区城乡交通运输局，彻底改变了之前的城市道路和农村公路二元分化的管理格局，城市道路和农村公路迎来了综合发展。

近几年，历城区城市道路建设和改造速度有了较大的提高，城市道路的质量也越来越高，使用寿命不断地延长。尤其可称道的是，城市道路的结构和功能越来越合理；交通标线及交通设施设计简洁明快，更加突出使用功能；路域环境优美整洁，周边景观体现历城特有的地域文化，展现历城区最美的城市道路画卷。

目前，历城区城区现有道路113条，总长192.9千米，总面积615万平方米，分别比撤县建区的1987年增长了30倍和95倍。其中，主干道22条，总长98千米，总面积408.8万平方米；次干道29条，总长51.4千米，总面积113.6万平方米；支路28条，总长29.7千米，总面积78.9万平方米；街巷道路共计34条，总长13.8千米，总面积13.7万平方米。

拆出一片新天地

——华山片区拆迁纪实

刘　成

华山片区开发建设项目是市委、市政府的重点项目，是举全区之力打造的“一号工程”。自2013年7月以来，在市委、市政府和区委、区政府的坚强领导下，华山片区统一思想，抓住机遇，积极应对各种困难挑战，广大拆迁干部和群众团结一心、众志成城、攻坚克难、加压奋进，经过艰苦卓绝的努力，全面完成拆迁工作任务。华山片区拆出一片新天地，华山“水中起芙蓉”的盛景将会重现。

华山片区是迄今为止山东省最大的棚改旧改拆迁项目。拆迁范围和拆迁面积之大前所未有。华山片区规划总占地14.69平方千米，西至二环东路，北至济青高速公路，东南至小清河。拆迁涉及历城区23个行政村，需拆除各类建筑424.3万平方米，拆迁体量相当于一个小县城。拆迁涉及人口之多前所未有。整个片区共需拆迁11468户，需要外迁10万余人，回迁安置2.4万人，搬迁各类企业1700多家。拆迁情况之复杂前所未有。华山片区地处城郊接合部，一方面人口构成复杂，既有村集体经济组织成员、非集体经济组织成员，又有国有企业职工、下岗失业人员、姑娘户、投靠户等多种情况；另一方面，地上建筑复杂，片区国有居住房屋、国有非住宅、村民住宅、物流仓库、工业厂房、村居自建房等建筑相互

掺杂。拆迁难度之大前所未有。土地性质不同造成拆迁补偿政策不一，人口认定不同造成安置补偿迥异，政策的调整变化给拆迁工作带来了极大的困难。为此，区委、区政府举全区之力，众志成城、决战华山，攻坚克难，取得了三大战役的胜利。

第一战役，寻找突破口、打开局面。2013年是历城区“争当济南跨越发展新的增长极”的关键一年，按照“发展更好、城市更靓、管理更优、生活更美”的要求，2013年7月，历城区华山片区开发建设项目正式启动。2013年的拆迁重点是安置一区、安置二区和中海首期开发地块，拆迁范围包括高家、王保、马家桥和北陈村4个整村以及宋刘、前王、高墙王、东陈、郅家5个村的部分地上建筑。工作中，拆迁工作人员深入千家万户，广泛宣传动员，细致讲解政策，通过“三带头”工作法（书记主任带头、村干部带头、党员带头），顺利打开了拆迁工作的突破口，形成了拆迁工作的良好开局，整体进展顺利。2013年，累计拆除建筑物93万平方米。

第二战役，不畏困难、逆势而上。2014年华山片区14.69平方千米规划范围内的地上物拆迁全面铺开，共涉及15个整村以及宋刘、高墙王、还乡店等村的非住宅。由于春节期间拆迁工作的暂停、村居换届选举、拆迁补偿政策的调整、领导人事变动等诸多因素的影响，拆迁工作一度进入瓶颈期。在2014、2015两个年度中，各级面对种种不利形势，片区上下以问题为导向，倒逼工作落实，迎难而上、奋力进取，实现了阶段性目标任务。

第三战役，强力突破、胜利收官。2016年的重点工作是对前期拆迁的剩余量集中精力进行攻坚，同时对前王村、洪园村、菜园村等遗留户数较多的村集中突破。由于剩下的都是难啃的硬骨头，全体人员坚定信心、咬紧牙关、保持定力、攻坚克难，坚持区领导包挂促拆、机关干部劝拆、重点人员帮拆、清零政策助拆，推动拆迁工作逐步升温，直至取得全面突破，实现了华山片区决战决胜的目标任务，共计拆迁11468户，面积424.3万平方米。

拆迁数字是喜人的，数字背后凝聚着区委、区政府、片区指挥部、华山街道各级领导的博大智慧，凝聚着拆迁人员的艰辛劳动，凝聚着拆迁群众的支持与奉献。在拆迁过程中，区委、区政府始终坚持执行“区为主体、封闭运行”的征地拆迁新模式，按照市委、市政府“不与民争利、阳光征收、用群众工作方法”三项原则，坚持和谐拆迁为主题，着力做好政策制定、完善工作机制、深入宣传动员、做细群众工作等方面，胜利实现了华山片区决战决胜的目标任务，为片区开发建设奠定了良好的基础。

政策制定让利于民

华山片区拆迁以人为本的理念贯彻始终。政策优惠方面，2013年拆迁伊始，华山片区按照要求执行的是鲁价费发〔2008〕178号文《关于济南等三市调整征地地面附着物和青苗补偿标准的批复》；2015年市政府调整全市征地地上附着物和青苗补偿标准，执行《济南人民政府办公厅关于调整征地地上附着物和青苗补偿标准的通知》（济政办发〔2015〕16号）。本着群众得实惠的原则，将新增补偿标准的部分以奖励的形式发给群众。在拆迁中，执行提前拆迁奖励办法，对主动配合的拆迁户，加大政策倾斜力度，给他们最大的优惠。安置房位置佳，在安置房设计过程中充分征集群众意见，包括安置房位置、户型设计、大户型设计意见、选房意见等，从而确保了在政策的设计上，让居民的权益得到最大的保障。目前，安置房一期建设已经主体封顶，村民回迁的两个区域安置一区、安置二区均建在了最好的位置，比商业开发的房产位置上有明显优势。安置一区紧邻二环东路，交通便利；安置二区在华山湖北岸，风景优美。保障房同步建设，华山片

区是全市第一个把商业保障房和安置房同步建设的拆迁项目，拆迁群众在回迁的同时就可以享受到每人30平方米商业保障房的收益，确保生活水平和质量不因为征地而降低，使得长远生计有保障。提供房源，片区大，群众租房难是大问题。一方面及时提高了群众过渡安置费、搬家费等标准，

另一方面为了便于拆迁村民联系房源，专门了解片区周边区域的租房信息，印制了《房源手册》发至每一户家庭。

工作运行高效顺畅

华山片区开发建设项目作为全区“一号工程”，拆迁没有局外人。历城区经过层层部署、全面动员，建立了完善的领导体系和工作机制，也建立了强有力的组织指挥系统。华山片区成立了由区委、区政府主要领导共同担任组长的领导小组，定期召开领导小组会议，专题研究重大问题，科学决策重要事项，把握拆迁工作的方向和大局；成立了区委常委任总指挥的区级指挥部常驻片区，精心研判拆迁形势，统筹安排工作力量，出台操作性强的配套政策；华山街道成立了街道指挥部作为拆迁工作的主体，全力抓好各项工作落实。拆迁工作3年来，区领导小组和区、街两级指挥部自上而下安排任务、明确要求、落实责任，自下而上提报拆迁难题和工作建议，三级工作架构形成了上下贯通、层层衔接、责任具体、环环相扣的责任链条，有效传导了压力，激发了工作动力；创新工作机制，针对不同阶段的拆迁任务量，制定了灵活的工作机制，以及时对华山片区征地拆迁组织架构进行充实调整。在拆迁瓶颈期，区主要负责人带头包挂重点村，副区级领导包挂工作组团；设立工程协调组、督查组、征地组、依法拆迁组、维稳安保组；完善部门帮包制度，35个区直部门包村包户，精准认领拆迁户；抽调了100多名后备干部与原单位工作脱钩挂职拆迁一线工作，形成了片区一盘棋、上下一条心的有利局面，呈现出大兵团联合作战的有利格局。同时，华山片区健全和完善了征地拆迁工作制度。发挥考核导向作用，将华山片区拆迁列为科学发展观考核的重要内容，逐级签订责任书，层层压实目标责任。建立多项配套制度，包括拆迁和选房公示制度、安置房建设跟踪监督制度、信访投诉举报办理制度、拆迁工作同步审计制度等，通过建立健全一整套行之有效的体制机制，为片区拆迁提供了有力的保障，形成了强大的合力，确保了征地拆迁工作的顺利实施。

广大群众支持配合

理念是行动的先导。拆迁首先要做通群众的思想工作。紧紧围绕和谐拆迁这一目标，多形式、多渠道、多层次地开展宣传动员，营造良好

的舆论氛围。区指挥部层面，协调滨河集团、中海公司在安置房建设区域设立了醒目的楼体灯箱，在道路、湖区建设现场设置了醒目的工程标示牌，协调省、市级媒体进行华山片区的动态宣传。组织片区群众3000多人次参观安置房，让片区群众及时地了解安置房和新区建设的速度，增强对未来生活的期盼。华山街道在拆迁区域内印发宣传册、悬挂标语横幅、张贴明白纸、出动宣传车广播。工作组（团）、帮包单位、村两委进村入户做好面对面地宣传动员工作，耐心给拆迁户算经济账、环境账、保障账，深入了解掌握拆迁户的利益诉求，关心帮助拆迁群众，争取拆迁群众的理解和支持，使其积极主动地配合搬迁。

解决群众实际困难

历城区把拆迁作为最大的民生工程和发展工程，积极回应群众利益诉求，做到顺民意、贴民心、解民忧，让群众从拆迁中得到政策允许范围内的最大实惠。着力维护群众的合法利益，始终将拆迁户的合法利益、合理诉求摆在首位。坚持与群众算好环境账、财产账和保障账“三笔大账”，解决思想上的差异，解开思想上的扣子，引导群众

自觉拆迁、带头拆迁。党员干部“做给”群众看。党员干部带头作为第一要求，凡涉及的党员、“两委”干部，都带头拆自家房屋、拆亲戚房屋、拆集体房屋，迅速地把群众组织团结到拆迁工作中。服务好困难群众，对租房难的群众，请中介服务提前介入，提供房源，帮忙搬家；对收入困难家庭，区财政投入1000万元帮扶资金，解决拆迁群众的困难，救助各类困难群众200余人，困难群众基本生活得到保障；对孤寡老人家庭，帮助送到街道敬老院，解决最困难群众的搬迁问题。主动协调教育部门为孩子办理上学或转学手续；主动与开发企业联系，提供就业岗位。坚持为搬迁群众提供法律服务。为每个拆迁组团配备了1—2名律师，宣传政策法规，解答群众疑惑，提供法律服务。针对拆迁存在的财产纠纷、家庭矛盾等，及时进行调解或代理诉讼，为片区困难家庭提供法律援助约150余起，众多矛盾得到及时化解。正是这一件件细微小事，实现了被拆迁户从“对抗”到“对话”、从不愿意拆迁到支持拆迁的完美转变，把天下第一难的拆迁工程做成了民心工程。

顺利实现决胜收官

华山片区情况复杂，在扫尾攻坚阶段，全是难啃的硬骨头，“老方子”不管用了。华山片区通过学习借鉴、调研论证、研判推演，不断为拆迁工作开出“新方子”。

设立集体土地整村拆除清零奖。为进一步调动拆迁群众的积极性，在前期进行充分调研论证的基础上，本着让利于民、加快拆迁的原则，经向市华山片区开发建设领导小组请示同意，确定在华山片区设置村集体土地村民住宅整村拆迁清零奖。区、街指挥部与村两委签订《整村拆除清零协议》，凡是片区内集体土地村民住宅按时限完成清零的村，对村两委给予一次性奖励。村民整村拆除清零奖的设立，极大地调动了村干部和广大村民的积极性，人人争当拆迁宣传员、政策解说员，人人出谋划策、建言献策，通过找亲属做工作、让重点人物出面做工作、老街坊老邻居做工作等方式说服动员未拆迁户搬迁。拆迁清零模式高效持续运行，片区群众争相签约搬家，在攻坚收尾阶段再次掀起了拆迁高潮。

华山片区出台了“回购+房票”的村居自建房拆迁补偿办法。村居自建房实质就是小产权房，小产权房的拆迁工作在全国没有现成的做法可以借鉴。根据市委、市政府主要领导批示“善用法治思维和法治方式探索解决小产权是一种尝试，可以试、不争论，只要各方接受就是好方法”，区里多次调研，反复论证，本着不让老百姓吃亏的原则，研究提出华山村居自建房“回购+房票”货币化安置方案。村居自建房权益人（以下简称“权益人”）、村居委会、政府、开发企业进行四方协作，将村居自建房视为集体经济组织的资产，采用综合评估的方式确定补偿标准，给予货币补偿。各村居自建房回购工作组受村两委委托具体实施村居自建房“回购”工作。政府一方面协调开发企业按照优惠价在商品房一定范围内给予房源保障；另一方面发给权益人“房票”，权益人持房票可以在特定商品房范围内选择购买相应房屋，由权益人和开发企业互相结清差价。

由于华山拆出了一片新天地，如今华山片区楼房栉比鳞次，华山湖已经开挖，华山历史文化湿地公园初见端倪，“兹山何俊秀，绿翠如芙蓉”“华山正是碧芙蕖，湖水湖光玉不如”的新景象将很快展现在人们面前。

老国企的华丽转身

——济南重工四十年改革心路历程

卢庆亮

沧海横流，方显英雄本色。在新中国成立69年的历史中，有一家与之同龄的国有企业，它经历过沉沦，也迎来过新生。特别是在改革开放40年里，几番风雨，几番沉浮，凭借一次次华丽的转身，至今仍屹立潮头。它，就是济南轨道交通建设中隧道施工设备盾构机的生产企业——济南重工。

早在1965年，济南重工（时称“济南重型机器厂”）就搬到了现在的位置——历城区机场路。即使到现在，这里的生活配套设施也难称完备，更何况是在50多年前。我的前辈们，像养育自己的孩子一样，用热情和汗水浇灌着这棵大树，使这家企业恰如南门口那棵10米多高的水杉，无论是在枝繁叶茂的炎炎夏日，还是树叶凋零的皑皑寒冬，都笔直地插向云端。

转型期的上下求索

20世纪80年代，改革开放伊始，正值计划经济向市场经济转型时期，重工也和诸多老国企一样，一时间失去了发展的方向。幸运的是，在经

历过短暂的迷茫后，企业迅速调整产品结构，将产品重心从天井钻机等矿山设备转移到磨机类电力设备。

时值国民经济飞速发展时期，电力需求的猛增导致了电厂特别是火力发电项目的井喷式发展，也给公司带来了长达10余年的黄金发展期。

十几年里，重工一直是东部地区屈指可数的“好单位”。至今，公司还流传着那个年代的故事：当时的大学生毕业分配，普遍选择济南重工而放弃济钢，除了工资福利高之外，多发一套液化气罐和炉灶竟成了好多人选择济南重工的理由。

然而，好景不长，20世纪90年代初期，由于兼并了多家与原有产品和生产工艺毫无关联的中小亏损企业，企业的生产经营形势逐渐恶化。90年代中后期，企业的上级主管单位频繁更迭，从机械局到齐鲁考格尔，再到机电运营公司，企业的归属感日渐消逝。现在留在人们脑海里的，除了当时一摞摞无法报销的医药费单据，唯一的亮点，可能就是20多辆班车里，号称济南第一辆的双层客车了。

一纸政策带来的产品革命

1999年的济南重工重获新生，在摒弃了杂而全的产品体系之后，再次明确了磨机类产品的主导地位，深耕细作电力设备市场。几年下来，虽无重大突破，但总算保住了这家老国企的血脉。

转机来自外贸市场的开拓。当时的济南重工，有着完备的工艺流程，铸钢、铸铁、锻造、热处理、铆焊、机加工……各类工序可谓一应俱全，这也为承接外贸产品提供了完备的加工能力。一份份来自大洋彼岸的订单吸引了公司上下的广泛兴趣：加工出的部件经过装配，其原理极其类似于原有的磨机类产品，使用方也是火力发电厂，唯一不同的就是研磨对象由煤块换成了石灰石。经过一系列化学反应，这款设备居然能“消灭”掉火电厂排出废气中的90%以上的二氧化硫。最关键的是，虽然产品的工作原理和制造工艺类似，但这款称为脱硫磨的产品，其利润率要远远高于传统磨机。

正在大家紧锣密鼓组建集销售、技术于一体的脱硫开发部的时候，一纸要求2008年前所有火电厂必须安装脱硫设备的文件传遍大江南北，这无疑给满腔热血的济南重工人又打了一针强心剂。也正是在这个时候，我博士毕业后进入公司工作，有幸见证并参与了这项产品转型力作。

时至今日，国家标准的起草单位、70%以上的国内市场占有率、脱硫效率由原先的90%提高为95%以上……这一切都彰显着这次新产品研发的成功，也彰显出国家级技术中心的研发实力。

十年磨一剑

2008年前后，济南第一次提出了“穿黄隧道”的概念，位置大体与现在的穿黄隧道一致。虽然最后由于种种原因导致项目未能实施，但济南重工也由此正式开始了与盾构机的“亲密接触”。

作为一种集机、电、液、光、信息技术等于一体的大型隧道掘进设备，盾构机号称“工程机械之王”，标志着一个国家综合装备能力的强弱。当时的国内盾构机市场，被德国海瑞克、美国罗宾斯、日本川崎等发达国家的企业牢牢占据，公司就从这些企业入手，逐步进入隧道建设装备这一全新领域，开始了济南重工的又一次，也是最为成功的一次华丽转身。

在接触盾构机的初期，夜郎自大和妄自菲薄的心态都是要不得的。既然认识到济南重工是这一领域的“小学生”，又提醒自己要做一个刻苦学习、不卑不亢的“小学生”。在与上述企业沟通时，时刻铭记一个道理：济南重工想要的，是盾构机的设计研发；而“老外们”看中的，则是济南乃至山东的市场。

经过几年不温不火的拉锯式谈判和技术储备，又是一条济南轨道交通建设项目获批的消息使公司完全进入战前动员状态。从争取相关部门的支持，到加快研发设计进度，再到盾构机项目的立项建设，三管齐下

的济南重工终于迎来了历时11个月生产出的山东省首台大直径地铁隧道盾构机。

骏马自知前程远，不待扬鞭自奋蹄。作为盾构机项目的亲历者和领导者，我欣喜地看到：在已经下线的30多台盾构机中，除济南轨道交通项目建设外，也实现了外地市场的突破。

正所谓“十年磨一剑”。济南重工从最早接触盾构机到现在已整10年，而我从进入公司到现在也是10年。时光荏苒，变化的是岁月沉淀下来的成熟与厚重，不变的则是只争朝夕的热情、浪遏飞舟的激情和当惊世界殊的豪情。

时至今日，改革开放40年后的济南重工，秉承了老国企的踏实与顽强精神，也被时代赋予了改革与创新的责任，在新一代重工人的努力下，正在发展高端装备制造业的道路上一往无前。

迈向产业链最高端　跻身世界强者之林

——在改革开放中凤凰涅槃的齐鲁制药

王均新

我是一个刚“入伍”不到两年的齐鲁制药新兵，却要来讲述她40年发展变迁的“老”故事，显然不是最恰当的人选——但这并不妨碍我在日常的工作中、从前辈们的叙说中、在大量的史料文献中，感知、体味这家拥有光辉历史的民族医药企业澎湃的心，并以一个特别的视角，把她呈现出来。况且，我也有我的优势：我恰好生于1978年，是改革开放的

同龄人，让我来讲述在改革开放中“站起来”的齐鲁制药却也贴切。

2017年，齐鲁制药销售收入突破200亿元大关，从统计数据来看，这应该是济南市首家突破200亿元的民营企业，但齐鲁制药人就这样“静悄悄”地过去了，不但媒体上见不到只言片语，就连内部也没有搞哪怕一个小小的庆祝仪式。

多做少说，崇实干戒虚谈，心中常怀敬畏，时刻内省，这些都是齐鲁制药人集体人格中的鲜明特点。

如果站在改革开放40年的特殊时间节点上，从数字这个角度回望——1990年破亿元，2000年10亿元，2010年50亿元，2014年100亿元，2017年200亿元——齐鲁制药大致沿着“一年一小步，十年一大步”的轨迹，规模和体量上一次次实现突破和跨越，悄然间已连续稳居国内医药工业企业榜前十。

当然，不能仅仅以规模论英雄，还有一组重要的数据更为齐鲁制药人看重：截至目前，公司已相继承担近30项国家重大科技专项，过去9年荣获4个国家科技进步二等奖，已连续多年位列国内医药企业创新能力前三。这反映到另一组数据上就是：公司先后研发上市200多个产品，其中30多个是国内首家或者独家上市；高端制剂快速打开美欧日等高端法规市场，多个单品在美国、澳大利亚、日本等市场占有率超过50%，甚至达到95%；有超过多个原料药产品位居全球之首……

综合实力很强，发展很有活力，充满后劲……这些就是让员工们感到自豪和踏实的原因。但这些都是表象。

正如总裁李燕所说：“齐鲁制药是有根的。”真正了解“齐鲁”，就要从她的文化着手，这才是这家企业持续保持活力的密钥。

“大医精诚，家国天下”“有国有厂才有我们幸福的家”“我是中国人，我爱我中国，我是齐鲁人，我爱我齐鲁”“用科技表达我们的爱”“造最好的药表达我们的爱”“企业的百万分之一就是患者的百分之百”等标语，在齐鲁制药遍布全国的生产基地、市场服务机构里。这些简单通俗的口号里，有几代齐鲁制药人的理想信念和情怀，也有他们做人做事的标准和原则，都是在传承中不断发扬，里面全是故事。

欲说当年好困惑

在我小的时候，有一部叫《渴望》的电视剧，让大人们十分着迷，往往一大群人围着一台黑白电视，看得一把鼻涕一把泪。

电视剧说的是20世纪70年代，一群人在那个复杂动荡的社会背景里，面对种种艰难的抉择，坚韧地追求美好生活的故事。“悠悠岁月，欲说当年好困惑……”里面的歌词句句动人。

与电视剧里演的几乎同一时期，100多名齐鲁制药员工也正面临巨大的“困惑”：他们的厂，走过20多年以后，陷入了亏损的泥潭。与电视剧里那群遭受情感折磨的人不同，摆在他们面前的是更让人绝望的生存危机。

在齐鲁制药档案室里有两张黑白老照片，特别“扎心”，叫人不忍久视。

台下，黑压压一屋子人，有的把头深埋在前怀里，有的交头接耳，有的目光呆滞地盯着前方，一脸迷茫……台上，一位面庞清瘦的中年男子端坐于话筒前，眼睛深邃，目光如炬，黑框眼镜里透射着坚毅，微微扬起的嘴角仿佛能让人听到铿锵有力的讲话声。他就是现任齐鲁制药集团董事长李伯涛先生。那时，他刚刚被组织上任命为厂党委书记兼厂长不久，那是他上任后组织召开的第一次全厂职工大会。会上，他动员大伙坚定信心，努力自救，走出泥潭。

后来，大伙在新厂长的带领下，开始艰难地探索自救之路。他们打过家具，养过花，做过盆景，甚至还卖过冰棍，但杯水车薪，一百多号人，靠这些小营生总是难以为继……

夹缝求生

身处险境总是容易让人沉沦，但齐鲁制药人选择了倔强地站起来。只是，特殊的行业和特殊的身份，让他们在与时代的搏击中需要付出更多的艰辛和努力。

作为北京农业大学（今中国农业大学）毕业的抗生素领域的高才生，也是当时厂里唯一一名大学生，厂长李伯涛毅然决定，带领大伙继续沿着从兽用疫苗向人用药转型的道路寻找摆脱困境的答案。

1975年时，他们也曾尝试向人用药转型，李伯涛是其中主要参与者之一。就在首个产品即将上市的前夕，当时最新科研成果发现了其有巨大副作用，项目被迫终止。

虽然功败垂成，但齐鲁制药人对这次转型尝试评价很高，认为这是齐鲁制药开启人用药转型的第一步，为后来的转型探索积累了宝贵的经验，意义重大。2017年，齐鲁制药集团专门组织了一次人用药转型42周年座谈会，邀请了包括李伯涛在内的近20名老员工，对他们在公司向人用药转型过程中作出的突出贡献给予表彰。

接下来的路丝毫不比第一次尝试容易，当时最大的挑战是体制。

1981年的中国，虽然改革开放已经进入第4个年头，但这场始自农村、以经济为突破口的改革，除了深圳、珠海等国内少数试点地区以外，依然没能在城市经济体制改革上迈出实质性步伐。

铁板一块的计划经济仍然稳如泰山，主导整个国民经济的运行，没有任何松动的迹象——这个理论上严丝合缝却在实际运行中左支右绌的制度，成为当时阻碍众多企业转型的最大禁锢。

在当时的体制下，国民经济是由一个个“系统”组成的：生产任务由相关部门统一下达，产品统购统销，各类物资原材料、人力资源等所有生产资料统统严格按照计划、在规定的体系内“划拨”“分配”。

当时，齐鲁制药隶属于山东省农业厅，作为制药“系统外”的一家“农口”企业，根本拿不到所需要的原料——这些原料被牢牢掌握在以“几大家族”为代表的少数大制药厂手里。

为了获取原料，李伯涛厂长带领多名骨干全国四处奔波、游说，遍尝艰辛。为了学到一项关键的技术，李伯涛厂长带领几名骨干跑到上海一家知名药厂车间当学徒，在洗澡堂一住就是十几天；为了能够见到一家大药厂的负责人，他们一次次上门，又一次次吃闭门羹……他们的执着慢慢赢得了同行的尊重，越来越多的人向他们伸出了援手，企业发展也慢慢有了起色。

国内有名　国外有声

企业重新步入正轨，但齐鲁制药人不敢有丝毫松懈的念头。厂长李伯涛告诫大家，要想真正摆脱束缚，必须要有自己的拳头产品和核心竞争力。于是，他们成立了中心实验室，勒紧腰带，加大投入，自主研发

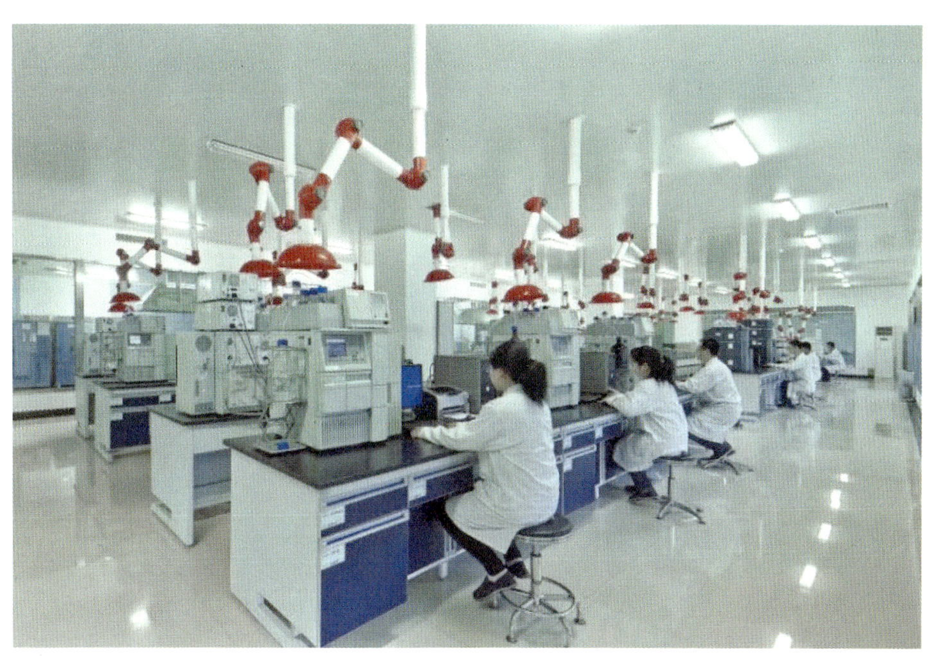

与对外联合攻关相结合，向科技要生产力。

效果立竿见影。1982年，公司成功研制出新产品氨苄青霉素钠，被批准为定点生产企业；1987年，齐鲁制药又与山东医学院（今山东大学医学院）联合成功开发国家二类抗癌新药卡铂，填补了国内空白，在全国迅速引发一场“卡铂热”。

“卡铂热”后不久的次年6月，在全国科学大会上，邓小平提出了“科学技术是第一生产力”的著名论断。消息传到齐鲁制药，众人沸腾，他们过去几年的成功探索，就是这句伟人名言的生动注脚。

重磅新药接连上市，成就了齐鲁制药的第一个辉煌10年。到1990年，公司产值首次突破亿元大关，跻身济南市工业企业20强。1995年，厂长李伯涛获得“全国劳动模范”称号。李厂长从北京人民大会堂领奖归来，全厂人给他披红戴花，每个人都沉浸在巨大的幸福之中。

而这只是一个开始。已经站稳脚跟的齐鲁制药人，继续沿着创新驱动的路子埋头向前，“中心实验室”升格为“药物研究院”，科研设备与人才队伍随之逐步升级，科研投入持续加大，都是业内一流或者领先水平。于是，一系列科研成果纷至沓来，大量临床急需的大品种药品接连

不断上市，令同行目不暇接，治疗领域涉及抗感染、抗肿瘤、心脑血管、精神系统、神经系统以及眼科疾病等众多领域，打造出一个令业界羡慕的优势产品线。

渡尽劫波展宏图。齐鲁制药已成为国内医药行业一股强大的新生力量。一位当时业内颇有名望的资深医药人赞叹道："齐鲁制药值得研究，李伯涛值得研究！"

此言不虚。正是他对中国医药产业发展趋势的深刻洞察和"要时刻领先一步"的思想，让齐鲁制药始终牢牢掌握着主动权。

20世纪90年代，当一些老牌药企还沉醉于"拥有千吨青霉素产能"时，李伯涛已经敏锐地意识到基础药物领域竞争红海的来临，因此着力在临床急需的用药领域重兵突进，构筑产品区隔，掌握主动权，从而在多个多发重大疾病用药领域建立了牢固的优势。与此同时，当国内大多数企业紧盯国内市场时，李伯涛已经把目光瞄向了海外。一方面，他斥巨资从国外进口当时世界上最先进的制药生产设备和研发仪器，成批引进的大型冻干机曾在业界引起不小的轰动；另一方面，着手与世界领先的药企展开深度合作，于1995年与意大利安替比奥公司在济南合资成立齐鲁安替比奥公司，是当时山东省医药行业中最大的中外合资项目。这些超前的布局，次第开花结果，成为推动齐鲁制药持续健康快速发展的不竭动力。

对于像被原料药"卡脖子"等种种时代束缚，李伯涛有切肤之痛，他一再勉励干部、员工："要想不看别人的脸色活着，就一定要自己强大起来，齐鲁制药一定要做到国内有名，国外有声。"

截至目前，齐鲁制药已经连续多年进入中国医药工业十强和中国医药企业创新力前三榜单。产品远销世界70多个国家和地区，10个无菌原料药全球市场占有率稳居第一，多个制剂产品在美国、日本、澳大利亚等高端市场占有率超过50%，甚至最高达到95%，是目前国内唯一一家实现对日本无菌制剂出口的企业。这些成果足以证明，齐鲁制药的干

部、员工们，早已出色地把李伯涛厂长20世纪80年代提出的口号变为现实。

迈向产业链最高端　跻身世界强者之林

眼下，齐鲁制药人正朝着一个更加宏伟的目标衔枚疾进——建成中国最强的医药企业，跻身世界医药强者之林。

从2016年底至今一年多的时间里，齐鲁制药已经相继拿到8个新药上市批文，都是抗肿瘤、乙肝、艾滋病、眼科等多发重大疾病领域的一线药物，这样的成绩在业内十分抢眼。

从企业发展角度看，这不仅仅是数量上的领先，更重要的是批文的含金量十足。自2015年开始的国内新一轮医药改革周期，是有史以来政策出台最密集、涉及面最广、触及问题最深入的一次。单就“药改”的前端药物上市审批而言，这次改革对药物研发的规范性要求之严、标准之高前所未有。在这样的背景下，一口气拿到8个上市批文，齐鲁制药一向严谨而高标准的研发得到了时代的检验。

当然，这也是齐鲁制药借以迈向产业价值链最高端，走向世界医药产业舞台中心的硬实力。而这种硬实力，近年来还在持续加强。

2014年以来，齐鲁制药已相继在美国西雅图、旧金山、波士顿以及上海建成4个创新中心，构建起以济南总部药物研究院为研发主体，上游与齐鲁制药美国公司、国内外创新研究公司相衔接，下游与各子公司研发部相衔接，涵盖化学药物和生物技术药物的早期发现、开发、产业化的完整创新研发体系，不断聚合全球医药研发领域的一流科研、商业、管理人才与资源，瞄准世界医药科技前沿和临床急需重大疾病领域，开展多种渠道、多种形式的科研攻关。

目前，齐鲁制药在研产品120多项，其中30余项为创新药项目。这些项目大致分布是：瞄准临床急需重大疾病非专利药，加快研发上市，打破国外巨头垄断，增加可及性；瞄准重大疾病疹疗前沿，大力实施科研攻关，布局一系列“全球新”药物研发领域，破解临床无特效药可用问题。

总裁李燕说：“世界是平的，随着国际医药产业发展全球化趋势的持续加强，竞争趋于白热化，企业必须具有全球视野，只有不断在产业前沿领域取得突破，才能够真正立于世界强者之林。”

“鲁东耐材”的三次技术革命

曹　茜

30多年前，一家镁碳砖厂诞生在济南一个刚刚规划建成的乡镇上，既没有经验，也没有技术。然而，在改革开放的历史大潮中，时代的精英不会放弃任何一个铸造奇迹的机会。这家“从零开始”的乡镇企业，是济南最早一批与日本企业合资、出口创汇的企业，如今已经成长为一家拥有国内镁碳砖最先进生产技术的企业之一。这家企业就是济南鲁东耐火材料有限公司（以下简称“鲁东耐材”）。

第一个吃螃蟹的“门外汉”

1985年，当时的郭店镇刚刚规划建设成立。作为改革开放搞活经济的重要手段，乡镇企业是中国民营经济发展的“先遣队”。刚刚成立的

郭店镇自然也把目光瞄准了乡镇企业的建设。然而，一个刚成立的乡镇，应该做什么样的产业呢？

据鲁东耐材董事长方元德回忆，创业之初，新集结起来的几个人也很纠结。“要做就做高科技、效益高、前景好的产品。”虽然有这样的信念，但几个人面临着巨大的挑战。几经考察、寻找和筛选，他们发现了家门口的商机。

随着改革开放的不断深入，中国钢铁企业的技术改造也在不断推进，钢铁工业实现了持续稳定的发展。几个人敏锐地察觉到，家门口的济南钢铁总厂就是商机。当然，他们并不是选择钢铁行业，而是看中了与钢铁行业有着密切联系的项目，也就是耐火材料镁碳砖的生产。

镁碳砖是国际上在20世纪80年代发展起来的一种新型耐火材料，广泛地运用于冶炼行业的转炉、电炉等炼钢炉的炉衬。简单来说，冶金炼钢行业中，炼钢时产生的铁水温度太高，炼钢炉也无法直接“承受”，必须要在炉内加上炉衬，来降低铁水的高温对炼钢炉的“侵蚀”，炉衬的耐高温程度越高，对炼钢炉的保护就越好，镁碳砖就是高强度的耐火材料。它的应用，不仅大幅提高炉龄、延长炉衬的寿命，而且大大降低炼钢的生产成本。

然而在1985年，别说是当时刚刚成立的郭店镇，整个中国放眼望去，也几乎没有企业对镁碳砖有深入的研究。这几个既没有经验也不懂技术的“门外汉”，下定了决心要做出点名堂来。几经辗转，他们找到了冶金部鞍山热能研究院的专家，用执着和诚心将他们请到济南来建立济南镁碳砖厂。

走向国际市场

1986年，济南镁碳砖厂成立，也有了专家和技术。可名不见经传的小厂子，生产出来的产品到底怎么样，谁也不敢说。

当时的中国正在大力发展钢铁行业，发展过程中一个很重要的制约因素就是耐火材料。“耐火材料不行，炼钢炉就需要经常更换或者修补，非常耽误时间。我们的产品是生产出来了，但还需要鉴定。”方元德说。

在使用新的耐火材料之前，正常炼钢炉的炉龄大概在200炉左右。1987年，济南镁碳砖厂生产的产品，在济南钢铁总厂进行试验，预计六七百炉龄的目标，竟以1058炉龄打破了济钢历史的最高纪录。试验成功后，济南的镁碳砖开始走向全国，莱钢、河南安阳钢铁公司、八一钢铁厂等10个省、自治区、直辖市的20多家钢铁企业，先后与其签订了常年供货合同。

20世纪90年代初，我国真正进入改革开放新时期，对外开放的新格局基本形成。济南镁碳砖厂也没有只局限于国内市场。方元德说，1990年，当时他是负责经营销售的副厂长，他和当时的厂长第一次去参加广交会，带回来一个日本客户。日本的耐火材料行业非常发达，刚开始他们对我们的产品非常谨慎，一块一块地试用，发现质量能达到他们的标准之后，又开始多块砖进行检验，最后才开始大量试用。经过多次考察和试验之后，日本人终于认可了济南的镁碳砖。此后，来自济南的镁碳砖又打入了美国、泰国、韩国、墨西哥等20多个国家和地区，走向了国际市场。

1995年，济南镁碳砖厂有限公司与日本东京贸易株式会社成立合资公司——济南鲁东耐火材料有限公司，2003年，日本品川耐火材料株式会社也“入了伙”。

三次“技术革命”

方元德知道，公司安身立命最根本的是技术。高科技含量的产品必须依托先进的设备，在这一点上，鲁东耐材从来没有“吝啬”过。

20世纪90年代初，国内第一台真空复合式压砖机问世，同样的设备

国内只有1台，售价200多万元。对于当时镁碳砖厂来说，这无疑是个天文数字。当时的镁碳砖厂再次做了第一个吃螃蟹的人，没有人想到，第一台新设备的买主竟然是一个乡镇企业。有了这台设备，厂里的生产能力上了一个大台阶，与日本企业的合资也顺利完成。

与日本企业合资之后，鲁东耐材发现，日本已经有300吨—350吨的大炉子，可中国的炉子只有16吨，后来发展到30吨，与日本有很大的差距，如果想要长期和日本建立业务关系，必须升级设备。

“1996年，我们用500多万元又配置了一台当时最先进的1600吨真空压砖机，这也是中国耐火材料行业的第一台。”方元德说，“与日本合资之后对方的钱一打过来，几乎又全部投入设备中。”前两次技术改革让鲁东耐材无论是在产品质量还是产品数量上都有了大提升。方元德说，尽管如此，他们还是看到了中国的耐火材料与日本耐火材料之间的差距。为此，鲁东耐材成立了企业技术开发中心，从鞍山热能研究院、钢铁研究总院、香港科技大学以及日本等方面邀请专家来研究交流，同时自己培养和吸引人才。如今，鲁东耐材的企业技术开发中心，已经有工程技

术人员90多名，其中国内外高级工程师近30名。

进入21世纪，工业自动化的时代悄然而至。鲁东耐材引进了3600吨的真空液压压砖机，还从德国引进了一台机械手作为新机器的“伙伴”。一台机器的压砖工人从最早的5人，逐渐减少到如今的1人。

三次“技术改革”之后，成长为行业先锋的鲁东耐材依然低调。如今在济南历城区东部的郭店街道，鲁东耐材的办公楼还是20世纪八九十年代的风格。生产车间里，工人并不算太多，黑色的长方形大砖块在差不多3层楼高的机器中锻造成型，这个黑色的长方形大砖块就是镁碳砖。方元德说，他们正在结合新旧动能转换编制公司下一步的发展规划，环保型绿色耐火材料将是他们的下一个目标。

神通遗古韵　古塔沐新风

——四门塔风景区文物保护与发展历程简述

张泽刚　王　峰

神通遗珍，厚重的历史文化名片

四门塔风景区，因古老的四门塔而得名。四门塔是千年古刹神通寺的主要遗存。神通寺古称朗公寺，公元351年由竺僧朗公所建而得名，公元583年隋文帝杨坚因“通征屡感”而将其改名为神通寺，是齐鲁最早的

佛教寺院，有“齐鲁首刹”之称。隋唐时期，神通寺特别兴旺，广造佛像及佛塔，现存完好的四门塔、龙虎塔、千佛崖造像等都成于此时。唐末社会动乱，神通寺一度衰败。至元代中叶，神通寺又盛极一时，所属寺院有28处之多。元末神通寺曾遭火焚，直到明弘治年间再次重修。

四门塔风景区现有景点20余处，其中有3处国保级文物，分别是华夏第一石塔——四门塔、盛唐艺术奇葩——龙虎塔、初唐佛教造像精品——千佛崖；有距今1600多年历史的齐鲁第一寺院遗址、中国第四大塔林、元明清历代碑刻、唐台基精美高浮雕等一大批珍贵文物；另有距今2000多年现仍枝繁叶茂的九顶松、江北第一竹林、七十二名泉之一的涌泉及百尺飞瀑等自然景观，被称为近郊寻古探幽、观光览胜、礼佛求愿的绝佳胜地，是济南南部山区一张厚重的历史文化名片。

文物保护，景区工作的核心

四门塔风景区内文物遗存多瑰宝，其中四门塔1961年被国务院公布为“首批全国重点文物保护单位”，千佛崖造像（含龙虎塔、九顶塔）1988年被国务院公布为“第三批全国重点文物保护单位”。

作为文物景区，文物是景区的灵魂，文物保护工作自然是重中之重。四门塔风景区管委会多年来一直高度重视文物保护工作。四门塔风景区管理委员会成立于2000年5月，下设安全保卫处，负责景区安全工作。四门塔文物保管所是景区管委会下属单位，成立于1963年。景区管委会积极谋划争取，各级政府高度重视，先后组织了多次维修，自1953年至今文物维修及环境提升等工程累计达30余次，现将几次重要的维修工程简述如下：

四门塔是中国现存最古老的全石结构单层亭阁式佛塔，建成于隋大业七年（公元611年），为古代石质建筑的典范之作。20世纪30年代，建筑大师梁思成与林徽因伉俪曾专程前来考察。神通寺和灵岩寺诸塔在梁

思成的《中国建筑史》中占据一席之地。

1953年，四门塔被从外面打三道铁箍，加固开裂的墙体，塔内立石柱支撑断裂的三角梁。1971年，国家文物局拨款维修四门塔，并作了“加固塔基，维修塔顶”的批示。1972年开工建设，1973年维修塔顶时在塔心柱上方发现舍利函及舍利，比曾经轰动海内外的西安法门寺发现舍利早14年。同年，维修完毕。又经40年，四门塔塔顶出现渗漏，对塔体和塔内佛像造成了不同程度的影响，千佛崖造像窟龛也出现了渗漏、崖体开裂，部分造像风化比较严重。2011年4月，《四门塔、唐代台基等建筑维修保护方案》获国家文物局批准，2012年2月8日正式启动四门塔古建筑文物修缮工程。按照“修旧如旧”原则，通过更换残损构件、增加“锡背”等技术手段，解决了塔顶渗漏、塔体裂隙、砖石酥碱等问题。同期进行的还有青龙亭、白虎亭的修缮，7月竣工。四门塔40年来首次大修工程被评为“2012泉城十大文化新闻”。

千佛崖石窟始凿于唐武德年间，至明各代均有开凿，现有窟龛70余个，造像220余尊，题记44则，多为唐贞观、显庆、文明年号。1988年被国务院公布为“国家级重点文物保护单位”。石窟历经风雨剥蚀，岩断石裂，崖壁坍塌，窟龛毁坏，佛像酥碎。为防文物继续受损，千佛崖石窟先后两次维修。第一次是国家文物局于1983年拨款14万元，自5月始，清淤土，排险石，打铆杆，作圈梁，立石支顶，建窟檐，并对全部造像敷有机硅，1987年10月竣工。第二次维修准备工作始于2015年，开展工程地质勘查和激光三维扫描测绘，勘察崖体的石质疏密情况，详细了解崖体裂缝的长度。据此编制规划方案并上报国家文物局批准后，争取资金349万元。2017年实施完成千佛崖岩体加固及环境整治工程，共打铆杆总计500米，使岩体得到有效加固，并对渗漏严重的崖体裂隙做灌浆处理。同时，对千佛崖周边环境进行整治，清理淤土，加固坡体，增修220立方米的挡水石墙，以阻挡落石，分流洪水。

墓塔林被誉为“古塔博物馆”，现存金元明各式墓塔48座，墓碑15通。2017年实施墓塔林维修保护工程，对部分倾斜的塔身纠偏，解决了石塔构件风化、青砖及灰缝酥碱脱落等问题，对部分石构件和石碑断缝开裂也做了相应技术处理。

神通寺遗址因多年风雨侵袭，水土流失严重，大部墙体出现不

同程度坍塌，部分建筑构件龟裂风化。2018年实施保护工程，对损毁部位加固维修，封护裸露地面。经紧张有序施工，在雨季来临前竣工，确保了文物安全，提升了景区品位，广大游客也可以从中领略古代佛教建筑的艺术魅力。

遵循原则、科学组织、精心施工，景区文物得到了有效保护。历史成就了四门塔，文物成就了景区，保护好文物，景区就有了灵魂。

完善与美化，景区魅力的打造

仅仅保护好文物，难以满足游客的需求，景区管委会顺时而动，积极策划争取政策和资金的支持，先后完成了一系列配套设施建设。

1998年，济南历城区政协常委会向区委提交了《关于加快历城旅游业发展的建议案》。1999年9月，历城区人民政府投资400多万元，在神通寺遗址前建起了仿唐风格的神通寺博物馆，共两进院，占地面积4000平方米，建筑面积1500平方米。神通寺博物馆展出神通寺历史沿革、文物介绍、发展变化、历次维修等图片资料和解放以来神通寺出土文物精品。这组建筑构件宏大、主次分明、变化有致，体现了盛唐的建筑特点，是齐鲁第一家仿唐建筑群。同期，整修了2000米景区游路，开发了神异井、九顶松、藏经洞、天下第一碾等新景点。

2017年5月，生肖广场、圣油圣面两处新增景点完工，生肖广场位于四门塔西侧，花岗岩雕刻的十二生肖呈环形布置，圣油圣面系在原寺院储存粮食的场院原址建圆形粮囤3个，并以花岗岩雕像群艺术化再现了晾晒粮食的场景。

同年，佛教协会投资建设的藏经楼、居士楼等配套设施竣工，建筑面积5000多平方米，不但为景区增加了新的景观，而且兼有活动开展、宣传展示、养生修心等功能，进一步提升了景区的展示服务水平。

四门塔景区管委会一班人不待扬鞭自奋蹄，从2012年开始，景区管委会把美化绿化工程纳入重点工作，着力改善旅游环境、提高旅游服务质量。规范标识系统，维修更换破损的路标及导示牌，完善和提升了旅游公共服务功能。抓好环境整治，补种绿化。2013年投资70万元完成四门塔神通寺遗址勘探发掘及环境整治工程，2014年投资100万元完成四门塔神通寺保护与展示工程，2015年投资100万元完成四门塔至迎翠桥沿线护坡加固及河道治理工程，2016年投资120万元完成四门塔环境整治提升工程，2018年投资20余万元完成墓塔林北侧绿化工程。一系列绿化工程，累计栽植五角枫、榆叶梅、国槐、冬青、黄栌、连翘、紫叶李、华山松、白皮松、雪松、银杏、黄杨、女贞等乔木4000余株，栽植龙柏及各类小灌木约6万株。同时，在适合的绿化区，铺设游路，安放石桌凳，为游客增设优美的休憩处所。定期对河道进行清淤整治，建设多级拦河水坝，设置喷泉，放养了红鲤、锦鲤，景区旅游环境得到了极大改善。

经过多年精心打造，四门塔景区区域内生物多样性更加丰富，提高了景区生态环境和景观环境之间的协调性，景区面貌实现整体提升，水清山绿，四季有景，气候宜人，为游客营造出舒适优美的游览环境，游客信步其间，处处能得到美的享受。

流转回归，景区管理体制变革与制度化

任何事物的发展都不会是一帆风顺的。古老的神通寺也经历了几多兴衰与劫难。阿閦佛佛首的被盗劫难与回归聚首曾轰动一时，万人关注。

1997年3月7日夜，四门塔东向珍贵的石雕“阿閦佛”佛头神秘失踪。大案震惊全国，各级文物部门都为之痛心。济南警方立即成立了专案组，1999年9月侦破，但佛头却已流出境外。惊天大案，也警醒了景区领导及全体员工。景区管委会进一步完善了安防制度，严格执行，责任到人；同时，请专业机构设计现代化安防设施，逐级上报，经审批后，

分两期实施，总计投资240万元，于2016年底正式竣工，从而实现了人防、物防与技防结合，为景区内文物打造出一张严密的防护网。

佛首丢失后，景区管委会一方面复制了佛首弥补缺憾，一方面在山东大学刘凤君教授等各界协助下，积极运作，化被动为主动，使佛首遗失劫难变为与台湾两岸交流的佳话。2002年12月17日，台湾法鼓山文教基金会参访团圣严法师一行10余人，专程护送流失境外的四门塔阿閦佛石雕佛首来济，将其正式送还四门塔风景区管理委员会，从此也开启了四门塔与台湾合作交流的新篇章。

2002年12月21日，市文化局、市文物事业管理局、市文物保护协会、四门塔管委会，在四门塔隆重举行阿閦佛首回归、修复揭幕式，济南市副市长陈国栋、历城区副区长王志平，台湾法鼓山文教基金会董事长圣严法师，国家、省、市宗教局，省文化厅、台湾事务办公室等部门有关领导参加揭幕活动。活动结束后，宗教部门协助圣严法师一行举行了开光仪式。

2003年2月3日，由市文化局、市文物局、市文物保护协会、中国对外艺术展览中心、中国文化报社共同主办的《即合·归心——喜见四门塔阿閦佛造像修复展》在济南市博物馆开展，通过300余件图板、实物、图片与图表、书法、绘画和摄影作品等，生动形象地展现了四门塔阿閦佛造像身首合一的重要意义、佛首回归的前后过程、修复佛首在海内外的强烈反响。

2009年12月10日—11日，为纪念已圆寂的台湾著名高僧圣严法师，由台湾法鼓山文教基金会策划，台湾著名艺人凌峰先生及其夫人贺顺顺女士作为特邀主持，达明传播拍摄执行的电视节目《他的身影》（追忆圣

严法师）制作组一行，到四门塔景区录制节目。此后数年间，四门塔景区先后接待了台湾基隆市区里长参访团、基隆市议会议长黄景泰等多个团体参访，并于2012年12月17日与山东大学美术考古研究所联合举办四门塔阿閦佛头像回归十周年纪念暨神通寺石刻造像保护与研究座谈会。一系列活动的开展，促进了两岸间的交流与学习，增进了两岸同胞的感情。

景区管理体制变革与制度化。2009年9月，济南市历城区四门塔风景区管理委员会由历城区政府直属事业单位改为区文化局所属事业单位。2009年11月，撤销四门塔风景区管理委员会党委，其原辖四门塔景区党

支部、柳埠林场党支部分别划归区文化局党组、林业局党组管理。2017年，南部山区管委会成立，四门塔风景区管委会作为直属事业单位划归南部山区管委会社会事务管理局管理。

四门塔景区管委会面对新形势，认真总结以往的经验教训，进一步解放思想，实事求是，严抓内部管理。在原有制度基础上进一步细化规范，加强了管理执行力度，门卫、票房、各值班点责任细化到人，白班、夜班无缝对接，巡逻小组定点巡逻，实行组长负责制，卫生区、责任田工作标准细致明了，检查小组定期检查，监督小组确保公平公正……景区人手不足，无论领导还是职工，每人都有卫生区，每人都有责任田，每人都有明确的工作职责，且工作绩效与收益挂钩，充分调动了大家的工作积极性，景区各项工作井井有条，运行顺畅，景区发展进入和谐有序的轨道。

关怀青睐，景区日益彰显的社会效益

四门塔景区的发展离不开政府的主导，离不开社会各界的关心支持。各级领导曾多次到景区视察指导，时任国务委员李铁映，时任全国政协政协主席李瑞环、副主席胡绳，时任省委书记吴官正，时任省委书记张高丽，全国人大常委会副委员长、中国科协主席、中国科学院院士、中国理论物理、粒子物理学家周光召教授，国家文物局局长励小捷等曾先后到四门塔景区视察。省、市、区领导及文化文物旅游等部门更是多次实地考察指导。各级政府的关怀、社会各界的支持有力推动了景区的发展，各处文物得到了及时有效保护，古老的文化得以继续传承，游客受到传统文化熏陶，得到美的享受。

为回报社会，四门塔风景区对老人、儿童、残疾人及现役军人实行免票，每年春节及一些特殊纪念日都向社会免费开放。四门塔风景区现是市级爱国主义教育基地，每年约1万余名未成年人到此参观学习。景区的良好发展，对地方的经济、文化、社会和谐发展等方面起到了积极的推动作用。

回顾与瞻望，新时代的新起点

1949年，新中国成立，1953年，四门塔首次维修，文物保护事业开启新篇章。

1973年，发现舍利，轰动四方。

1978年，改革开放，为景区发展打开新空间。

1997年—2002年，阿閦佛佛首流失与回转聚首。

进入新世纪，景区文物得到更加有效地保护，环境全面提升改善。

2018年，时值改革开放40周年，四门塔风景区以崭新的面貌和健全的管理制度迎接新时代带来的新机遇，积极谋划，一个集文物保护、参观旅游、农业观光、医养结合，以佛教文化为主题的传统文化园区正在规划当中。

历史已成过往，留下了丰厚的文化遗产。

未来充满希望，值得翘首以盼。

当下必须用心把握，四门塔风景区管委会正全力以赴。

在坚守与创新中前行的历城二中

温立春

光阴荏苒，世事沧桑。六十年一甲子，四十年铸辉煌。历城二中，六十年磨砺，见证了教育事业的兴旺；四十年奋进，铸就了齐鲁名校的辉煌。历城二中，社会赞誉，学子向往。社会各界、专家学者、业内同行，无不思索，为什么会呈现火热的“二中现象”？是什么因素造就了“二中辉煌”？

有人说二中兼容厚德、源远流长，有人说学校管理严格、校风优良，有人说教学追求卓越、质量至上，有人说教师乐于奉献、敢于担当，有

人说学生品学兼优、积极向上。也有人说二中管理苛刻，是“高考训练营”“应试加工厂”。上述说法，可谓仁者见仁，智者见智。说法归说法，历城二中这些年迅猛的崛起、傲人的成就都是无可否认、有目共睹的事实。历城二中的崛起和辉煌靠的是什么力量？对此，我反复从亲身经历中总结、实际调研中提炼、认真思考中挖掘，力求找到“二中现象”的奥秘。

好传统成就好学校

我从1960年开始在历城二中工作，从教学一线教师、教研组长、班主任、校工会主席，到校党支部委员、副校长，30年没离开过历城二中。退休后，由于对二中有着深厚的感情，一直关心关注着它的每一步成长。在历城二中乔迁唐冶之际，站在历城二中发展的新起点上，以自己的亲身经历和体会，对二中的名校之路做一解析，以此表达一个八旬老翁对历城二中的深情厚爱和对改革开放40年的由衷赞美。

建校初期，首任校长尚一带领全校师生艰苦创业，勤俭办学，劳动建校，自己动手修院墙、建校门、办工厂、搞农场。同时，对教学工作扭住不放，在非常困难的条件下，抓教师队伍建设，抓课堂教学质量，抓教风学风，对思想教育工作更是常抓不懈。那时候，办学条件差，生活艰苦，冬季教室里墨水瓶时常结冰，但大家没有一人叫苦。师生关系和谐朴实，课堂上教学协调顺畅，业余时间师生一块搞艺体活动，打篮球，爬虞山，赛长跑，同场竞技，师生关系至爱真诚。学生精神振奋、斗志昂扬，校风、教风、学风越来越好。学校的人际关系，不论是领导成员之间、领导与教师之间、教师之间、学生之间、教研组之间、师生之间，还是教师与家长之间、学校与社会之间，都非常融洽和谐、友爱团结，大家心往一处想，劲往一处使，拧成一股绳，为共同的育人目标无怨无悔地勤奋工作。至今回想起来，心中仍暖暖的，并引以为傲，深感可贵，是我一生受用无穷的宝贵精神财富。

由于群策群力，历城二中这一普通的农村中学，在1961年首届中考和1964年首届高考中成绩斐然，稳居全市上游，按当时说法叫“打响了第一炮”，让省市教育部门从此对二中刮目相看，为学校后来的教育改革，逐步攀登新高峰打下了坚实的基础。好传统、好作风始终是学校前进的无穷动力、奋进的精神财富，支撑着二中人为创名校而不懈努力。

好传统、好作风的传承发展非一日之功，靠的是几代二中人持续不断的努力，就像运动场上接力比赛一样，一棒一棒交接下去，而且越跑越快，越跑越好。

改革开放以来，在教育改革的大潮中，由于传承发展了学校的好传统、好作风，历城二中脱颖而出、勇立潮头。

秉承“坚守与创新”的发展理念

创办优质学校是一项复杂的系统工程，涉及办学理念、方向、管理、教育、教学等各种要素和环节。应当说，近年来历城二中办学水平的突飞猛进是各种教育资源优化组合、学校运作进入良性循环所释放的综合性“红利”。这其中，学校一直坚持和发扬几十年来形成的优良传统和作风，坚持“不跟风、不盲从、不随波逐流，坚守教育的底线，按教育规律办学”，折射出二中在纷乱复杂的各种教育教学理念中对自身的优良传统和作风的执着“坚守”。与此同时，二中坚持在发展中创新，让创新引领整个学校实现整体优化与提升。

让“坚守”薪火相传。坚守是一种宝贵的品质和精神。任何新事物、新发展、新成就都不是凭空产生的，都是在弘扬良好传统的基础上发扬光大的，没有了坚守，丢失了传统，也就无所谓创新。历城二中蓬勃发展的宝贵经验在于坚守信念，让“坚守”薪火相传。

在坚守中传承。二中人坚信，“文化是一个国家、一个民族的灵魂”，

学校文化则是学校发展进步的灵魂。深入挖掘几十年来学校蕴含的人文精神，形成独特的二中文化，能够引领二中不断进取、永续发展。为此，学校集思广益，广泛集中老师对学校文化的智慧和意见。从每一届教师代表大会（简称“教代会”）的主题中可以看出老师们对学校文化的探索。十一届二次教代会的主题是“传承学校文化，探索教育真谛，建设幸福家园”；十一届三次教代会的主题为“弘扬学校文化，聚焦核心素养，建设新美二中”；十二届一次教代会的主题则上升到“坚守教育信仰，打造智慧课堂，建设新时代名校”……经过一次次教代会的提炼，老师们发现，历城二中的根本发展在于“勤”，于是二中独特的“勤文化”应运而生，逐渐形成了“人生在勤，志达天下”的校训。可以说，这些年来，“勤文化”是二中人在自己的教育园地里培植出的文明硕果，是内生文化，是熔铸于每一位师生内心的动力，是传承二中优良传统的支柱。

在坚守中引领。二中的领导干部都是从一线教师、班主任一步一步成长起来的。难能可贵的是，他们能耐得住寂寞，守得住清苦，工作再苦再累也是默默承担，真正把“责任”二字落实在行动上。领导干部率先垂范，从弯腰捡起一片废纸开始，带头做好每一个细节，所有干部每天早晨至少比教师提前半小时上班，所有的级部主任只要学生在校，几乎天天早晨6点到办公室，晚上学生休息后回家，不开会基本不出校门，全天候在岗，随叫随到，发现问题马上解决，听到安排立即执行……学校干部用自己的实际行动，用自己的人格魅力赢得了师生尊重，引领了学校发展。

在坚守中奉献。教育没有什么轰轰烈烈的大事，只有琐琐碎碎的小事，把小事做好就是最好的教育。教师用心备好每一节课，认真上好每一堂课，仔细批阅每一份试卷，耐心辅导每一个学生。在常规工作中，凝结着教师的心血，体现着教师的教育智慧。当然最辛苦的还是班主任老师，他们几乎全天候陪伴学生。到了高三后期，所有班主任都搬着桌凳进教室，学生深受感动，称之为“爱的陪伴”，这是管理的智慧，更是一种坚守与奉献。就是靠着这种认真做好每一个细节的态度和精神，历城二中教育教学质量稳步提升。

在坚守中成长。管理是二中的优势，让学生养成良好的行为习惯、高雅的文明修养和顽强的意志品质，一直是学校立德树人的追求。学生时刻坚守“规范”，在坚守中得以健康成长。他们每天坚持3000米跑、唱好课前一支歌、收看《新闻联播》；每周精心组织升旗仪式、召开主题班会、评选班级之星、观看周末影院、组织家长进课堂；学校成为中国科学院老科学家科普演讲团科普教育基地，每年组织近百场科普报告，截至目前共收到学生创意80多万份，申请到国家专利4168项；坚持组织高雅艺术进校园活动，省歌舞剧院、省京剧院、省吕剧院、省爱乐交响乐团、济南市曲艺团、山东青年政治学院舞蹈团等众多专业或民间团体到学校专场演出。舞蹈社团多次代表济南市、山东省参加全省和全国中小学生艺术展演，两个原创舞蹈作品分获“泰山文艺奖”和“泉城文艺奖”……如今，二中学子呈现出的规范有序的良好风貌，离不开学校一直以来长期坚持的常规教育和丰富多彩的德育活动。

创新是一种动力和追求。“学校的管理没有最好，只有更好”，即使是已经有了许多成功经验的学校，也不能墨守成规。二中的发展路子既是坚守的路子，更是创新的路子。

中国首个中学生太阳能实验室；全省率先实现后勤服务社会化，率先将“发明创造课”作为必修课列入课表；成为全市第一个中国教育学会实验学校；济南市首家进行电子备课、网络教研的学校；济南市教育局“五个一”优化升级工程的第一所高中学校；2004年，创建民办初中部；2008年，逆势而上开始对学生进行奥赛培训，探索拔尖创新人才的培养途径……

诸多“率先”“首家”“第一”，彰显出二中人敢为人先、改革创新、志达天下的胆识与气魄，这无疑成为学校不断铸就新辉煌的最强推动力。

思路的创新，引领二中走进了发展的一个个新阶段。细节的创新，更是深化了学校发展内涵，推动学校不断前行。

开创办学新模式，发挥晋鲁豫名校联盟和大教育名校联盟作用，优势互补、强强联合。为开阔教师视野，每年组织老师到衡水中学、邹城一中、邯郸一中等省内外名校学习交流。

在教科研方面下大力气，推出一些新举措，真正增强教科研含量。

推出“读书工程、青蓝工程、名师培养工程”三大工程，开展了像“年度读书人物评选”“师徒结对子”“十佳班主任评选”等丰富多彩的活动，成为教师队伍建设的有力措施。每周五的校级研讨课、名师大讲堂等活动，培养并打造了一批校内专家型教师；九大学科“同课异构”活动，优化了课堂教学效益。各级课题的研究及成果转化，提升了教师专业发展的厚度和高度。校刊《稼轩教研》发表教师专业化研究成果，培养了教师的研究意识和能力。

学校结合社会实际，积极探索德育工作新途径。开展以“厚德、立志、博学、成才”为主题的大型德育系列活动。“雷锋月”“爱国主义教育月”“感恩教育月”等主题月针对性强，活动内容丰富；公祭日、宪法日、国庆节、青年节举行相关活动，育人效果显著；“青春的旋律”校园艺术节优秀节目展演、“传民族精神，扬青春风采”五四联欢会、“向国旗敬礼、做一个有道德的人”系列主题活动、“向党旗敬礼”演讲比赛等精品活动，紧扣主旋律；徒步往返辛弃疾故居等社会实践活动，组织学生到美国、加拿大、新加坡等研学活动，拓宽了学生视野，提升了学生综合素养；中秋节“幸福合影”活动，面向全体学生征集家庭合影，记录并展示开心的笑容、温暖的感动、温馨的瞬间，培养学生成为懂感恩、有温度的人；“你最精彩”辩论会的组织开展，点燃了学生思维的火花、表达的欲望，在全校掀起了语言魅力大风暴。与此同时，学校将学生成人仪式打造为精品活动，学生心灵受到了洗礼与震撼，与会家长获得了欣慰与感动。诺贝尔文学奖获得者莫言，月宫一号总设计师刘红，秘鲁共和国驻华大使卡普纳伊，北京大学教授、博士生导师李沉简，著名小品演员邵峰和来自媒体的领导、主持人以及关心学校发展、学生成长的家长代表、校友代表、任课教师等都通过视频短片为同学们表示祝贺、寄予厚望，并表达了对历城二中发展的深切关注，一项项丰富多彩的创新活动在社会上引起了强烈反响。

二中在拔尖创新人才培养方面也取得了新突破。在学生学业成绩得到大幅度、大面积提升的同时，优秀生培养尤其是学科竞赛更是取得了在全国具有很大影响的优异成绩。自2010年至今，共获得国际奥赛金牌3枚，全国金牌29枚，银牌23枚，是全省获得国际和全国奥赛金牌最多的高中学校。2017年，二中有45位同学获得数学、物理、生物、化学、信息学五大学科竞赛省赛区一等奖。

通过多元化培养路径，学生学业成绩大幅度、大面积提升，高考一本和本科上线率连续多年名列全市前茅，考入北大、清华的学生每年有10人左右，人数位居全省前列。近年来，二中还为中国空军和民航输送了33名优秀飞行员。

2014年，“个性化思维建构”教学成果获国家级基础教育教学成果二等奖、省一等奖；2018年“普惠创客教育体系的理论探索与实践研究”教学成果再获国家级基础教育教学成果二等奖、省特等奖。

新二中踏上新征程

2018年6月30日上午，历城二中推出的千人快闪合唱《我爱你中国》火遍网络和朋友圈，山东新闻联播等各大媒体及省教育厅等官方微信转发播出，短短几天时间网上点击量就突破3000万次，在社会上产生了强烈的反响。视频集中展现了学校师生的良好精神面貌。社会各界对历城二中特别关注和期待，尤其是历城二中新校启用后，它的发展能否在原有基础上更上一层楼，管理会不会受到搬校后困难与矛盾的束缚与制约，这是社会各界共同关注的问题。

2018年8月底，师生顺利搬迁到环境优美、交通便利的东部经济、文化新中心唐冶新区。新二中总投资17亿元、总建筑面积达30.17万平方米、配建人才公寓500套，两校依河而建，遥相呼应，由卿云桥连接，将三馆、艺术馆及体育馆作为整个校园共享开放空间，空间利用率大大提高。其中，教学楼包括综合楼和实验楼，设施设备一流，完全满足师生办公、教学以及实验等需求；三馆包括图书馆、科技馆、报告厅（有容纳450人的报告厅4个），高标准配备，满足师生图书借阅、学术报告及创客教育需要；体育馆注重功能设计和美感设计相结合，充分体现了功能第一、兼具比赛与教学功能的设计原则；艺术馆设计新颖，注入多种文化元素，肩负传承文化、弘扬艺术之使命，包括礼堂（可容纳1400人）、声乐室、舞蹈室等多个功能室，为培养学生艺术素养、陶冶情操创设了一流的教育环境和空间。另外，为满足师生体育锻炼需求，室外设置了篮球场地、排球场地、网球场地等。初、高中教室以及学生餐厅全部安装新风系统以及中央空调，教室内安装智慧黑板，宿舍每层有公共浴室和直饮水装备，免费提供，每个宿舍配有单体空调和独立卫生间，尤其是床和储物柜都是功能性最优、外观最美的。

在环境、硬件都高标准配备的校园里，搬迁后的二中师生不负众望，肩负责任，在面临种种困难与压力面前，发挥不怕吃苦、无私奉献的精神。领导干部吃住在学校，坚守在一线；班主任、任课教师按照值班安排有序工作，没有因为迁校后的不便利而影响教学；后勤总务的老师加班加点，不求回报，以最优质的服务成为前勤老师的“贴心人”。

在这里，我还要特意说说二中的带头人李新生。二中能成为名校，无不包含着他的智慧和心血。李新生既是我的学生，又是我非常敬佩的一位校长。新生在大学毕业后回到母校，秉承二中的好传统、好作风，从教师、团委书记到教导处主任，一步步成长。在经历历城二中这个火热熔炉近10年的“锻造”之后，他被委任为历城五中校长、区教研室主任。2001年，组织需要他时，他毅然回到母校担任校长，如今在这个岗位上已经默默奉献了17个年头。由于他勤勉务实、严格自律、勇于担当、奋发有为，他成为教育部“国培计划”中小学名校长领航班学员、齐鲁名校长建设工程人选，获得了“山东省优秀共产党员”“山东省先进工作者”“山东省有突出贡献的中青年专家”等诸多荣誉。2018年7月，他又成为济南市首批认定的“特级校长”。我认为这些不仅仅是各级党委政府和教育行政部门对一所中学校长工作的肯定，更是这个时代对于真正愿干事、能担责、甘奉献的教育工作者的认同。李新生和历城二中不仅仅成为教育的品牌，更是社会弘扬正能量、成就新事业的代名词。

在庆祝历城二中建校60周年之际，李新生踌躇满志，对新二中的新发展充满希望。他说，新时代，新二中将传承“勤”“志”文化，以建设

“领航”学校为依托，着重做好以下“两篇文章”。

其一，实施“教育集团+优质学区”办学模式。以推进落实区域“义务教育城乡一体化”为目标，探索“教育集团+优质学区”办学模式，发挥历城二中教育集团的整体办学优势，带动整建制学区内多所小学、初中成员学校的发展，激发办学活力，推进优质教育资源规模扩张，实现集团化办学引领下的学区整体教育资源的优质化，让更多的孩子在家门口享受优质教育，提高人民群众对教育工作的满意度，把唐冶新区打造成全市的教育高地，促进区域教育优质均衡发展，让老百姓的孩子享受高品质的教育。

其二，要把普惠创客教育做成精品。普惠创客教育体系，是历城二中以创客教育的普惠价值和知识建构理论为生长点，基于“面向全体，惠及所有”的教育伦理，建构目标、内容、实施、评价一体的空间与课程系统，支持学生乐于将自己的“创意”转化为智慧“作品”，发展创新精神和实践能力的应用性教学成果体系。目前，学校普惠创客教育体系理论探索与实践已经体系化，成果也比较显著，获得了省级教学成果奖特等奖、国家级二等奖。在现有的基础上，学校将投入专项资金，和微软、惠普、华为、科大讯飞、海康、阿里云等国际国内顶尖品牌企业及清华大学、中国科学院自动化研究所、中国教育科学研究院等教育科研机构合作，凝聚社会力量建设国内先进创客空间。利用相关平台，搭建基于人工智能和大数据分析的创客教学平台，聘请国内知名专家团队帮助研发完善的普惠创客课程体系，进一步创新人才早期培养模式，着眼于学生关键能力的培养，让每一位学生得到个性而充分的发展。

他说，历城二中将以高度的使命感和责任感，在教育改革中勇立潮头，以“教育集团+优质学区”为模式，不断带动更多学区，为教育改革发展提供新鲜经验、精彩样本。

六十华诞，东风浩荡。二中人摩拳擦掌，牢记使命，力争建名牌中学、创百年名校。这里的“二中人”不仅指当前正在这里工作的教职工和就读的在校生，也包括六十年来曾经在这里工作过的教师和历届毕业生。尤其是后者，他们为自己曾经在历城二中工作学习过而感到自豪，他们骄傲地称自己为“二中人”。

本文开头所提的问题，二中的名校之路靠的是什么力量？通过上面的解析，答案已经非常清晰，那就是历城二中的崛起与辉煌离不开“坚守与创新”。我相信，新二中也一定能够在“坚守与创新”中继续砥砺前行，创造更加辉煌灿烂的明天。

“冶河香玲”誉全国

陈好福　王春亮

历城区港沟街道冶河村是远近闻名的核桃种植专业村，这一切源于香玲核桃的种植和培育。2008年5月，习近平同志曾视察冶河村，10年之后，香玲核桃荣获“中国林业产业国际博览会金奖”，开始享誉全国。

“香玲”引入发展路

冶河村地处港沟南部，三面环山，山多地少。30年前，老百姓还是靠在山地中种植玉米、小麦、谷子等粮食作物生活，靠天吃饭。年成好的时候，能多打点粮食；遇上干旱的年份，只能看老天的“脸色”，打多少算多少，粮食不够吃，靠进城打工贴补家用。

对于冶河村的状况，曾兆芳作为土生土长的冶河人，看在眼里，急在心里。他曾在泰安农学院进行过农业及林果专业培训，培训期间全国著名的林果专家王均毅[①]曾亲自授课。曾兆芳听说王均毅教授在1978年培育出一个杂交育成的早实、优质核桃新品种，经过多年的品种优化，1989年经部级鉴定，定名为“香玲核桃”。求知欲强的曾兆芳便主动与王教授商议，能否结合冶河村的土质、水质等条件，在冶河村推广种植香玲核桃，并育

① 王均毅：1935年11月生，山东省果树研究所研究员，1992年起享受国家政府特殊津贴，1993年被评为“山东省专业技术拔尖人才”。

苗、培育、栽植。这一想法得到了王教授的认可，表示愿意为他提供技术支持和指导。

王教授的鼓励给了曾兆芳极大的勇气，回到村里，曾兆芳就开始挨家挨户动员村民种植核桃，但没想到遇到了难题。由于受传统思想的影响，大部分村民不愿意在庄稼地里改种核桃，他们觉得还是种粮食作物安全，最起码能吃上饭，还有一点顾虑就是：他们对种植核桃没有任何经验，能否成功、收益如何，心里没谱。面对这种情形，曾兆芳对自己的决定没有丝毫的动摇。为了让优质香玲核桃在冶河生根发芽，改变家乡贫穷落后的面貌，他决定自己先带头，勇敢做第一个“吃螃蟹”的人。他便带着三个儿子、一个女儿，先在自家地里栽种核桃。在王教授和区里领导、专家的指导下，边种植、边实验、边总结经验。

“功夫不负有心人”，1989年种下的核桃，1990年就成功地培育出树苗，他们全家将树苗卖出后，收入2000多元。在现在看来，这些钱不是很多，但在当时要比单纯种粮食作物的收入高出好多倍，更重要的是在香玲核桃的种植、栽培、管理等技术上积累了丰富的经验。香玲核桃要大面积种植，树苗嫁接是最关键的环节。经过反复的试验，曾兆芳突破了嫁接过程中的一个又一个难关，掌握了易操作、速度快、成活率高的“嫩芽嫁接”技术。

曾兆芳核桃育苗的成功，让村民消除了顾虑，看到了发家致富的希望。他们纷纷加入核桃种植大军，当年就发展了十三户。为使这些种植户能尽快掌握各项种植技术，曾兆芳多次对他们进行理论知识及专业技术的培训，田间地头就是他们的教学现场，手把手地教，不厌其烦地操作示范。不久，种植户就掌握了嫁接、管理技术。2004年，冶河村核桃种植户达到80户，村里顺势而为成立了“历城区香玲核桃协会”。2008年4月，历城区香玲核桃专业合作社成立，会员发展到200户。

“香玲”打开致富门

伴随着香玲核桃专业合作社的成立，冶河村栽种良种核桃面积达到1000余亩，育苗面积850亩，同时辐射带动周边村民核桃苗木繁育300余亩，年繁育核桃苗木300余万株，其中嫁接苗木100万株。生产优质核桃20万公斤，销往全国十几个省市，销售收入达到800多万元，全村人均增收8000多元。就这样，小小的核桃成就了老百姓的致富梦，冶河村在核桃种植的路上不断发展壮大，收入也连年增长，群众开始富裕起来。

如今，冶河村核桃育苗面积达到850亩，栽植核桃面积1500余亩。年生产核桃嫁接苗200余万株，接穗80余万条，核桃50万公斤，核桃苗品种达到20个，生产的核桃嫁接苗木销往省内外。全村每年通过核桃产业收入达到1600多万元，人均增收1万元，并辐射带动港沟街道办事处23个村发展种植良种核桃，面积达到15000亩。

香玲核桃合作社按“民办、民管、民监督、民收益”的原则，实现统

一管理、统一技术服务、统一包装标示、统一质量标准、统一注册商标、统一销售价格的运作模式，不断扩大规模，增加了农民收入。目前，合作社成员个人年收入超过4万元的达到100多户，最高的收入8万多元。

在合作社的成立及运作过程中，村里逐步探索出一种以农村专业协会为纽带，以农户和生产基地为依托，支部基层党建带动农民增收的“支部+协会+合作社”三位一体的运作模式，主旨在于加快农业结构调整，建立“一村一品”特色农产品基地，让广大种植户实现了真正意义上的增收致富。

“香玲”引来党和国家领导人

2008年4月的一天，一条激动人心的消息传遍了冶河这个小山村——习近平同志要来冶河村视察了！冶河村的老百姓真是欢欣雀跃，村里接待党和国家领导人，这可是从没有过的大事！

2008年5月9日，中共中央政治局常委、中央书记处书记、国家副主席习近平同志在省、市、区领导的陪同下，乘坐一辆中巴车来到冶河村。

习近平同志先来到村委会大院，了解农村基层党建工作情况。村支部书记曾宪水向他介绍村党支部与核桃协会是结合在一起的，村支部委员也是协会负责人，与核桃协会一起为村民增收作贡献。

习近平同志视察了“冶河香玲”核桃合作社的种植基地和育苗基地；同香玲核桃“嫩芽嫁接”技术的创始人曾兆芳进行了亲切交谈，对核桃育苗、生长、施肥、防虫害、嫁接、核桃大小等情况进行了详细了解。当他看到育苗基地的技术员在嫁接树苗时，问曾兆芳：“就是用你手中这样的嫩芽嫁接吗？”曾兆芳说：“是，三年就能结果。”习近平同志说：“好快！这就是你们的致富树！”

习近平同志还来到核桃种植户于长生家，详细地了解他们的情况，家有几口人？儿子干什么？家里种了几亩核桃？能收入多少钱？核桃是不是统一收购？于长生一一做了回答，并说核桃是由合作社统一销售，收入会高一些。习近平同志听后非常满意。

从于长生家里出来，习近平同志亲切接见了守候在于长生家门口的村民，并与他们一一握手问候。习近平同志访民情、问民意带来了党中央对基层党员干部、群众的亲切关怀，冶河村人倍受鼓舞，在致富奔小康的道路上充满了干劲。

“香玲”美名扬四方

合作社在不断优化管理技术、引进繁育新品种的同时，注重品牌意识，让“冶河香玲”品牌美名远扬。2008年，“冶河香玲”被认定为山东省著名商标后，合作社实行统一注册商标的模式，加强了对品牌的推广，以品牌助推发展，取得了良好的品牌效应。

合作社先后被国家科协、财政部授予“科普惠农”先进单位。“香玲核桃”被农业部认证为“无公害农产品”。冶河村被山东省农业厅评为“山东省无公害产品基地”。

2009年10月，在陕西召开的全国核桃大会上，冶河“香玲”和“丰辉”核桃获得银奖。2011年，“冶河香玲”核桃在第二届中国国际林业产业博览会上获金奖。

合作社积极推行订单种植，分别与北京、山西、贵州等地农民签订种植合同，三年跟踪上门技术指导，每年输出技术人员300余人次，到全国各地开展嫁接服务。合作社凭着核桃的优良品质和优质服务，先后获得“山东省重点合作社”“林业国家级农民合作社示范社”称号。

2015年5月，香玲核桃专业合作社成为“我的兄弟姐妹”扶贫助残基地。有13名残疾人在合作社从事力所能及的工作，经济有收入，生活有保障。

2018初，“冶河香玲”牌核桃荣获“第二届中国林业产业国际博览会暨第四届中国义乌森林产品博览会金奖”，香玲核桃开始享誉全国。冶河村人因此而信心倍增，将继续致力于优质核桃良种产业的发展，实现村民致富，集体发展。他们重点打造“历城核桃”地理区域品牌，实施品牌

战略升级，力争把“冶河香玲”打造成中国驰名商标。同时，实施核桃种植基地标准化建设和香玲核桃山东旅游产品计划，在无公害核桃基地实施“互联网+新型产品”计划，打造山东省首家可追溯标准化核桃种植、婚纱摄影、省内儿童科教认知为一体的优质国家级“生态养生”标准化核桃园。相信，“冶河香玲”在不久的将来成为农民群众的富裕“香玲”、幸福“香玲”。

时代人物

SHI DAI REN WU

时代孕育了典型人物，典型人物反映了时代的精神力量。在改革开放的伟大实践中，解放思想、实事求是，与时俱进、开拓创新，艰苦奋斗、无私奉献的时代精神，激励着一批又一批的时代人物顺应时代精神，站在时代前列，引领时代潮流。在改革开放进程中，历城党员干部群众紧跟时代脉搏，始终走在时代前列，涌现出了一大批先进性、代表性、典型性强的时代人物。他们中，既有影响深远、享誉全国的楷模人物，紧跟改革步伐、顺应时代潮流的典型人物，又有不计名利、默默奉献的平凡英雄。这些时代人物接连出现，灿若群星，他们根植于改革开放伟大实践的沃土，是改革开放时代精神的践行着、担当着、奉献者。使命呼吁担当，榜样引领时代，以这些先进典型、时代人物为榜样，全区上下“不忘初心、牢记使命”，开拓进取、扎实工作，夺取了改革开放新时代一个个伟大胜利。

时代楷模

——改革开放以来历城先模人物事迹简述

王瑞国

2018年4月18日，《人民日报》副刊登载了侯健飞的文章《名士与历城》，在《人民日报》上发表有关历城的文章并不多见。因此，我怀着极大的兴趣，一口气读完。作者虽是河北围场人，但自幼“慕历城”，“齐州历城”是其最早记在脑中的山东地名。“慕历城”自然是因为“从古到今，历城名士辈出”。在作者的笔下，一个个栩栩如生的历城名士形象展现在我们面前。闵子骞，“士各有志，一代高风推汶水；孝本无心，千秋知己问芦花”。秦叔宝，“一直山呼海啸四十多年，其神圣高大盖过天下英豪”，有着为朋友两肋插刀的“士君子之勇”。刘庭式，曾在苏轼手下做通判，娶盲妻，不抛弃，苏辙专门写信给哥哥苏轼，赞扬刘庭式“通晓礼仪、有信有义”。侯健飞分别对上述的孝悌、忠勇、信义之举进行了详写。限于篇幅，作者又列举了西汉请缨报国的终军、北宋“读书堂”主人张蕴父子、南宋豪放派词人辛弃疾、明代诗人李攀龙、清代乡贤马国翰等，还列举了“生于历城或葬于历城的良吏”：千古大贤鲍叔牙、贞观名相房玄龄、元代好官张养浩、明代廉吏张鼐、清代名臣丁宝桢等。这些不胜枚举的贤哲名俊，折射出山川灵淑的历城文化厚重深邃、善德源远流长。

在现代和当代，历城也是名贤林立，英才辈出。例如，中共早期党组织负责人济南特委书记李敬铨、历城县委书记苏勋卿、济王工委书记尹天佑等革命烈士；在抗日战争、解放战争中屡立战功及新中国成立后任农机部常务副部长的景晓村，抗美援朝特等功臣、一级英雄孔庆三，国防大学原校长、上将邢世忠等功臣元勋；全国劳动模范、纺织女工骆淑芳，全国农业劳动模范柳埠南田村原党支部书记田立柱，全国劳动模范、东风街道祝甸社区原党委书记、居委会主任赵业坤等先模人物；世界显微外科先驱杨东岳，知名中国现代史、中华民国史专家孙思白，知名学者、作家、上海文史研究馆馆员田遨等科教泰斗；五音戏表演艺术家邓洪山，书法大师张立朝，著名导演景慕达等艺术大师。这些各个时期、各行各业的良才俊伟有的驰名中外，有的成就卓著，有的就在我们身边、耳熟能详，他们无不是历城人的骄傲与自豪。

1978年，党的十一届三中全会召开，标志着我们进入伟大的改革开放新时代。伟大的时代，造就值得我们学习、值得我们尊敬、值得我们传颂的先模人物。在历城改革开放征程中，特别是进入20世纪90年代，涌现出一批又一批的先进典型，彰显了历城党员干部群众的良好风貌，是历城厚重历史文化的道德积淀，名贤志士高尚品德的接力传承。

为纪念改革开放40周年，铭记在历城改革开放伟大征程中作出突出贡献的先模人物，弘扬先模人物的崇高精神，特选取陈登汉、马广业、刘延宝、张耀堂、王克华、傅光仁、杨振刚、冯邦尧、张基民、张寿禄10位先模人物，将他们的先进事迹呈现给世人。这10人中，刘延宝，全国诚实守信模范；王克华，荣登“中国好人榜”，其家庭被授予“全国文明家庭”；马广业，全国劳动模范；傅光仁，全国十杰检察官；张耀堂，全国农业科技先进工作者、全国振兴农业先进个人，享受国务院特殊津贴；张寿禄，全国十佳少先队员；陈登汉，革命烈士，被市委授予“一心为民、忘我奋斗的共产党员”；杨振刚，踏踏实实为民办实事的人民好公仆；冯邦尧，以军人特有的气质和作风谱写了新时代的奉献之歌；张基民，全省林业工作先进个人，为了历城的绿水青山鞠躬尽瘁，英年早逝。历城区委先后发出通知，号召全区党员干部群众向马广业、张耀堂、傅光仁、杨振刚、冯邦尧、张寿禄、陈登汉、张基民学习。我于20世纪90年代，曾对其中多数人的先进事迹进行过宣传报道。为此次成书之需，近期我和张晓同志分别对马广业、张耀堂、杨振刚、冯邦尧、傅光仁、张寿禄、王克华等人进行了后续采访。现对他们的事迹分类作简要介绍，以期让我们铭记这10位“时代楷模”卓著厚重的感人事迹和大爱无疆的高尚情操。

当代愚公谱新篇

“愚公”的故事因毛主席在党的七大闭幕式上《愚公移山》的著名演讲而家喻户晓。此后，“下定决心，不怕牺牲，排除万难，去争取胜利”的愚公精神激励一代又一代中国共产党人争取民族独立、实现国家富强。习近平总书记多次指出，要“立下愚公志，打好攻坚战”，在推进事业中要大力弘扬愚公移山精神。这表明，在改革开放时期和建设中国特色社会主义新时代中，愚公精神仍然是我们敢于藐视和压倒一切困难、顽强拼搏、去争取胜利的法宝。20世纪90年代，历城区两位当代愚公的事迹，在区内外产生了重大反响。他们一位是90年代的新愚公马广业，一位是科技愚公张耀堂。

九十年代新愚公——马广业

1995年3月30日，《济南日报》农村部主任记者周翰英采写的长篇通讯《九十年代新愚公》在《济南日报》头版头条以通栏标题刊发，随即引起巨大轰动，济南城乡到处传诵“九十年代新愚公”锦绣川乡金刚纂村党支部书记马广业，带领群众战天斗地、劈山开路的英雄业绩。

金刚纂地处南部山区一条老峪之中，往南只有一条很窄的山路同外界相连，往北是海拔400米的一道山岭。因村庄偏僻，出入不便，村民收获的水果多数烂在了地里，群众年复一年望山哀叹。1994年秋，马广业上任村党支部书记。愚公移山的故事深深记在脑海中的这位硬汉子，立下愚公志，誓要带领乡亲开山劈岭，冲出大山的桎梏，闯出一条致富新路。

靠铁钎、锤头和肩挑人抬来劈山修路谈何容易！但马广业认为，只要像愚公那样挖山不止，天堑也能变通途。

金刚纂村仅有160户，500人。马广业带领由青壮年和老人、妇女组成的200多人的开山队伍从90年代初开始，靠双手，利用铁钎、铁锤、铁锨、镢头这些原始工具，肩挑人抬，劈了3个山头，架了4座石桥，将村南原来宽不到4米、弯弯曲曲、坑洼不平的山路拓宽、取直，形成了一条长3千米、宽8米的宽敞、平坦的出山路。接着，他又做出一个惊人决定：劈开北岭，打通通往港沟的山路，让出山进城路程缩短一半。马广业的决定得到了全村群众的赞成和拥护。“斗罢艰险又出发”，从1994年10月起，冒着刺骨的寒风，马广业又带着他那支并不精干的修路队伍上了山。从七八十岁的老人到家庭妇女，不讲条件、不计报酬，自动跑到工地上去干活。从早到晚，他们用双手劈山梁、填山沟、垒石堰、修路基，一直干到大年三十。春节休息5天，大年初六又开上“前线”。在别的村里欢天喜地过大年的时候，金刚纂的深山老峪里，坚强的金刚纂人却用锤、钎、锨、镐，演奏着感天动地的筑路“交响曲”，让“天路”一米一米地往前延伸着。

《济南日报》农村部主任记者周翰英，得知金刚纂人不畏困难战天斗地的业绩后，深受感动，赶到金刚纂村蹲点，同金刚纂人同吃同住同劳动，历时一个多月，写下了《九十年代新愚公》的长篇通讯。1995年3月30日，文章在《济南日报》头版头条刊发时罕见地采用了通档标题，且配发了评论员文章和多幅金刚纂人开山辟路的生动照片。文章刊发后，引起了社会各界的强烈反响，区委召开常委会，作出了《向金刚纂村学习的决定》。全区上下迅速掀起了向金刚纂村学习的热潮。各大新闻媒体纷纷采访报道马广业带领金刚纂村人劈山修路的事迹，市、区各级领导、社会各界人士纷纷到现场参观学习、参加劳动并捐款捐物，一时间马广业和金刚纂的名字享誉市内外。

尽管得到了上级领导和社会各界的支持帮助，但是金刚纂人并没有躺在功德簿上止步不前，而是继续砥砺前行，越干越猛。1996年7月10日，山东矿业学院用80吨炸药炸开了海拔400米的北岭。马广业带领村民挖山不止，奋战4年，于2000年上半年，将北岭爆破下落40米形成的15万方渣石，靠双手和双肩以惊人的毅力清理了出去，并垒堰、护坡，完成了路基工程。接着，又将路向港沟桃科村延伸，以期将金刚纂的出山路全部贯通。由于从金刚纂村至北岭的路基已修好，上级领导调用大型机械设备，帮助金刚纂人进行了道路施工，但是打眼、放炮还得靠人工完成。马广业带头上阵并挑选十几名“勇士”冒着生命危险吊着绳子在山梁石壁上打炮眼、装炸药。冬天施工，寒风刺骨，钢钎、铁镢冰凉，

手上的肉时常和钢钎、铁镢粘在一起，扎心地痛，但他们全然不顾，只有一个信念就是尽快打通道路。他们连续奋战5年，于2005年9月29日，将出山的路延伸至港沟桃科村，实现了同港九路的贯通。

从1994年10月到2005年9月，马广业带领金刚纂人历时11年，累计出义务工40余万个，搬动土石30余万方，以愚公移山精神，克服千难万险，开山辟路、顽强拼搏，修筑了一条长3500米、宽8米的东北向出山公路，终于将天堑变坦途，圆了金刚纂人世世代代的出山梦想。这条路被人们称为“愚公路”。

道路修通后，马广业清醒地认识到，不是修了“致富路”，金刚纂人就能富裕起来的。在山窝窝里修路不易，致富更难。这些年来，围绕群众致富，他带领群众修生产路6000余米，建旱地水窖700多个，彻底改善了生产条件；大搞植树造林，荒山绿化，将荒山全部覆盖，变成了“绿水青山”；调整种植结构，引种了“红棉球”优质山楂种苗1万多株，栽植早熟、优质“绿丰梨”8000多株，年产可达3万公斤；试种旱地西红柿10万余株，年产量可达20万公斤。村民们在马广业的带领下，正一步

步迈向小康。这些年来，马广业和金刚纂人的“愚公”精神，得到了上级政府和社会各界的广泛赞誉，金刚纂村被确定为“全国青少年创新教育实践基地”、济南市基层干部教育培训“现场教学点”、“济南市美丽乡村”。马广业本人被评为“全国劳动模范”“山东省优秀共产党员”。

2018年7月11日，我们前去采访马广业时，他正在山上谋划观光旅游的新思路，准备请省里的专家为金刚纂村设计乡村旅游的新规划，引导村民靠高效农业、林果业和旅游观光业等多条路子奔小康。他说：“只要继续发扬愚公精神，开拓进取不停息，金刚纂的绿水青山一定会变成金山银山！”

科技愚公——张耀堂

他在山区极其艰苦的条件下，35年完成各种试验项目283个，推广农业新技术74项，有21项获得省、市科技成果奖；推广的新技术，累计增产粮食10亿多公斤，增加经济效益6.5亿元；三次荣获“全国振兴农业先进个人”称号，被中央六部委授予“全国农业科技先进工作者”，被授予“山东省劳动模范”称号，被国务院批准享受国家级政府特殊津贴。他就是仲宫农技站原站长张耀堂，被当地干部群众亲切地誉为“科技愚公”。

1961年春天，张耀堂放弃省城优越的工作和生活，坐着一辆马车来到当时的历城县仲宫农技站，从此走上了漫长的农业科技之路。他以自己高度的觉悟和过硬的本领，手把手教农民垒炕育苗，攻克了因育苗不得法导致的地瓜黑斑病，治服了被称为“地瓜癌症”的地瓜根腐病，消灭了“地瓜基线虫病”，使地瓜亩产由不到1000公斤提高到2500公斤。他带领同事们坚持不懈地推广农业科技，主持完成了山东省“星火计划”项目——山丘地区玉米高产配套技术开发和山丘小麦增产、粮菜瓜果间作套种等多项农业技术项目，使玉米亩产由200公斤提高到400公斤，高产地达到800公斤，小麦亩产由50公斤提高到400公斤，高产地块达到550公斤；推广立体种植，改过去一年两作两收为三作三收、四作四收、五作五收；推广粮、菜、瓜、果间作套种，产出效益成倍增长。

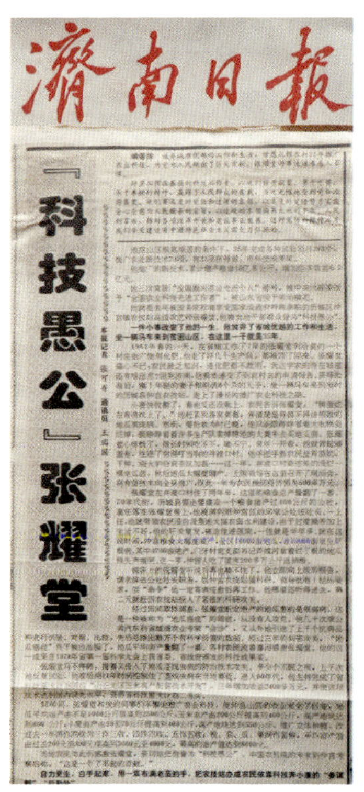
济南日报

『科技愚公』张耀堂

他围绕发展高产、优质、高效农业，义务为农民举办农技培训班。他赶科技大

集、送科技进村，针对不同作物、不同季节，向农民发放科技明白纸。他召开田间现场会，指导农民发展高产优质作物。他在全镇74个自然村培养出480户科技骨干，然后从中筛选出268户作为科技示范户，建立了以镇农技站为龙头、办事处科技网为桥梁、村科技大院为依托、科技示范户为基础的“站、网、村、户”四位一体的农技推广体系，做到年年有项目，村村有典型，使农民学有技术、看有样板、问有指导，镇农技站被誉为“全省农技站的一面旗帜”。

他把青春和汗水全部献给了农技推广事业，还动员曾是同班同学当时已任山东省农业厅机要秘书的妻子离开省直机关，扎根仲宫，一干就是30多年。他们退休时，同学们大都是厅长、院长或大学里的系主任了，而他和妻子职务还不是“科级”，对此，他没有怨言，更没有后悔过。

1997年6月，我陪同《济南日报》主任记者张可香专程到仲宫农技站对张耀堂进行了为期半个月的实地采访，采写了长篇通讯《科技愚公张耀堂》，7月9日在《济南日报》以头版头条刊发，并一同刊发编者按，一时在全区引起巨大轰动。中共历城区委发出通知，号召全区各级党组织和广大党员干部开展向张耀堂同志学习活动，学习张耀堂同志扎根基层、为民造福的公仆本色，知难而进、艰苦奋斗的创业精神，淡

泊名利、无私奉献的思想境界，开拓进取、真抓实干的优良作风，廉洁自律、克己奉公的高尚品德和坚持原则、是非分明的坚强党性。

如今张耀堂老人已经86岁高龄，居住在区政府驻地附近一处楼房中，在妻子的陪伴下，静静地享受着晚年的天伦之乐。尽管年龄大了，但老人仍然精神矍铄、健康豁达。我专程采访探望他时，谈起他扎根农村，几十年推广农业科技、为党和人民作出的巨大贡献，他说："许多工作在基层的科技工作者，都甘于寂寞、勇于吃苦、乐于奉献，我只是他们中的一员，党和政府却给了我莫大的荣誉。农民最需要不怕吃苦、不怕受累的科技人员，要是再年轻30岁，我还会再回仲宫，再到农民中间，为他们的致富奔小康再出点力。"

这就是科技愚公张耀堂的精神风貌。

公仆情怀永不变

习近平总书记在庆祝建党95周年大会上指出："党员干部要增强公仆意识，始终牢记全心全意为人民服务的宗旨。"党员干部是人民的公仆，增强公仆意识，就是要把人民赋予的权力用于为人民谋利益，扎扎实实为人民办实事，办好事。增强公仆意识，还要求党员干部，无论何时何地、担任何种职务，都要不忘初心，矢志不移。为人民服务的岗位没有一线二线之分，无论职务有何变化，无论在什么位子上都要为党、为人民发光发热，多作贡献。

1999年4月和2000年4月，历城区举办了第一、二届"十佳人民好公仆"评选活动。此时已担任区政协副主席的杨振刚连续两届当选"十佳人民好公仆"，已担任区政协副主席的冯邦尧当选第二届"十佳人民好公仆"，并荣获市委市政府表彰的"廉洁勤政模范个人"称号。副区级干部，政协副主席当选"十佳人民好公仆"一度成为人们谈论的热点。到政协工作之后，他们依然初心不改，壮心不已，保持公仆情怀永不变，为全区党员干部树立了光辉榜样。

当前，我们跨入了中国特色社会主义新时代，社会主要矛盾已经转化为人民日益增长的美好生活需要和不平衡不充分的发展之间的矛盾。但是也应该看到，我们的许多工作离"人民日益增长的美好需求"还相差很远。特别是由于不平衡的因素，还有不少群众没有富裕起来，工作中还有许多薄弱环节。在这种情况下，十分需要千千万万个杨振刚、冯邦尧式的人民好公仆，为人民无私奉献、建功立业，为党的事业为中国特色社会主义伟大事业增光添彩。

人民的好公仆——杨振刚

杨振刚是典型的知识型、专业型干部。他1965年毕业于山东农学院园艺专业，自参加工作就立志将所学专业知识用于造福群众。他说：“县乡干部的主要精力应投身在基层实践中，而不应蹲在办公室或停留在口头上。”为了这个诺言，20世纪80年代初他担任历城县林业局局长时，在位于深山老岭的西营藕池村为建设林果示范基地，一住就是一年多。接着，又将办公室设在了西岭角村一间低矮潮湿的小平房中，吃住两年多。两年多的时间里，他踏遍了这里的76个山头、65条山沟、16500亩荒山，实地对山水林田路进行综合治理，指导农民植下了近2000亩果树，仅引进的板栗优良品种就有26个，还建起良种采穗园。他苦心钻研，大胆实践，大面积推广了板栗高接换头技术，并建成10万余亩板栗丰产园。1983年，他骑车到离县城几十里外的港沟冶河村，亲自搞核桃绿枝嫁接技术试验，奋战两个夏季，终于将这个项目试验成功，经专家鉴定，填补了国内空白，为实现中国核桃良种化起了重大的推动作用。

1984年，杨振刚担任县科委主任，又选择柳埠周家峪村建立了葡萄生产基地，并在这里创造性地规划实施了山区小流域水土保持综合治理。几年后，项目成果通过专家论证，达到国内领先水平，成为全国的样板。1985年，杨振刚调任唐王镇党委书记。他摒弃本位主义，经常抽空到以往的示范点指导。1986年，杨振刚当选为历城县副县长。此后历城撤县建区，杨振刚在主管农业副区长的位子上一干就是7年。7年中，他一心为民，在区委、区政府的领导支持下，组织建设了粮、菜、米、蛋、奶等8大农副产品生产基地。1993年，杨振刚从副区长的位子上退了下来，当选为历城区政协副主席。他说：“只要能为党和人民做事情，在哪里也可以发光发热。”在完成分管工作的基础上，他又把心思用在了帮助农民依靠科技发展林果生产上。

柳埠镇王家峪村党支部书记王洪和了解杨振刚的为人，邀请他到王家峪村指导山区建设。杨振刚二话没说便跟着王洪和进了王家峪。在王家峪，他跑遍了村里的沟沟峪峪，同镇村干部一起确定了王家峪栽树、引水、修路的有序化治理规划。特别是他为王家峪人开辟了引种大樱桃的致富新路子。为了说服群众，他挨家挨户敲门做群众工作。他冒着严寒到胶东选购大樱桃树苗，冒着酷暑指导村民进行果树管理，到王家峪跑了不下几百次。如今的王家峪，每到春夏之交，火红的大樱桃映照着条条山谷。大樱桃成了王家峪人的主要致富果品，王家峪也以大樱桃闻名于济南。村民们收获之际，第一个想到的是他们的恩人杨振刚。村党支部书记王洪和深情地说："没有杨主席，就没有俺们王家峪的今天。"

习近平总书记说："绿水青山就是金山银山。"唐王镇周家村虽然地处平原地区，但村党支部书记周继山说，村里的银杏林就是他们的"金山银山"，这完全得益于杨主席的独具慧眼和良苦用心。

1998年5月，我和周翰英主任采访报道杨振刚时，请《济南日报》摄影部记者赵元利拍摄了一张杨振刚在唐王镇周家村银杏种植现场为农民进行技术指导的照片。当年6月26日，长篇通讯《人民的好公仆——

1998.6.26 济南日报 头版头条

人民的好公仆——杨振刚

本报记者 周翰英 通讯员 王瑞国

今年正月初八，济南市历城区政协副主席杨振刚到山区王家峪村看望干部群众，刚进村里，几个迎面而来的村民便扑通一声跪下给他磕头。

杨振刚赶紧上前将他们扶起，眼里的热泪差点儿滚出来。“平时搂着我腰、扳着我肩膀的老朋友，今天你们怎么啦？”

“你是‘福星’，我们王家峪能有今天，怎能不感激你啊！”

光阴荏苒，青山永在。杨振刚当领导干部18年来，艰苦为民人未老，公仆之情暖百姓，留下了无数的感人事迹。

从政当官要讲实际，要对得起党和人民的事业

1981年秋的一天清晨，一位身材魁伟的男子，从历城县西营公社（现历城区西营镇）藕池村翻山越岭朝北走去。1个多小时后，他来到了一个山坡小果园，向看园的老人要了一个苹果解渴，边吃边自语：“质量差，要改良……”

他就是1965年毕业于山农大、今年56岁的共产党员杨振刚。那时，他任县林业局长，在位于深山老峪的藕池村蹲点建设林果示范基地已1年多了。

杨振刚的第二个示范点是在西岭角村。西岭角有1200亩宜林荒山，此时却只有20来亩果园。杨振刚在这里抓点，一抓就是两年多。两年多的时间，他住的是村办公室一间低矮潮湿的小南屋，吃的是自己买的煎饼卷小葱。为指导村民种树管树，他还常常顾不上吃饭，饿着肚子山上山下地跑。两年多的时间，他引进优良品种新发展果园800多亩，培养农民林果技术员百余名。

两年多的时间，他踏遍了这里的76个山头、65条山沟，1.65万亩荒山，实地规划了山水林田路综合治理的宏伟蓝图，指导村民栽下了近两千亩果树，仅引进板栗优良品种就有26个，还建起了良种采穗圃。

他苦心钻研，大胆实践，大面积推广了板栗高接换头技术，并建起10余亩板栗丰产园。

杨振刚认为，县乡干部的工作归根结底应在基层的实践中，而不是在机关办公室或口头上。为帮助农民发展林果，只要听说哪里有优良品种，他总是千方百计引进，而且经常在实践中创新。1983年，他骑车到离县城几十里外的港沟公社（现港沟镇）冶河村，亲自搞核桃夏季嫁接技术试验。他顶着赤日，沐着汗水，在冶河的山岭上奋斗了两个夏季，终于将这个项目试验成功，填补了国内空白，为实现我国核桃良种化起到了重大的推动作用。

1984年冬至1985年春，担任科委副主任的杨振刚又选择了南部山区的柳埠镇周家峪村建点，在这里建立了葡萄生产基地，使村民很快富裕起来。接着，又在这里抓了山区小流域水土保持综合治理。几年后，项目成果通过专家论证，达到国内领先水平，成为全国的样板。

1985年至1986年，杨振刚调任唐王镇党委书记。这期间，他摒弃本位主义，经常抽空到……以往的示范点指导。

1986年3月，杨振刚当选历城县副县长；此后，历城撤县改区，杨振刚在主管农业副区长的位子上一干就是[illegible]。[illegible]他一心为民，在区委、区政府[illegible]领导支持下，组织建设了粮、菜[illegible]果、蛋、奶等八大生产基地。

1991年8月29日，连续的[illegible]雨使狼猫山水库大坝北坡出现[illegible]缝和滑坡，情况万分紧急。为控制险情，抢险指挥部和专[illegible]定投石护坡。随即，一方方石块和一车车碴矸石投向大坝。在冒雨指挥民工抢险已喊哑了嗓子的杨振刚，却提出了截[illegible]反的意见：“投石只能增加大坝重力，加快大坝坍塌，必[illegible]即停止！当务之急是用防雨篷布护住大坝，严防雨水自裂[illegible]入，然后再进行修复。”

（下转第四版）

图为杨振刚在唐王镇周家村银杏种植基地现场为农民进行银杏管理技术指导。

（本报记者 赵元利摄）

杨振刚》在《济南日报》头版头条发表并刊发了记者赵元利拍摄的照片。那时村里的银杏树仅有半米多高，远远望去像一片银杏树苗圃。

20年后的2018年5月9日，我们陪同杨振刚重回周家村。时光荏苒，杨振刚当年56岁，现在已经是76岁的老人。我当时35岁，白天忙着联系采访晚上通宵写稿是家常便饭，如今也已经年过半百。当年的银杏树历经20年风雨，已经长成参天大树。村里有600多亩的银杏树，以村为单位成片种植数量为全省第一。秋天是周家村银杏林最美的季节。满村都变成了金黄色，黄灿灿的叶子在阳光的映照下发出耀眼的光芒，满眼金黄，独有韵味。银杏林已成为周家村人的骄傲和自豪。

老书记周继山从1989年开始就任周家村党支部书记，如今已经连任30年。他对当年杨振刚如何指导种植银杏树和村里的银杏林发展史自然了如指掌。周继山介绍说，实行联产承包责任制后周家村一直走的是集体经济的路子，村里的土地没有分到一家一户，而是集体种植、集体管理、集体受益。1996年9月杨主席来村里指导种银杏树时，村里搞的是集体农场，效益还不错。村里将一直种植且收益良好的小麦、玉米一下子改为播种银杏种子，干部群众对于能否出苗、生长及经济效益，心里很不踏实。杨主席就不厌其烦地给他们讲种植银杏树的好处，带领他们到莱州、郯城等地参观学习。当时外地的先进经验是，植银杏、利苍生、富百姓。杨主席就反复向干部群众讲述种银杏树对自然环境和群众致富的好处，慢慢地解开了大家的思想疙瘩。思想统一后，杨主席又亲自进行技术指导，给村里当上了“技术员”。周继山说，搞银杏树种植并不是一帆风顺的，也遇到过许多挫折，特别是遇到过银杏产品的市场萧条。但是他们种植、保护银杏林的信念没有动摇过，也没有在困难时“杀鸡取卵”。周继山自豪地说，现在周家村600亩的银杏林无论从生态上，还是从经济效益上都见到了很大成效。目前，山东大厦、济南植物园等高档宾馆景区，名辉、名士豪庭等高档住宅小区，旅游路、经十路等重要路段的银杏树都是从他们村引种的。他们的银杏树苗还远销重庆，种植在重庆市区。村子里不用再从事农业生产的富余劳力多了，搞了工业园区，大家纷纷到园区从事工业生产，增加了收入。村集体年经济收入达到800多万元，群众早就住上楼房、别墅，过上了生态宜居、生活富余的小康生活。周继山说，吃水不忘掘井人，致富不忘杨振刚。他们全村村

民永远感谢杨主席这个人民好公仆。

金杯银杯不如老百姓的口碑，从王洪和、周继山的一番话语中，我们看到：只要心里装着群众，就能得到群众的认可和爱戴；要想成为人民的好公仆，就得一心一意为人民谋利益、办好事。杨振刚，人民的好公仆，当之无愧。

修路先锋——冯邦尧

2003年初，中共济南市委、济南市人民政府命名表彰了全市党政机关第三届“廉洁勤政双十佳模范”，有10名同志荣获“廉洁勤政模范个人”称号，并记个人二等功。区政协副主席冯邦尧在退休之际身披绶带，受到表彰，他是历城区乃至济南市政协系统唯一获此殊荣的个人，这也是党和政府给予这位担任政协副主席后仍然服从安排、奋发有为、敢于担当、为民造福的“修路先锋”的最高褒奖。

翻开冯邦尧的履历，从1960年入伍到1996年，他从戎36年，将青春和汗水洒在了国防建设事业上；从1996年到2003年，他转业到地方，担任历城区政协副主席，7年间，仍保持着革命军人听党指挥、敢打硬仗、无私奉献、忘我奋斗的优良品德。

1997年6月，山东省委常委扩大会议研究确定了“济南五年大变样”的一批重点建设工程。由于历城地处近郊，当时从东、南、北三面拱卫济南。因此，这些重点工程大多集中在历城。区委、区政府深知，要完成好重点工程建设任务，为“济南五年大变样”增光添彩，就必须选择一位善于指挥、敢打硬仗的重点工程总指挥。这副担子自然落在了在重点工程建设前线指挥作战4年多，但已担任区政协副主席的冯邦尧肩上。

1993年初，济南外环路建设工程启动，历城区承担了东、南外环路的施工协调工作。担任历城区人武部政委的冯邦尧被组织安排担任施工工地常务副总指挥。这是济南历史上第一次修建外环路。东外环路沿黄河大桥往南从市区穿过，而南外环路要穿过包括怪坡在内的南部山区的多座山岭，拆工厂、扒住房、腾土地、砍果树、搞炸药、炸山头、破山体，工作难度和强度可想而知，但冯邦尧凭着坚忍不拔的毅力，按时完成了任务。

1994年，他先是率领指挥部一班人马，打通了位于临港开发区内、服务于济南机场的6千米道路，接着又突击50天，完成了北园大街东段3千米道路的拓宽改造任务，创造了房屋拆迁、管线迁移、道路施工等多项工程进度之最。

1995年7月，济南市第一条山区一级公路002线分水岭至仲宫拓宽改建工程开工。工程建设对于带动南部山区群众脱贫致富、开发南部旅游资源、加快全市经济协调发展意义重大。这条路长12千米、路基宽23米，设计时速100千米，历城区承担路基建设任务。由于这条路修筑的重要性强、标准高、施工难度大且工期短，区委、区政府又把修筑这条路的重任交给了冯邦尧，由他担任现场指挥。他把指挥部设在工地上。做拆迁群众的思想工作，招标选择施工队伍，对项目进行目标化、科学化管理，抓工程进度和质量，工作纷乱复杂，他吃住在工地上，为工程建设费尽心血。特别是为确保工程质量，他天天穿梭在碎石路上，脚上磨出了水泡，用针一挑，全然不顾惜自己的身体。这条路共设特大桥1座，大桥2座、分离立交

1处、中桥1处、小桥涵29道，工程量可想而知。尽管只负责路基，但下落山头、修建桥梁、涵洞需要进行大大小小的爆破，还要及时清运石料。冯邦尧指挥修路大军，科学施工，既推进了工程进度、保证了工程质量又确保了施工人员的人身安全，得到了市里的充分肯定。路基的顺利推进为整条路的施工奠定了基础。1997年国庆节前夕，这条饱含冯邦尧辛勤汗水和智慧的山区群众致富路建成通车。10月2日，时任中共中央政治局委员、国务院副总理姜春云在省、市、区领导的陪同下，现场视察了这条道路，对这条路的拓宽改造给予了高度评价。

1997年底，省委常委会专题研究的“济南五年大变样”关键项目之一的绕城高速公路建设工程开工。本来，已担任区政协副主席一年多，且年过半百的冯邦尧认为，在完成002线工程建设后，可以歇歇脚了。但组织一声令下，他又披挂上阵，担任了绕城高速公路历城段指挥部指挥，主要承担道路征地、拆迁和工程施工的协调等工作。绕城高速公路全长118千米，在历城境内东南西北四段有80多千米，涉及10个乡镇、76个行政村，需征用土地9000余亩。为征地，他做群众工作苦口婆心、不厌其烦；为拆迁，他精益求精、公平公正，既不让群众吃亏，又不让国家利益受损；为推进工程施工，当施工队伍同当地群众发生矛盾纠纷时，他常说的一句话是“有事找我”，第一个冲上去现场协调解决问题。在繁杂的工地上，他时刻保持着军人特有的气质和作风，坚持到现场办公，处理问题从不过夜。工从程开工到竣工的几百个日日夜夜里，他从来没有休过一个节假日。每天早晨他起床后的第一件事，就是向沿线乡镇、村及施工单位打一个多小时的电话，询问前一天的工作进展，布置当天的工作任务，然后再赶到现场协调各方面工作，常常忙到深夜。由于冯邦尧这位修路先锋带领筑路大军开山辟路、甘做奉献，换来了绕城高速公路的顺利开通。

工程有竣工，但奋斗无止境。绕城高速公路工程完成后，冯邦尧又带领指挥部成员忙于处理群众拆迁补助款的到位、重点工程周边被毁道路的修复等善后工作。同时，区里的其他大小工程需要他时，他会随时带领人马在新的战场上安营扎寨，充当先锋。直到2008年，已经63岁的冯邦尧才退了下来。此时，他在重点工程指挥部指挥的岗位上风餐露宿、夜以继日地整整干了18年。

冯邦尧用自己无私的牺牲和奉献，展现了党员干部的精神风貌，谱写了一曲崇高而感人的奉献之歌。

2018年7月10日，在采访冯邦尧问及他的修路感受时，他说："无论在什么岗位上，共产党员都要甘当铺路石，对得起共产党员这个称号。"

人间自有真情在

“人间自有真情在，宜将寸心报春晖。”自20世纪90年代以来，刘延宝、傅光仁、王克华、张寿禄等一个个被全国表彰的典型人物接连涌现，在历城大地广为传颂。他们大力弘扬传统美德和时代精神，践行社会主义核心价值观，体现出了高尚的道德情操。他们中的刘延宝，信守承诺，六十余载四代人诚心守护烈士墓，谱写着忠义守信的赞歌；王克华，用超越血缘关系的母爱，将一对孤儿兄妹抚养成才，用真情和真爱，诠释了助人为乐的崇高信念；傅光仁，身为区人民检察院检察长，秉守爱岗敬业的职业道德，抗得住歪风，顶得住诱惑，经得住考验，彰显了党员领导干部敢于担当、乐于奉献的良好品德；张寿禄，一个平凡的农村少年，推着轮椅上的小伙伴上学，八年如一日，风雨无阻，用爱心和汗水谱写了一曲无私奉献的动人乐章。他们用自己的爱心和善行，用自己的坚守和执着，在平凡中做出不平凡的壮举，展现了人间大爱。他们是最美历城人。他们的美，美在善良，美在爱心，美在奉献。他们的付出和奉献，随着时光的流逝，可能越来越久远，但是时间越久，我们越要记着他们的贡献，传承他们的品德，学习他们的事迹，弘扬他们的精神，让中华民族传统美德、社会主义核心价值观薪火相传，发扬光大。

全国诚实守信模范——刘延宝

2011年9月20日，第三届全国道德模范评选表彰颁奖典礼在北京隆重举行。港沟街道神武村村民刘延宝作为全国诚实守信模范在颁奖典礼上受到了李长春、刘云山等党和国家领导人的亲切接见。

第三届全国道德模范评选活动，由中宣部、中央文明办等单位主办，全国有1.13亿人次参与投票，从3.68万名推荐候选人中选出了54名全国道德模范。刘延宝获此殊荣，名列受表彰的10名“全国诚实守信模范”第一位。

刘延宝能跻身全国道德模范行列，颁奖词道出了其崇高精神的真谛：“承君一诺，必守终生。”为了部队首长面前“俺能行”的三字诺言，刘延宝祖孙三代，不管世事如何变迁，把守墓接力代代相传，六十三载诚心守护烈士墓园，谱写了一曲忠义守信的赞歌。

我在区委宣传部任新闻科长期间，曾于1998年清明节前夕到刘延宝家中采访，采写的《片片情愫慰忠魂》发表在当年4月1日《济南日报》

三版头条位置，山东卫视连续报道过刘延宝一家无怨无悔守护5座烈士墓的事迹。那时，刘延宝的父亲刘振顺虽患病行动不便，但尚有语言表达能力。从刘振顺断断续续的回忆和在现场的刘延宝的叙述中粗略得到了他们一家感人的守护烈士墓的故事。

1948年秋的一天，在济南战役中牺牲的5位解放军战士的遗体被抬到神武村。正在支前的刘延宝的爷爷刘修芝与部队官兵一起洒泪掩埋了5位烈士。事后部队首长对刘修芝说："你能照看着他们吗？"诚实的刘修芝只说了3个字"俺能行"。刘修芝觉得自己的承诺是明义之举。5位烈士虽然与刘家无亲无故，但他们是为了千千万万的老百姓而献身的，只有守护好烈士的英灵，才能对得起为革命抛头颅洒热血的烈士，对得起远在异乡的烈士亲属。刘修芝把自己的想法告诉了刚刚20岁的儿子刘振顺，父亲朴实的想法得到了儿子的赞同。父子二人便按照家乡的传统习俗，带着祭品，到烈士墓前祭奠了烈士英灵。

济南战役结束后，刘修芝父子节衣缩食，自己花钱请人制作了5块墓碑，并刻上写有烈士事迹的碑文，立在5位烈士墓前，以昭示后人铭记烈士的伟绩。当年大年三十，刘修芝像供奉自己亡故的亲人一样，将“诸位革命烈士亡灵位”的牌位恭恭敬敬地放在自己的堂屋中央祭拜。春节刚过，刘修芝就领着儿子刘振顺和孙子刘延宝来到烈士墓前长跪，并立下家规：世世代代守护好烈士墓。一家人还在烈士墓前栽种了苍松翠柏，让烈士英灵像松柏一样长青永存。

年复一年，刘修芝一家人义无反顾地守护着烈士墓。1976年6月，守护烈士墓28个春秋的刘修芝去世了。临终前，他把儿孙们叫到床前，再三嘱咐他们无论遇到啥情况，都要守护好烈士墓。

两代守墓人刘振顺牢记着父亲的遗嘱。1982年，推行家庭联产承包责任制时，烈士墓地及其周边土地被别人分去。为了保护墓地，刘振顺三番五次地找村干部和分到墓地的那家人协商，终于用自己分到的一块好地换回了寄托着他们全家深情的那块墓地，并在四周种植了白杨树、火炬树，把墓地整理得更加齐整、肃穆。

刘振顺患病后，行动不便。他的大儿子刘延宝担起了第三代护墓人的重任。刘延宝生于1949年，从小对爷爷和父亲的义举耳濡目染，更加细心地守护烈士墓园。每逢春节、清明节等节日，他都带领全家到烈士墓前祭奠、培土。1997年清明节，看到原来的墓碑已经破旧，他便亲自到外地定做了一通高1.5米的新墓碑，并请工匠刻上了6个工工整整的大字：革命烈士之墓。接着他带领全家在墓地周围垒起了一道围墙，把烈士墓保护得更加完好。1999年村里修公路时，又发现了两位烈士的遗骨。刘延宝听说后，主动提出申请，将两位烈士的遗骨安葬在了墓园里。

刘延宝一家三代守护烈士墓的壮举，多年来在区内外广泛传诵，刘延宝成为济南历史上首位“全国诚实守信模范”。

得知刘延宝目前患病行动不便，这次整理材料时没有前去采访他。据了解，2014年因旧村改造，刘延宝一家守护的烈士墓迁至旅游路附近的公墓中。由于患脑血栓后遗症，刘延宝失去了语言和行动能力，

但每年当墙上的挂历翻到4月时，他都会用笔重重地标出“清明节”这一传统节日，坐在轮椅上，指着挂历发出“嗯嗯”的声音。清明节这一天，因无法再去祭扫烈士墓，刘延宝便坐着轮椅，静静地望着公墓方向，点燃一支烟，放在阳台上，等着香烟慢慢地燃尽，以此来寄托对烈士的哀思。

他的儿子刘增龙早在父亲行动不便时就接过“接力棒”，在烈士墓前立下了铮铮誓言：一定要秉承父辈，当好刘家第四代护墓人。不管烈士墓迁至何方，都要将守护烈士墓、祭奠烈士英灵的重任承担起来，永永远远传下去！

全国十杰检察官——傅光仁

傅光仁1993年1月当选历城区人民检察院检察长。此后，他带领区人民检察院连创佳绩：历城区人民检察院连年被山东省人民检察院记集体一等功，被最高人民检察院记集体一等功并命名为“模范检察院”；傅光仁连年被山东省人民检察院记个人一等功，且于1996年荣登“全国十杰检察官”榜首。

一个区级检察院及其检察长靠什么步入全国检察系统的先进行列呢？靠的是傅光仁“恪尽职守，勇创一流”的豪迈之情。

1987年3月，傅光仁由历城区委办公室副主任调任港沟镇党委书记。从小生长在农村的他，深知打造绿水青山对于改善山区环境、造福农民群众的重要性。他发动全民奋战、万人上山，掀起了一个个荒山绿化新高潮。他身先士卒，带领机关干部每人刨一百个树穴，栽一百棵树木，让机关干部做出样子，干给群众看。一时间，济南的树苗集中在港沟，市场树苗出现短缺。由于措施得力、成效明显，港沟镇被誉为全市“荒山绿化的一面旗帜”，省委、省政府，市委及市直有关部门将港沟镇确定为绿化示范点，省、市、区各级领导纷纷带领机关干部到港沟镇进行义务植树。傅光仁于1990年荣获“全国造林绿化奖章”。如今我们驱车行驶在济南东南绕城高速公路、二环南路快速路时，路两侧满目青山，一片葱茏，都是20世纪80年代以来港沟镇荒山绿化结出的硕果。

1993年1月，傅光仁上任区人民检察院检察长。上任

之初，检察业务对这位镇党委书记来说是一个全新的领域；检察院办公条件简陋，办案环境艰苦，干警的思想和工作也需要有一个新的提升。但傅光仁不服输，认为路是走出来的，新局面是创出来的，不干则已，要干就要履行职责、不负使命，创一流工作业绩。

他首先从抓班子带队伍入手，塑造一支耐得住清苦、抗得住歪风、顶得住诱惑、经得住考验的高素质干警队伍。为此，他动员全院干警瞄准各项工作创一流的工作目标，强化团结和纪律两个保证，突出抓好班子、带好队伍、搞好业务三项任务，向“高标高效、求严务实、团结奋进、争创一流”的目标迈进，激发了干警为检察事业建功立业、奋发向上的工作热情。他还创造性地提出了做好检察工作需要摆正的十个关系，即摆正全局和局部的关系、重点工作和全面工作的关系、办案数量和办案质量的关系、办案和服务的关系、打击和预防的关系、惩治和稳定的关系、执行法律和执行政策的关系、严格执法和热情服务的关系、队伍建设和搞好业务的关系、坚持党的领导和独立行使检察权的关系。由于对这十大关系进行辩证思维和正确把握，确保了历城区检察工作向高标准迈进。

傅光仁深知，检察工作有作为才有威望，有威望才有地位。检察机关的作为，关键在敢于碰硬，敢于查办大案要案，履行职务犯罪惩治职能。20世纪90年代初，由于受市场经济大潮的冲击，党风廉政建设滑坡，腐败现象有蔓延趋势，人们对反腐败工作的认识也有偏差，没有良好的办案环境，查办案件需要顶住说情送礼，甚至恫吓、报复等各种诱惑和威胁。对

此傅光仁坚持原则、毫不退缩，攻破了一个个大案要案和疑难案件。

某国有大型企业副厂长赵某是一名副厅级干部。接到赵某顶风作案、收受贿赂的举报后，傅光仁顶住层层压力，突破一个个屏障，将赵某绳之以法。

济南肉联厂由于领导班子成员贪污，导致企业人心涣散、连年亏损。历城区检察院依法惩治贪污人员后，企业起死回生，经济效益明显增长。

某航空公司一飞行大队长，由于失职渎职，造成损失2600多万元。查办该案时，航空公司领导以“老大”自居，拒不配合。但傅光仁不信邪，他对航空公司负责人说，在法律面前没有“老大”之说！他安排精干力量从外围突破，在外地将该飞行大队长带走，并很快攻克案件。

某镇治保主任将一名教师非法拘禁、殴打长达9小时。接到投诉，傅光仁立即下令，一定要依法查办。他排除恫吓、威胁、说情、通融等种种压力，调集力量，依法查处了这起案件，保护了教师的合法权益，伸张了正义。全镇教师派人捧着“执法如山”的镜匾送到了区检察院。

黄河北岸某村发生了一起抗粮抗税并且危及社会稳定的犯罪案件。傅光仁以维护社会稳定和国家利益为己任，以大局为重，挺身而出，冒着被手持棍棒的不明群众围攻的危险，亲自带领干警进村耐心细致地做群众思想工作，稳定了群众情绪。同时，依法查处闹事骨干人员的犯罪事实，从快批捕了首要分子，维护了社会稳定。

类似这样的例子还有很多。他说，要想真正树立起检察机关的权威，就要解决群众最关心的问题，就要以打开路，真正履行反腐败、法律监督的职责，真正为人民撑腰。他是这么说的，也是这么做的。1993年，查办贪污贿赂犯罪案件44件，大要案34件，办案数量和质量较上年都有较大提高；1994年，立案75件，大要案56件；1995年，查办经济犯罪案件99件，大要案88件；1996年，他又在攻克大要案上下功夫，立查厅处级干部犯罪要案13件。这一年，他荣获“济南市优秀检察官”称号，成为威震全国的“十大杰出检察官”之一，且荣登榜首。

由于傅光仁恪尽职守、业绩突出，1997年底调任泰安市人民检察院检察长。他轻车简从，只身坐镇泰安市人民检察院后，仍然秉承不辱使命、争创一流的信念，很快打开工作局面。他顶着巨大压力，依法查办了某派出所所长、指导员对无辜的夫妻二人刑讯逼供，致死后偷偷安排社会人员埋掉的恶性案件，将这两人绳之以法，为屈死群众申了冤。这一案件的查办一时间轰动全国检察系统。在泰安任检察长的八年中，他带领泰安市人民检察院攻坚克难，不负众望，各项工作年年跃上新台阶。泰安市人民检察院也连年被省人民检察院记功、表彰。

2006年初，傅光仁卸任检察长转任泰安市政协副主席，2013年12月退休。2018年8月，我们去傅光仁家中对他进行了专题采访，谈及他的检察生涯时，他赋诗一首：

有缘肩头担道义，
无私心底自坦然。
人生事业当努力，
些许风雨笑等闲。

是啊，恪尽职守、担当有为的敬业精神，不徇私情、秉公办事的行为底线，厚德坦荡、恬淡泰然的宽广胸怀不正是我们的人生追求吗？

全国文明家庭——王克华家庭

2018年7月11日下午，为采访王克华，我们专程赶到西营镇下罗伽村王克华的家里。王克华说："我和丈夫退休后的生活很充实，因为3个孩子都已长大成人，结婚生子，时常需要帮助他们照顾孩子。老李（丈夫）帮女儿照顾了一周的孩子，昨天刚从女儿家回来。"话音未落，老李接到了远在郑州当兵的儿子的电话，爷俩你一言我一语地聊着儿子工作上的事。原来儿子、女儿正是16年前他们收养的孤儿，男孩叫李广，女孩叫李红。如今，李广南京理工大学毕业后，在郑州某部队服役，已是一名副营职干部；李红在滨州医学院毕业后，成为历城区某公立医疗机构的医生。我们说明采访的来意后，王克华和丈夫李经福把思绪带到了26年前的1992年。

王克华当时是一名民办教师，担任西营镇罗伽小学三年级的班主任。当时有一对兄妹是班里的学生，男孩10岁，叫李广；女孩9岁，叫李红。

进入冬季时，兄妹俩不知什么原因经常迟到旷课。王克华便去家访，原来孩子的父亲已是胃癌晚期，母亲有些疯癫。不久，俩孩子干脆不来上学了。那时候山区孩子辍学是常有的事。王克华是个热心肠的人，俩孩子的事她一直放在心上，便冒着大雪，走了3千米的山路，再次到叶家坡村孩子的家里家访。一进门，她惊呆了。天寒地冻，孩子住的破房子里飘着雪花，屋里连个炉子也没有，俩孩子冻得瑟瑟发抖，锅里仅有点结了冰的玉米粥。孩子的父母前几天相继去世，叔叔是个残疾人，根本没法照顾他们。再这样下去，孩子别说上学，就连生存也成了问题。在征得孩子的叔叔和村干部同意后，王克华毅然把两个孩子领回了自己家中。

王克华的丈夫李经福那时担任下罗伽村党支部书记，也是个热心人。见到妻子领回两个衣衫褴褛、骨瘦如柴的孩子，问明缘由，非常赞同妻子的做法。他们像对待自己的孩子一样，给他俩洗澡，购置衣服。那时候家里房子小，自己也有个和他俩年龄一般大的孩子。没处住，就支起了上下铺。从此，这两个孩子就成了王克华一家的新成员，王克华、李经福也成了这俩孩子的“亲”妈妈和“亲”爸爸。

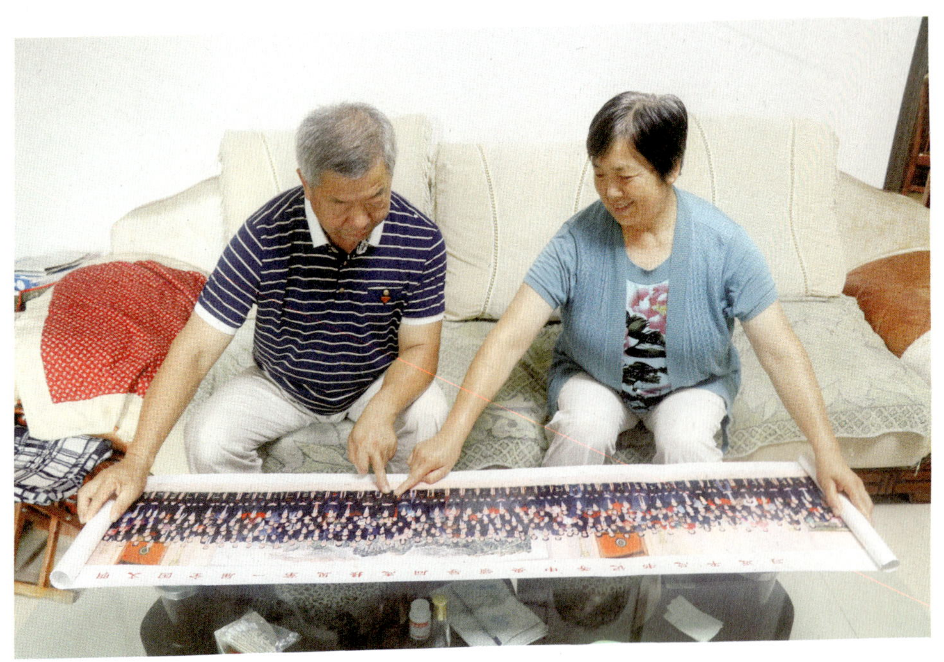

那时王克华还没有转为公办教师，李经福也没有固定收入，家庭中多了两个孩子，再加上自己的孩子，一下子抚养3个同年龄段的孩子可不是件容易事。经济上的问题自己省吃俭用，再加上好心人的帮助还好解决，但对孩子的照顾、教育可不是件容易事。两个孩子由于长期缺乏营养，体弱多病，王克华就千方百计给孩子增加营养。孩子生病了，王克华就带着孩子四处求医，生怕有什么闪失。有一次，李广身上长疮，疮口往外流黄水，腥臭难闻。王克华便背上他乘公交车，连续五六次到省城的大医院治疗。为减轻孩子的痛苦，她还打听偏方，到山上采来中药，熬成药汁，亲手为李广清洗疮口，治疗了两个多月，李广才得以痊愈。李广头发稀疏，怕影响孩子的自尊心，王克华就让丈夫带他去北京治疗。孩子学习基础差，王克华常常在晚上为他们补课。孩子考上初中以后，王克华一方面在生活上给予他们无微不至的关怀，自己和丈夫节衣缩食也要让孩子们吃得好一点；另一方面不断教育引导孩子好好学习，争取取得好成绩。李广初中毕业后，不想再上高中，便自己外出打工。王克华认为不能让孩子在学业上半途而废，必须让孩子继续求学。为此，她把李广从工地上找了回来，硬逼着他复习功课，又四处求人让他上了高中。随着年龄的增长，李广和李红慢慢懂事，也慢慢知道了养父母的艰辛，上高中后开始发奋学习，终于以优异成绩完成学业并双双考上了大学本科。

王克华自己的孩子，年龄和李广、李红差不多，中专毕业后，看到自己的亲生父母对李广、李红呵护倍至，认为父母对自己关心不够，一气之下外出打工，3年没有回家过年。后来，孩子逐渐理解了父母，也回到了父母的身边。如今3个孩子都已长大成人，结婚生子，各自有了自己的幸福家庭，但是最幸福的还是他们的大家庭。3个孩子及其爱人6个人之间像亲兄妹一般，从来没有红过脸。王克华于1995年转为公办教师，2012年退休。丈夫李经福后来调至镇上工作，也已退休。现在王克华和丈夫经常辗转于3个孩子家为他们照看孩子，一家三代幸福和谐，其乐融融。

王克华的事迹得到了党和政府及社会各界的高度赞誉。王克华和她的家庭获得了多项荣誉。王克华先后获得“山东省富民兴鲁劳动奖章”“山东省劳动模范”等荣誉称号，王克华家庭先后获得“全国五好家庭标兵户”“全国最美家庭”“全国教子有方家庭”“全国文明家庭”等荣誉称号。

采访结束时，我们问及王克华这些年来的感想，王克华说：“2016年12月12日，自己同其他全国文明家庭代表，受到了习近平总书记的接见，亲眼见到了总书记，总书记还与我们合影留念，这是我一生中最自豪、最幸福的时刻！”

全国十佳少先队员——张寿禄

全国十佳少先队员是当代中国少年儿童的崇高荣誉，由共青团中央、教育部、全国少工委和中央电视台共同授予。他们从13000万少先队员中脱颖而出，成为奋发向上、团结友爱的优秀少先队员典范。1997年10月，唐王镇第二中学初中一年级学生张寿禄光荣入选全国十佳少先队员，在人民大会堂受到表彰。

为了了解张寿禄的事迹和现在的工作生活情况，我们打听到了他现在的工作单位，并联系到他，2018年8月8日下午对他进行了面对面采访。眼前的张寿禄已经34岁，身高一米八，很难与20多年前用稚嫩的身体推着残疾同学上学的“小寿禄”画等号了，但是他依然憨厚、淳朴，依然诚实友善、乐于助人。他说：“其实推轮椅的是我们3个人，另两个人一位叫张鹏、一位叫张建，我却代表他们获得了这么大的荣誉。”他一再说：“这件事不算什么，我们都是一个村的，从小都是好朋友，只是我们3个人做了这件事，若我们不做，其他同学也会做的。”接着，他向我们讲述

了当时用轮椅推同学上学的经历。

张寿禄和小伙伴都是唐王镇北殷村人。他的小伙伴有一个叫张寿涛的，3岁那年患脊髓炎，下肢残疾，虽多方求医问药，但始终没能站立起来。转眼到了1992年，他们都该上学了，张寿涛和父母却满脸惆怅。虽然有轮椅，但张寿涛自己摇不动，父母接送，一天需要4个来回，日久天长也不是个办法。正当他们全家焦急之时，年幼的张寿禄同张鹏、张建商量，用轮椅推着他上学。他们的想法得到了父母的支持。从此，张寿禄和张鹏、张建一起承担起了照顾张寿涛，推轮椅接送他上学的任务。

从家门口到学校尽管路不长，却凝聚了张寿禄和小伙伴张鹏、张建不知多少心血和汗水。从小学一年级到五年级，需去学校1500多天，每天两个来回、4次，共推了6000多次。一二年级时，他们仅有七八岁，每次都累得气喘吁吁，额头上直冒汗珠。那时候还是土路，夏天下雨时道路泥泞，需要走几步就得找树枝刮车轮上的泥巴，遇到难走的路，得抬着轮椅走；冬天风雪交加，刺骨的寒风常常把双手冻僵了，结冰的路面上很滑，一不小心就会摔倒。他们不知摔了多少跟头，常常累瘫在地上，

但是他们毫无怨言，从来没有迟到、早退过。

上厕所是张寿涛的一大难事。个头大点的张寿禄一人全包了下来。那时农村学校的厕所又臭又脏，下雨时厕所里的污水污物混在一起，常常弄一身；下雪时，道路湿滑，他小心翼翼，生怕把张寿涛摔倒。一天下来寿涛需要上几次厕所，但张寿禄随叫随到，从不嫌烦，从来没有叫过苦、喊过累、怕过脏。

1997年，他们顺利完成小学学业。按说张寿禄和张鹏、张建可以到师资力量、校舍条件好一点的唐王一中上初中，但是为了照顾张寿涛上学方便，他们毅然选择了离他们家相对近一点的唐王二中。虽然相对近一些，但他们家离学校也得四五里路，仍然需要每天往返4次接送张寿涛。这时，他们学会了骑自行车，道路也好一点了，就让张寿涛在轮椅上抓着自行车行走。就这样从小学到初中，张寿禄与伙伴们的爱心行动从来没有中断过。

张寿禄和伙伴们爱心助残的事迹当时在区内外引起了巨大反响。张寿禄被团中央、全国少工委、中央电视台评为“全国好少年”“全国十佳少先队员”，被评为“山东省优秀少先队员”，获得了山东省“雏鹰奖章”，同时还被授予“济南小名士”。1997年10月29日，中共历城区委发出通知，号召全区干部群众特别是青少年，学习“全国十佳少年队员”张寿禄助人为乐、乐于奉献的优秀品质和思想境界。以区委的名义发出通知向一名少先队员学习，这在历城历史上及此后的20多年中还没有过。

初中毕业后，张寿禄考入历城二中进入高中阶段学习。高中毕业后他考上大学，大学毕业后一直就职于济南某纸业公司从事会计工作。张鹏、张建也有了各自理想的工作，现分别就职于济南机场和一家通讯公司。目前3个人都结婚生子，有了自己的幸福家庭。虽然他们在不同的岗位工作，但是他们自幼同张寿涛结成的“时光不老，我们不散”的友情一直在真诚地延续着。张寿涛有什么困难，他们总是热心相助；怕张寿涛孤独，他们常常买上酒、菜到张寿涛家相聚，一同吃饭聊天。特别是每年大年初一，铁定带着家属、孩子到张寿涛家拜年，几个家庭聚集在一起谈天说地，保持着儿时的纯真与情感。

我想，这就是爱，能持之以恒传承下去的更是真爱。

矗立在人民群众心中的丰碑

人固有一死，或重于泰山，或轻于鸿毛。

一个共产党员，一名农村基层干部，怎样才能创造无愧于时代、无愧于人民的业绩？在当代优秀党员干部的天平上，党的事业和人民的事业重于个人生命。看起来，他们不像舍身炸碉堡的董存瑞、飞身堵枪眼的黄继光那样壮怀激烈，但所体现的同样是共产党人为了党和人民的事业勇于牺牲的可贵精神。他们为了践行党的宗旨，为了人民群众的幸福，不分春夏秋冬，不顾白天黑夜，从群众最关心、最迫切需要解决的事情入手，勤勉工作，勇于奉献，鞠躬尽瘁，死而后已。他们的死，同样重于泰山。

每当我们走进山村，“要想富，先修路”“要致富，栽果树”这样的标语随处可见，表明修路、栽果树是山区群众脱贫致富的两条捷径，也是山区群众热切盼望解决的现实问题。历城区的两位共产党员、基层干部，为了山区群众修路和栽果树这两件心目中最大的事，扎实奉献了几十年，在山区人民群众心中矗立了一座丰碑。他们一位是一心为民、忘我奋斗，献身在山区修路现场的老共产党员、离休干部陈登汉；一位是矢志不渝、栽植果树30年，“绿水青山就是金山银山”的忠实践行者，英年早逝的全省林业系统典范张基民。

一心为民、忘我奋斗的共产党员——陈登汉

1998年10月21日，中共济南市委、市人民政府授予陈登汉“一心为民、忘我奋斗的共产党员”荣誉称号，并隆重召开全市党员干部大会，号召全市党员干部向陈登汉同志学习。1999年3月23日，山东省人民政府批准陈登汉为革命烈士。离休干部陈登汉离休不离志，为山区群众脱贫致富而植树造林、开山修路，最后牺牲在修路现场的动人事迹，传遍市内外。对陈登汉的宣传也是济南市和历城区20多年来最有影响力和感召力的重大典型宣传。

1983年，61岁的陈登汉从彩石乡党委副书记、乡长的位置上退了下来。审视过去，这位在山区工作了大半生的老党员为没能带领乡亲们脱贫致富而心中有憾。他毅然放弃了回城享福的安逸生活，决心扎根山区继续为山区百姓干点实事。

彩石乡是历城南部山区重点贫困乡镇之一，山多地少。陈登汉选准植树造林、开山修路作为彻底改变山区落后面貌的关键。1983年冬天，在一无资金、二无货源的困难面前，陈登汉主动承担了采购树苗的重担。在20多天里，他东奔西走，费尽周折，终于赊来了15万株苹果树苗。他亲自跟车拉树苗，常常是天不亮就出发，晚上9点多才回家。卸完车，和衣打个盹儿，他又忙着下通知，把树苗逐村分发下去，挨家挨户指点栽树，挖坑、培土做示范，保证树苗的成活率。他请来专家举办果树培训班，让群众掌握喷药、修剪、疏果技术。

1986年的一天，陈登汉来到玉龙村，突然发现一家农户正用苹果、桃子喂猪，一问，才知道是因为交通不便，成熟的山果运不出去。这一幕情景深深

刺痛了陈登汉的心。他意识到乡亲们脱贫致富的道路还很长很长，也就在这一刻，让全乡44个村庄全部通上沥青路的决心，在年过花甲的陈登汉心中生下了根。

当时，整个彩石乡只有一条不足4千米的沥青路，其他全是难以通行的崎岖泥巴路，修路任务十分艰巨。陈登汉不顾年迈多病，一心扑在了修路事业上，筹措资金、勘探测量、租借设备，开路基、铺石子、喷沥青，每一个环节他都要自己动手、亲自操持。他每天都是迎着晨曦第一个来到工地，又披着星光最后一个离去，日复一日，年复一年。

开路基需要实施爆破，每次都是他把炸药包捆到自行车后座上，一趟趟地带到工地；放炮时，他总是负责警戒，等别人都散开后他才撤离。

喷沥青是修路的一个关键环节，技术性强，操作难度大，喷少了，影响道路质量；喷多了，又会浪费来之不易的沥青。每到这时，他总是推开别人，自己怀抱喷枪，一干就是十几个小时。1994年夏天，在一次修路劳动中，由于机械故障，200多摄氏度高温的沥青浇到了陈登汉的右大腿上，整条大腿顿时血肉模糊，剧烈的疼痛使他昏死过去。他只在病床上躺了8天，便回到家中。到家的第二天，他不放心正在紧张施工的道路，让人将他架到一辆吉普车上硬是去了工地。目睹此景，在场的人们无不热泪盈眶。

历经15年，陈登汉带领群众义务修路43条，公路长达120多千米。彩石乡的道路由只有一条公路的死胡同，变成了四通八达的阳关道。全乡年人均收入由1984年的不足300元，增加到2000多元。

陈登汉为植树、修路奔波操劳了十几年，先后筹集500多万元的巨额资金，可他却从未报销过一分钱的差旅费。他每月几千元的离休金，除了给自己的老伴留下一点生活费，不是拿去买树苗，就是拿去买材料修路。他多次为别人慷慨解囊，个人生活却非常俭朴。

1998年6月27日，陈登汉就披星戴月骑车赶往十几里外的石瓮峪村修路工地。石瓮峪村的这条路，是陈登汉为乡亲们修建的第43条沥青路，修完这条路，下一步就该忙活全乡最后一个村子——韩家峪的路了。他让彩石乡村村通上沥青路的愿望眼看就要全部变成现实。

那天，陈登汉在工地上忙活到下午2点多，才被村民硬拉着吃了点午饭。为了让他多歇会儿，村民徐文平把他干活穿的衣服藏了起来。可陈登汉只简单地喝了几口水，就来到了工地。他不顾36℃高温，抱着发烫的油管喷枪喷沥青，一口气干到了傍晚7点钟。村民们都劝他早点回去休息，可他担心路陡车重容易出危险，骑车走出100多米后又返回了工地和大伙一起继续施工。7点25分，工地上慢慢下滑的油罐车突然失去控制，急速向山坡下滑去。为了保护周围群众的生命安全和心爱的油罐车不受损失，陈登汉用年迈瘦弱的身躯死死顶住油罐车不肯撒手，瞬间被2吨多重的油罐车重重地挤倒在山坡石壁上，生命垂危。人们急忙推开油罐车，将他架到路边。他醒来后，对搀扶他的村支书说："先别管我，快看看车！"由于伤势过重，在被送往医院抢救的路上，陈登汉停止了呼吸。在他的遗体上，人们看到几十处大大小小被沥青烫伤的疤痕，脚上穿的鞋子的后跟上，有两个核桃大的窟窿。

噩耗传来，村民们惊呆了，他们不愿相信，几个小时前还忙得脚不沾地的老乡长怎么说走就走了呢？当晚，陈登汉献身的石瓮峪村70多户村民无一家生火做饭，许多人跑到出事现场放声大哭。

陈登汉，这位有着50年党龄的老党员，在离休后的15个春秋里，带领群众为全乡44个村庄中的43个村子修好了沥青路。那一条条平整的大道不仅把偏僻的山村与繁华的都市连在了一起，也把党心和民心连在了一起。

1998年6月28日，陈登汉牺牲的第二天，彩石乡党委宣传委员于光雷打电话告诉了我这一消息。此前我也听说过陈登汉义务修路的事迹，零星报道过，但没有大篇幅宣传报道过。我对于光雷说，陈登汉的事迹非常突出，又值七一前夕，可以搞一个宣传力作。同时，我又向历城区委宣传部主要负责同志进行了汇报。区委宣传部主要负责同志带着我立即去彩石乡现场了解陈登汉的先进事迹，让我赶写了一个反映陈登汉事迹的材料，向历城区委和济南市委宣传部领导进行了汇报。上级领导认为陈登汉同志的事迹非常突出，非常值得学习和推广。济南市委宣传部安排理论处、新闻处和济南日报社的几位同志前来进一步挖掘整理了陈登汉的事迹材料。10月6日，在前期已经宣传报道过陈登汉事迹的基础上，《济南日报》在头版头条刊发了济南市委宣传部张慧芝、石舒波、展

矗立在山乡人民心中的丰碑

——记一心为民、忘我奋斗的历城区彩石乡离休干部陈登汉

宝贞和《济南日报》记者傅晓峰及我、于光雷6位联合撰写的近万字的长篇通讯《矗立在山乡人民心中的丰碑》。随即，中共历城区委作出决定，号召全区党员干部广泛开展向陈登汉学习活动，济南市委、市政府授予陈登汉“一心为民、忘我奋斗的共产党员”荣誉称号。济南市委宣传部组织了陈登汉事迹报告团，在济南人民广播电台和全市各县（市、区）巡回报告。济南市吕剧团排练了宣传陈登汉事迹的吕剧《彩石情》。济南电视台和中央电视台联合把陈登汉的事迹搬上了荧屏。为扩大宣传范围，我又邀请大众日报社编辑部前来采访报道，《大众日报》在一版显要位置刊发了介绍陈登汉事迹的长篇通讯并配发了编者按。区委宣传部主要负责同志、市委宣传部负责同志还带我专程去北京到新华社、光明日报社、农民日报社等中央级媒体介绍陈登汉先进事迹。10月28日，《光明日报》刊发了市委新闻处副处长周明和我联合采写的通讯《百姓恸哭送乡长》。11月初，农民日报社安排记者黄文芳专程到彩石采访。11月11日，《农民日报》在头版头条位置发表了该报记者黄文芳和市委新闻处副处长石舒波及我、于光雷联合采写的通讯《血洒山村路》。在《农民日报》头版头条和《光明日报》大篇幅刊发典型宣传的稿件在历城区历史上并不多见。

魂系青山　倾毕生心血于三川的好干部——张基民

2012年10月3日，卸任历城区林业局局长担任历城区人大常委会副主任的张基民，因病辞世，年仅49岁。他30年如一日把生命最宝贵的时光献给了历城林业事业；他情系青山，倾毕生心血于三川，是一位在实践中将“绿水青山就是金山银山”化为现实的好干部。

张基民于1982年7月从省林校毕业后，在历城林业系统工作了30年，担任过西营镇林业站技术员，历城区林业局种苗站副站长、站长、副局长、局长。这些经历都没有离开“林业”，他获得的荣誉也同样饱含着对“林业”的贡献。他两次被济南市政府评为“蓝天工程先进个人”，两次获得“山东省绿化奖章”，两次获得“山东省绿化工作先进个人”“山东省林业工作先进个人”。2009年12月，山东省林业局作出了在全省林业系统向张基民同志学习的决定。“通往荣誉的路上并不铺满鲜花”，而是他的付出和汗水。在林业系统工作30年里，特别是在担任林业局局长的20多年里，他不图虚名、勤勉务实、兢兢业业、忘我工作，把历城南部

山区的荒山秃岭变成了山清水秀、果实满枝的省城后花园，他用辛勤汗水和毕生心血造就的绿水青山变成了农民群众的金山银山。

担任区林业局局长之初，由于历城荒山面积大、平原林网残缺，他的工作压力相当大。为了实现“无山不绿、有水皆清，四时花香、万壑鸟鸣”的目标，他转遍了历城的山山岭岭，沟沟坎坎。利用3个月的时间，他摸清了历城的林业现状，为开展工作打下了基础。

他推动荒山绿化工程，提出了重点工程带动、义务植树推动、市场机制促动的“三轮驱动”新思路，并组织实施，全区植树绿化掀起了一个个高潮。大呼隆式的造林往往形成“年年栽树不见树、岁岁造林不见林”的怪圈。为此，他精心调研，从林业科学角度，探索出了工程造林的工作路子，得到上级的认可，每年为历城区争取到5000万元的工程造林项目资金。他紧紧抓住全市实施造林绿化行动的机遇，通过提前策划规划，积极对上争取，推动历城造林绿化进入高标准、大投入、快速度的发展时期。为把这项工程建设成为亮点工程、惠民工程，他和班子成员创新工程运作机制，以当地群众为主组成专业队伍，既让农民自己动手绿化家园，又增加了农民收入。他从整地挖穴、苗木准备到栽植管护，始终严格把关，确保栽一棵活一棵、造一片成一片。在此基础上，他建议并规划实施了“县乡道路绿色通道工程”，利用三年时间绿化县乡道路300

多千米，实现了境内县乡道路绿化全覆盖。在荒山绿化基本完成的情况下，为了让南部山区的山更青、水更绿，他策划实施了“三川增绿”工程，三年时间在“三川”范围栽植树木1000多万株，建设绿化节点75处。为了让人们看到一个五彩缤纷的新“三川”，他接着策划实施了“三川增彩”工程，大量栽植彩叶树种，营造生态景观林，实现了环境的绿化美化，使历城南部山区真正成了省城后花园。

张基民认为，在南部山区不适合搞工业项目的情况下，必须摸索一条让群众依靠生态脱贫的路子，将山区资源盘活，通过大力发展经济林，染绿青山并让绿水青山变成金山银山。为此，他从20世纪90年代开始，针对南部山区相对贫困的现状，提出既要建设生态林，又要发展经济林，“用两条腿走路”，以加快历城林果业发展，带动农民脱贫致富奔小康。为此，他在南部山区大力开展退耕还林还果，发展以苹果、梨、桃、杏等水果为主的林果产业，全区经济林面积快速增加。与此同时，通过市场分析，他在稳定水果面积的同时，适时推广种植以核桃、大樱桃为主的干杂果，特别是紧紧抓住核桃这一优势树种，大力发展核桃产业。用近10年的时间，使全区核桃树种植面积由原来的不足10万亩迅速发展到近20万亩，小核桃形成了大产业。

栽上果树，还必须让老百姓尽早见到效益。针对水果低产低效、干果实生苗面积大的问题，他推动实施中低产果园改造工程，采取“上挂下联”的方式，上聘知名专家、下聘有实践经验的农民技术员，把高光效苹果、配方施肥等果树管理新技术送到了百姓的田间地头，并通过以奖代补的形式，对核桃等干果实生苗进行嫁接改造。这些措施的落地，使林果产业科技含量和经济效益明显提高。为了打造特色果品基地，提升果品知名度，他一手操办起了采摘节，通过举办大樱桃、苹果等采摘节、文化节的方式，把市场搬到田间地头，让老百姓不出家门就卖出了果品，卖出了好价钱。

既发展生态林又发展经济林的“两条腿走路”的举措推动了历城林业的大发展。在张基民2012年初卸任区林业局局长时，历城生态林面积达到40万亩，经济林面积达到47万亩，林木覆盖率达到44.5%。历城区先后获得“全国首批经济林建设先进县”“全国首批林业科技示范县”“中国核桃之乡”等诸多美誉。他带领的区林业局先后获得“全国森林资源管理先进单位”“全省人民满意公务员集体”等荣誉。

防火灭火对林业工作至关重要。冬春森林防火期，他每个林片、每个山头、每个沟坎地转，每个街镇、每个村队地跑。督查护林员巡逻、巡查，检查林场和林业站工作人员到岗、到位。夜间还时常到镇办、林

场、林区、护林点、护林房去暗防森林防火工作，查看工作人员的值班和上岗情况，常常忙碌到深夜。在他担任林业局局长的20多年里，每年大年三十，他都去柳埠、黑峪等林场陪职工过年，把温暖送到了一线职工的心坎里。

由于历城面积大，火灾防不胜防。每当出现火灾，他总是不顾安危，冲在火场最前面。2002年2月15日，农历大年初四，由于群众用火不慎，柳埠林场赵家林区着火。火情相当严峻，如果不及时有效地扑灭，几千亩的森林将化为灰烬。他和区领导在火头前沿，果断有效地指挥着火灾的扑救工作。在火头前沿指挥灭火的他，三天三夜没合眼，眼睛熬得通红，脸上、手上、身上全是黑灰。妻子不放心，把电话打到赵家林区。他接过电话后，还不等妻子开口，就大声地说："你添什么乱？火场就是战场！"清理余火时，领导让他回家休息一天。他说，作为局长，他是第一责任人，余火清理不干净，回去心也不安。等余火完全清理完，已是正月十五。此时，他才带着满身的伤痛，拖着疲惫的身子回到了家。

2010年3月底，他肩背部肌肉发炎且感染，因森林防火工作忙，一直没有时间去看。痛得实际受不了了，他才去医院治疗。结果，发炎部位已严重脓肿。做了手术后，医生安排他住院治疗。恰在这时，西营着火。接到报警后，他不顾妻子和医生的再三劝阻，拔掉针头就赶往了火场。等大火扑灭后，他背部的衬衣已被溢出来的脓血染红。

妻子吕多秀常心疼他不爱惜身体，也埋怨他顾不了家庭。张基民愧疚地说："等我退了休，一定好好陪陪你，陪陪女儿。"

谁承想，张基民没能实现他"好好陪妻子，好好陪女儿"的诺言，抛下心爱的妻子和未成家的女儿英年早逝。妻子吕多秀强忍泪水将丈夫的骨灰撒在了南部山区。2018年9月，在采访吕多秀时问及她为什么把丈夫的骨灰撒向南部山区时，吕多秀深情地说："基民一生爱树爱绿，让他永远与青山为伴，他可以听到山涧清澈的溪流，看到三川翠绿的山峦，闻到满山芬芳的果香，回归他出发的地方。"

在喜马拉雅山北创业

邢介安

临时受命

1979年春节刚过，全市组织黄河春修工程，由历城、章丘两县开展大会战。按部队编制，以县为团，公社为营，管理区为连，大队为排。当时，历城县委副书记贾文清担任团长。我任大龙堂公社（今彩石镇）民工施工营营长、教导员，带领3个连，24个排，共计1300多人，在鹊山一带黄河大堤工地上施工。我当时的职务是公社党委常委、“革命委员会”副主任兼团委书记。

一天上午9点左右，贾文清副书记坐车来接我，说县委领导找我谈话，马上回县机关。在县委组织部，朱孝铭副书记和穆荣璋副部长给我谈话说，中央调批干部支援西藏，县委研究，认为我符合条件：1.具备3年领导干部任职期限，具有一定的领导能力；2.在家庭出身、社会关系和政治方面可靠；3.比较年轻（24岁），身体状况好。谈话中，房立书记也来了，他谈了些对越自卫反击战的事情，当时前线打得正紧。最后，他说：“调你去西藏是历城的骄傲，是历城100万人民的重托，你去是历城的干部，回来还是历城的干部，应经受住考验。”接着，朱副书记和穆部长送我回大龙堂公社，并与公社党委领导徐兆泉书记和陈登汉同志进行了工作协调。接下来，就是做我父母的工作。

这次进藏，县里发给了3斤棉花票，1丈5尺布票，由自己做棉被和衣服。当时讲，行政干部援藏任务5年，中途能探亲，四大关系（工资、户籍、粮油、组织）都留在县里，只有一封临时介绍信。我万万没想到的是，临上火车了才知道，组织部把我所有的关系，包括干部档案全部给转走了，成了名副其实的西藏干部。从谈话、查体、做准备到交接工作，只用了两个星期的时间。

进藏路上

我在省里培训3天后，4月23日乘济南去河南郑州的火车，坐加挂的一节车厢，一天一夜后到达郑州；然后，换乘由上海到乌鲁木齐的火车，三天三夜后到达甘肃省的红柳园，最后坐上了西藏来接人的汽车。由于不了解路程情况，在山东还穿单衣，但到红柳园时就冷极了，必须穿棉衣才行。在进藏路上，年龄稍大的同志坐在拉行李的卡车的驾驶座上，我们则乘坐大客车。从红柳园出发，一路颠簸，过敦煌、沙枣园和大草滩，进入青海省当金山口。5月的天气非常寒冷，我们冒着寒风飞雪，进入荒无人烟的戈壁滩；一路上住兵站，吃大米干饭加辣椒面，除此之外

什么吃的也没有。食物不好消化并且常引起胃痛。从花海子到鱼卡，再经大小柴旦，所到之处看到的全是盐滩。偶然见到有人家的地方，凡是墙壁上都有大字标语，写着：每人都有一双手，不在农场吃闲饭，回到城里闹革命等。又走了一天的路程，晚上到达青海省的格尔木。我们在格尔木适应休息了3天。到格尔木才得知，大字标语是支援边疆的知青写的，他们要求返城、返故乡。现在看起来，知识青年到边疆困难的地方，工作是多么不容易。格尔木海拔在3000米左右，一路走过来，相对而言算是个好地方，树木开始发芽了。

我们修整后继续出发，从纳赤台经昆仑山口到不冻泉，又开始经历寒冬。那里的天气一会儿飘着雪花，一会儿又下着小冻粒。到了五道梁，海拔在4700米以上，属于高寒缺氧的气候，刚到这里就感到头疼难忍，呼吸困难。听司机讲，到了五道梁，不是叫爹就是喊娘。幸亏从格尔木带来几个氧气袋，起了很大的作用。在这里，泰安地委的薛云智副书记病倒了，济南的宫希学同志病倒了，很多同志病倒了，住在兵站由吴守则同志留守救护，其余同志继续前进，越走越艰难，好不容易经风火山口到了沱沱河，下午4点到达唐古拉山。这里氧气更稀薄，气压低得连小便都变得非常困难，人们不敢停留，继续前进。我们又经过通天河到达雁石坪，到了温泉兵站，情况才稍有好转。第二天早起继续赶路，越走海拔越高，越走越艰难，好不容易到了唐古拉山口，司机让我们体验5000米以上高寒缺氧的感觉。真是头痛难忍，很多同志基本无法下车，只有我下车为大家服务。当时援藏干部中，我年龄最小。大约15分钟后继续前行，路况好了，越走海拔越低，真正进入西藏境内，到了西藏那曲地区的安多就好多了。我们住在安多兵站，第一次有热水可以洗头洗脚。热水是用大油桶盛水烧的，由于有高原反应，我们洗了洗开始休息。这天夜里，我的头就像炸了一样难受，吃了两片安乃近药片才好转些。吃的仍然是半熟的大米加辣椒面，不过多了一样辣椒面拌粉条。从安多出发，逐渐出现了绿油油的草场，有些山沟里到处是牛羊；天空是湛蓝的，头顶上的白云飘浮在半空中，一路上风景如画，仿佛进入了另一个世界，那种感觉很棒。5月23日晚，走了整整一个月，历经千辛万苦，终于到达了西藏首府拉萨。

拉萨海拔3700米，雄伟壮观的布达拉宫，繁华的八角街，来自印度、尼泊尔、不丹和锡金等国的商人汇聚在这里经商。摩肩接踵的藏教信徒在大昭寺周围磕着长头。藏族服饰和语言都和我们相差很大，我们真有点到了异国他乡的感觉。虽然拉萨海拔高，但与路上经过的地方相比，真算是到了天堂。休息7天后，我们天不亮就开始向日喀则地区进发，翻越曲水大山，走了9个小时，晚上到达江孜，第二天到达日喀则。

日喀则是地委所在地，缺氧程度与拉萨差不多，但昼夜温差比较大，我们都还算适应。在等待工作分配时，每个人都想分在海拔比较低、条件比较好的县，或留在地委所在地。海拔4500米的县有4个，海拔5000米以上的有一个，都担心被分配到4500米以上的县，超过4500米实际上就是生命禁区，连棵树都无法生存。6月1日，在地区招待所食堂里召开会议，由地委领导发布分配结果。几乎宣布了所有同志的名单，我却听不到自己的名字。结尾时，地委领导宣布了6个同志的名字，每提到一个，大家都笑。最后一个是我邢介安，单位在仲巴县。大家笑得很厉害，数我年龄最小，被分到了唯一海拔5000米以上的县——仲巴县。仲巴县在全西藏海拔最高，条件最艰苦，属世界屋脊的屋脊，属高寒缺氧的纯牧业县，那里庄稼树都没法生长，只有点抗旱的小草。心想，既来之则安之，谁叫咱年龄最小来支援西藏了。

到仲巴赴任

大约6月7日，仲巴县委组织部严副部长来接我前往仲巴县。从日喀则到仲巴县有720多千米的路程，汽车走了三天三夜。出发后越走越冷，越走越荒凉，到了海拔4530米处，再也见不到树木，6月中旬的天气，气

温比济南的冬季还冷，我呼吸非常困难，头也疼得厉害。到了县城一共有两排铁皮房子，风沙交加，走路时觉得脚下像铸了铅，大口喘气，心想世界上竟有这样的鬼地方！

在藏工作

我被分配到县商业科（商业局），原商业科长调走，商业科、县供销社、县物资科、县工商科、县外贸科、县粮食科、县食品供应公司等一套班子7块牌子联合办公。后来，由于全国县级机构名称接轨，改为商业局，供销社、工商局、物资局、外贸局、粮食局、食品供应公司7个局级单位联合办公，我主持全面工作。

当时全县的生产、生活资料，由我全权负责解决，是全县工作的重中之重。

仲巴县位于东经82°—84.76°，北纬29.15°—31.8°，地处祖国的西南边陲，日喀则地区的最西端，喜马拉雅山以北的中上部，冈底斯山最顶端，雅鲁藏布江的发源地。

仲巴县西衔阿里地区普兰县，北靠阿里地区羊吉县、孜则县，东临阿里地区措勤县和日喀则地区萨嘎县，南与尼泊尔国接壤，是个纯边境县。全县南北长294千米，东西宽254千米，全境面积为4.59万平方千米，约占日喀则地区的1/4，境内平均海拔5000米以上，全年没有无霜期，天天有霜冻。仲巴县最低气温在零下40℃，平均降雨量170mm左右，边境线长357千米，占全地区的1/4。境内有5个民间边贸市场，是日喀则地区唯一的边境纯牧业县。当时全县有9700口人，现在共有17453人，当时藏族同胞占全县人口的99%，此外居住着土家族、苗族同胞，再有我们几个去援藏的汉族干部。

仲巴县地形复杂多样，既有群峰林立的冈底斯山，又有波澜壮阔的雅鲁藏布江源头；既有高山冰川，又有碧蓝湖泊，更有辽阔的草原。境内矿产资源丰富，野生动物众多。全县可利用草场4900万亩，共有200多万头牲畜，其畜牧业居全地区第一位。这里属于典型的干旱气候，昼夜温差大，含氧量少，日照充足，天气变化无常。

雅鲁藏布江是东南亚最大的河流，又是海拔最高的大河，有“极地天河”之称，它发源于北麓海拔5590米的杰巴崇曲冰川。从历史上看，河源地区的仲巴县居民习惯认为，杰巴崇曲冰川是雅鲁藏布江的正源。整个区域内野生动物品种很多，特别是雪水中的无鳞鱼特别多，有喜马拉雅旱獭、灰尾兔、野牦牛、藏野驴、藏狐、藏羚羊和沙滩上栖息的赤麻鸭、黑颈鹤、斑头雁等。

按照工作需要，我率领商业战线一班人解决全县生产生活需要的物资，把全县的牧产品等当地资源全部调到日喀则、拉萨和内地，另外出口印度和尼泊尔。全县商业系统共有37名干部职工，包括4个区供销社和县直的25名干部职工。这25人既是工作人员，也是装卸工，又是屠宰工，每年收购畜产品价值70万元左右，收购活牛羊8万头（只），屠宰3万头（只）。我带头装卸车和搞屠宰，在严重缺氧的情况下，每天宰33只羊和4头牦牛，这是屠宰工的宰杀定额标准。每年调入20万斤粮食，收购酥油5万多斤。为了增加牧民收入，1980年开辟了收购盐湖里的食盐任务，第一年收购了12万斤，每斤0.07元，为牧民增收8000多元；第二年收购上百万斤，价格涨到了每斤0.12元，为牧民增收12万元；最后一年收购300万斤，仅这一项为牧民增收36万元。

我在仲巴县工作期间，县里新增了理发店、缝纫店，大大方便了机关干部职工的生活需要。

仲巴县牧民过着游牧生活，有冬季、夏季草场，一年搬好几次家，过着不定居的生活。交通运输工具是牦牛和羊。每头牦牛能驮200斤以上物资，每只羊能驮30—50斤畜产品。偏远的牧民到县城送自产的酥油

和畜产品，都是骑着马，放着一群牛羊边放牧边走，一般500—700头（只），往返需要几个月。到县城卖了东西后，再买粮食和日用品运回去。一群牛羊能运1吨以上的粮食和日用品。牧民生活以肉食为主，国家供应青稞（糌粑），喝酥油茶，一年供应砖茶十几万斤。由于以牛羊为交通工具，又都集中在县城购买物资，牛羊不断啃草加上蹄踏，县城风沙特别大，从1979年至今，县城已搬过3次，当时在扎东，现在已搬至马泉河边。

藏族群众对我们援藏干部很好，处处尊重和关心我们，特别是对我很好。我逐步适应了藏族生活，与藏族同胞一起工作和生活。刚到仲巴县时，用鼻子喘气30%，用嘴喘气70%。到后来，用鼻子喘气能在80%以上。活动量稍大时，还是用嘴喘气多一些。自己做饭用高压锅，60℃水就能达到沸点，一年四季抬头就是雪山，真是一个圣洁的地方。在仲巴县6年中，我有一次探亲，在家休息了7个月，回去的路上，随走随玩，走了84天到达目的地。在仲巴时，大雪封山，两个月见不到报纸和家信。道路畅通时，半月一班邮车。有时一次报纸和家信在3个月以上才收到。

在生活中，我们烤火烧的是牛粪，一年到头天天都烧火。一个冬天，我自己烧了99袋牛粪，吃了4只羊、半头牛。煮炒都是牛羊肉，全县没有种植一棵蔬菜。从日喀则回来的同志捎点蔬菜，纯属宝贝，家里寄给的花生米和香椿芽也被当成奢侈食品。冬天是零下40℃的天气，洗的衣服一挂在房外就结冰，我就这样在仲巴县工作5年多。完成任务后，该回内地了，但日喀则地委不同意我回去，要求我继续留在县里。我接受不了这样的安排，两天三夜赶到日喀则地委组织部，找到地委书记多吉才让（后提任国家民政部部长），陈述了完成任务该返回的理由。当时地委留下我，想安排我担任仲巴县委副书记，当时我的想法是完成5年任务就该返回，又拖了几个月，在西藏干了6年，全地区要留的我们3个人都回到了内地。

我进藏后，由于县委领导工作变动或离退休了，加之原有工作关系都转到了西藏，又在西藏工作时间比较长，因此调回来时，又成了历城县的一名新干部。

敢于担当的宣传部部长苏传梁

王瑞国

1990年10月，中央决定在全国开展社会主义思想教育活动，活动的牵头单位为各级党委宣传部门。我从历城区监察局抽调到设在区委宣传部的区委社会主义思想教育领导小组办公室工作，年底正式调入区委宣传部工作。那时苏传梁任区委宣传部部长，不久又担任区委常委、宣传部部长。在苏传梁部长手下工作一直到他去世的5年多的时间里，我耳闻目睹了他胸怀大局、淡泊名利、敢于担当、克己奉公的许多平凡而又感人的事迹。20多年过去了，他的音容宛在。

不顾安危，奋战在抢险救灾主战场

1991年3月，冬春社会主义思想集中教育活动结束后，苏传梁部长把我叫到他办公室，语重心长地对我说："你正年轻，去新闻科工作吧，这样可以更多地了解全区及基层的情况，也能提高写作能力。"我说："服从领导的安排。"随即，他安排分管新闻宣传的郭永顺副部长，把我送到济南日报社农村部脱产学习。在报社学习阶段，我一边跟随记者到全市采访，一边学着写稿，请编辑修改，陆续有稿件见报。8月29日下午，突然接到区委宣传部电话通知，让我立即回单位，说部长有急事找我。我急匆匆地赶回单位，在楼下看到部长的车已经启动，让我赶快上车出发。

在车上，苏传梁部长说："今天上午狼猫山水库大坝北坡出现裂缝，上午11时东部有40米的滑坡，下午3时西部有150米的滑坡，我们宣传干部要抢在抢险救灾第一线。"到达水库大坝时，看到现场十分紧张，水库大坝裂缝正慢慢增宽加深，塌方时有发生，甚至有溃坝的可能。省市区领导、水利专家正紧急会商抢险方案，包括人民解放军、武警官兵在内的各路抢险队伍已投入抢险，在紧张地搬运石料，加固堤坝。苏部长指示我，赶快写一篇有关狼猫山水库险情和大坝抢险的新闻报道送往济南日报社。说罢，他带着我找有关领导和专家了解险情和抢险情况，并冒着危险到垮塌现场查看。基本情况了解后，我立即写稿，找不到写稿的地方，便在车里趴着写。写完稿子后，他又安排专门车辆把我送到了济南日报社。报社领导看到稿件后说，这篇稿子太及时了，现在不断有领导和群众打电话询问险情，报社也是刚得到消息，派记者又来不及，正苦于没材料编排呢。于是立即编排稿件，次日便以《军民协手奋战　共固水库大坝》为题，刊登在头版头条。原来，水库出现险情后，各级领导、社会各界尤其是下游群众都非常关注。当时，恰逢秋季阴雨连绵时节，一旦垮坝，水流直泄，将严重危及下游群众的生命财产和公路、铁路等重要交通干线的安全。那时候还没有"短信""微信"等现代化信息传输手段，人们

了解信息基本上靠报纸、电视台等传统媒体。水库险情特别是抢险情况见报后，人民群众得知各级领导都在现场，解放军、武警指战员又奋战在抢险一线，就松了一口气，稳定了情绪。这时，我才体会到苏部长在第一时间冲到抢险现场，又在第一时间安排我采写抢险稿件的用意所在。自己虽然没有顾上吃晚饭，深夜才回到家中，但是感到非常值得。

为统筹领导和指挥水库抢险救灾工作，区委、区政府成立了狼猫山水库抢险救灾总指挥部，苏传梁部长任常务副总指挥，随即他便带着我在抢险总指挥部“安了营”。抢险救灾工作千头万绪，他到位后按照市区制定的抢险救灾总体方案，先从区里的农委、水利、农业、供销、商业、物资、农机、粮食等部门抽调人员成立工作班子，下设抢险加固、物资供应、后勤保障、信息宣传等工作组，又会同区人武部组织了由各乡镇民兵预备役人员组成的抢险救灾突击队，与解放军、武警指战员共同抢险。苏部长给我安排的主要任务是，在指挥部负责汇总上报材料、编写简报、对外宣传等。由于苏部长担任过济南郊区团区委副书记、党校副校长和华山镇党委书记，基层经验丰富，工作能力又强，因而整个抢险救灾工作有条不紊、有序推进。

当时险情危急，又事关群众和交通干线的安危，各级领导对抢险救灾工作高度重视。国务院副总理田纪云在大坝出险后的第二天就对抢险工作作了重要指示。国家、省、市防汛抗旱指挥部多次打来电报和电话具体部署抢险工作。省长赵志浩、副省长李春亭发布了抢险令，并亲临抢险工地视察。翟永溥、谢玉堂、封居尚等市领导和省水利厅主要领导、分管领导多次到抢险工地查看险情，部署抢险工作，特别是经常看到市委副书记谢玉堂在大坝坍塌现场和水中忙碌指挥抢险工作的身影。区委书记谢传仁、区长孙继鑫、副区长杨振刚等区领导更是昼夜值班，上前指挥。作为常务副总指挥的苏传梁需要接待领导、调度情况、汇报工作、指挥抢险，其工作忙碌程度可想而知。由于任务紧急、工作繁忙，他连续一个多月吃住在工地上。记得9月初的一天早上7点多，省长赵志浩没通知市区领导也没带随行人员只身来到抢险工地。恰巧苏部长带着我正在大坝上。看到省长来了，苏部长连忙陪着省长查看水库大坝垮塌情况，汇报抢险工作进度。省长对抢险工作表示满意，并对下一步工作作了具体指示。送走省长后，苏部长对我说，咱们靠在工地上是对的，若出现紧急情况或领导来视察如果找不到人，可就麻烦了。

一方有难，八方支援。在抢险过程中，潍坊、莱芜、济南市属企业、周边兄弟县区和全区20个乡镇及区直部门纷纷伸出援助之手，向抢险工地运送石料、煤矸石、水泥、帐篷等抢险急需物资，慰问担负主要抢险任务的解放军和武警官兵。当时抢险车辆、抢险人员密密麻麻地聚集在水库大坝及周边，工作千头万绪。苏部长带领指挥部人员夜以继日，统一指挥调度，确保了抢险物资供应。他还把区里承担的抢险任务，分解落实到各乡镇。一天晚上10点多，我在指挥部值班时，突然接到电话，说是两个镇因为争抢石料问题发生了纠纷，眼看要动手打起来了。我连忙向苏部长汇报。苏部长立即将两个镇的带队领导叫到指挥部，让他们立即停工，返回住地休息。第二天，我不解地问苏部长，怎么没处理纠纷就让他们停工了呢？

苏部长说，现在大坝已经基本稳定，抢险突击队员大都是年轻人，都想提前完成任务，火气又大，他们手里全是石头和铁锹、镐头，如果夜里打起了群架，后果不堪设想啊！再说都是为了抢险，哪有谁对谁错？只能“冷处理”。从这件事的处置上充分展现了他令人信服的工作方法。作为区委常委、常务副总指挥，他从来不讲什么排场和特殊。连续一个多月的时间，他同我们一起吃住在工地上。上千人同时吃饭，可没有什么讲究，他常常一手抓着两个烧饼、一手端着一碗鸡蛋汤，找个地方站着，几分钟就吃完一顿饭。睡觉也都是同我们一道住几个人、十几个人一间的大通铺。他一般是早上5点起床，晚上睡觉就没有点了。看到领导这样，大家都没有什么怨言，工作积极性高涨。

9月14日，全国著名水利专家、海河大学教授顾淦臣受省水利厅邀请，亲临水库抢险工地，听取了省市区有关部门的抢险情况介绍。顾淦臣教授说，狼猫山水库发生这么大面积滑坡，没有造成人员伤亡，在短期内险情就得到较好控制，说明省市区采取的措施是有效的，他还对历城抢险指挥部的工作表示赞赏。事后，苏部长召集指挥部成员会议，传达了顾教授的指示，并说我们的工作得到了全国水利专家的认可，这是大家共同努力的

结果，要一鼓作气，完成好抢险工作任务。听完苏部长的一席话，我们心里都热乎乎的。期间，国家防总高级工程师牛运光、刘振江和省水利厅专家、市水利设计院的专家先后多次前来指导工作，并由市水利设计院牵头制定了完善的除险加固方案。9月底险情解除，抢险工作胜利结束。从10月开始，水库大坝转入由专业施工队伍全面基建施工加固阶段，抢险指挥部完成使命。

如今回顾当时一个多月的紧张抢险，重新漫步在经过几次加固除险后的水库大坝上，瞭望上游碧波荡漾的水面，下游蓬勃繁华的景象，20多年前在抢险一线，不顾安危、呕心沥血、勇于担当、情系群众的老部长的形象历历在目，对老部长的怀念和敬佩之情油然而生。

忘我工作，奔波在农村社教第一线

1991年10月，中央和省市委又安排部署，在农村开展社会主义思想教育活动。这是十一届三中全会以来第一次大规模的农村群众性社会主义思想集中教育活动。由于工作难度非常大，这次活动的开展情况我至今记忆犹新。农村实行家庭联产承包责任制后，许多村级组织软弱涣散、无活动场所，农民又分散地奔波在各个地方，在各个行业中工作。别说组织农村群众，就是把农村党员干部集中起来开会搞活动难度也非常大。历城农村人口多，居住分散，工作面广量大，而上级又要求90%以上的参训率，因此组织广大农民参加活动，完成好教育活动目标的难度可想而知。为搞好这次活动，市委宣传部还向历城区派驻了由一名副部长任组长的督导组。区委为推进全区农村社会主义思想教育活动，下发了文件，成立了领导小组及办公室。苏传梁部长从狼猫山水库抢险一线回来后顾不上休息，又立即投身于农村社教工作。当时社教工作的牵头单位为各级党委宣传部门。苏部长为领导小组副组长，责无旁贷地承担起了这一艰巨的任务。领导小组办公室设在区委宣传部，由苗德山副部长担任办公室主任，我被安排在社教办公室材料组负责文字工作。看到中央省市委一件件文件下发，一个个信息需要上报，各级还层层督导，而长期处于涣散状态的群众又难以组织，我真为领导捏一把汗。在纷乱复杂的大事面前，苏部长凭着丰富的基层工作经验，扎实的政治理论功底，没有被困难压倒，而是稳健、从容，采取了一系列工作措施，把工作安排得井井有条：迅速指导各乡镇、各部门党委，成立了工作领导小组和办事机构，召开了全区性的工作动员大会，将教育活动的任务进行了层层安排部署，形成了全区上下齐抓共管的工作局面；向各乡镇派驻督导组，指导推动乡镇活动的开展；成立宣讲团，深入各乡镇、村进行宣讲；带领宣传干部到郑州、西安等农村社教先进单位进行参观学习；抓点带面，亲自到先进单位调研，到后进单位督促，跑遍了全区所有乡镇和重点村，不厌其烦地进行督导落实，并召开现场会推广典型经验。那段时间，他既要指导全区性的工作，参加各种会议，还要安排陪同市委领导去基层宣讲，事必躬亲，天天忙忙碌碌，时常累得喘不过气来。当时他的爱人身体不好，两个孩子又小，但难以顾及家庭、照顾孩子。在苏部长的组织领导下，历城区的农村社会主义思想教育活动搞得红红火火，取得了丰硕成果。全区农村党员干部群众受到了一次系统的爱国主义、社会主义、集体主义和道德法制教育，凝聚了人心。同时，历城区的经验也得到了上级认可和推广，省社教办公室推广了历城区农村社教活动坚持突出重点，坚持分类指导，坚持典型引路，坚持因势利导“四个坚持”的经验做法。此后，全区每年都按照上级统一部署和要求，利用冬春农闲时节开展社会主义思想教育活动。苏传梁部长是在改革开放中得到成长和锻炼的干部，因而对改革开放有着更深的理解和认识。1992年邓小平南方谈话发表后，他按照区里要求，牵头组织全区党员干部开展“解放思想，扩大开放”大讨论，着力破除党员干部“左、满、旧、小”思想束缚，树立敢闯、敢冒、敢试的精神，提升了党员干部的思想境界。每年都根据新的教育内容，组织开展形式多样、富有特色的全区性教育活动，成为历城宣传思想工作的一大特色。苏传梁部长为推进全区宣传思想工作殚精竭虑，忘我工作，表现了对党的宣传事业的高度事业心和责任感。

襟怀坦荡，时刻保持着公仆情怀

苏传梁部长常说，做一名党员干部胸怀要宽，要淡泊名利、尽心工作，要关爱群众、不忘宗旨。他是这么说的，也是这么做的。

1994年初，组织安排苏传梁部长挂职济阳县委常委、副县长。虽然是平级到相对艰苦的地方去挂职，但他毫无怨言，愉快地服从组织决定。在济阳县，他分管经济工作，扑下身子，深入镇村和企业调查研究，指导工作，为济阳群众的脱贫致富日夜操劳，完全看不出是一名“挂职”干部，更没有临时观念。到现在，许多济阳县的干部群众提起苏县长还交口称赞。一次，我跟随区委宣传部几位领导去济阳看望他，几经周折，在一个偏远村子里找到了他，看到他风尘仆仆的样子，我们开玩笑说：“这哪里是县长啊，像个村长。”他说：“到乡村工作，西装革履，群众就有生疏感，就不愿接近你，更不能顺利推进工作。”1995年3月，挂职工作结束，苏传梁部长回到历城，在区委、区纪委九届一次全委会上，他分别当选为区委常委、区纪委书记。他不辱使命，全身心地投入全区党风廉政建设工作中。

苏传梁部长谦虚和蔼、平易近人。单位同事工作生活中遇到困难、问题，他总是无微不至地关心帮助。1993年1月，我母亲去世请假回了老家，没有想到，他竟带着几位同志赶了几十千米的路程，亲自到我老家慰问，使我这个“小兵”和全家倍受感动。

1995年冬天，他因病住进了山医附院（今齐鲁医院）。11月初的一天，我赶到医院去看望他。那时尽管刚做完手术，身体非常虚弱，但他还是关切地询问我在干什么工作。我说，11月下旬省委要在历城召开全省城乡社会主义思想教育座谈会，历城区要在会上作典型经验介绍，正起草区委的发言材料。他听后非常高兴。他说，一定要把这个材料写好，还断断续续地说了要重点写的几条经验和他的几点体会。万万没想到，这次短短十几分钟的探视竟成了我与他的最后一次相见。此后不久，他病情加重，我再去探望时已不允许进入病房。11月22日，全省城乡社会主义思想教育座谈会在历城区召开，省委副书记出席会议并讲话。省市委领导在区委书记谢传仁，区委副书记于正齐，区委常委、宣传部长徐明梅的陪同下，带领与会同志到历城区洪楼、孙村和区公安分局等单位进行了实地视察和参观，区委在会上作了典型发言。典型发言的材料中，包含着苏传梁这位老部长的汗水和智慧。会议召开80天后的1996年2月12日，他英年早逝，年仅48岁。去世后，家人在整理他的遗物时，翻开他睡过的床铺，褥子下垫的竟是几片破麻袋片。当时已经流行高档席梦思床垫，谁能想到担任镇党委书记、区委常委多年的他生活却如此简朴。他的孩子至今依然保留着一片父亲用过的麻袋片作为纪念，说："父亲没有给我们留下什么值钱的东西，但这片麻袋片却胜过万贯家财，它将永远警示我们尚俭戒奢、清白做人。"

苏传梁部长在短暂的一生中没有做出惊天动地的伟业，也没有什么豪言壮语，是一个极平凡的人。他虚怀若谷，他的生命中闪烁着超卓、恬淡、质朴、清廉、勤勉和奉献。我想这些优良品德正是跨入中国特色社会主义新时代的党员干部的长期追求。

盖世集团的领头雁

张沃华

短短二十几年，盖家沟人在一穷二白的盐碱滩上，从创办仓库开始，到从事配货中心、高端物流，如今盖世集团已挺进“中国物流百强企业”，成为首批“国家物流示范园区”。这其中与盖守群这个领头雁付出的心血和汗水分不开。

1982年，盖守群担任支部书记伊始，就一心带领大家脱贫致富。他“守群”不“守家”，眼中所见、心中所想都是村集体的发展，所作所为都是村民所思所盼。在济南二环北路刚刚铺好路基的时候，他就牵头制定了鼓励村民在路两边盖二层楼或门头房的优惠政策，一部分人率先住上了楼房，并抢占先机发展起道路经济。盖家沟人都觉得，有这样的书记，盖家沟是有希望的。

1993年，村委安排人把村子里的建筑进行了全面测量，登记造册，同时通知村民在村里不要再搞土石建设。村民们不知这要干什么。盖守群的回答是，咱们有了钱，要让全村住上市里那样的楼，腾出地来盖工厂。“旧村改造”——当时还没有这个词，不敢说在全国，在济南这应该是第一个有这种意识，并纳入规划的。1995年初，盖家沟开始实施“旧村改造”。在村子北部二环北路南，先行盖起了两栋宿舍楼，每栋楼五个单元，这是盖家沟自1962年搬迁后实施第二次整体搬迁的开始，是当时方圆数十里农民住上的最气派的房子。当时负责基建的村委会副主任吴承宝说，别看那时钱少，工程质量要求严着呢。1995年建盖家沟小学教学楼时，承建工程的桓台一家建筑公司因为质量把关不严，经数次返工仍不能达到要求，最后盖守群还是坚决辞掉了他们。长清一建接手后，责任心强、工程质量好，后来成为盖世集团的主要建筑合作伙伴。

20世纪90年代，中央作出了《关于建立社会主义市场经济的决定》，盖家沟乘着党政策的东风步入发展的快车道，应运而生的冲洗站，顺势而为的预制厂，电话进村，电视普及……一切目不暇接。不过，没多久冲洗站因国家治理“三乱”而停工。这让盖守群在忧虑中不断地思考，小打小闹能填饱肚子，但受环境政策影响说不定哪天就断了炊，总得有一个长久的生财之道，让盖家沟这辆大车、老车驰上一条通达的康庄大道。在村北靠近“老庄”的那片荒地上，面对那片布满苇塘、树坑，满目疮痍的土地，他陷入了沉思。位于济青高速公路零点附近的村子里当时没有好项目，盖守群就因陋就简建了停车场，结果，生意还真不错。尝到甜头后，眼见着车流滚滚，盖守群觉得那可都是熙熙攘攘做生意的啊，怎么能眼看着钱在自己眼前东淌西流，就不能留下一点吗？如果把这大片土地开发了，也建个大型停车场，或者仓库，或许能行。何况零点停车场上都是拉货的大车，路两边还有不少配货的，可以租给厂家，会不会火起来呢？……他越想越激动，他觉得行，准行！可手头的钱都变成砖瓦水泥多长时间能回本呢？如果找到个大客户就好了，起码心里踏实些。

多年以后，想到这一幕时，他都暗自发笑，最初想的不就是干物流吗？可是那时候真得不懂物流是个啥东西。老天不负有心人，一次偶然的饭局，盖守群与在外当工人、素有门路的村民盖宝群谈起了自己的想法。盖宝群说，应该发挥盖家沟的优势，搞点仓储。受此启发，盖守群迅速行动，建起了几个大仓库，吸引了康达和海尔两个大客户。正是仓储业带来的惊喜，让他萌生了去南方考察项目的冲动。1998年，在从南方返回济南的飞机上，盖守群无意间看到了11月3日的《济南时报》。首先映入眼帘的是醒目的标题是《空车配货，黑洞几多？》，盖守群当时心怦怦直跳，迅速地浏览了这篇报道，他的内心不由地升腾起一股久违的渴望，真是“踏破铁鞋无觅处，得来全不费工夫”。反复把这篇报道看了十几遍，他感到建一个大型配货市场的时机成熟了，政府整顿黑配货，而他建正规的配货市场恰逢其时。这就是盖世集团的诞生机缘。集团的第一个称呼是盖家沟配货中心。1998年12月5日，在凛冽的寒风中盖家沟的一片荒地上响起了配货站破土动工的礼炮声。盖家沟30岁以上的人都会有记忆，那时盖家沟搞物流起步只有300亩涝洼地和30万的启动资金，条件非常艰苦。但是凭着一股闯劲，一个设施完备的配货中心仅用10个月时间就建成了。经过多年艰辛探索后，盖家沟人终于找到了未来发展的正路。

配货中心建设之初，作为新生事物，很多人都在观望，最初的3个月，配货中心没有一个客户。正如盖守群看到的那篇报道，“黑配货”“假配货”“问题配货”占据着市场的半壁江山。二环路两边数不胜数的配货站都打着诚信的招牌，真假难辨，十分混乱。在这种环境里，出淤泥而不染已属不易，而能做到遵规守序，难度可想而知。有人形象地总结说，那时的大多数路边配货就像风行一时、藏污纳垢的路边店，挂了羊头却连狗肉都不卖，还干与招牌无关的勾当。故大家戏称他们是“四个一”工程，即“一部电话、一把菜刀、一张桌子、一张地图”。更为恶劣的配货站被称为“三位一体”项目，即“一部电话、一把刀、一个人”，设施更

为简陋，电话本子下面压着菜刀，似乎在“钱”和“命”之间，被骗的人只能二选其一。

盖家沟配货中心建成后，要做的第一件事是整顿秩序，改变世俗观念，重塑行业形象。要解决的问题很多，村民素质、优惠政策等都不可或缺。盖守群认为关键还是人才，有了人才，其他都不难解决。1999年春节，盖家沟制定了一整套招纳人才的战略措施。村两委把“不惜一切谋人才”作为基本施政原则，并一再给盖家沟的老百姓灌输“善待外来人”的观念，无论对客户还是对外来人员。后来有人总结出盖家沟对外来人才的十条优惠措施，包括高薪、社会保险、住房优惠等，但实行好这些优惠措施却经历了一个漫长的过程。盖守群说得比较直接：什么十条八条的，俺就一条，就是拿出诚心，有诚心才有诚信，人家信你才安得下心，才对你掏真心，用真劲。当时，为了找一位可以胜任的总经理，配货中心开工的礼炮声还未散尽时就在《齐鲁晚报》刊登广告，以月薪万元的高薪，诚聘人才。此举引起了不小的轰动，不但引起了专业人才的注意，而且扩大了盖家沟配货中心的社会知名度和美誉度。应聘者来了

30多位。村两委还从本村村民中选出15人，派到温州虹桥运输配送中心学习相关的配货物流知识，像李延芹、盖建明这些后来独当一面的公司骨干都是当年第一批南下实习的学员。在温州，他们大开眼界，认识到一家物流公司不是简单的仓储和运输，而是一个联动的有机整体，还涉及公安、工商、税务、交通等部门的协调。盖家沟配货中心的骨架就是这样由土生土长的村民支撑起来的。

那时，盖守群习惯于每天早上在配货中心院子里数货车，看到停车场里的车辆一天一天在增加，招待所的住宿人数陆续上升，园区的人气逐渐兴旺，逐渐形成具有一定规模的物流配货市场，他的脸上就会浮现出欣慰的笑容。

机会总是垂青有准备并为此而努力的人。国家交通部的领导路过盖家沟配货中心，看到优越的地理位置和初具规模的配货市场，有了将此处设立为公路主枢纽货运站的想法，经过盖家沟村两委班子的协调与努力，最终国家交通部批复确定将此处设立为济南公路主枢纽大桥路货运站。当时公路主枢纽货运站全国共设立45处，盖家沟配货中心是其中之一。值得一提的是，全国的公路主枢纽货运站基本全部是由政府投资建立的，唯有盖家沟的大桥路货运站是由村办企业投资的。

2002年12月，山东盖家沟国际物流有限公司成立；2003年10月，山东盖世国际物流集团成立。随着集团的发展，原有的土地资源已无法满足集团的高速发展，盖守群便在大桥路以东，通过购买、联营等多种方式，取得了近1000亩土地的经营使用权，用来建设农贸市场，包括蔬菜、粮油、水产、茶叶等交易区。土地有了，但是进行基础建设还需要大量的资金投入，这又是摆在他面前的一个迫在眉睫的大问题。这时盖守群又千方百计协调资金，在此期间，农村信用社（今农商行），给予了集团大量的资金支持。在他的推动下，信用社与盖世集团建立了良好的银企合作关系。有一年，腊月二十六了，盖家沟账上的资金仍不足以支付工程款。要过年了，不能让农民工兄弟们拿不到回家过年的钱。盖守群经过多次沟通协调后，安排人晚上9点半到信用社的信贷部门报送贷款资料，第二天下午，贷款到账，及时支付了工程款，农民工兄弟回家过了一个安定祥和的春节。企业运营初期，资金需求量较大，这样的事情数不胜数。2007年，为解决归还银行贷款的问题，盖守群多方找关系，积极协调临沂江泉集团王廷江董事长，筹措资金完成了贷款转贷业务。

在企业建设时期，经常看到盖守群风尘仆仆的身影，鞋子裤腿全是黄泥，一看就是刚从工地上回来。长期的操劳以及生活不规律，他的身体每况愈下，但是平时工作确实太忙，去医院也成了一件奢侈的事，经常看到他在办公室里一边打吊瓶一边考虑下一步的工作思路，进行工作安排。在集团发展的过程中，两委会班子人员基本没有休息日，周日是两委班子人员最忙碌的时间，基本每周日上午都是开会时间，由盖守群安排下周的工作，督促工程建设进度，协调项目建设资金，讨论集团经营发展思路等。

在位于济南零点的盖世物流园区逐渐发展壮大后，盖守群实施“走出去”（走出济南市区）的战略，2009年投资建设了齐河冠威物流园区，2010年投资建设了济阳济北物流园区。同时，面对激烈的市场竞争，盖守群提出了拓展物流服务领域，实现创新发展的思路。经过多方调研，两委会研究讨论，最终开展了冷链物流配送、云仓电商智能仓配一体化、农产品电商（天天优菜）3个新项目，实现了传统物流园区的转型升级。

经过不断发展，盖世物流集团已成为济南市最大的物流资源集聚平台和国内重要的区域性物流周转中心。目前，集团拥有济南总部、山东盖世冠威和山东盖世济北3个大型物流基地，形成了“三区联动，中心提升，线上线下，突出主业，融合发展”的良好局面。集团先后获评“中国5A级物流企业”“中国物流百强企业”“中国物流示范基地”“中国物流产学研基地”等国家品牌，“盖世”被国家工商总局认定为“中国驰名商标”。2016年，集团通过了国家发改委、国土部、住建部终审，成为国务院《物流业发展中长期规划（2014—2020年）》首批“国家示范物流园

区”（全国共29家）；2018年，集团被列入山东百年品牌重点培育企业，为物流业的转型升级树立了新的标杆。而盖家沟村，改革开放以来，尤其是近20年来，发生了翻天覆地的变化。在盖守群一班人的带领下，盖家沟由济南周边的贫困村，发展为经济发展、生活富裕、村风文明、环境优雅、保障健全的社会主义新农村。盖守群本人也得到了上级党委、政府的充分认可和多次表彰，先后被省总工会授予“山东省富民兴鲁劳动奖章”，被农业部评为“全国乡镇企业家”，被省委表彰为“齐鲁先锋共产党员”。

如今，盖世集团又赶上了新的发展机遇。山东省全面开展新旧动能转换重大工程，济南实施北跨东延、携河发展，在黄河沿岸高起点、高标准、高水平规划建设国家新旧动能转换先行区。集团的济南、齐河及济北3个园区均位于新旧动能转换区内，集团的发展展现出美好的前景。盖守群已勾画好未来：“铸盖世品牌，创百年基业”，以“互联网+物流园区”为核心，实施产业升级，打造生态化、高端化、集约化发展的物流总部基地，谱写盖世集团的新篇章！

郭忠水的“忠水”情

樊庆德

在历城区有一位无人不晓的“找水工程师”，30多年来，他凭着一股对水的挚爱，对水的忠贞，多次突破“无水区”“打井禁区”，找水定井5000余眼，为解决历城群众特别是山区群众吃水难作出了突出贡献。他就是区水利局原工程师、区政府防汛抗旱指挥部办公室原副主任郭忠水。1984年7月，我从省水利学校毕业后分配至县水利局工作，刚开始几

年跟着郭忠水在农水股工作，晚上同住一间单身宿舍，担任副局长后也是与他朝夕相处，直到2000年8月调离。16年中，我深深感受到郭忠水对山区群众的炽热感情和对水利事业的无限痴情。他用坚定的步伐，写下了自己寻水找水、造福于民的醇厚乐章。郭忠水的“忠水”情诠释了一名共产党员对党、对事业、对群众的无私和忠诚。

郭忠水于1971年参加工作。从小生长在山区的他，深知水的重要性和群众对水的企盼。为了掌握找水的本领，他先后自学了地质学、地貌学、构造地质学等多门学科知识，跑遍南部山区300多个村庄实地察看地质地貌，并到山东师范大学脱产进修，系统学习了水文地质知识。在30多年的工作中，他成功地总结出地质与探测相结合的找水方法，如小构造找水、强性构造找水、压支性支断构造找水、单斜构造找水等，突破了一个个找水禁区。为了给群众提供一条龙系列服务，他自学掌握了“机井设计”“机井施工”“机井管理”“机井改造”“输水管道配套”“蓄水池建设”等专业知识，取得了“寒武系中下统页层地层的含水性及布井方式”“寒武系上中统厚层灰岩地下水的富存规律及活动规律”“各类

断裂构造对地下水存条件的影响”“地质与物探找水方法”等多项科技成果。这些成果不仅对历城地下水的开发利用起到了关键作用，而且对全省同类技术也有重要的指导作用。他参与编制了《城市长期供水规划》《地下水开发规划》《四处城镇供水规划》等多项规划，两项获“山东省水利厅科技进步三等奖”。他还将自己的理论知识及实践经验编集成册，将自己多年的经验毫无保留地传授给年轻人，提高了山区水利技术人员的业务水平和工作能力，水利系统工作人员和农民群众亲切地称成他为“郭工”。

20世纪八九十年代，南部山区旱情加重，受地理条件的影响，有一批村庄人畜吃水发生困难。郭忠水这位自学成才的“土”工程师，靠硬功夫在被专家宣判为无水区和打井禁区的孙村四鹊山一带、十六里河涝坡一带、仲宫泉泸一带石灰岩复杂地区成功打出了多眼机井，开发出良好水源，实现了历史性突破。1999年，区委、区政府决定利用3—5年时间全部解决人畜吃水困难问题。这是一个面广量大、技术复杂，涉及打、引、提、蓄等的综合性水利工程。郭忠水作为山区人民眼中的“找水大师”，深感自己责任的重大，决心完成好这一艰巨任务。为尽快让缺水村的群众早日摆脱无水吃的煎熬，改变群众出村十几里路人担车运生活用水的局面，他义无反顾，拿出罗盘、地质锤等工具跑遍孙村、彩石、西营、仲宫、柳埠、高而等乡镇的23个行政村，对这些村的水文地质条件进行了全面详细的调查研究。这些地方地貌奇特，地质条件复杂且地质资料空白，工作难度大，找井成功率低。但是，他没有放弃。为查明这些村地下水源的来龙去脉，他顶着夏天的炎炎烈日，冬天的刺骨寒风，摸清地质构造，分析确定是否具备打井的条件，确定井位。井位确定后，他又亲自设计孔深和孔径，因为这直接关系到工程造价，关系到山区群众负担。山区找井不同于其他水利工程，每定一眼机井都要往返几十里山路，需要跑多趟腿。在打井过程中，他多次爬上机台观察分析岩层的含水状况。直到机井配套成功，老百姓喝上甘甜的泉水后，他才放了心。

在山区打机井一次性投资大，许多村缺乏资金。他便多方协调，采取先干后补等办法，确保了贫困村打井工作的顺利推进。

西营镇拔椝泉村机井井位处在海拔580米的山坡上。他利用强透水溶岩和相对阻水的原理，找到了地下水源，打出了一眼水源丰富的好井，并以该井为水源建成了集中连片供水工程，使3个行政村500余人吃上了自来水。柳埠亓城村也是一个历史上有名的缺水村。他不知走过了多少荆棘丛生的地方，不知身上划破了多少伤口，终于发现寒武系页岩层中间有构造裂隙和岩溶现象，认定页岩不是铁板一块，肯定存水。因为凿井费用大，为慎重起见，他又反复勘察、精打细算，包括技术在内的方方面面都考虑成熟之后，才决定打井开凿，终于打出了一口出水量较大的深水井。出水那天，方圆几十里的群众纷纷前来观看，深受缺水之苦的老人们，用双手捧起清澈的泉水，向被他们尊为水神的“郭工”再三鞠躬致谢。

十六里河涝坡村群众对郭忠水更是感恩不已。过去每遇干旱年景，他们都靠政府送水过日子。省里的专家曾在这里找水打井都不成功。郭忠水并没有放弃，跑遍了周边8个村的沟沟坎坎，分析研究地下水的运动规律，利用渗透水岩层中有相对阻水的理论观点，终于找到了地下水源，并打出了好井。

孙村四鹊山一带的村庄是历城有名的缺水区。为解决这些村的吃水困难，政府投入了大量人力、物力、财力。先是引用狼猫山水库水，后又组织人力打山洞、修水渠、建提水站，结果都失败了。郭忠水首先在李家窝村打开了缺口。该村过去打过多个干孔，群众对郭忠水不放心，有人打退堂鼓说：“有关专家早已断定，我们村是无水区，白费劲。”但他没有退缩，冒着严寒，反复察看地形地质，研究分析岩层的变化、倾向、结构、断裂构造及岩溶发育情况，最后确定将原井址往西挪80米下钻。当钻到390米时，终于见到了较好的含水层，一次试水成功。全村的男女老幼赶到机井旁，纷纷欢呼、跳跃。80多岁的赵连玉大爷激动地握着郭忠水的手说：“郭工，神眼！”

历城区临港开发南区成立时，该地区是地下水源贫水地带，水成了企业进驻和开发区建设的“瓶颈”。郭忠水经过多次调研勘探，探明在寒武系张夏灰岩地层中有裂隙水存在，果断开钻打井，成功为山东电器公司、济南建筑机械厂、山东省探矿机械厂、鲁冠水泥搅拌公司等多家企业打了好井，为开发区的规模膨胀和经济增长提供了有利条件。

郭忠水每一次的找水成功靠的是扎实的理论反复实践结合的硬功夫。更让人难忘的是在多次凿井过程中，遇到村里困难拿不出经费时，他就绞尽脑汁多方降低费用，并积极争取上级资金支持，为的是让一个个山村早一天解决缺水问题，让群众喝上甘甜的泉水。他扎根山区，忘我工作，累计解决了250多个缺水村，23万余人、5万头大牲畜的吃水困难。

1995年，区水利局让他组建历城区抗旱服务队，指导和服务全区的抗旱工作。他不辱使命，带领大家从无到有，一点点积累资金，购置了先进的钻井设备，奔波在山区、丘陵和平原地区，找水打井，建设水利

设施，累计扩大改善灌溉面积达20余万亩，大大减轻了干旱对农业造成的损失。他深知，科技抗旱是关键。1996年，他主持试验推广了全国首个抗旱增产剂“FA旱地龙”科技项目，取得成功后，在全区大面积推广。1998年5月，全国“FA旱地龙”推广现场会在历城区召开，使用飞机在桑梓店镇万亩科技开发园内喷洒“FA旱地龙”，这在国内尚属首次，产生了轰动效应。省市专家评价这项科技成果达到了全国先进水平，省内外许多水利和农业专家纷纷前来参观学习。

郭忠水的“忠水”情赢得广泛赞誉。他先后获得“济南市优秀共产党员”“济南市劳动模范”“山东省富民兴鲁劳动奖章”等多种荣誉。如今郭忠水已年近70岁，尽享天伦之乐。每当我同他谈起他在南部山区历尽千辛万苦打出来的一口口甜水井时，他就如数家珍，格外激动。现在，郭忠水寻找、开凿的多数机井继续造福当地百姓，当地百姓也常常诉说着他们的找水恩人“郭工”为他们找井打井的感人故事。

为民甘做孺子牛

李书森

2018年8月6日，历城区公路局职工的心里像压了块石头一样沉重。这一天，40年如一日，把生命最宝贵的时光奉献给历城公路事业的区公路管理局高级工程师张建中走完了他的人生里程，永远离开了他心爱的公路事业。张建中一生“为民甘做孺子牛”，他留下的宝贵精神财富，永远激励人们艰苦创业、奋发有为、扎实工作、甘于奉献。

张建中，1927年生于江苏省徐州市铜山县一个普通农民家庭，1952年毕业于山东工学院，1955年作为技术骨干从山东省交通厅调任历城县

政府交通科。工作刚刚安顿下来，他就投入新中国成立后历城公路建设的首个工程——济南至西营国防公路建设工程。当时正值这条路处在规划设计阶段，建设指挥部驻扎在港沟乡盘龙村。指挥部领导听说要来一位大学生技术员，高兴万分的同时不禁暗自担心，高兴的是指挥部终于盼来了专业技术人才，担心的是指挥部的工作生活条件太艰苦了。生产工具是铁锨、镐头、钢钎、大锤，吃的是窝窝头、菜饼子、地瓜面煎饼，喝的是下雨积存在山洼旱井里的雨水，睡的是铺着山草的地铺，照明靠的是冒着黑烟的煤油灯。这么艰苦的条件一个大学生能干长远吗？更别说那时候的大学生可是凤毛麟角，在基层一线的大学生更是难得一见。张建中一个人背着行李、提着书箱翻山越岭到来了，他不好意思地说："本来出发挺早的，因为山里的路不熟，人烟也比较稀少不好问路，走错了好几座山才摸到这。"

工作如火如荼地展开了。指挥部领导把勘测设计的重任交给了这位年轻的大学毕业生。在当时修建山区公路并非易事，光凭信心、热情是不够的。既要有专业知识，又要有实践经验。山区公路地形复杂、山势险峻，如果设计不科学，不仅造成严重浪费，而且会造成难以预料的施工和交通安全事故。张建中虽然有丰富的专业理论知识，但在实践方面却是第一次主持勘测设计。他没有被困难吓倒，在干中学、在学中干，遇到难题就找有经验的老同志请教。为了掌握更多的业务知识，他多次步行几十里，翻山越岭到济南的书店、图书馆，购置、借阅所需资料。为选好线型、搞好科学设计，他步行到沿途几十个山村找老百姓座谈、调查地质和水文情况。在修这条路时，他白天和民工在一起施工，晚上在煤油灯下学习业务、整理资料，经常干到深夜。工作的高强度和条件的艰苦，丝毫没有影响到这个从省级机关下来的年轻人，他的干劲就像钢丝一样充满着力量和韧性，他的工作态度也赢得了大家的敬佩。几个月的风吹日晒，再加上容不得半个休息日的紧张工作日程，他的脸晒黑了、人累瘦了、手磨破了，头发像干枯的茅草蓬松着，衣服也被树枝刮得到处是口子，跟农民群众在一起干活时，已经丝毫看不出他是一个刚大学毕业的技术员了。经过100多天的同甘共苦，他与沿途群众建立了深厚的感情，相互熟悉后大家都开玩笑地叫他"大学生农民"，他说："我本来就是从农村出来的，更喜欢农民的淳朴、厚道、热情。"

指挥部的同志问他，拿笔杆子的拿起了铁杠子，心里就没过想法？他说："开始也有情绪，可是，当看到山村里的乡亲们为了到城里卖水果，挑着担子翻山越岭往返一趟就要两三天，许多人被扁担压弯了腰，多少人盼路盼红了眼。群众对修路的支持和热情，使我感到浑身发热，感到有一股用不完的劲。是党和人民培养的我，我理应将所学的知识奉献给人民。"

朴素的语言，折射着一个普通知识分子的责任和担当，体现着为基层和群众服务的决心和热情。他就这样植根于这片热土，在工地一线，在基层农村，扑下身子一干就是40年。他把自己的青春，尽情挥洒在历城的山川河流中。

济南至西营公路建成后，张建中切身体会到，历城有的山村因交通闭塞，眼睁睁地看着山果烂在山里；因无路，许多病人耽误了救治时间；因无路，有的群众吃饭穿衣都成问题……群众的疾苦，更加坚定了他扎根山区修公路的决心。他向领导建议，对历城的交通状况进行详细调查，制定出全县公路建设的长远规划。随后，他便背上行李，带上干粮，开始了艰苦的调查摸底工作。经过几个春秋的艰难跋涉，他跑遍了历城的山山岭岭，村村落落，掌握了全县的山岭、河流、地势、人口分布、所辖面积、工农业生产和交通运输状况。当时，除新建的济南至西营公路外，全县仅有13.8千米土公路、几座破旧的小石桥。没有一个乡镇能通汽车，南部山区的运输全靠人担驴驮。

修路架桥的必要性得到了上下的一致认可，但实际中的困难和问题却时刻摆在张建中面前。当时县里财政收入低、底子薄，修路建桥不光资金短缺，技术人员缺乏，基层单位就连一般的测量仪器、地质水文资料、施工器械也不全。

1970年计划修建仲宫大桥，可除了一张地图外，没有任何资料。为保证工程质量，作为工程技术负责人，张建中就走访沿河居住的群众，掌握第一手资料，从定标准到计算桥的载重量，从化验河底土质承受能力到具体设计施工，全由他一人承担。曾有20多个日日夜夜，他连口热饭都没吃上。白天，他在工地一边指挥、一边干活；晚上，组织民工举办技术培训班，培养施工技术骨干。经过9个多月的奋战，一座13孔，7.5米宽、130米长的大桥，终于建成，经验收大桥质量完全达到设计标准。

1985年，围绕县委县政府重点规划，他开始了西营至虎门公路的勘测设计。为修好这条路，张建中顾不上年高体弱，与几个年轻技术员一起，奔波在山凹峰巅。因患有关节炎，他经常摔倒在山路上。春秋天还算好熬，到了冬天，大雪封山，上山测量，连条路都找不到，上山时，两个青年拉着他胳膊，一个人在后面推着，等爬到山顶，他经常是棉衣被汗水浸湿，脸色苍白地坐在石头上喘上十几分钟粗气。为减少上下山次数，张建中带领技术人员，中午在山顶吃点凉馒头充饥，渴了就抓把

雪塞进嘴里。他们的行动被当地群众知道了，很受感动，经常主动上山送去热汤热饭。有一次，在测量越岭公路时，天降大雨，他们的衣服全被淋透了，几位年轻人怕他身体吃不消，劝他说：“张工，快下山避避雨吧，别把你淋病了。”他说：“时间不等人啊，几万群众翘首以待，等着赶快开工呢。”可等那次测完后，他真的病倒了，第一次住进医院。当地乡镇领导和乡亲纷纷到医院看望他，有位乡亲含着泪说：“张工啊，您年龄也不小了，为俺山里人修公路，你可是拿命在拼啊！”领导也劝他说：“身体是革命的本钱，这个时候你的身体可不光是你自己的，必须得安心养好病。”当时，他都憨厚地笑着答应了，等看望的人走后，他马上起身，边打吊针、边设计草图。医生、护士劝他安心休息，他说：“冒雨测量，吃苦受罪为的是什么，还不是为早一天把公路修好，早一天为父老乡亲发家致富创造条件，可不能因为我这点病拖了工程进度啊。”就这样，住院一周，等病愈时，公路设计草图也绘制好了。出院后，他就上路进行放样，亲自组织施工，研究技术难关。在这期间，他吃住在山上，两个多月没回家一趟，手脚冻了，也顾不得去治疗。经过一年多的艰苦奋战，这条途经12个村庄、跨越8座山头，共有148个弯道和6个盘旋环绕回头曲线，总高度为310米，平坡度为5.5%的盘山公路终于建成通车，无论从设计还是修建质量，都达到了县乡公路的最高水平，市交通局在这里召开了现场会议，省市领导和专家们看后无不惊叹。公路正式通车时，沿途村民敲锣打鼓，燃放鞭炮，一位上了年纪的老人感动地说："你们不是神仙，胜似神仙。仙人没做的事你们做到了，世世代代都不敢想的事，今天真的实现了，这都托了共产党的福啊！"事后，沿途群众自发地在这条路的最高处立了一块石碑，碑文记载了公路建设者的功绩，也刻上了被他们一直称呼为"张工"的张建中的名字。

路是躺倒的碑，碑是树立的路。40年来，由张建中亲自勘测、设计、施工的公路有600多千米，他用自己的心血和汗水铸造了一座座无言的丰碑。他先后获得"济南市劳动模范""济南市优秀共产党员""山东省交通系统先进工作者"等多个荣誉称号，以他的事迹为素材，山东电视台拍摄了电视剧《满目青山》。张建中虽然去世了，但是他用毕生心血修筑的条条道路见证和延续了他对事业的赤诚爱心，历城人民将永远铭记这位人民群众的"孺子牛"！

农民科学家赵新坤

张　晓

2008年度济南科技最高奖获得者赵新坤，是一位改革开放中成长起来的农民科学家。一个农民获得科技最高奖，这在济南科技奖励史上不曾有过。赵新坤出生于历城区董家街道办事处张而村。他衣着朴素，不吸烟，不喝酒，从未离开过黄土地，曾先后被评为“济南市专业技术拔尖人才”“济南市科技拔尖人才”“全国星火计划先进个人”，享受国务院特殊津贴。尤为令人称道的是，他富而不忘乡亲、带领乡亲共同致富，诚信助人、乐于奉献的品行为四邻八舍所敬服，如今年届七旬的他依然是张而村村风建设、民生改善、谋利桑梓的忠实实践者和倡导引领者。

“感恩这个时代，感恩自己的家风”

赵新坤出生、成长在一个诗书之家，明代户部尚书赵世卿是他的八世祖，祖父是私塾先生，父亲是人民教师，正直、和睦的良好家风至今传承。赵新坤是听祖父讲玄奘、岳飞、李时珍等人的100多个历史故事长大的。祖父为了教他怎样做人，常挂在嘴边上的话是讲诚信、乐助人、己所不欲勿施于人……血脉中的基因，传统文化的滋养，家庭的熏陶，养成了赵新坤温厚、淳朴、善良的性格，执着、坚毅、奋发向上的精神，他从小就有志气、性刚强，而且酷爱学习，善于钻研。

1965年，赵新坤初中毕业，由于出身的原因，他失去了深造的机会。这并没有完全打掉他的梦想。怎么办？只有靠自己刻苦学习和钻研。农闲之时，看书成为赵新坤的主业。那时有书可读的地方是大明湖畔的山东省图书馆，距离张而村100多里，没有交通工具可借助，赵新坤都是用脚步来丈量。他总是怀揣两个饼子在上午10点赶到图书馆，一直待到下午的3点，然后借好一本书往回赶。即使如此，也还是受到了干扰，依然是因为出身。当时，多亏图书馆的一位中年阿姨，她不仅给赵新坤化解了问题，还帮助赵新坤办了一张一次能借15本书的借书证。这不仅节省了赵新坤往返路途的时间，也满足了他对知识如饥似渴的追求。

赵新坤起初的阅读多涉猎政治经济学、哲学、社会科学，直到他读到路德·布尔班克[①]的《如何培育植物为人类服务》，特别是路德·布尔班克所说的“时间不能增添一个人的寿命，然而珍惜光阴却可以使生命变得更有价值”，植物育种就是“产生新的植物类型，以求改善人类的衣、食、住，并且创造有新香味和新颜色的花以便使生命更加美好”，这让他

---

① 路德·布尔班克：美国人，世界上最著名的植物育种家之一。在他一生半个多世纪的育种实践中，培育了大量的果树、蔬菜、花卉、林木以及其他农作物新品种，被人们称为奇异的“植物魔术师”。

的人生方向豁然开朗。也是从那时开始，10多年间，赵新坤借书都是围绕科研、实用技术，手上捧读的是孟德尔、米丘林、李森科等人的传记和科学论著。

在人们忙着“造反、串联”的时期，村中的土地耕种仅剩下赵新坤等七八个成分不好的人。原始笨重的农具让体力劳动变得更加繁重不堪，赵新坤萌生了改造、试制新农具的念头。经过3个冬季在济南地区深入调查学习，他掌握了部分农机具的性能和原理，用木头、铁皮等做成多种农机具模型。1970年—1971年，在济南市农业机械科学研究所的大力支持和工程师王光泽的帮助下，赵新坤试制成功了畜力多用犁；在平原公社（包括原董家、遥墙、唐王公社）机械厂的支持下试制成功了畜力综合耧、化肥施肥器等多种新式农机具，大大提高了工效。1972年，全省“农业学大赛”展览会上被评为优秀农机具，深受好评。但在那个年代，此举不但无功，他反而成为用技术复辟资本主义的典型被批斗，挂牌子游街。当时，济南市科学技术革命委员会的领导曾3次从济南骑行70多里找到赵新坤，想予以重用，都被地方领导以其出身不好为由否决。

党的十一届三中全会以后，随着农村联产承包责任制的推行，赵新坤率先承包了17亩村里的荒地，利用秋季土豆整薯栽培技术，当年获得7000元经济效益。他这一举动，给全村人心中点亮了明灯，使联产承包责任制很快在全村推开。

1980年，赵新坤被选为生产队副队长，他的研究发明有了用武之地。他带领13个年轻村民承包了生产队36%的土地，利用多年学习积累的农业知识和技术，获得了比上一年全队都多的粮食和经济收入，引起济南市人民政府的高度重视，他所在的生产队成为济南地区的一个标兵。

“今天成功了，我从内心里特别感恩改革开放这个时代，感恩我的家风，没有改革开放，没有家族的教育，绝对不会有我今天的成果和荣誉。”赵新坤由衷地说。

“要想真正深入研究它，就要迷上它，到痴的程度”

赵新坤40余载坚持不懈，育成适合春夏秋不同季节栽培的大白菜新品种12个，其中5个通过省级审定、7个通过国家级审定（占国家级审定大白菜品种27个的四分之一强）。全国20多个省、自治区、直辖市累计

推广种植他所培育的大白菜1100万亩。这个成绩，连中国农科院的一些专家也佩服。蔬菜花卉研究所的一位专家开玩笑说：“我们子孙三代一共研究出4个大白菜品种，而一个赵新坤就研究出7个，我们子孙三人没干过一个赵新坤。”

赵新坤对白菜的研究始于1968年。那一年，张而村的白菜同全国其他地方一样由于天气的原因几近绝产，而对农民来说，意味着冬季的饭桌上没有菜吃了。19岁的赵新坤看在眼里、痛在心上。他跑到山东省农科院蔬菜研究所找专家咨询。专家告诉他，到白菜绝产最严重的地里找几棵尚能存活的白菜，它们最能抗病抗冻。赵新坤从几十亩上千棵白菜中，将尚存的白菜运回家，保留到来年春季，产生自然混杂种子，从中选育抗病冻性强的白菜。经过几年潜心研究，他终于育出了抗病、丰产、品相好的大白菜，成了当时供不应求的大白菜良种。解决了冬天饭桌上的大白菜难题之后，赵新坤并没有就此止步。自20世纪70年代末认识了大白菜育种专家张焕家后，赵新坤当一名大白菜育种专家的梦想油然而生。

1983年夏天，赵新坤去北京，在街头看到有人手拿大白菜拍摄宣传画，尤其还是炎热夏季的新鲜白菜。这自然吸引了正在专心研究大白菜的赵新坤，他带着疑问四处走访北京的专家，却没有找到答案。不死心的赵新坤又多次到南方寻找春夏季大白菜种源，依旧无果。“从小到大吃的白菜都在秋冬季长成，春夏季怎么才能有白菜呢？”他又开始了新的研究。20世纪90年代，日韩的春夏季大白菜种子输入中国，赵新坤似乎看到了希望。他引进了部分种子种植，但一次次试验失败，原来是不适应济南的大陆性气候。从此，赵新坤一门心思研究适应大陆性气候的春夏大白菜，先后从日本、韩国及国内15个省市征集和保存了2160余份大白菜种子资源，经过无数次杂交制种实验，终于在2002年研制成功，而且产量与日韩春夏大白菜相比大大增加。

赵新坤的专注为人所称道，而其眼光也让人信服。1989年秋，赵新坤到辽宁的大连催收货款，偶然听说瓦房店有菜农在搞冬暖大棚。早先北方都是应季蔬菜，如果能实现常年供应，不仅能丰富冬季餐桌，还能增加农民收入。有心人赵新坤总会抓住不经意的机会，他特意带上100多元的礼品，登门拜访学习蔬菜栽培技术。回来后，在承包的土地上，建起了张而村第一个冬暖蔬菜大棚（在济南地区也是最早的）。当年春节生产出的黄瓜，亩产值达到2万元。1990年，又建起4个冬暖蔬菜大棚，平均每亩经济效益达到1.6万元，成为远近闻名的高效冬暖大棚。1991年，国家农业部冬暖大棚顾问团来历城考察，一致认为赵新坤的冬暖大棚“管理精细、效益最高”，从而被评为全国样板。经过多年的发展，如今冬暖大棚已经成为张而村，乃至董家街道办事处农业的支柱产业；冬暖大棚种植的农产品也由蔬菜延伸到花卉、草莓、葡萄、苗木……

赵新坤的痴迷源于他对农村、农业的热爱，多年以来他一直孜孜不倦地耕耘在他深爱的土地上，大白菜育种，温室大棚立体栽培，草莓上墙，葡萄间种……最近几年他又迷上了花卉和苗木。他的苗圃里每年可以生产蝴蝶兰成品花16万盆，每年出圃草花200多万盆。他最看好的是楸树，目前种植面积已达到780亩。赵新坤说：“我以前可是干过木匠活的，知道楸树是好东西，楸树被称为‘木中之王’。另外，楸树也是绿化好材料，干形笔直，我想楸树一定有市场前景。”

“村民的信赖是最大的褒赏”

“我越来越感觉，很多农民开上小车、住上小楼，口袋富了，可是精神方面却‘穷’了，孝敬老人的传统丢了。”赵新坤对此深为痛心。孟子有云：“孝子之至，莫大乎尊亲”，为了守护传承孝道文化，他于2006年主导成立了明轩世珍尊老助残基金会（简称“基金会”）。基金会每年都会拿出2万元，不仅给全村80岁以上老人送生日蛋糕，还在重阳节这天给这些老人及村里的残疾人家庭送去慰问金，送去温暖与祝福。在赵新

坤的带动下，如今的张而村家家户户“尊老敬老，爱老助老”，孝文化已在该村得到良好的传承。2009年，他把所获得的济南市科技最高奖奖金50万元全部投入“明轩世珍尊老助残基金会”。从2015年开始，在村两委的支持下，赵新坤又从村里80户80岁以上老人的家庭和38个残疾人家庭中，各选出3个家庭作为和睦家庭。对这些家庭中的好媳妇、好婆婆给予每人2000元的现金奖励，同时还授予“家和人寿”的牌匾。在村民赞叹他善德义举的同时，敬老爱老的传统美德也在张而村蔚然成风。

赵新坤致富不忘乡亲，在他创办的济南世珍种业花卉有限公司门口，悬挂着一块红底黄字的牌子，上面写着“不求神，不拜仙，启示园里学几天，掌握一门新技术，致富容易靠实干”。他的解释是：“授人以鱼不如授人以渔。”他说：“我就是想把50多年来的农业科学技术，免费送给农民兄弟，比送出千百万元的金钱要强得多。”

1985年，他将培育的20多万株优良菜花苗，无偿送给本村60户困难群众，使他们一季实现亩产1000多元的好收成。2015年，他将自己悉心研究成功的草莓大棚间作葡萄的技术传授给村民，并无偿赠送了4000株葡萄苗。如今，仅此一项每个大棚即可增收近2万元。这也大大激发了乡亲们学习科学知识，调整产业种植结构，大搞蔬菜生产的积极性。

为了解决群众种植的蔬菜因道路泥泞运不出去的困难，赵新坤投资为村里修了一条沙石路；投资几十万元资助村里办学、帮助困难学生；举办农民培训班，帮助农民靠科技致富；安排上百名村民在自己的公司工作，他们不但享受着正式职工的工资、保险待遇，节假日还有奖金和福利；2008年“5·12汶川大地震”后，他连续4次捐款支援灾区。此外，赵新坤不但在经济上资助教育事业，而且热心于青少年的教育，还应邀回到母校历城二中，结合自己的亲身经历，以《梦想、志气、成功》为

题，为全校4000名学生作了报告，并当场回答了学生所提出的有关人生、志向、信念等各种问题，引起很大震动，受到热烈欢迎。

1986年，经人介绍，赵新坤被邀请到鲁西北的茌平县小杨屯村进行科技扶贫。初到村时，当地干部群众看到他也是农民，对能否帮他们脱贫致富持怀疑态度。赵新坤手把手教他们繁育大白菜良种，间作早熟双膜覆盖西瓜，秋季种菜花等技术，当年亩产获得经济效益3000多元；将春播棉花改为大白菜繁种地里套种夏播棉，每亩比单季春播棉多收1000多元。乡亲们得到实惠后，对赵新坤伸出了大拇指，称他是真正的老师，是帮助他们脱贫致富的恩人。1988年，小杨屯村的高效农业成为全国的一面旗帜，时任山东省委书记姜春云赞扬小杨屯村是“鲁西北的一颗明珠”。

在科学研究上连获硕果之后，赵新坤说：“我们这些靠农业起家的农民，如今能够成为科技人才，成为专家，在我看来，这要比成为企业家更让我开心，钱赚多了没用。我也要给孩子做个表率，让他们不要只看到钱，还要考虑能为社会做点什么。”正因为有这样的价值观，所以他才能坚韧不拔、屡有创新，才能助人为乐、热心公益事业，才能年逾花甲仍然在农业科学技术研究方面不停步、不歇手，一心为社会多作贡献。

用赵新坤的话说：“我一定不辜负张而老百姓对我的信任和厚爱，今后也一定会继续为张而做一些实事，来报答他们对我的信任和厚爱。”

绿色情怀放飞雪域高原

——记唐王镇东张村第一批援藏蔬菜种植技术员张峰

亓丕荣

一首歌这样唱到："我的家乡在日喀则，那里有一条美丽的河……蓝蓝的天上白云朵朵，美丽的河水泛清波……"这条美丽的河就是雅鲁藏布江重要支流、西藏自治区的年楚河。

唐王镇东张村的蔬菜种植技术员们，就是在令人神往的西藏高原，在平均海拔3900米的日喀则市白朗县，凭着满腔的热情，带着娴熟的蔬菜种植技术，帮助白朗县的农牧民，建起了一座座温室大棚，产出了新鲜嫩绿的蔬菜，结束了白朗县蔬菜稀缺的历史。正是这些普通、质朴、平凡的种菜技术员，满怀对白朗人民的真情，克服高原反应、语言不通、生活不适等困难，发展绿色蔬菜生产，在雪域高原、年楚河边，谱写了一曲绿色的希望之歌。

唐王镇是历史上的农业大镇，其中蔬菜种植在历城区乃至济南市久负盛名，是济南市区重要的“菜篮子”生产基地。20世纪八九十年代，伴随着改革开放的大潮，作为蔬菜大镇的唐王镇审时度势，与时俱进，引导农民大力发展温室大棚蔬菜。1993年—1996年，全镇共发展温室大棚200余个，其中东张村就建起100多个蔬菜大棚，蔬菜产业成为唐王镇经济发展的支柱产业。蔬菜大棚的发展，使一批熟练掌握大棚蔬菜种植技术的农民技术员脱颖而出，成为远近闻名的种菜能手。东张村的种菜技术员们就是其中的优秀代表，他们中很多人被高薪聘请去外地做蔬菜种植技术指导员。

1999年6月，在历城区蔬菜局的力荐下，唐王镇的蔬菜种植技术员，接受了去援助西藏种植蔬菜并进行技术指导的任务。在援藏干部的带领下，他们离开自己的家乡，踏上了远赴西藏，援助白朗发展蔬菜大棚的征程。他们决心让绿色的蔬菜生长在雪域高原，把绿色的梦想放飞在格桑花盛开的地方。

自1999年7月，从东张村第一批援藏蔬菜种植技术员张峰开始，共有4批（每年1批）、计48人远赴西藏，他们中大多是夫妻双双共赴西藏。

如今的白朗县蔬菜满棚，瓜果飘香，被批准为“国家级蔬菜标准化生产示范区”，白朗蔬菜早已闻名遐迩。白朗蔬菜产业的发展，离不开白朗县委县政府、援藏干部的正确领导，离不开白朗人民的勤劳能干，而用真情和热情、用心血和汗水传授蔬菜种植技术的唐王镇的技术员们更是功不可没。

下面记录的是东张村第一批援藏蔬菜种植技术员张峰带领白朗农牧民发展大棚蔬菜的故事。

张峰，今年55岁，赴藏时36岁；妻子韩秀云今年55岁，赴藏时也是36岁。

1982年，张峰高中毕业后，到镇蔬菜站工作，他认真学习蔬菜种植技术，经常到村里开展蔬菜生产技术服务。20世纪90年代，镇政府动员各村发展温室大棚蔬菜，张峰就回村带头建起两个温室大棚。通过自己不断地学习和实践，他熟练掌握了温室大棚蔬菜种植技术，并被聘请到外乡镇做技术指导员。

1997年6月，区蔬菜局要在唐王镇挑选一批种菜能手，去西藏发展大棚蔬菜，张峰得知此事后，积极报名参加。经体检合格后，张峰被选中去西藏做技术员。妻子韩秀云有点担心，对张峰说："西藏海拔那么高，你能适应那里的生活吗？"张峰对妻子说："人家援藏干部时（文进）书记都能去，咱一个普通的农民，为什么不能去呢！"

1999年7月3日，张峰同另一名技术员在区蔬菜局刘省局长的带领下，乘上了飞往西藏的飞机。在途中，他领略到了西藏高原那美丽的风光，看到了湛蓝的天、洁白的云、碧绿的草、圣洁的雪山。他暗下决心，要把蔬菜种植技术毫不保留地传授给藏族同胞，让绿色蔬菜在雪域高原开花结果。从拉萨下飞机又乘车，7月6日到达白朗县。一到白朗县张峰就出现了剧烈的高原反应，胸闷气短，头重脚轻，每走一步，就像踩在棉花上。休息一周后，才慢慢地适应，接着就开始了温室大棚的指导和筹建工作。白朗县地处年楚河中游，土地比较肥沃，粮食主要生产一年一季的青稞，蔬菜主要是每家每户种植少量的萝卜、土豆、白菜"老三样"。在第一批援藏干部的带领下，白朗县已经建起了30多个大棚，其中藏农的大棚分布在4个乡，张峰和另一名技术员每人负责两个乡的大棚生产和扩建新棚的技术指导。张峰负责巴扎乡和洛江镇共20多个村，因

路途遥远、语言不通，县上配备了摩托车和翻译，张峰每天骑着摩托车带着翻译，在巴扎、洛江两个乡镇来回奔波，在负责好现有大棚技术指导的基础上，主要是新棚的扩建工作。张峰同县乡领导一起，组织当地群众，开会动员，宣传发动，一遍又一遍地讲解发展大棚蔬菜的好处和优惠政策，动员30余人报名建温室大棚。从藏农建棚的第一天起，张峰就手把手地做示范，从规划地块、建设墙体、整理田畦，到如何下种、育苗、移栽、浇水、插杆、拉绳、施肥等所有生产管理环节，他都仔仔细细地教，认认真真地干。有一次，他患了重感冒，再加上高原反应，头晕头痛，四肢无力。他晚上打针，白天坚持帮藏农建大棚，因感冒咳嗽嗓子说不出话，就用手比画，那种认真的态度和敬业的精神，让在场的藏农深受感动，都认真听他讲授，按他说的去做。

进藏3个月后，30个标准式冬暖大棚全部定植了蔬菜，张峰也更加忙碌，每天很早出门，中午回不来，带着方便面随便吃点。跑了这一个大棚再去另一个大棚，去了这一个村再去那一个村，晚上很晚才回来，累得身体像散了架，躺在床上一动也不想动。可一想到大棚里的西红柿、黄瓜、西葫芦等蔬菜，有的已经开花，有的已经长出嫩嫩的果实，他的心里也顿时开满了花，觉得再累也值得。在张峰的精心指导下，1999年底到2000年初，新发展起的30个大棚蔬菜喜获丰收。藏农们看到自己大棚里鲜红的西红柿、嫩绿的黄瓜、青翠的油菜，喜在心里，笑在脸上，对张峰说："突及其！（藏语谢谢的音译）"这一年生产的大棚蔬菜，除了藏农们自己食用、送给亲戚朋友外，开始有了少量的出售，种植大棚蔬菜的藏农们有了一笔可观的收入。

在这30个大棚的示范带动下，张峰负责的两个乡于2000年底发展到100余个温室大棚。2002年下半年，在巴扎乡新建起高标准的冬暖式大棚70余个，在洛江镇新建196个。在其他种菜技术员的共同努力下，2003年底，白朗县已发展到1500多个冬暖式大棚，生产的西红柿、黄瓜、西葫芦、菜花、西瓜、香瓜等十几个品种的瓜菜，在市场上大量销售，销往日喀则市、江孜、拉萨等地区，藏农经济收入不断增加，大棚蔬菜种植成为白朗县的一大经济亮点。

2003年白朗县成立了天域绿蔬菜发展有限公司，并向国家工商总局商标局申请了"天域绿"牌蔬菜商标，这是西藏自治区第一个蔬菜注册商

标。到2005年底，全县大棚已发展到2000多个，其中群众自主经营1800个，种植面积已达1000余亩，涉及9个乡镇、96个行政村的1200户农牧民，普及面在80%以上，连最偏僻、离县政府最远的东喜乡也建起了2个大棚、3个基地（洛江基地、嘎东基地、巴扎基地）和5个示范园（县级示范园1个，洛江、嘎东、巴扎、强堆4个乡镇级示范园）。初步形成了“公司+基地+农户”的农业产业化雏形，并成功引进推广了20多个优良蔬菜品种，年产量达400万公斤，实现年收入1000万元，人均增收200元。白朗县蔬菜的发展，推进了农业结构调整，增加了农牧民收入，使白朗农牧民依靠蔬菜种植走上了致富奔小康的路子。

张峰的妻子韩秀云是1999年10月赴藏的，当时他们的大女儿刚上初中，小女儿刚满4岁，因孩子太小，就带着小女儿来到了白朗。初到白朗，强烈的高原反应使韩秀云头痛恶心，四肢无力，嘴上起了很多泡，她很想喝面条，就用炒勺做，可煮了好长时间也没有煮熟，她才知道须用高压锅才能把饭做熟。慢慢适应后，她被分在县蔬菜基地管理大棚，同时当地的十几名藏农跟她学习种菜技术。就这样，张峰下乡指导，韩秀云在县蔬菜基地管理大棚。

由于白朗县属高原温带半干旱季风气候区，干湿季分明，夏季雨水较充沛，冬季寒冷则干燥多风，且风特大，风力有时在七八级以上。1999年12月的一天，天气特别寒冷，夜里12点左右，呼啸的风声惊醒了张峰夫妇，他们担心示范基地大棚上的棉被刮掉而冻坏蔬菜，又怕惊动了刚刚睡熟的女儿，就悄悄地起来，把女儿反锁在屋里，去了示范基地。当盖好大棚回来的时候，就听到了女儿尖利的哭声，一边哭一边喊着妈妈，韩秀云赶紧跑进屋，把哭得一塌糊涂的女儿抱到怀里，女儿哭着说：“妈，咱不在这里了，我想爷爷奶奶，咱走吧……”韩秀云心疼地抱着女儿，也不由地掉下了眼泪……几个月后，女儿说什么也不在西藏了，韩秀云就把4岁多的女儿送回了唐王，让女儿跟着爷爷奶奶一起生活。可作为母亲，很难克制对女儿的思念之情，白天在大棚里忙忙碌碌，可到

了晚上却开始想念两个女儿，想她们听不听爷爷奶奶的话，学习怎么样，天冷了买衣服了吗，生病没有，等等，想着想着就会流泪。张峰就对她说，你想孩子就打个电话吧，可韩秀云最怕打电话，每次打电话，两个孩子就哭个没完。特别是每年的春节，张峰夫妇打电话给父母拜年，两个女儿就在电话里哭着说："爸、妈，你们回来吧，爷爷奶奶和我们都想你，人家家里的孩子都跟着爸妈去拜年，去走亲戚，可你们却在那么远的地方，不管我们……爸、妈，你们回来吧，回来吧……"电话那边孩子边哭边说，电话这边张峰夫妇哽咽着说不出一句话……他们何尝不想回家，何尝不想和自己的父母、女儿围坐在一起吃团圆饭，可他们不能啊，因为西藏的大棚蔬菜离不开他们，西藏种菜的同胞们离不开他们。在西藏的9年中，张峰只回家4次，都是在大棚蔬菜生长淡季的时候回来看望父母和孩子，因为过年的时候正是西藏大棚蔬菜种植最为忙碌的时节，他们没有回来过过一次春节。

9年中，张峰夫妇手把手教技术、传经验，教出的"徒弟"有500余人，深受白朗农牧民的欢迎。他们的徒弟边多、雄达、巴桑等不但学会了种菜技术，自己经营起了大棚，还向同村的兄弟传授大棚蔬菜种植技术。正是张峰他们的传、帮、带，使白朗的蔬菜发展如火如荼，从而使白朗农牧民走上一条绿色希望之路。

2007年下半年，张峰80岁的老父亲不小心摔伤了腿，走路非常困难，年迈的母亲既要照顾老伴，也要照顾孙女且身体不好，力不从心。张峰夫妇商量着父母年龄大了，准备回唐王侍奉双亲。得知消息的藏农兄弟们都来问候，舍不得他们走。

2008年7月15日，张峰夫妇决定启程回唐王。临走的那天晚上，洛杰、普琼等人来到了示范基地张峰夫妇的宿舍，围坐在一起，诉说着他们在一起建棚、种菜、采摘那些快乐的时光。青稞酒喝了一杯又一杯，泪流了一次又一次，他们一夜长谈，一夜未眠。临行前，藏族同胞们为张峰夫妇敬献了哈达，象征着他们的友谊如同洁白的哈达一样纯洁无瑕。

离开白朗后，张峰夫妇总是不自觉地想起在西藏的那些日子，他们忘不了那蓝的天、绿的草、连绵的雪山，忘不了那条潺潺不息的年楚河，更忘不了那些热情善良虔诚的藏族弟兄。在西藏的那些日子，是他们一生最难忘最美好的回忆，因为他们把一腔绿色情怀放飞在那雪域高原。

精彩回望

JING CAI HUI WANG

光阴总在弹指一挥间。回望改革开放40年，每一个亲历者都有自己对改革开放每个节点的精彩回望。将一个个新闻事件、一个个埋藏在个人心中鲜为人知的故事串珠成链，可以勾画出历城40年奋斗前行的发展轨迹。如果将亲历者经历的每个历史瞬间比作一个个窗口，那么通过这些窗口，可以穿越时空，回到历史现场，以小见大，感受时代的变迁。从对“右派”摘帽的政策变化，看到了十一届三中全会带来的拨乱反正；从对推行家庭联产承包责任制的点滴回忆中，领略了农村改革的伟大壮举；从对济王公路的建设和拓宽改造回望里，了解了经十东路这一济南“城市名片”的“前世今生”；历城及与历城骨肉相连的济南郊区的几度区划，无不反映着历城对省城扩容的无私奉献。将这些精彩回望定格在人们面前，可以展现改革开放时代历城的发展步伐和巨大变迁。

改革开放以来历城行政区划变动概况

张　晓

改革开放以来，随着经济社会发展的需要、城市化进程的持续推进，面积广袤的历城几经区划调整，面积不断减少，而相邻的市内四区和济南市高新技术开发区因不断有历城地域划入而扩容增大。可以说，历城为济南城区的扩容作出了无私奉献。

1976年2月，历城县总面积近1900平方千米，辖东郊、西郊、英雄山、北园、吴家堡、华山、姚家、遥墙、唐王、董家、孙村、大龙堂、邵而、仲宫、柳埠、西营、港沟、高而、锦绣川19处公社。

1978年5月14日，山东省革命委员会批复重设济南市郊区。依据国发〔1965〕11号文件和省委〔1965〕116号文件，确定济南市郊区区界是：西至玉符河，北至黄河（包括鹊山），东至韩仓河，南至石房峪。1980年4月1日，济南市郊区宣布成立，并正式对外办公。此次区划调整后，历城县机关驻地仍在洪家楼，但洪家楼已划入济南市郊区，从县机关一出大门，便是郊区地盘。历城县政府寄居郊区达7年之久，这与1929年成立济南市后历城县治所寄居济南市8年十分相似，所不同的是历城县政府机关直到撤县设区也没有搬迁。郊区建立后，历城辖域面积缩小至1382平方千米，这是新中国成立后历城面积最小的一个时期。

1984年1月，国家实行政社分开，建立乡镇政府。历城县划为11个区：遥墙、唐王、董家、港沟、孙村、彩石、邵而、十六里河、仲宫、

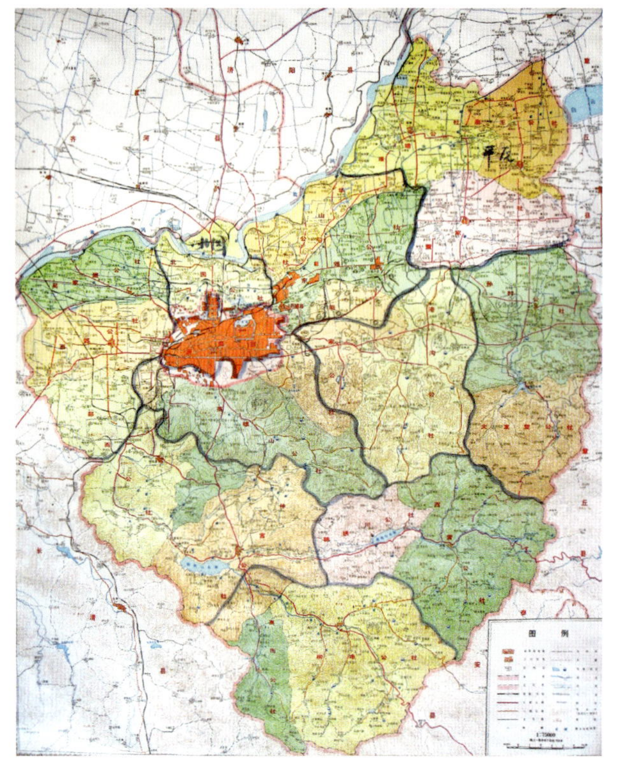

1978年历城县地图

西营、柳埠，下辖54个乡（镇）。

1985年9月，历城县进行撤区合并乡（镇），全县划为11个镇、3个乡：遥墙镇、唐王镇、董家镇、郭店镇、孙村镇、党家庄镇、十六里河镇、港沟镇、仲宫镇、西营镇、柳埠镇和彩石乡、锦绣川乡、高而乡。

1987年4月11日，济南市郊区存在7年后再次被撤销，原郊区所辖的洪家楼镇、华山镇、王舍人镇与原历城县行政区域合二为一，归属新设立的济南市历城区。原郊区的北园镇划归天桥区，七贤镇划归市中区，段店镇、吴家堡镇划归槐荫区，姚家镇划归历下区，济南市区面积扩大为1942.75平方千米。

1987年5月1日，历城区正式挂牌对外办公。成立后的济南市历城区共辖14个镇、3个乡、958个自然村，总面积1523.6平方千米。

1989年12月2日，国务院批准，原齐河县的靳家乡、大王乡、桑梓

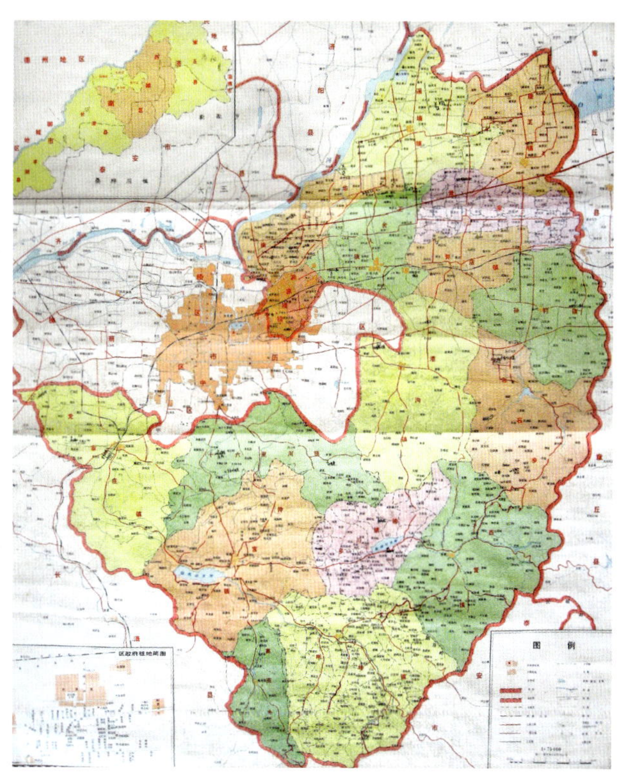

1987年历城区地图

店镇划归济南市历城区。全区共辖16个镇、4个乡，面积1694.25平方千米。这3个乡镇，归历城区管辖了整整10个年头。

2000年1月4日，山东省人民政府鲁政字〔2000〕2号文批复：历城区的党家庄镇、十六里河镇划归市中区管辖，桑梓店镇、大桥镇和靳家乡划归天桥区管辖。1月31日的《中国建设报》报道这一消息时，指出："调整后，济南城市中心区面积净增近四百平方千米，人口增加18.2万。这将进一步挖掘市中区和天桥区的发展潜力，缓解老市区拥挤饱和的矛盾，增强中心城市的辐射带动作用。"此时，历城区面积1298.57平方千米。

2001年2月，经山东省人民政府批准，洪家楼镇撤镇改为4个办事处，分别为山大路街道办事处、洪家楼街道办事处、东风街道办事处、全福街道办事处。12月，撤销彩石乡，设彩石镇。

2005年11月，经济南市人民政府批准，孙村镇和大正科技工业示范

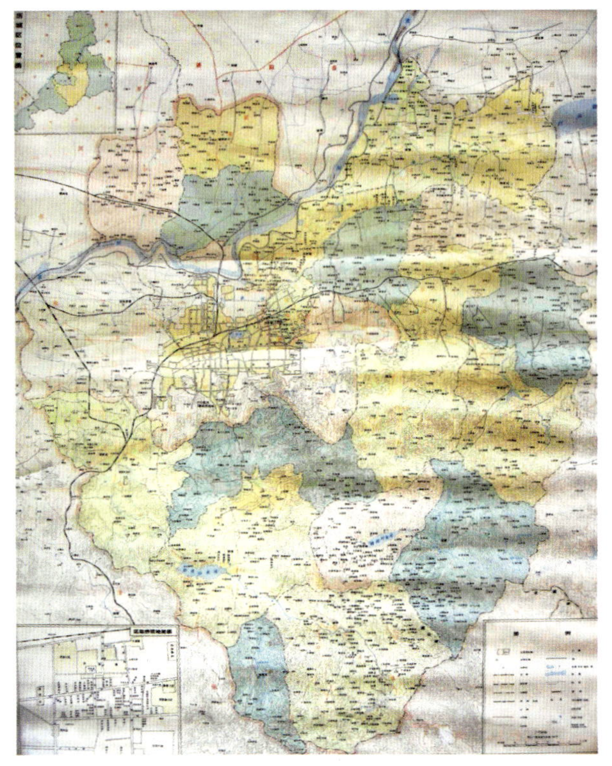

1991年历城区地图

区由济南市高新技术开发区代管；12月5日，根据山东省人民政府《关于同意调整济南市历城区部分乡镇行政区划的批复》，历城区撤销高而乡、锦绣川乡，将其行政区划并入仲宫镇。

2006年7月7日，根据济南市人民政府《关于济南高新区在历城区郭店等镇用地及科技城经济管理职能移交问题的通知》，历城区郭店镇的流海村、武家村、田家村、曹家馆村和彩石镇东小龙堂、西小龙堂村交由济南市高新技术开发区代管。

2009年4月27日，根据山东省人民政府《关于同意调整济南市历城区部分行政区划的批复》、济南市人民政府《关于历城区部分行政区划调整的通知》，撤销孙村镇，设立孙村街道办事处和巨野河街道办事处，两个街道办事处仍由济南市高新技术开发区代管。

2010年5月11日，根据山东省人民政府《关于同意调整历城区部分

2001年历城区地图

行政区划的批复》，济南市人民政府发布通知，同意历城区撤销华山、王舍人、郭店、港沟、遥墙5个镇，同时设立华山、荷花路、王舍人、鲍山、郭店、唐冶、港沟、遥墙、临港9个街道办事处。至此，历城区辖15个街道办事处（包括孙村办事处和巨野河办事处）、6个镇。

2011年1月4日，济南市人民政府印发《关于同意将贤文等5村委托济南高新技术开发区代管的批复》，将港沟街道办事处的南胡村、北胡村、大汉峪村和小汉峪村划归济南市高新技术开发区代管。

2012年8月15日，济南市委、市政府召开专题会议，研究安排部署济南综合保税区规划建设工作，会议确定：将历城区港沟街道办事处的章锦村、伙路村、色峪村、有兰峪村、高家洼村等5个村划归济南市高新技术开发区代管。

2016年10月26日，根据济南市人民政府《关于明确济南高新区代管

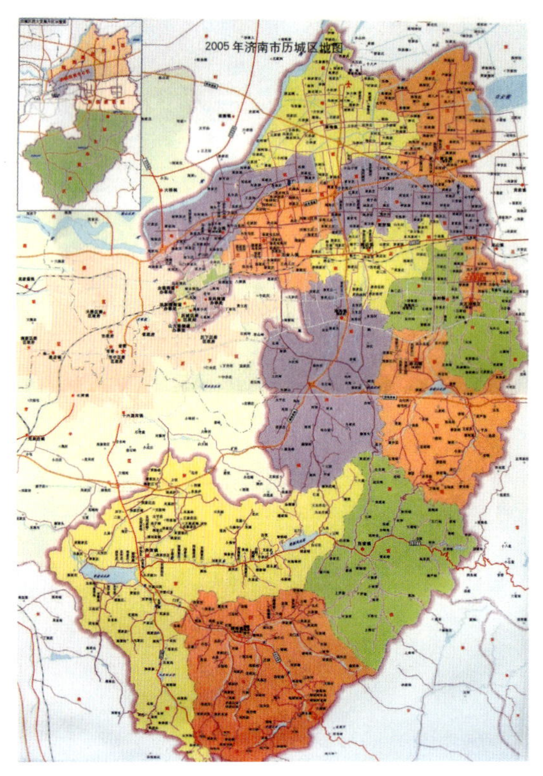

2005年历城区地图

历城区部分街道村居有关事宜的通知》，历城区部分街道村居划归济南市高新技术开发区代管。代管总面积110.4平方千米，涉及73个行政村，包括临港、遥墙街道办事处全部所辖村、社区和唐王镇西北部的北柴村、南柴西村、南柴东村、太平庄村、田家村、张家圈村。

2016年7月，根据市政府第96次常务会议、第十届市委第145次常委会议和山东省机构编制委员会《关于设立济南市南部山区管理委员会的批复》精神，济南市编委印发《关于设立济南市南部山区管理委员会的通知》(简称《通知》)。《通知》的主要精神是：设立济南市南部山区管理委员会，南部山区管委会为市政府派出机构，正局级规格，主要承担南部山区生态保护和绿色发展职能，兼有公共服务、社会事务管理和市场监管等职能，先期代管历城区仲宫镇、柳埠镇、西营镇。

2016年11月4日，根据山东省人民政府《关于同意调整济南市历城

2017年历城区行政区划图

区部分行政区划的批复》和济南市人民政府《关于历城区部分行政区划调整的通知》，撤销董家镇、彩石镇、仲宫镇、柳埠镇，设立董家、彩石、仲宫、柳埠街道办事处。

40多年来，几经调整析出，目前历城区实际管辖洪家楼、山大、全福、东风、华山、荷花路、王舍人、鲍山、郭店、唐冶、彩石、董家街道办事处和唐王镇。历城行政区域面积虽然为1298.57平方千米，但除济南市高新技术开发区、济南市南部山区管理委员会代管的区域，实际管辖面积为520平方千米，分别为1976年的四分之一强、改革开放之初的三分之一强。虽然历城区域面积由大变小，但综合经济实力却由小变大、由弱增强。

与历城骨肉相连的济南市郊区

张　晓

郊区，在济南市行政区划史上曾先后出现过两次，两次存续的时间都不是很长，第一次仅有一年半，第二次历时七年。而不管是设立还是撤销，济南市郊区的命运总是与历城息息相关、骨肉相连，设立时从历城析出乡镇、村庄，撤销时或全部或部分回归历城。

郊区，城市市区以外、市行政管辖范围以内的地区。据《尔雅·释地》载，“邑外谓之郊”。济南未设市之前，辖区仅限于毗连历城县县城区域以及后来的商埠。1929年7月1日，据国民政府市组织法规定，济南设为市，成立市政府，将历城县城区及附近村庄约120平方千米划入济南市。济南市区范围包括自黄河南岸姬家庄起，东南至前王、后王二庄包括高家庄于市内；又南经农学院、殷家小庄、南马家庄、燕子山后麓至森林局蓄水池，由森林局转西经千佛山阳、安家庄南、马鞍山庄南、梁家庄南首，绕丁家山南口、王官庄西南角、白马山阴至任家山口，中包括南张腰、袁柳庄、东西红庙于市内；由任家山口折北，沿历城、长清两县界，中经腊山、靶场、飞机场，西傍大饮马庄、东河王庄、南河王庄、刘七沟、李家寺、蒋家庄至黄河南岸；沿黄河南岸向东与姬家庄相连接。济南市面积增加到175平方千米。1948年9月，济南特别市成立，沿用新中国成立前旧有边界，即北临黄河、西至大饮马庄、东到殷家小庄、南界千佛山。1949年5月改为济南市，全市划分为11个区，第一至

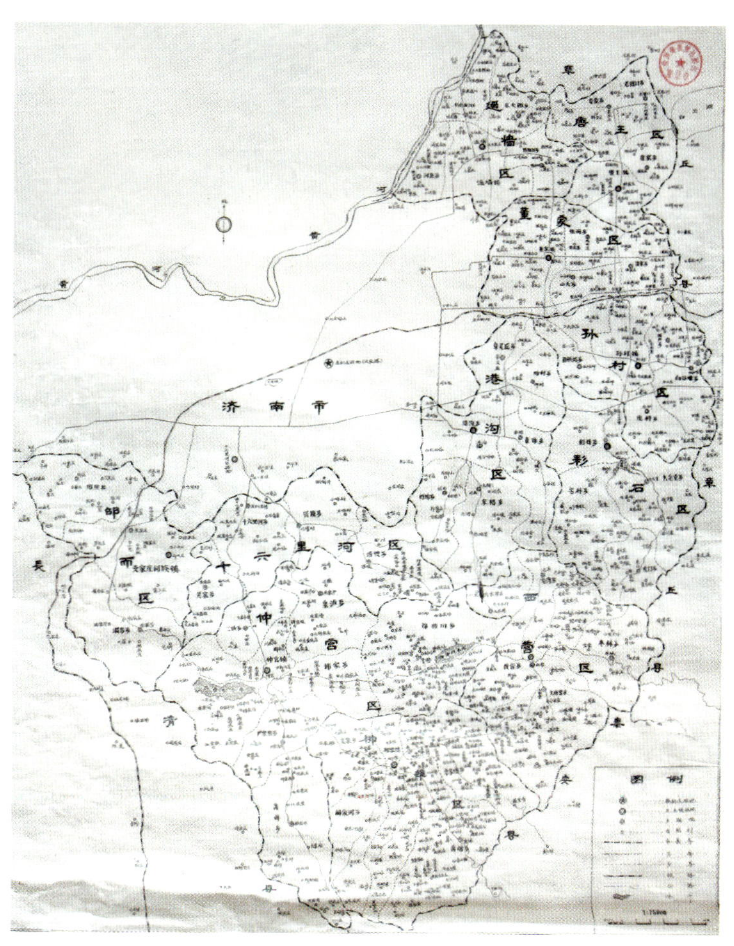

1983年历城县区、乡（镇）规划示意图

第七区为城区，主要包括老城和商埠；第八至第十一区为农业和半农业区，也就是当时的经济区。1950年，济南市调整了行政区划，划分为6个城区，城郊地区则划分成了郊一至郊五区和一个直属乡。1951年4月，济南市撤销直属乡，增设郊六区。郊一至郊六区就是济南市郊区的雏形。

以数字命名市区很不直观，也不能体现城市文化，1955年9月8日，经山东省人民委员会批准，济南市调整区划并变更区名。郊一至郊五区依次改名为黄台区、北园区、段店区、药山区、玉符区，撤销郊六区，恢复梁庄直属乡。然而郊区数量过多不易管理，1956年7月16日，撤销了上述各区，与梁庄乡、泺口镇及历城县划入的华山、姚家、七贤等7个乡一并设立15个乡和洛口镇，正式设立了真正意义上的郊区人民政府。辖区东至韩仓，西至玉符河，北至黄河，南至石房峪，环绕城区四周，迎来了第一个发展机遇。不过仅仅一年半后的1957年12月25日，郊区便被宣告撤销，所属16个乡、镇并入历城县。1958年3月，郊区最终撤销完毕，历城县也由隶属泰安地委回归济南市管辖。

1978年，党的十一届三中全会召开，改革开放的春风吹遍神州大地，济南市进入高速发展的战略机遇期，原有的城市区划显然不能满足经济社会发展的需要，这就有了第二次建立郊区，从某种意义上也可以说是“恢复郊区建制”。根据山东省革命委员会1978年5月14日的批复，重设济南市郊区，其区域范围仍按1965年国务院批准的范围。1979年6月25日，历城县委在招待所西南院召开常委会议，讨论了划郊区问题。时任县委书记房立传达了济南市委对划郊区的意见，并重点讨论了划分郊区的范围。

1980年3月3日，济南市委办公室、市政府办公室、市人事局制定了《关于筹建郊区的十项决定（草案）》。22日，根据《山东省革命委员会关于重设济南市郊区的批复》，市委、市政府下发了《转发〈关于筹建济南市郊区若干问题的意见〉的通知》（济发〔1980〕18号），基本内容为：一、济南市郊区的版图问题；二、济南市郊区的政权问题；三、历城县和济南市郊区的办公地址问题；四、济南市郊区的财政体制问题；五、县属工厂企业的归属问题；六、济南市郊区区级机关的机构设置；七、有关局属企业、事业的归属和机构设置问题；八、干部的来源和抽调问题；九、关于郊区开办费问题；十、交接问题。市委、市政府要求历城县委、郊区区委和市直各部门都要本着有利于团结有利于工作的精神，切实做好郊区的筹建工作。

同日，中共济南市委公布了济南市郊区的版图。按照国发〔1965〕11号文件和省委〔1965〕116号文件公布的济南市郊区区界是：西至玉符河，北至黄河（包括鹊山），东至韩仓河，南至石房峪。包括现有的北园、姚家、吴家堡3个公社的全部和华山公社（不包括坝子管区）、东郊公社（不包括滩头管区）、西郊公社（不包括朱庄管区）的大队，以及英雄山公社的13个大队（文庄、七贤、前龙、后龙、双龙、杨家、九曲、王官庄、西八里洼、东八里洼、张安、太平庄、土屋）、邵而公社的4个大队（王府、张庄、任庄、水屯）。郊区土地面积483平方千米，258个生产队，8.9万户，44.5万人。为了便于管理，又不打乱现有公社建制，经市委研究，将华山、东郊、西郊公社和国务院118号文件规定版图以外的31个大队，临时划归郊区，待郊区正式建立后，再报请省政府批准正式纳入郊区版图。从历城县英雄山和邵而两个公社划出的17个大队，分别划归郊区的西郊、姚家公社管辖。建立郊区后，历城县的版图包括：遥墙、唐王、董家、孙村、大龙堂、港沟、英雄山、邵而、仲宫、柳埠、西营、锦绣川、高而13个人民公社。

1980年4月1日，济南市郊区宣布成立，并正式对外办公。郊区政府驻地洪家楼，办公场所是历城县拨给的县委党校、县教育局、县文体局等3座楼房。郊区所辖都是当时历城县紧靠济南市区、经济基础优越的公社，这些公社1979年底的财税收入占到历城县的90%。县属工业企业按照市委“支农工业以历城为主，为城市服务企业以郊区为主”的原则，除历城水泥厂、被服厂、东风铁矿、化肥厂归历城外，其他工厂企业都划归郊区管辖。历城县有关部门及所属企事业单位也拨出了部分人财物给郊区。郊区区级机关所需要的351名干部，从历城县抽调编制人员101人，另外，不包括从有关局属企事业调拨1/3的人员，历城县又额外给郊区支援了30名干部。

1987年4月11日，根据国务院国函〔1987〕59号《关于山东省调整济南市市区行政区划的批复》和中共济南市委济发〔1987〕30号《关于调整市区行政区划的通知》，撤销济南市郊区、历城县，设立济南市历城区，以原历城县的行政区域和原郊区的洪家楼镇、华山镇、王舍人镇为历城区的行政区域。将原郊区的北园镇划归天桥区，七贤镇划归市中区，

段店镇、吴家堡镇划归槐荫区，姚家镇划归历下区。

1987年5月11日，历城区委、区政府在历城影剧院召开欢迎郊区干部来历城工作的大会。参加会议的有原郊区来历城的全体同志，洪家楼、王舍人、华山3镇的党委、政府、镇直部门、企事业单位和原历城县14个乡镇党委书记、镇长。区委副书记曹维新主持会议，区委书记姬广文致欢迎词。历城区接受并安置原郊区干部职工2434人。

如今郊区已经成为一段历史，原来的郊区版图已经完全成为市区，郊区的人和事却留给这片热土难忘的记忆。

忆历城县“右派”摘帽改正

张延钊

1976年3月，历城县撤销“县革委政治部”，恢复部委办，我分配到宣传部，任统战干事。

1978年5月的一天，县委书记房立打电话通知我，去他办公室里一趟。去了以后，他先递给我一份文件。我仔细看过，是中共中央4月5日批转的中央统战部、公安部呈送的《关于全部摘掉右派分子帽子的请示报告》（简称《请示报告》）。《请示报告》指出，为了团结一切可以团结的力量，调动一切积极因素，化消极因素为积极因素，为社会主义建设服务，建议全部摘掉“右派”分子的帽子。中共中央批准了这个报告，并将其作为当年的11号文件，转发全国遵照执行。等我看完，书记问我怎么办？我说：“按中央通知办。”他说以你为主，再安排两个人，建立办公室。

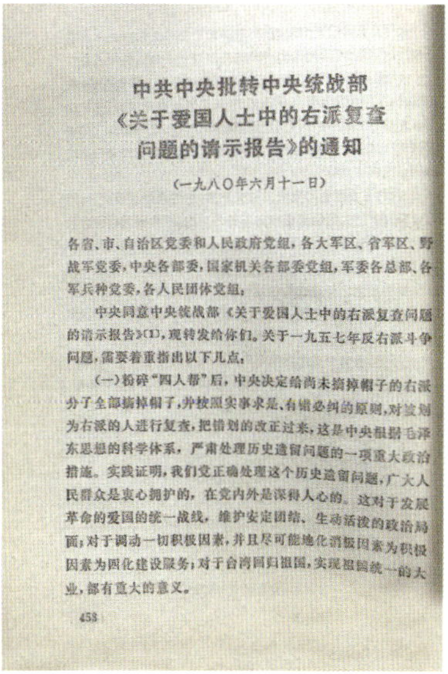

随即，由我、赵子营、杨德银组成的历城县“右派”摘帽办公室建立起来。我们首先迅速开展调查摸底，一摸原划“右派”的底，二摸已经摘帽“右派”的底，三摸每个“右派”的去向的底，并

中共中央批转中央统战部《关于爱国人士中的右派复查问题的请示报告》的通知

（一九八〇年六月十一日）

各省、市、自治区党委和人民政府党组，各大军区、省军区、野战军党委，中央各部委，国家机关各部委党组，军委各总部、各军兵种党委，各人民团体党组：

中央同意中央统战部《关于爱国人士中的右派复查问题的请示报告》(1)，现转发给你们。关于一九五七年反右派斗争问题，需要着重指出以下几点：

（一）粉碎“四人帮”后，中央决定给尚未摘掉帽子的右派分子全部摘掉帽子，并按照实事求是、有错必纠的原则，对错划为右派的人进行复查，把错划的改正过来，这是中央根据毛泽东思想的科学体系，严肃处理历史遗留问题的一项重大政治措施。实践证明，我们党正确处理这个历史遗留问题，广大人民群众是衷心拥护的，在党内外是深得人心的。这对于发展革命的爱国的统一战线，维护安定团结、生动活泼的政治局面；对于调动一切积极因素，并且尽可能地化消极因素为积极因素为四化建设服务；对于台湾回归祖国，实现祖国统一的大业，都有重大的意义。

458

登记造册。经上下配合，调查摸底，我们进一步了解了反右斗争的实际情况。

在1957年整风“反右”过程中，极少数人借所谓“大鸣大放”，向党和新生的社会主义制度发动进攻，妄图取代共产党的领导。对这种进攻进行坚决的反击是完全正确和必要的，但由于各级党委对当时的阶级斗争形势估计得过于严峻，把大量的人民内部矛盾当作敌我矛盾，反右斗争被严重的扩大化，一批知识分子、爱国人士和党内干部被错划为“右派”分子，造成了不幸的后果。错划“右派”的原因不一而足：向党交心成了向党进攻，反映局部工作中的问题成了否定大好形势，给领导提批评意见成了攻击党的领导，有的因工作中的问题被打成“右派”，甚至个别是被诬陷为“右派”。当时知道六划、不知道六不划的划分“右派”分子标准，也是造成“右派”划多的一个原因。全县原划“右派”199人，1962年甄别5人，区划调整调出的6人（济南十八中、铁六小各3人）；从1959年—1964年分批摘掉帽子的82人；加上外地迁来的135人，应全部摘掉“右派”帽子，进行适当安置。

对于被错划的“右派”分子来说，摘帽并不等于平反。11号文件并没有解决“右派”改正问题，他们依然受歧视，依然头顶“摘帽右派”的帽子。为解决这个问题，1978年9月17日，中共中央以中发〔1978〕55号文件向全党全国转发了中央组织部、中央宣传部、中央统战部、公安部、民政部联合拟定的《贯彻中央关于全部摘掉右派分子帽子决定的实施方案》。该文件明确规定：“凡不应划右派而被错划了的，应实事求是地予以改正。”“经批准改正的人，恢复政治名誉，由改正单位负责分配适当工作，恢复原来的工资待遇。”“原是共产党员，没有发现新的重大问题的人，应予恢复党籍，原是共青团的，应予撤销开除团籍的处分”，并在“提职、提级、调资、奖励、授予职称等问题上与其他在职人员一样对待”。

山东省委于10月底在珍珠泉宾馆召开了3天会议，贯彻落实55号文件精神，统一思想，明确任务，规定现在“右派”无论在什么地方，错划的都由原单位负责改正安置，本着先易后难的原则，分期分批地认真解决。宣传部部长刘文奎和我参加了这次会议。

中发〔1978〕55号文件的颁布，为中国数十万知识分子二十载的历史大冤案的平反昭雪提供了转机。消息传出，人们奔走相告，喜极而泣，纷纷上访、申诉，要求对自己的冤屈进行甄别。在这一背景下，历城县“右派”摘帽办公室又开始错划“右派”改正工作。县委于1978年10月组建了贯彻中央〔1978〕55号文件领导小组，由朱孝铭、亓刚文、周传信、孙文成、刘文奎5人组成。下设办公室，由原来的摘帽办改为“55”办，刘文奎任主任，我任副主任，工作人员增加到10多人。各部门根据任务多少，安排专人负责或建立工作班子，如教育系统原划“右派”128人，占全县的64.3%，是“错改”的主要单位。

“改正”是指对被划为“右派”的人进行“复议”，查看其档案，对照55号文件检查，看其划分得是否正确，并把错划的改正过来，恢复他们的党籍、职位、工资等。当时，复议改正极其严格，先由各单位、各部门对所属脱帽“右派”分子逐一进行调查，提出改正意见，形成复查报告，报县摘帽办公室初审后，再呈县摘帽领导小组集中审批，然后形成改正批复文件。

1978年12月26日，领导小组拟定了《关于错划右派改正工作的几点意见》，向各有关部门进行了部署。其内容主要有：

关于改正的范围：“右派”和其他帽子都不够的，可同时予以改正；两个帽子中有一个够、一个不够的，因为改正一个没有意义，两个帽子都不改正；划“右派”后又有新罪行，而定为敌我矛盾的，其“右派”问题即使不够，也不予改正；改正后基本性质不变的（如极右改为一般“右派”），不予改正；因“右派”问题而受处分，虽然没戴帽子，也应实事求是地予以审理；不属划“右派”的范围而划了“右派”，都要予以改正；当时的“右派”言论，仍算当时的错误。

关于改正的标准：改正不改正的标准就是“六划、六不划”，方针是有反必肃、有错必纠，对“六划、六不划”标准要全面领会，既不要笼统地肯定，也不能无根据地否定，改正不改正的基本点在于从根本立场上搞清楚是不是反对社会主义和反对党的领导。

关于材料要求：材料是定案的依据，材料是客观的，要尊重客观实际，不要主观推断，原则是实事求是；改正案件的材料一定要证据确凿，要经得起历史的检验，要逐条进行核实，要有旁证材料，如果找不到旁证材料，要相信本人交代或因证据不足予以否定；改正报告在上报之前，一定要交本人看，本人看后要写出自己的意见和态度，本人意见对的要接受，本人意见与事实不符的按事实上报，本人意见要同改正报告一起上报。

那时的干部思想还很保守，由于林彪和“四人帮”极左路线影响，对错划“右派”的改正工作成了人们在思想上的一个“禁区”。中央发了55号文件后，很多人仍然余悸未消，谨小慎微，认为虽然有了中央文件，还是稳一点好。针对这种情况，县委先后召开了常委会议和各公社党委书记、县直部门负责人会议，认真传达学习中央文件，统一认识，使落实政策工作得以顺利开展。

1978年12月—1979年11月，领导小组共开会24次，具体审议案件，有的人经过几次会议审议，决定“改”或“不改”。其中，有3次是常委会议审定，1次是市委督导组参加审定。时任县委书记房立，除主持常委会议，还亲临审查疑难案件3次，足够说明县委领导对“错划右派改正”的重视程度。

在审理原划“右派”177人过程中，发现有52人档案无下落。为了改得有根有据，全县搞外调先后跑了4个省20余个县，将划“右派”的原始档案全部找到；对一些复杂的疑难案件进行了反复讨论，以免走回头路；对改正人员的工作，本着负责到底的态度进行了妥善安置。由于领导重视，有关部门积极配合，参加审案干部认真负责、艰苦细致的工作，使绝大多数人比较满意。经过一年半的时间，胜利完成了这项任务。1979年12月20日，县委常委会议决定：撤销领导小组和办公室，个别遗留问题分别交有关部门处理。

对于被错划改正的“右派”来说，真是“重见天日”。全县原划“右派”177人，属于错划已改正的170人，占96%；其中，改“右派”和反革命分子“双帽”的33人，应按文件不改的7人占4%（后根据中共中央〔1980〕42号文件，也已改正其“右派”问题），改正后按文件规定，进行了妥当安置。遣返农村，收回安置的67人，恢复党籍的15人，撤销团籍处分的27人，恢复原工资后调整低工资的32人，给予生活补助的56人，发补助费13070元，对改正前已病故的15人进行了追恤，收回随迁家属子女15人，补办知青的24人。对在反“右派”斗争时，虽然未戴“右派”帽子，但因“右派”言论而受处分的117人进行了复查，改正的114人亦作了适当安置和恢复名誉。为了消除被错划“右派”改正人员的政治影响，各单位还为他们的家属、亲友发出消除影响的信件1800余件。

对推行家庭联产承包责任制的点滴回忆

刘怀才　岳淑茗

1978年底，具有重大历史意义的中共十一届三中全会召开。落实党的十一届三中全会精神，搞好农村改革，重点是推行家庭联产承包责任制。为了反映当时家庭联产承包责任制的推行情况，区政府办公室原副主任刘怀才，区政协文史委岳淑茗召集曾任田庄、潘庄、彭庄3个大队党支部书记的杨世东、闫其海、刘怀柱一起进行了座谈回忆。

田庄、潘庄、彭庄当时隶属历城县港沟公社章灵管理区，刘怀才任管理区总支书记。参加座谈交流的3位老支书，都经历并领导了本大队推行这一对中国农村产生重大历史意义的改革。他们中年龄最大的是杨世

东，1946年出生，1966年入党，1976年当选为田庄大队党支部书记，任职10年，一直到1986年；1947年出生的闫其海，1976入党，当年当选为潘庄大队党支部书记，任职23年，1999年卸任；年龄最小的是刘怀柱，1952年出生，1975年入党，1976年当选为彭庄大队党支部书记，卸任也晚，在支部书记的岗位上干了25年，2001年才不再担任这一职务。刘怀才、杨世东、闫其海、刘怀柱虽然都是六七十岁的老人了，但由于推行家庭联产承包责任制是他们任职期间发生的一件重大事情，虽然过去40年了，但话题一打开，他们记忆的闸门顷刻间喷涌而出，都有着说不完道不尽的酸甜苦辣。

刘怀才首先介绍说，当时是人民公社时期，三级所有，队为基础。村被称为大队，大队划分若干个生产小队（劳动单位）。章灵管理区有8个大队，田庄、潘庄、彭庄这3个大队推行家庭联产承包制有一定的代表性，取得成熟经验后易于在同一类型的村庄推广。三个大队自然条件各不相同，有山坡地、平原旱地和水浇地。同时，这3个大队的支部书记党性好，觉悟高，能力也强，能够更好地推进工作。

管理区老书记话音一落，大家争相发言，言谈话语中显露出了当时工作的艰辛和成功后的喜悦。

田庄地处南部山区和北部平原过渡地带，地形复杂，属中低丘陵地形，地表高低不平，素有“石巴砬子田庄，七十二崖头”之称。全村有耕地4400亩，700多户，2500多人。几乎没有水浇地，绝大多数是山地和丘陵，自然条件差，农民基本靠天吃饭，遇干旱年份，饮水都得靠市县有关单位送水支援，粮食主要靠救济。潘庄与田庄仅一河之隔，自然条件比田庄略好，有丘陵也有水浇地，耕地面积2600余亩，有500多户，2000多人。彭庄自然条件最好，耕地面积1700多亩且都是水浇田，全村有400户，1500人。

尽管3个村庄自然条件差异较大，但在实行联产承包之前，吃“大锅饭”的人民公社时期，他们面临的情况和问题却是基本相同的。村民都是以农业生产为基础，以生产队为劳动单位，各村划分为若干个生产小队。每天清晨，哨子一响："开工喽，开工喽。"人们一起走出家门，听生产队长派活，你锄草，他挑粪。收工后，把农具往生产队一放，再回家。干一天活由专门的记工员记一天工分，每个壮劳力出一天工，记10个工分，妇女记8个工分。每天干满早晨、上午、下午3个时段算做1个工。

由于实行"大呼隆"，干好干坏一个样，许多人出工不出力，加上生产力水平低，因此生产效率也很低。农民辛辛苦苦干一年农活，也就挣个几十块钱，还时常忍饥受饿。刘怀才跟田庄村村民赵长茂熟悉，有一次见面聊起他家中生活情况，赵长茂说："不怕书记笑话，我有5个挨肩（年龄相近）的儿子，都到了结婚娶媳妇的年纪，孬好每人得有两间屋吧，可你说在队里干一天活才值1毛多钱，我上哪里弄钱给他们盖房子？"说这话时，他泪流满面，难过极了。

历城县于1980年开始推行联产到组、联产到户责任制，1981年下半年开始实行包产到户责任制。由于长期受"左"的思想束缚，"私分土地，个人单干"在一部分干部群众的头脑中仍然属于"资本主义的毒草"，认为搞家庭承包是倒退，"辛辛苦苦几十年，一夜退到解放前"。但是有更

多的党员和群众却渴望分田到户，希望分到土地后能靠个人辛勤劳动吃上饱饭。于是3位支部书记带领本村农民先后推行了家庭联产承包责任制。

第一个“吃螃蟹”的田庄

1979年的冬天，县委、县政府在全县三级干部会议上，提出落实党的十一届三中全会精神，突出的是搞好农村改革，特别是推行家庭联产承包责任制。世世代代生活在农村，深知农民疾苦的杨世东，响应党的号召，为尽快摆脱群众吃不饱的现状，在田庄率先搞起了家庭联产承包责任制，成了第一个“吃螃蟹”的村。从1980年开始，杨世东在全县还没有大规模推行家庭联产承包责任制的情况下，就带领大家跨过“联产到组”悄悄搞起了“联产到户”承包责任制。他们几经商议，确定了本村的做法：在保证集体所有土地、财产不动的前提下，按每家每户拥有劳动力的数量分配土地，每人大约1亩。当时分下来的田地集体已经播种好小麦，只需承包者加强麦田管理，等到麦子收获后，交够国家的，留够集体的，剩下的就是自己的。在当时一下子实行了“大包干”“分田到户”，比上级“分田到组”的要求更进了一步，具有一定的政治风险。此时，作为管理区书记的刘怀才虽然知道这个情况，但他深知田庄的做法是对的，便暂时瞒着，没有向上级汇报。

杨世东清楚地记得，搞承包的当年，正赶上风调雨顺，是一个丰收年。麦收以后，各家都是盆满缸满，他个人家里就收获了11包麦子。40年后的今天，他依然记得自己去供销社买麻包的那份喜悦。那时一个麻包能装180斤麦子，他一下子买了十几个，引起了供销社售货员的好奇：你咋买这么多呀？准备做啥用？“感谢老天爷有眼，我分的几亩地大丰收了！”其实，不光是老天帮忙，他对承包的那片麦地也是真上心了，查苗补苗、浇水施肥、锄地保墒、除草灭虫，全家老少齐上阵，费尽了心思，下足了力气。村里其他人也和杨世东一样取得了小麦大丰收。以前

吃“胶皮（地瓜面）窝窝头”的都吃上了白面馒头。

在推行“联产到户”责任制取得实效后，杨世东有了更大胆的想法，这就是干脆彻底分田到户。于是，他召开全村党员干部会议，商讨这件事。这个想法一提出，立即遭到个别老党员的反对：咱们搞的联产承包到户就不错了，比在生产队里分的粮食多多了，再把地分到一家一户，这跟解放前有啥区别？而更多党员表示就该一竿子插到底，彻底分田到户，一家一户在管理自己责任田的基础上，可以腾出劳动力干点别的，这样各家的日子会更好过一些。

杨世东挨家挨户做党员群众的工作，讲解分田到户的好处，终于统一了大家的思想认识，于1982年彻底实行了分田到户。他们通过认真研究，精心计算，按地远近，土质好坏，划分3个等级，按等级定产量，再根据人口数量、产量高低，确定分得的土地数量，尽可能合理搭配、公平分配土地。同时，签订土地管理承包合同，明确承包期限，上交国家和集体粮食数量，土地荒芜惩罚措施及特殊情况下将土地收回等条款。为方便群众进行农业生产，将生产队里的集体资产如农具、牲畜以折价拍卖的方式，分配到群众手中。田庄村也成了港沟公社第一个实行分田到户的村子。

田庄分田到户后，许多群众在管理好田地的同时，腾出时间，发挥山多石头多的优势，购买了石料粉碎加工设备，卖石料、石子，腰包迅速鼓起来。几年后，刘怀才又碰到了赵长茂，问起他家中情况，他从心底里高兴地说："好多了，好多了。早就盖起了新房，儿子们也都娶上了媳妇，过上了好日子。"

渐进式推动的潘庄

田庄的突破产生了极大的示范效应。此时，与田庄仅有一条河相隔的潘庄，大队党支部书记闫其海也想按照田庄的路子走。潘庄的多数群众也盼望着推行家庭联产承包责任制，尽快过上好日子。但是潘庄与田庄情况相比，山地少耕地多，自然条件好。有砖厂、化工厂、注塑厂等七八个村办企业，集体拥有链轨车、脱粒机、运输汽车等固定资产，各生产小队都有各种农机具，饲养着牛、马、驴等很多的大牲畜。许多党

员干部认为当初置办这些集体资产很不容易，一下子分了觉得可惜。闫其海综合大家的意见，决定采取“分一部分，留一部分”的做法。这样既能保住集体资产，又能让村民享受到联产承包的好处。于是，他便将这一想法汇报给了刘怀才。

刘怀才把潘庄的想法，向来管理区调研的县委书记庄庆臣和公社书记孙继鑫进行了汇报，他们都表示支持村里的想法。县委书记明确表示，可以将潘庄的做法作为一种形式进行试验。于是，闫其海又多次召集会议，同党员干部和群众讨论、商量。最后，确定把土地划分成两部分：一部分分给村民，每人1亩地，由村集体统一种植，机械化播种，田间管理由个人负责，收获的粮食全部归个人，公粮也不用交；另一部分共1100亩地由新成立的农业队、机械队、运输队集中承包管理。这3个农业专业队当时积极性也很高，都有购置的固定资产和农机具，新建了办公室、仓库等。他们对本专业队的田地实行科学管理、精耕细作，并展开竞争，生怕落在后面。这种渐进式包干的办法，在潘庄村推行得比较顺利，又赶上了个丰收年，老百姓收获了不少的粮食，全村老少无不欢天喜地。3个农业专业队也都取得了大丰收，收获了大量的粮食，除去要上缴的公粮，剩下的都分到了群众手中。这样一来，群众日子好过了，集体资产也保住了。

后来，负责农业队、机械队、运输队的人员顾及自己家里田地的多了，为集体出力的少了，影响了集体管理土地的产量。闫其海找到刘怀才说："搞'大呼隆'真是不行了，干脆全分下去吧。"1983年，农业队、机械队、运输队解散，潘庄所有土地全部分给了农民，所有的集体财产也以拍卖的方式卖给了村民。

多条路子的彭庄

彭庄村集体经济在整个章灵管理区乃至港沟公社是最好的。当时村集体有1部链轨车、3部50马力拖拉机、2部25马力拖拉机、12眼深机井，各个生产小队都有12马力的拖拉机、各种大牲口和农机具。同时，在郭店火车站货场和小钢联（历城铁厂）有装卸队，村中有十几座石灰窑供应济南的建筑工地，大队还有粉坊等企业。集体收入不错，群众也从集体经济中得到了好处，每个劳动工日平均一块多钱，这在当时比许多工人收入还高。因而，许多群众认为搞集体经济挺好，不同意分田到户。

但实行家庭联产承包责任制是上级硬性要求和大势所趋，刘怀才同刘怀柱反复讨论，重点引导党员群众解决了两个方面的认识。一是生产责任制是管理方式的变化，是生产关系的调整，并没有改变所有制性质；二是实行生产责任制是为了更好地发展生产。村里经济有一定的基础，各生产队条件不错，实行统一经营，包工包产包成本的联产到户责任制最合适。于是，决定每个村民分1亩口粮地，把留下的土地由集体统一经营管理。

经过多方征求意见、调查研究，对由集体统一经营管理的土地联产承包到小队或生产组，并制定了“四定一奖”的措施，即定产量、定成本、定工分、定上交和超产奖励。因集体经济有实力，还实行了“五统一”，即统一育苗、统一种植、统一使用大型农机具、统一浇水、统一防虫，承包者主要进行田间管理。这些土地生产的粮食交完公粮后剩下的全部分给了村民。村民对这种形式都非常支持。1982年，彭庄全村实行了家庭联产承包责任制。1984年，历城县养鸡场和济南市饲料厂厂区建设占用了彭庄村300多亩土地。刘怀柱同班子其他人商量后，借着这个时机把土地全都分给了群众，由群众个人进行管理，彻底完成了联产承包这一历史性变革。

就这样，在这3个村的带动下，章灵管理区和港沟公社其他村庄迅速跟进，相继推开了家庭联产承包责任制，农民的劳动积极性和创造性被调动了起来，积极投身农业生产，从而促进了农村经济的发展。

济王公路建设琐忆

刘怀才

凡是到过济南的人都会知道，济南不仅有“天下第一泉”风景区，还有一条全国闻名的城市主干路——经十路。经十路全长90千米，是济南市名副其实的交通动脉、景观大道和经济走廊。燕山立交桥以东为经十东路，也是309国道的组成部分，其前身为济王公路。40年前，我作为历城县济王公路建设指挥部成员，有幸参与了济王公路建设。应区政协文

史委之约，我特将这条路建设过程中的一些零星故事汇集起来，以纪念这一改革开放之初的重要成果。

1977年，为缓解济青公路的拥挤状况，也是为了战备需要，省里确定修建济王公路。济王公路西起当时位于历城县辖区的省团校，经历城、章丘两县，东至淄博王村，全长74千米。济南境内长59千米，是济王公路的主要组成部分。为修建济王公路，1978年济南市委、市政府将济王公路建设列为“济南市重点工程会战项目”，并确定按属地由历城、章丘两县同时开工建设。历城段从省团校到孙村公社鸡山村东小河，全长29.5千米，土石方37.4万立方米，用工日52.9万个，预计投资242万元。

40年前，在丘陵地带修建公路可不是件容易的事，是全县人民的一件大事，也是改革开放之初全县大干快上的一项重点工程。县委于1977年12月9日成立了历城县济王公路工程指挥部。副书记朱孝铭、副县长黄志太任指挥，柳成林、马玉镇、辛兆成、王智、贾希敬、王克和、孙德泉、周长贵、张明礼任副指挥，县交通局局长辛兆成具体负责。指挥部下设办公室、政宣组、施工组、后勤组。当时还是计划经济，为便于协调物资、推进工作，指挥部从有物资供应职能的有关县直部门抽调了部分人员，如县物资局的吕安恒、县粮食局的卜凡才、县供销社的王玉仁等。为加快施工进度，指挥部又将任务分解成3个工段，分到了道路沿途的姚家、港沟、孙村3个公社。省团校到北胡为姚家工段，北胡到小龙堂为港沟工段，小龙堂到章丘县界为孙村工段；要求每个公社有一名副书记挂帅，姚家公社为梅云山，港沟公社为李传修，孙村公社为田延荣。我当时任吴家堡公社党委副书记，黄志太副县长将我抽调到了指挥部工作。

指挥部最初设在港沟公社北胡大队的队部，不长时间即迁到位于莲花山的县火化厂内，一是因为火化厂有职工食堂，交上粮票和钱即可在食堂就餐，解决了指挥部人员吃饭问题；二是火化厂内有很大的空闲地，可暂时堆放调进的钢材、木材、水泥、煤炭等筑路用物资。我们还借用了火化厂的汽车库作为指挥部办公室。工作条件虽然便利，可火化厂毕竟是人生的终点，四处被哀伤笼罩，心理上总有阴森恐怖的感觉，反倒是领导神色淡然，一如寻常，并不时提醒教育我们："我们都信仰马克思主义，是坚定的唯物主义者，没什么可怕的。"

常驻指挥部的有黄县长、辛局长、王玉仁和我。大家全都自带被褥和洗刷用品。黄县长还为我和王玉仁作了简单分工：王玉仁侧重内勤工作，我侧重写材料、组织会议和领导临时交办的事情。

安顿好住处，辛局长便叫上我去熟悉线路。修路之前是没有路可走的，线路又选在丘陵地带，沟沟坎坎，只能徒步爬山越涧，在难以插脚的地上行走。辛局长当时已50多岁，步子却快速敏捷，始终走在我的前面，我只能勉强跟上他。我不由敬佩道："局长，你真了不起！跑得真快。"他笑着说："我在南山区长大，走这样的路习惯了。"即使这样难走，当天一个来回，上百里的路程，真让人服气啊！

两天后，黄县长也要实地察看，辛局长和我又陪他走了一趟。在窑头大沟，因为沟深壁陡，我们三人爬了两次也没能爬上去。黄县长手被摔破了，我赶紧将手绢撕开给他包扎，处理完之后他仍然坚持走完所有的路段。

济王公路的设计由济南市公路局负责。历城县交通局从市公路局把冯德喜技术员借调到历城县具体指导业务。线路打上桩号以后，便开始一米一米艰苦细致地测量、登记。什么标高、挖方、填方，什么地方预留涵洞，什么地方要架设桥梁，需要理赔的地上物等，都要一一筹划实测，然后根据实测记录，坐下来计算工程土石方和施工量。这些基础工作做好做细后，由公社组织人员施工。

指挥部领导带头吃苦，从不搞特殊。黄县长回县里开会或者外出办事，来回几十里，都是骑大金鹿自行车，很少小车接送。有时他还爱和我们青年人搞骑自行车比赛。他大部分时间在指挥部和我们一起住，习惯于早上4点起床，有时把从家中带来的小米熬粥给我们喝，给我们这些年轻人如慈父般的关怀。他对工作严肃认真，立说立行，每天不是工地检查进度，就是安排各公社的施工任务，还要听取各单位的情况汇报，并及时研究答复，整日忙忙碌碌。

记得有一天，我因事回家。上午10点多，大队喇叭喊我赶快回指挥部，有紧急任务。那时电话都是摇把子的磁石电话，指挥部要通过港沟总机转董家总机，董家总机再转到我家所在的大队，没有急事领导不会着急喊我。我骑上自行车顶着6级西南风往指挥部赶，当走到韩仓街上

时，如同进了风洞，尘土飞扬，对面看不清人。突然“砰”的一声，自行车撞到了拖拉机拖斗上，我被摔出两三米，手和膝盖都摔破了（至今手上留有疤痕）。自行车摔得不能骑了，我便推着一路前行，到指挥部时已是下午两点多。黄县长正着急地等我，老远就喊：“明天开紧急会议，你写个报告。”走近后，看到我狼狈的样子，他说了句：“你看你看，我这个紧急电话可把你电得不轻！”我那时年轻，身体好，用水洗了洗手上的土和血，拿起笔即按领导意见写起了报告材料。

指挥部工作既没有节假日，也没有星期天。辛局长大都是利用星期天去市里跑资金，要水泥、木材、煤炭、钢材等指标，用他的话说，市里星期天一般不开会，领导好找。他出发前都会告诉我今天到哪里去、去干什么，而且每隔两小时左右都会电话告知已到什么地方、工作进展到什么程度，每次都是这样。那时即使要来物资计划指标，也要落实批转地点、具体提货时间、提货手续。省交通厅水泥厂在章丘，要落实具体提货时间还得跑到那里去，一两次还不一定定下来。辛局长常常早出晚归，从来不知疲倦不喊累，令我十分敬服。

辛局长不吸烟、不喝茶，也不喝酒，生活非常简单节约。他对我们也严格要求，办公室从不买招待烟茶。指挥部开会或有关人员来找黄县

长，都是黄县长个人掏钱让我去买烟。一次公社的一个同志来汇报工作，我想给黄县长省点钱，买了一盒两毛三的泉城烟，黄县长对我说："这个不行，人家来咱这里，得前门牌的，拿得出手。"

办公室虽然人少，有时运来暂存的钢材、木材，我们还要去搬卸。一次，王玉仁给每人买了副手套，辛局长非但不要，还发了火："干这点活戴什么手套？哪来的？你们经过谁批准买的？"黄县长见辛局长生了气，我和王玉仁又难为情，便打圆场："以后买东西要经领导批准，下不为例吧。"这才解了围。

火化厂书记高广义是在董家工作过的老干部，我们比较熟，他有空就端着茶壶到指挥部办公室来让我喝他的茶，他看到指挥部办公室太不像样子，连个茶具都没有，便说："怪不得陈明达书记说辛局长'能把钱攥出水来'呢。"虽然是一句玩笑话，但我们从心底佩服辛局长的节俭精神。

辛局长非常注重与驻地群众的关系，教育我们要同群众打成一片。麦收时，辛局长让王玉仁和我到北胡大队与社员一起收麦子，还说："我们不能不知道麦子是怎么收进来的。"我们找大队支书尹玉礼借了镰刀，同社员一道割了一大麦子，晚上收工时，尹书记赞叹说："真想不到，你们吃公家饭的干农活还真行！"一席话让我们心里热乎乎的，感到没给指挥部丢人。

我们也处处以领导为榜样，注重勤俭节约。每次外出都是自带干粮和咸菜。有一次，我和负责土地工作的一位姓孙的同志察看路段，匆忙中没带干粮，到孙村时下午两点多了，还没吃点东西，实在饿得走不动了。由于孙村公社赵衍印书记是我的老领导，我们便去找赵书记要东西吃。赵书记从公社食堂为我们每人要了两个馒头，我俩狼吞虎咽吃了下去。老孙开玩笑说："你要是再跟赵书记要点酒喝就好了。"我说："你可不知道赵书记的脾气，能给我们吃几个馒头就是大面子了。"那时候的领导都是非常俭朴的，从来都不舍得多浪费一分钱。

由于领导得力，上下齐努力，公路施工进展顺利。当时施工机械少之又少，路基挖填都以人工为主。土路基做好后要碾平压实，在平整路面上插铺地瓜石，铺完地瓜石再行碾压平整。之后要经过一个雨季的沉降后才能铺细石子，做路面。随着工程进度，指挥部不间断对施工情况进行检查，检查路基填挖是否到位，每道工序是否合乎规范，路基边坡、路肩、路冠是否按要求施工，桥涵是否严格按标准用材和砌垒。由于严把质量关，历城段内工程达到了施工质量要求，多次得到上级的肯定和表扬。

历城段内桥梁均于1979年建成，主要有以下几座：窑头大沟砼双曲拱桥；小龙堂（巨野河）砼双曲拱桥，1孔，跨径50米，桥长79.31米，宽14米，高13.04米；邢村（刘公河）砼双曲拱桥，1孔，跨径25米，桥长49.3米，宽14米，高13.06米；潘庄（韩仓河）砼双曲拱桥，1孔，跨径40米，桥长59.69米，宽14米，高15.66米。

历时7年，1984年11月路基宽15米、路面宽13米的济王公路竣工通车。新建成的济王公路被鉴定为优质工程，达到了国家二级公路标准，被济南市评为文明公路。

我有幸参与了济王公路的建设，在艰苦的工作环境中，在领导的言传身教中，长了见识，得到了锻炼。如今每当我走过经十东路，都感到非常亲切，40年前的一幕幕修路经历，一个个筑路工作者的身影仿佛就在眼前，这些记忆让我永远难以忘却。

经十东路建设铁军

——区公路局参与经十东路建设记忆

刁德荣　李书森

说起经十东路，济南人可谓无人不晓。经十东路有“省门第一路”“济南东大门”“济南迎宾路”“济南名片”等各种雅称。号称“公路建设铁军”的区公路局承担了当时经十东路建设40%的工程量，为“济南五年大变样”作出了一份特殊贡献。

经十东路的前身，是济南至王村的一条简易公路，称“济王路”。济王路开工于1978年，经过公路人一次又一次地修筑、拓宽，直至1984年11月，过去泥泞不堪、灰尘四起的黄泥土路变成了一条双向六车道、宽阔平坦的柏油公路。随着时代的突飞猛进、日新月异，这里的交通量与日俱增，而且，公路两旁建筑低矮无序，景观绿化还停留在一条路、两排树的水平，越来越不符合省会济南的形象。

“要想富，先修路”，这是广为流传的一句俗语。2002年1月22日，省市领导

现场考察市区各地后，在邢村立交桥下召开现场办公会，确立了2002年重点工程项目之一“经十东路改建工程”，经十东路拓宽改建工程作为“济南五年大变样”的重点工程之一拉开序幕，各路人马紧锣密鼓地行动起来。

2月27日，紧张有序的征地拆迁工作完成后，经十东路改建工程开工了。它西起燕山立交，东至邢村立交，全长11.55千米，道路宽144米，估算投资1.9亿元。历城区公路局承建4.58千米的工程任务，占总工程量的40%。开工初期，困难重重。一是交通不能完全封闭，沿线单位车辆、行人出入众多，只好边通行边施工；二是工程量巨大，但工期只有8个月；三是以往公路施工较少设计管线，这次施工有电信、电力、供水、煤气、热力、排水、排污等众多地下管缆，各工程交叉施工，相互影响。面对困难，如果按部就班地施工，10月底通车的目标就很难实现。有鉴于此，从局长到技术员，深入研究摸索，提出了“见缝插针、交叉施工、关死后门、倒排工期”的工作思路，加大内部协调力度，各施工队伍不等不靠，既各自灵活施工，又相互配合协作。北边不能干，干南边；白天不能干，晚上干；能干的活儿加快干，暂时不能干的活儿积极创造条件做好各项准备工

作。一分钟也不等，一秒钟也没停，没黑没白，夜以继日。

历城具体负责工程施工的是区公路局张东平副局长，他是参加过对越自卫反击战的转业军人。体重不足45公斤的他，给人的印象单薄瘦弱，可是，千钧的担子压不倒他，从开工的那天起，他就与职工们吃住在工地，不分白天黑夜地拼上干。制定进度计划、选择拌和厂取土场、安排进料、协调关系……事无巨细，他样样都要亲自把关。一天工作十五六个小时是常态，能睡上七八个小时就是一件奢侈的事。身子毕竟不是铁打的。7月初的一天，他在路面上检查指导沥青摊铺施工时，头顶炎炎烈日，脚踩150多度的沥青混合料，他一下子晕倒在工地上。大家赶紧七手八脚地把他抬到路边一家商铺的阴凉地儿，清凉油、湿毛巾递上来，过一会儿他清醒了，笑着跟大家说："我没事，歇会儿就好了，大家不用在这看着，抓紧干活吧。"没有豪言壮语，没有催人泪下，有的只是逢山开路、遇水架桥的果敢，有的只是不计得失、甘于奉献的铺路精神。

忙碌的时间是飞逝的，进入7月后，济南的夏天酷热难当。尤其2002年赶上了几十年不遇的大旱，持续高温，热浪滚滚，地面上的温度经常超过50℃。然而，经十东路筑路工地上却呈现出比天气还要"热"热火朝天的景象。距离计划通车时间只有3个月了，未完成的工程还有很多。7月27日，工程建设指挥部召开誓师动员大会，提出了“大干100天，确保10月底通车”的口号。一时间，各分项工程迅速掀起了一个全力以赴、大干快上、科学组织、全面推进的高潮。整个工地机械设备增加到400多套，施工人员有2600多人，歇人不歇马，日夜连轴转。天热，人心更热，每个施工人员都铆着一股劲，像跟时间赛跑。公路宛如一条宽阔的黑色钢板，经过筑路人千辛万苦的冶炼，一米一米迅速地向前伸展。就凭着这种精神、这种干劲，英雄的筑路工人在这个阶段，连续创造了同行业的“四个第一”：一个项目部，一天完成了334万元的工作量；一个项目部，仅沥青混凝土一天出产1万吨；全线一天铺筑混凝土高达4931万吨；两台摊铺机联机作业，一次成型路面宽度达到20米。

9月21日，花好月圆的中秋节到来了。按照中国人传统的习俗，正是阖家团圆、共赏明月的时刻。奋战在施工一线的建设者却伴着夜空的圆月，在隆隆的机器轰鸣声中度过了一个忙碌的夜晚。自从百日大会战开始以来，公路建设者就进入了24小时倒替作业状态，他们把节假日休息的概念抛到

了九霄云外，心中只有一个字：干！午夜时分，济南市公路局领导来看望慰问正在夜战的施工人员，送来了“夜宵”——中秋团圆月饼、火腿肠和矿泉水。来不及洗手，施工现场多数也没有可供洗手的水池，来不及摘下安全帽，正在作业的工人双手接过了这不同寻常的中秋月饼。高天月正圆，穿长袖也能感到夜风的阵阵寒意，正在摊铺沥青路面的施工人员却解开了扣子，汗水依然打湿了衣襟。

忙碌着，工程进入了收尾阶段。10月上旬的一天，时任山东省省长的张高丽一行再次来到工地现场，这条全市最宽的公路已经展露出它雄壮的一面，平坦宽阔的路面、洁白整齐的标线、美观大方的路灯、图案精美的花砖……简直就是一件艺术品。路边郁郁葱葱的绿化带，从草坪红花、碧绿灌木到高大乔木依次展开，形状各异的泰山景石点缀其中，观之令人心旷神怡，穿行其中仿佛进入一个大型公园。省长高兴地说：“经十东路干得有水平，事实说明，我们的交通公路部门是能打硬仗的。山东的路，真是名不虚传啊！”

2002年10月20日，历时整整8个月的济南经十东路拓宽改造工程终于按计划竣工通车了。意气风发的公路建设者克服了种种困难，越过了层层险关，圆满完成了省委、市委以及全市人民交给的这项重任，一条宽阔平坦、花团锦簇的大道展现在市民面前。它承载着新时代的省城人民的希望，迎来了一个红霞万朵、金光灿烂的明天。

新中国成立后第一部新编《历城县志》纂修略述

张　晓

历城文化璀璨，底蕴厚重，作为记载区域历史、地理、风俗、人物、文教、物产等的专书——《历城县志》，历史上有过10次纂修。历城修志始于明崇祯四年（1631年），10次纂修成书7部，另有县志稿1部，县乡土调查录1部，1部编纂未成，仅形成采访记录数册。分别是：明崇祯六年《历乘》、明崇祯《历城县志》、清康熙《历城县志》、清乾隆《历城县志》、民国《续修历城县志》、新编《历城县志》、《历城区志》、《历城县乡土调查录》、《历城县志资料长编》。清光绪年间因战事频仍，虽辑录诸多志稿，可惜没有成书。

新编《历城县志》纂修始于1982年2月，历经建立机构、组织试写，修订初稿、进行总纂，组织评审、定稿印刷3个阶段，历时8年，1989年12月终成其稿，是新中国成立后历城第一部正式出版的志书。我经查阅相关资料，并根据赵鹏纪念其父亲赵延君同志文章的有关内容，将新中国成立后的第一部新编《历城县志》纂修情况略述如下。

20世纪80年代初，国家政通人和，百废待兴。纂修一部社会主义时代新方志，一方面承续历史，另一方面全面、具体、客观地反映近现代，特别是新中国成立以来历城各方面状况，总结经验、找出失误、探索规律、指导未来，成为全县上下的共识。

1982年2月，历城县委、县政府成立了县志编纂委员会，并抽调得力人员组成了编纂办公室。1984年9月，县委、县政府调整了县志编纂委员会，组建了县志办公室。当时任职于县文化馆的赵延君调任县志办公室副主任，具体负责县志纂修工作。机构与班子重新调整后，开始制订计划，拟定篇目，培训人员，组织各承编单位搜集资料，进行试写。1986年底，各承编单位全部完成了部门志（县志分志）初稿。搜集了1000多万字的资料，撰写成300多万字的初稿。1987年，在完成初稿的的基础上，开始修改初稿，进入总纂阶段。遵照全国第一次地方志工作会议提出的“积极稳妥、留有余地、保证质量”的方针和“观点正确、资料翔实、体例完备、特点突出、文风端正”的要求，对初稿进行反复考证，精修细改。一年中，修志人员先后去北京、南京、鲁南、胶东等地查阅资料，充实了志稿内容。

撤县建区后，为了进一步加强对县志编纂工作的领导，1987年7月历城区委、区政府对编纂委员会成员重新做了调整充实，并吸收有关单位13名负责同志任编委。县志办公室改称区史志办公室。同时，成立了熟悉历城情况、有较高文字水平的11名领导干部组成的《历城县志》审稿小组，确定赵延君为县志主编。1988年，修志人员继续优化资料、矫正观点、笔削文辞，对内容重复和疏漏之处，进行充实调整，强化了宏观记述，对有疑问的资料和数字进行了核实，并按行文规定规范了文体文风。1988年底，完成了《历城县志》总编纂。

1989年上半年，县志审稿小组对全部志稿从观点、体例、史料、文风等方面进行评审，评委们在肯定成绩的同时，提出了千余条修改意见。同年5月和11月，又请省、市志办的领导同志两次来历城，对重点志稿进行评审，共提出修改意见500多条。之后，史志办汇总各方面的意见，本着局部调整、重点加工的原则，又集中力量进行了再修改，同时请市志办的领导同志来历城就地斧正，1991年春天，《历城县志》终于完稿并交付印刷。赵延君设计了封面，请我国方志编纂专家董一博先生题写了书名，1990年11月由济南出版社出版发行。

新编《历城县志》由概述、大事记、专志、人物、附录5部分组成。全志共有28篇、142章、301节、74万字，全面地展现了历城自1840年至1985年（个别章节下限1987年）的政治、经济、文化等方面的历史与现状，其中突出了经济部类的记述，特别是新中国成立后社会主义建设成就的记述。整部《历城县志》以文为主，辅以照片、绘图、表格等，具有鲜明的时代特点和地方特色。

概述部分客观总叙了历城的历史发展进程，对发展变革和社会矛盾作了较明确的记述，并对新中国成立以来尤其是党的十一届三中全会以来的社会发展重点展现，在肯定成绩的同时，不回避矛盾、问题。

大事记部分从宏观角度全面记叙了自1840年至1987年，发生在历城大地上的政治、军事、经济、文化等方面的大事件。对新中国成立后每个历史时期历城发生的大事件记述较为详尽，体现详今略古、服务现实的编纂原则。

作为县志主体的专志部分，记叙了全县政治、经济、文化、军事等方面的发展过程。政区篇主要是历城的地理位置、行政区域、建制沿革，对1985年政区内城市和乡镇作了较为详细的记述；自然地理篇包括地质构造、地貌状况、水文、土壤、植被和气候变化，较为准确地记录了历城的自然资源，即水、土地、矿藏、植物、动物的分布情况与拥有量，并对历史上发生的水、旱、风、雹等自然灾害作了系统记述；人口篇主要写历城人口变化情况和人口年龄、文化、劳动构成、民族构成，计划生育作为国策也在本篇作了叙述；农业、水利、工业、交通、邮电、商业、粮食等各篇详细记叙了行业或领域兴衰起伏的历史与现状；经济管理篇历数经济发展过程中的管理机构、管理内容和管理政策，其中包括经济计划、工商管理、物价管理、审计监督、计量器具管理等，对改革开放以来的经济建设有所参考借鉴；城乡建设、财政税收、金融、科技等篇叙述各项事业发展历程与现实状况；党政团体、政权、司法等3篇是政治部类的主体，主要记叙人民政权的建

立、发展、巩固，记述人民公安、法院、检察院、司法行政的组织机构、主要工作，以及旧政权的司法机构；民政、劳动人事、文化、教育、体育、卫生各篇记述各项民生社会事业的发展历程；军事篇主要写了境内人民武装和重大军事行动；文物篇对历城丰富的文物宝藏、古建筑、遗址、墓葬、石窟造像出土文物等，进行了详细记述；社情民俗篇是体现历城地方特色的重要篇章，主要包括人民生活、民俗风情、宗教传播、姓氏、方言、民间传说等内容；人物篇分人物传、革命烈士简介、革命烈士英名录3部分，重点收录了对社会发展起过重大作用、知名度较高的历城籍人物。

附录部分主要是其他篇章不宜收录，但在历城历史上有代表性的历史文献、石刻碑文和部分文学作品。

这部反映历城全貌“一方之史”“百科全书”的社会主义新方志一经问世，即受到各级专家的高度评价。新编《历城县志》1990年荣获“山东省历史学会优秀成果奖”；1993年参评全国新编地方志成果展览会，被中国地方志领导小组、中国社会科学院、中国历史博物馆评为“优秀成果奖”。因对地方志编纂作出的突出贡献，1987年3月赵延君被山东省地方史志编纂委员会评为“山东省地方志系统先进工作者”。

倾注心血写就《历城抗战史》

谢庆春　岳淑茗

在伟大的抗日战争胜利70周年之际，民盟济南市委副主委、历城区政协副主席、历城区教育局副局长王钢城倾注三年心血写就的《历城抗战史》由山东人民出版社出版发行。这部书是全国第一部县域抗战史著作，且在区域文化建设史上意义重大。2018年8月，中国人民抗日战争纪念馆决定将该书长期珍藏。

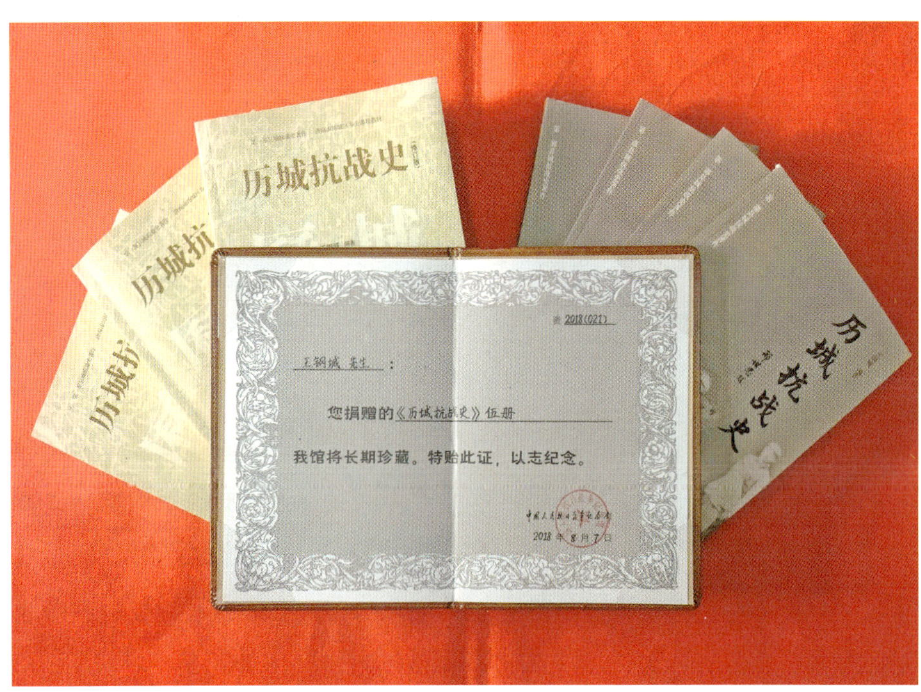

十四年的抗日战争是中华民族伟大复兴的开始，给几代人留下刻骨铭心的民族记忆。随着对整个抗战史的研究不断深入，“断代史”“专题史”“区域史”和相关的志书、资料层出不穷。《历城抗战史》全书共33.5万字，以中共领导的历城抗战为主线，从“区域史”的视角，全面记叙日伪的殖民统治、中国共产党和国民党爱国官兵的抗日斗争，以及乡治、文化教育和老八路、老共产党员在历城抗战的回忆，比较真切地反映了抗日战争时期历城社会的全貌，为整理、保存、研究抗战时期的县级区域历史，提供了可资借鉴的典范。

作者王钢城是一名土生土长的历城人，老家为唐王镇西王村，小学、中学时代在这里度过，他清楚地记得少年时代印象最深的经历：在老家西王村读小学时，每年的清明节，学校组织学生抬着花圈，唱着“大刀向鬼子们的头上砍去……”到西坡给王全身等烈士们扫墓；在唐王联中上初中的第一年清明节，学校组织学生抬着花圈，唱着“要革命就会有牺牲……”到韩家村西头，给李世福烈士扫墓。祭奠烈士后的数天内，仍议论纷纷——烈士牺牲时感人的场面、传丁乡里的八路军打鬼子的故事……但是，四十年后的今天，当他再回到乡里，向乡人问起八路军打鬼子的故事时，少年们直摇头，中青年也仅知他们是烈士而已，尤其是有相当数量的领导干部，不知道、不清楚中共历城县委领导的艰苦卓绝的抗战历史。更令他痛惜的是，他在乡村调查之时，发现的一个案例：有一个村庄是抗日战争时期的英雄村，中青年群体了解先辈的事迹极少，山脚下是荒凉的八路军无名烈士墓，山上是村人捐资复建的辉煌的庙宇。父辈祖辈们所承受的十四年的民族苦难与付出的牺牲，后代有没有责任铭记？英雄和先烈们以青春、热血、生命铸造的伟大的抗战精神，后代有没有责任传承？2015年1月，尽管他身兼数职，非常忙碌，他仍然决定纂写一部系统反映先辈们奋勇杀敌的区域抗战史。

艰苦的写作过程经历了三个阶段。第一阶段，阅读各种文本。县域为主的抗战史著作，它涉及区域面小，研究对象具体细微，必须有足够的史料支撑才能得出可靠结论。王钢城将所搜集到的县志、镇志、村志、文史资料、党史资料及有关八路军清河区、鲁中区、冀鲁豫区的抗战回忆录、研究文章几近全部阅读，多达40余部。第二阶段，确定书的体系。县级区域抗战史没有先例可循，如何在山东抗日根据地的背景下，展现历城的抗战历史，是该书的难点，因为历城处于日军统治中心济南近郊，抗战进程呈现出长期性、复杂性、特殊性。正是基于历城抗战的这个特点，确立的该书的体系与结构，显示了作者厚实的史学功底。第三阶段，考证和写作阶段。在若干材料中选择史实、考证史实，将史实提炼为主题，是一项非常繁杂费精力的工作，他有几次萌生了放弃的念头，但是，历城抗日烈士催人泪下的事迹时刻鼓励着他，写不出《历城抗战史》无法告慰先烈和承受民族苦难的父老乡亲，就是这份沉甸甸的家国情怀，支撑他度过了艰难的写作时光。

《历城抗战史》凝聚着作者的心血和同志们的鼓励。王钢城在区教育局分管教学、科研、教育行政等工作，在区政协负责文史工作，加上社会兼职，工作相当繁忙。2015年1—8月，除春节两天看望老母亲外，所有休息日均投入写作中。每天写作模式是：凌晨5—7点写作，晚7—11点考证史实、构思主题。长时间面对电脑写作，致使他双眼患上“飞蚊症”；高强度的脑力劳动，导致他头后部出现“鬼剃头”，直到2017年底，才长出新的头发。王钢城同志的写作具有良好的环境，背后有一个全力支持他的集体。区相关领导、同志给予鼓励，教育局领导班子、同事们坚定的支持，同学、朋友和家人的关心帮助，给予他无穷的力量和信心，这一切也反映了社会期待传承伟大抗战精神的文化认同。

《历城抗战史》出版发行后，受到社会各界的广泛关注，取得了良好的社会效益。该书通过讲述发生在家门口的抗战历史，唤醒了经过抗战精神洗礼的乡土文化的自觉。在历城、章丘尤其是济南南山抗日根据地的核心地区以及传统的章历边区，出现了竞读此书的现象。领导神武村抗日的中共地下党员张金石同志的后代亲友、抗日英雄任廷松之子辛子

孙专程向作者鞠躬致谢，在上海工作的岳伯芬孙女岳赟女士，一个夜间读完《历城抗战史》并向作者致敬，一时向作者求书、签名者络绎不绝。2017年12月，区人大、区政协向人大代表、政协委员赠阅该书，2018年3月，济南市政协向全体委员赠阅该书。

《历城抗战史》受到学术界关注，被誉为“全国第一部县域抗战史著作”。著名史学家、山东大学王学典教授作序并评价：“该书在发挥乡土历史的教育功能方面，具有示范性质。在人们忙于‘争利’的当下，那些‘老爷爷老奶奶’以自己的血肉之躯书写的抗日历史，不仅极具民族记忆的价值，而且是培育青少年一代价值观的良好教科书。抢救、整理、保存、研究埋藏在乡土中的抗日战争遗产，已经是一项非常迫切的工作。相信本书将作为这一研究方向的开拓之作而进入当代学术史之中。”著名书画家、南开大学教授陈玉圃教授评价：“《历城抗战史》以事实建构了历城人民英勇抗日的丰碑，除了悲痛、仇恨，还有对每一位死难者的追思，以及对民族的自我体认与反思。”人民解放军上将、原国防大学校长邢世忠将军欣然题写书名并致电：“祝贺《历城抗战史》出版，我想该书对广大群众，特别是青少年有极大的教育意义，是富国强军、推动全面建成小康社会的精神动力！”2017年7月，在卢沟桥事变爆发80周年之际，山东人民出版社将《历城抗战史》作为重点图书修订出版；2018年8月，中国人民抗日战争纪念馆长期珍藏《历城抗战史》。

2015年9月，历城区教育局制定颁发了《〈历城抗战史〉课程实施指导纲要》，要求22所初中学校依托《历城抗战史》，开发出红色乡土课程，在初中一年级或二年级选修，每周1课时。该课程受到学生、教师、家长的普遍欢迎，产生了很好的社会效益。2015年9月—2018年10月，历城区、南山区全部初中学校及高新区部分初中学校有近4万名学生接受该课程系统的抗战教育。相信，中共领导的48万历城人民的抗战历史在新生代中会得以传承，伟大的抗战精神会得到弘扬。《历城抗战史》对青少年树立正确的人生观价值观、构筑社会主义核心价值观，有着重要的意义。

唐王大白菜　美名扬四方

亓丕荣

每当有人问起我，你家是哪里？我回答：我的家是历城唐王。对方复问：你们那里种植唐王大白菜？我自豪而大声地回答：是啊，我的家乡唐王，盛产大白菜，远近美名扬！昔日一枝独秀，今日四季芬芳！

我的家乡唐王，人杰地灵，钟灵毓秀，沃野平畴，资源丰厚，发展蔬菜，得天独优，素有“大白菜之乡”的美誉。唐王大白菜与章丘大葱、华山莲藕、北园茭白同为“济南四美蔬”。

白菜原产自中国，有6000多年的历史，比其他原产于中国的粮食作物要早。白菜古时称“菘”，春秋战国时期已有栽培。明朝李时珍在《本草纲目》中记载：“菘性凌冬晚凋，四时常见，有松之操，故曰菘。”

唐王大白菜种植历史悠久，自明代中期即有种植，至今已有500多年的历史。原生长于镇内巨野河沿岸，最初由韩家庄一韩姓人家在自家空闲院里种植。因白菜清脆甘甜、味道鲜美，邻里乡亲纷纷栽植。当时主要集中于韩家庄、唐王道口、东张、颜家村一带，后扩展到镇域村村落落。从零零星星的种植移至广阔的田畦里大片地栽培，并渐成规模，形成特色。菜农们日出而作日落而息，世世代代躬耕于田，把白菜种植与美丽的自然节气相连，总结出了“处暑栽、白露描、立冬捆、小雪刨”（处暑定植、白露施肥、立冬捆扎、小雪收获）的白菜种植民谣，培育出了优良的白菜品种代表“唐王小根”。“唐王小根”亦称“菊花顶”，意即白菜的顶部如一朵盛开的菊花，唐王大白菜不仅味美质佳，而且还“貌美如花”！

唐王大白菜始终以黄心绿叶薄帮、高产极耐储藏、生吃脆而甘甜、

熟食纤维少而不粘等特色闻名遐迩，备受青睐。据《历城县志》(1990年版)记载："济南开辟商埠前后(1904年)，大白菜来源一靠桓台，二靠唐王。后因唐王蔬菜迅速发展，距市区近，运输方便，已占领济南市场"。镇上的老人们回忆说，解放前，唐王大白菜名气已经很大，曾销往东亚各国。主要经由小清河鸭旺口航运码头运往羊角沟进渤海湾销往东亚及世界各地。原来那时，唐王大白菜就走出了国门，走向了世界！

20世纪七八十年代，计划经济时代，因蔬菜需求量增加，大白菜种植规模也迅速扩大。1984年时，镇域白菜种植面积达3.7万亩，上市量达8000万公斤，占济南市大白菜上市量的70%以上。当时，济南各大蔬菜公司均在唐王设有白菜收购点，有南门菜场、共青团路菜场、大明湖菜场、万紫巷商场、老东门菜场等20余家，来唐王拉运白菜的车辆川流不息，那场景甚是壮观。唐王大白菜誉满泉城，成为市民冬春季不可或缺的"当家菜"。

就像那首优美动听的歌中所赞："弦一拉呀，唱起来，唱一唱俺唐王的大白菜，叶儿鲜味道美，棵棵大得逗人爱。唐王的白菜是俺历城的宝啊，家家户户离不开……汽车拉火车载，送到那北京和上海，唐王白菜送遍了全中国呀，菜农心意传四海……"彼时的唐王大白菜可谓一枝独秀、美名远扬！

大白菜与我自小结缘，不论是听到它想到它还是看到它，都是那样的自然亲切。我是在白菜的陪伴下长大的，我的生命里有它给予的滋养！关于白菜的记忆，永生难忘。小时候放学，飞奔回家，父母已经炖好了白菜等着弟弟和我。那香香的白菜伴我度过了一个个漫长的冬天，也走过了那幸福的童年。每每想起，眼前总会浮现出父母慈爱的笑脸，总是禁不住泪流满面！哦，亲亲的白菜！

大白菜香甜，栽种起来并非易事。从开始育苗到白菜收获，须经立秋、处暑、白露、秋分、寒露、霜降、立冬、小雪8个节气，这几个月间，菜农对待白菜就像哺育自己的孩子，细心呵护。等到白菜丰收，又喜忧参半，因会遇到卖菜难，卖菜时已是数九寒天，等白菜卖完已到年关。每一棵白菜都凝结着菜农乡亲的心血、汗水还有道不尽的辛酸。

记忆中庄稼地里的玉米还青葱碧绿，父亲便拿着镰刀砍倒地头的两畦玉米，腾出一块空地，松土整平再用铁耙搂细，母亲便把白菜的种子均匀地洒下。以后的每一天父母都去田间，看出苗全不全，然后浇水、间苗、拔除杂草……当盛夏渐远，秋色弥漫，处暑节气已到，开始定植白菜，来到田野，忽然发现，空地上的白菜苗长成了白菜秧，就像一个小小的婴孩长成了一个惹人怜爱的小姑娘，穿着绿色的衣裳羞羞赧赧，左邻右舍相互帮忙，抓垵、浇水、栽植，一直忙到太阳落山，但见那一棵棵的白菜秧整整齐齐地坐到了田畦上……接下来是滤白菜，让它缓苗。当我还睡眼惺忪，就被母亲喊起滤白菜。于是乎又是全家出动，提壶携桶，拿盆带瓢，叮叮当当。我们小孩子足蹬雨靴，往来穿梭，舀水浇菜，一不小心就摔倒，引来一阵阵欢笑……等到“蒹葭苍苍，白露为霜”，为使白菜茁壮成长，又要给白菜足水足肥……当草木凋零，万物闭藏，忽至立冬节气，又用地瓜秧或稻草对白菜进行捆扎，为的是让它结实包心、免受冻害侵袭……父老乡亲就是这样起早贪黑，日日辛劳，希望那一棵棵白菜长得如蜜一样的甜，如花一样的美……“小雪到，白菜刨”，在乡亲们的精心呵护下，一棵棵白菜白似玉脂，色如翡翠，长成了喜人的模样。那时，每家每户都种有四五亩白菜，蔬菜公司运走一部分，剩余大部分要到集市零卖。为了卖个好价钱，要去较远的集镇。记得那时，父母白天把白菜收拾干净，装到车上，盖上棉被。然后带上干粮，拉起白菜车，半夜就出发，赶到集市时天刚刚亮。可白菜并不好卖，时为寒冬腊月，寒风刺骨，但仍希望冰冻三尺，大雪飞扬，正是“心忧炭贱愿天寒”的心情。

随着经济的发展，蔬菜品种琳琅满目、丰富多彩，但并未影响人们对大白菜的喜爱，白菜作为“蔬菜之王”的誉称不会更改。

白菜性味平和，大味至淡，如若文人淡泊之心境。自古以来，文人墨客对它情有独钟，赞美有加。或吟诵成章，或让它入画，普普通通的白菜竟然是这般高雅。

南朝齐人周颙，清贫寡欲，独处山舍，甘心吃素。有人问他：“菜食何味最胜？”颙曰：“春初早韭，秋末晚菘。”晚菘即大白菜；南宋诗人陆游写有一首《菘园杂咏》：“雨送寒声满背蓬，如今真是荷锄翁。可怜遇事常迟钝，九月区区种晚菘。”晚年的陆放翁，头戴笠篷，荷锄冒雨种菘，倒是悠闲从容，不过，他种的白菜的确是迟了点；“白菘类羔豚，冒土出熊蹯。”“人生有味是清欢”的大文豪苏轼，把白菜比作羊羔和难得的熊掌，想来有些夸张，但足见他对白菜的喜爱……我当然也是最喜欢吃白菜，特别是母亲炖的猪肉粉条白菜，我百吃不厌。看来，不管是古时文人雅客还是我等凡夫俗子，皆把白菜作为百菜首选，正是：“百菜唯有白菜美！”

俗语讲：“鱼生火，肉生痰，白菜萝卜保平安。”白菜药食兼备，富含多种维生素、矿物质。故此，请君多吃唐王大白菜！

当雪花飘飘的时候，喜欢炖上一锅白菜，满屋氤氲着白菜的香气，总会让人想起白居易《问刘十九》中“晚来天欲雪，可饮一杯无？”是啊，窗外飘着雪，和知己朋友小酌，一边品尝着白菜，一边静静地说话，该是多么美好的画面。

亲爱的朋友，当你远离家乡，在城市的某个地方，蓦然看到大白菜，你是否会满腹惆怅？是否会如晋代张翰引发莼鲈之思而想起自己的故乡？是否想起家中父母的白发苍苍？是否会热泪盈眶？

一次，我看到外乡的油菜花，突然想起了家乡的白菜花，那绽放在记忆中最美的白菜花。我从小喜欢白菜花，母亲一直记得。冬天白菜收获，母亲总是挑选出几棵个大的藏好。等来年开春，母亲把它们抱出来，切掉白菜上端，留下根部，然后栽入门前的空地里。当桃花红杏花开，一片春意盎然时，白菜花也在春风里灿烂绽放。每年的这个时候，母亲就给我打电话：“你喜欢的白菜花开了，快回家来看啊！”我立刻迎着春风、唱着歌儿回家。行至门前，明媚的阳光里，一丛丛的白菜花金灿灿地绽放，正弯腰浇花的母亲，抬头看到我，她的笑脸就像正在盛开的白

菜花……今年的白菜花又开了，可母亲却永远地离开了我，母亲啊，我知道您的那个世界也有灿烂的白菜花，我知道您还在牵挂着我，在这白菜花盛开的季节，我想起您又泪如雨下……

哦，美美的白菜，亲亲的白菜，你代表着家乡，蕴含着亲情，包裹着浓浓的爱！不论何时不论何地，那白菜的美、白菜的香，还有对白菜的爱，将长留我的心间！

历史在前进，社会在发展，我们的生活发生着翻天巨变。近年来，家乡倍加重视白菜生产，依靠科技进步，精心培育耐寒耐热早熟品种，一年四季皆有白菜上市，春夏秋冬均有白菜可食。唐王大白菜昔日曾一枝独秀，今日又四季芬芳！

2010年，唐王大白菜栽培技艺列入济南市第三批非物质文化遗产保护名录；2013年，唐王被国家果菜协会命名为“中国小根大白菜之乡”；2014年，在北京成功举办了以“品阅传承”为主题的唐王大白菜推介会；2016年，唐王大白菜亮相第十七届全国绿色食品博览会和第十四届国际农产品交易会，实现了由“地域名产”向“全国名产”的飞跃！

正是唐王大白菜，美名扬四方！

深山实现村村通　农民奔向幸福路

于　庆

经过连续奋战，2004年7月，地处南部深山中的西营镇全面完成了公路“村村通”建设工程。整个工程共20条道路，总长71.88千米，涉及全镇32个行政村，总投资3000余万元。这是西营镇历史上投资规模最大、工程战线最长、建设速度最快、建设质量最高的一项工程，是西营道路建设史上的一座丰碑。从此，饱受行路难的农民群众沿着条条平坦大道向小康迈进，四通八达的山乡公路成为农民群众的致富路、幸福路。

期盼修路

“村村通”工程实现之前，西营镇各村虽有道路，但主干道等级低、路况差，由于年久失修，三四米宽的路基上那层薄薄的沥青经过多年的雨水冲刷、车辆碾压早已坑洼不平，农民外出赶集卖的水果运到集市上能颠坏一半。遇到阴雨天，道路泥泞难走，农产品运不出去，只好烂在地里，连小学生上学都要大人背着去。西营镇有丰富的旅游资源，由于交通不便，来这里旅游的人寥寥无几。农民“出行难”，农产品“出卖难”，景点“出入难”，成为西营发展的“拦路虎”。

农民盼修路，因为他们吃够了交通不便的苦头。党委、政府想修路，可仅靠镇财政每年300多万元的收入不知要等到何年何月。2003年，上级

每千米补助13万元的政策出台了，面对难得的发展机遇，全镇上下、干部群众修路的积极性空前高涨。党委、政府一班人横下决心，克服千难万险也要实现“村村通”，于是逐村考察，层层召开会议。镇党委、政府在深入调查研究、全面分析论证的基础上，研究制定了符合本镇实际的“村村通”实施方案。

筹划修路

作为地处偏僻、经济落后的山区小镇，建设如此宏大的道路工程的确是困难重重、压力巨大。为切实打好这场史无前例的道路建设攻坚战，镇上把“村村通”工程作为一段时期压倒一切的头等大事来抓，成立了镇党委一把手负总责的“村村通”工程领导小组，实行副镇级领导干部“包办事处、包村、包道路，包质量、包进度、包安全”六包责任制，全面负责工程建设任务。

“村村通”工程投资巨大，资金缺乏是工程建设的瓶颈。镇党委和政府、各管区办事处、各村广辟渠道，多方筹资。采取“五步走”的办法拓宽筹资渠道，保证资金到位：一是通过“一事一议”的办法，充分利用农民的“两工”自筹一部分；二是最大限度地向上级争取专项补助资金，向关系单位争取一部分；三是以地生金，对荒山资源丰富的村，采取荒山置换资金的办法筹集一部分；四是加大招商引资力度，由投资商赞助一部分；五是对工程款实行分期付款的方式缓解资金压力。启动资金到位，保证了工程按期开工。

为修路，几乎每个村的村干部都垫资掏钱。黑峪村党支部书记、农民企业家付贞溪一次就拿出20万元。听说村里修路，拔槊泉村李振海、孙传祥等10多位80多岁的老人自发组织起来，硬是将他们省吃俭用积攒下的2000多元塞到村支书手里。镇党政领导干部带头捐资筑路，全体机关干部、广大教职工、企事业单位职工纷纷慷慨解囊。

为保证工程质量，开工伊始，镇领导小组就制定了公开招标、投标制度，并对施工单位提出了“三统一”的要求。一是统一机械设备，全部采用TS500强制式砼搅拌机和排震、震动梁、磨光机，不具备上述施工设备的单位坚决不准参与投标。二是统一施工材料，严格使用山东水泥实验厂的“东岳牌”普通矿渣32.5P水泥，纯泰安沙和青石石子，并按施工要求进行合理配比。三是统一施工程序，路面完工后及时覆盖塑料薄膜，做好路面保潮，及时砌好路肩和排水沟，使道路得到更好的养护，延长

使用寿命。全镇20条公路全部面向社会公开招投标，由20个具备3级以上公路资质的施工单位中标。

齐心修路

2004年伊始，全镇“村村通”工程开展得如火如荼。各条道路施工现场车辆穿梭、机器轰鸣，开山的放炮声、劳动的号子声，天天在山谷里回荡。

领导小组成员坐镇指挥，靠上抓、靠上干，认真指导、督促、落实，每个环节都亲自参与。自全镇动员大会之后，他们牺牲了所有节假日、双休日，始终盯在工地上。副镇长李传忠身患重病，本该住院治疗，但他坚守在施工现场，直到病痛实在无法忍受，才被迫住进了医院。包路的副镇级干部、各办事处工作人员、各村干部、质检人员、筑路工人，冒风雨、战寒暑、昼夜苦干，始终奋战在施工一线，各村每条路口都设立了工程质量监督标志牌，实行副镇级领导干部对所包路段终身负责制。工程监理人员在把好质量关的同时，对每条道路的报建、预算、施工等各类资料进行收集和整理，确保资料完备。各村筑路工地上，党员干部身先士卒，群众纷纷拿起锹镐自发赶来助战，老婆孩子齐上阵，就连在外打工挣钱的村民也丢下好不容易找到的工作，毫不犹豫地返回村里出工出力。修路需要拆迁房屋，那可是村民苦心经营的“安乐窝”，但他们没有一句怨言。损失较大的要数黑峪村的付贞春、吴立斗、徐臣业等6户人家，修路前他们几家刚刚建起的新院落被全部拆除。

按照区里确定的6月30日前全面完成“村村通”工程的要求，领导小组督促各施工单位抓住雨季来临前的有利时机，采取“倒排工期、轮流作业”的措施，加快施工进度。承包道路的施工队伍也采取增加人力、机械设备或调换施工任务的办法，确保全镇建设任务按期完成。

“一条道路就是一座丰碑。”全镇最偏远、工程任务最繁重、施工难

度最大的王家庄是第一个立起丰碑的村。4千米的盘山公路，近百万元的投资对这个不足300口人的小村无疑是千斤重担。为节省资金，村里决定村民开山劈岭，出工整修路基，然后让施工单位铺设水泥路面。2004年初，该村支部书记王义贵发动全村男女老少一齐参战，在全镇率先开工。施工最艰难的时候，许多路段下面全是石头，得用炸药爆破。凿眼机一小时就磨平了牙，钢钎一天能磨去十几厘米，路基还没整平，大家的脸都变得黑呛呛了。人手不够，很多村民把自己的亲朋好友叫来一块干。王义贵没白没黑盯在工地上，常常是干到夜里12点多，4千米的施工路线，每天要跑几个来回，而且上下山连像样的路都找不到。5月30日，一条长4千米、宽7米、厚20厘米的高标准盘山水泥路在人迹罕至的崇山峻岭中建成了。这条道路的开通打开了西营镇通向泰安地区的南大门。

拔槊泉村海拔768米，是济南市海拔最高的行政村，全村200余人。前些年，村里唯一的交通工具是小毛驴，村里有些老人因为路难走，一辈子也没下过山。村两委抓住机遇，带领全村男女老幼硬是在山顶上开辟了一条长2100米、宽8米的"天街"——济南市海拔最高的一条水泥路。

榜样的力量是无穷的。各管区办事处、各村你追我赶、争先恐后，在保证质量的前提下，连续奋战，加快施工进度。天晴峪村支部书记刘庆朝连续60天盯靠在工地上，他家的大棚蘑菇烂掉了也无暇过问，造成了近万元的损失。东峪村村主任李秀平为修路累得又黑又瘦，路修通了，他却瘦了整整15斤。南坡村几十名劳力全都靠在工地上，干完三十干初一，工程干下来，每个人不知磨掉了几层皮、用坏了多少锨镐，而家中果树打药、小麦收割、庄稼除草等农活全是靠起早贪黑干的。6月初，林枝村完成了、李家庄村完成了、龙湾村也完成了……6月30日捷报传来，全镇计划修建的20条、71.88千米道路全部按期完工。

修路成功

短短半年时间，20条银链般的新路贯穿了西营镇的山山岭岭、沟沟壑壑。规模之大、速度之快、投资之巨、质量之高不能不说是西营道路建设史上的奇迹。西营镇这个全区最偏僻、财政收入最低的山区乡镇，何以能在半年的时间完成了有史以来如此浩大的建筑工程？回想起来，有下面几点体会可供借鉴。一是区委、区政府做强大后盾。特别是区里关于统筹城乡发展、从政策到资金向南部山区倾斜的决策，体现了对山区发展的极大关注、对山区人民的深切关怀，同时镇党委和政府充满信心，鼓足了干事创业的劲头，让全镇干部群众增强了建好家乡、加快发展的力量。二是靠区交通局等有关部门的大力支持和帮助。在西营“村村通”建设的每个工地上，人们都能看到区交通局负责人指导督战忙碌的身影，区委、区政府对南部山区的关怀在他们身上得到了体现。三是再次证明了西营人民是勤劳勇敢的。西营是济南著名的革命老区，战争年代，西营人民为革命作出了巨大的牺牲和贡献，建设“村村通”，他们拿出了当年打鬼子、支援前线的劲头和勇气。镇党委和政府一班人更是把建设“村村通”作为为老区人民办实事、办好事的具体体现。修路期间，镇党政主要领导深入管区办事处、村，深入工地，深入群众调查研究，及时掌握情况，为各村解决难题，为干部群众鼓劲。在“村村通”工程建设上，从镇主要领导到村干部群众心往一处想，劲往一处使，拧成了一股绳，形成了一股战胜一切困难的强大力量。

“村村通”建设促进了干部群众思想观念的转变，使古老的西营与现代文明拉近了距离，给西营带来了无限商机。“过去俺这里连自行车都得推着走，现在通了大客车，进城可方便了。”“俺家的果品不用自己摘就能卖出比原来高一倍的价钱，省工、省力又赚钱。”“以前要送小孩上学，现在修了路，孩子自己骑自行车就行了。”林枝村90岁高龄的田老太太这样说：“做梦也没想过俺这快进棺材的人还能走上这么好的路。”走在“民心路”上的山里人正在享受着“富裕路”带来的便利和喜悦。

“每逢双休日，城里人大车小车来西营看山玩水，农家乐空前火爆，有的农户一个周末收入就超过千元。”枣林办事处书记李吉刚说。

“过去，俺这山旮旯很少见到外来人，现在公路修通了，前不久，30多户城里人在俺村落了户，上半年村集体收入超过100万元。”黑峪村党支部书记付贞溪高兴地说。如今在西营镇像黑峪村这样受益于“村村通”工程的村庄比比皆是。

随着“村村通”工程的竣工，西营人民踏上了致富路和幸福路。

我亲历的对越自卫反击战

韩国师　于　庆

我们部队是1984年12月接到参加对越自卫反击战作战命令的。1985年3月10日凌晨1点，我们参战部队踏上了南下的列车，经六天六夜的行程，途径八个省市于3月16日傍晚来到昆明市，之后改乘汽车到达了疏散地域——云南省苗族壮族自治州。在这里我们根据敌情、地形和任务进行了两个月的战前训练，5月31日进入老山战区。

南疆战场概况

老山位于云南省东南方，这里一年共分两个季节——雨季和旱季。5月至10月为雨季，11月至次年4月为旱季。雨季炎热多雨，气温在38℃左右，最高达42℃，昼夜温差很大；旱季气温适宜，气候多雾伴有小雨，有时候连续一两个月见不到太阳。这里地形异常复杂，山高坡陡，平均海拔在千米左右，坡度在50—60度左右。山上是原始森林，林密草深，藤蔓缠绕，自然岩石洞很多。

由于地形复杂，交通不便，不适合大规模作战，只能化整为零，全线防御，小股出击。整个老山地区的防御战线约有100华里，有100多个阵地编号。阵地上不但吃水相当困难，而且蚊子、蚂蟥、老鼠多的是。指战员们除了经受敌人子弹、炮火的袭击之外，还要忍受炎热、饥渴、雨淋、蚊虫叮咬的折磨。由于缺水洗不了衣服，洗不上澡，多数指战员身上长满了疥疮，不能穿衣服，赶上敌人向我们袭击，只能赤身应战。

我们连队的战绩

我们连是步兵侦察专业分队，1969年在珍宝岛自卫反击战中曾荣立集体一等功。在南疆的战场上，我们继承和发扬了连队的光荣传统，参战期间圆满完成了上级交给的各项侦察和作战任务，为我军出击作战提供了可靠情报。

全连先后抵近侦察14次，渗透侦察3次，侧后侦察2次，阵地设伏72次，开辟通道34条（总长7.5万米），开设观察所8个，观察目标358个，排除地雷420枚，毙敌24名，伤敌2名，缴获敌枪支弹药大宗。另外还参加了“5·31”“7·19”“9·23”“1·28”4次出击作战。特别是在“9·23”出击作战中，连队中10名突击队员，配合步兵第七连英勇顽抗，奋勇杀敌，为全歼395高地的守敌发挥了重要作用。战评时我们连又一次荣立了集体一等功，其中的一个排也荣立集体一等功，5个班分别荣立了集体一、二等功，13人荣立一等功，23人荣立二等功，33人火线入了党。我们连的立功比例是参战部队中最高的。

党员形象看战场

6月20日，我们接受了抵近侦察、侧后侦察395高地的任务。经3个月的侦察，我们基本摸清了395高地的情况。3个月，90个昼夜！侦察员们不知克服了多少恶劣的环境，越过了多少险情障碍，经历了多少生死的考验！我们住的不是猫耳洞，而是草丛中、岩石下，有时两三天吃不上饭，喝不上水。往往是因一块压缩干粮谁也舍不得吃，干部们下令每人咬一小口轮流吃，可从这头轮到那头一点也没少，谁不知道自己的肚子饿得前心贴到后背，但没有一个忍心吃的；最后剩下半壶水了，谁都舍不得喝，同样也是从这头轮到那头一滴也没少。白天侦察员们顶着烈日的暴晒，口渴的实在不行了就把嘴插到腐烂的杂草底下吸点潮气；晚上冻得失去知觉，只好两三人抱成一团相互取暖。下雨时，党员们争着抢着给别人挡风遮雨；执行侦察任务时，党员们总是走在前边为战士们开辟通道。

战斗打响前夕，上级命令我们连组成一个10人的突击队。任务下达后，连里29名党员纷纷写了请战书，个个积极要求加入突击队，最后确定的10名队员中有7名党员，另外的3名也都递交了入党申请书。

9月22日，突击分队向出击地域出发。我突击队带领穿插班于9月23日晨5时54分提前6分钟到达指定位置。6点钟战斗打响了，突击队员们首先切断了敌军的电话线，炸毁了敌军炮火阵地，分两路向敌屯兵洞冲去。刚接近洞口时，敌人企图占领表面阵地，突击队员们以猛烈的火力封住了洞口。共产党员周秋波第一个冲到洞口将3枚手榴弹一块扔进洞中，当时就炸死了4个敌人，可他自己也受了伤。战友们为他包扎

时，他说："伤不重，我能坚持。"说着，他又冲向另一个屯兵洞，刚要把柔型爆破筒扔向洞内，被敌人发现了，三挺机枪向他开火，他的小腹中弹数发，但没有倒下。他以顽强的毅力把爆破筒扔进了洞里，一声巨响消灭了洞中之敌，而他自己也被爆破筒的气浪冲出去10多米远。抢救他时，他握着战友们的手说："你们一定要把我救活，战斗还没有结束，我的任务还没有完成，我家里有两位老人，还有个瘫痪的哥哥。"正说着敌人的一颗手榴弹落在了他们身旁，周秋波不顾一切地扑向手榴弹，战友们的生命保住了，而年仅19岁的他却献出了宝贵的生命。

战斗仍在继续，突击队员的第二路是敌排指挥方向，这里的敌人打得更凶更猛。5名突击队员中有3名身负重伤失去了战斗力，只剩下队长赵家昌和共青团员李兰华，他俩仍在坚持战斗。就在李兰华向敌人接近时，左眼被敌人的一颗子弹打瞎了，赵家昌赶紧给他包扎，他坚决不肯，

连续几次撕掉绷带向敌人冲去。行进时，他的腿正巧碰在敌人的暗火力枪口上，左腿又被打断了。赵家昌干掉火力点后对李兰华进行抢救，他还是坚持不肯，几次又把止血带扔掉，又拖着一根半腿，手里握着一枚加重手榴弹向敌人的洞穴爬去，终于把手榴弹塞进洞中。他的两根大腿又中弹数发，赵家昌第三次把他背到战壕里进行抢救，他说："我可能回不去了，如果你能回去的话，请转告党支部，我请求党追认我为党员。"说完，他第三次向敌人爬去……直到最后牺牲。在步兵出击分队配合下，经6个小时的激战，全歼了这个高地的守敌。战斗结束后清理战场时，战友们发现李兰华全身竟受伤100多处，周秋波的身上也受伤80多处，这简直令人难以置信，但这又是千真万确的事实！

在这次战斗中，突击队员们毙敌21名，炸毁60炮两门，切断敌电话线6根，打掉敌屯兵洞6个，缴获敌冲锋枪3支。

"人非草木，孰能无情。"共产党员有慈爱的父母，也有温暖的家庭。在个人利益和国家利益面前，他们选择了后者。

共产党员周秋波烈士，在战斗中是钢铁战士，是勇士，是英雄，可谁又知道他家里还等着他回去扛大梁呢。他兄弟两个，父母都已年近古稀，母亲得了胃癌，哥哥瘫痪在床，嫂子改嫁，留下一个不满4岁的小孩，这样的家庭能不需要他吗？在清理他的遗物时，战友们看到了他的日记本，首页上写着："敬爱的党支部：如果我在战斗中牺牲了，请转告我的父母和哥哥，我没能给父母尽孝，也没有照顾哥哥，请他们原谅。这5元5角钱是我的最后一次党费！"

共产党员张同宣在执行任务登车前收到了当教师的未婚妻的来信，他满以为给他带来信心和鼓励，可万万没想到信是和他断绝关系的。领导得知情况让他留下，他说："我能挺住，让我去吧！"说完就和战友们一起出发了。就在执行这次侦察任务中，为了给战友们开辟通道，他踩响了地雷，左腿被炸掉了，战友们准备把他抬下来，他坚决不肯。他忍着剧痛坚持了8个小时，直到任务完成。

共产党员吕登祥天天盼着做爸爸，光是给他还未出生的宝宝取的名字就有十几个。就在他牺牲25小时后，他盼望已久的小宝宝降生了。家人发来电报向他报喜，亲友们用挂号信向他祝贺，可谁会料到他已为国捐躯了呢！

荣誉面前不伸手

战斗结束后，我们要撤到二线进行战评。尽管参战的全体指战员都有功，但还是有一部分同志的名字不能记在功劳簿上。战场上吃苦流血，奋勇杀敌，现在领功受奖了，怎么办？一位老大娘的举动教育了我们。这位老人是山东泰安的，她老人家不远万里背着煎饼来看他已经牺牲的儿子，她在儿子的墓前整整坐了一天，眼泪都流干了，还是不愿离去。大家劝她走，她说：“俺年龄大了，大老远地来一趟不容易，俺要多和孩子坐一会，下一回还不知道啥时候再来呢。”面对这感人的场面，党员们首先提出让功，全体指战员也喊出了让功的口号。共产党员鲍自强在评功会上说“我们都是出击395战斗中的幸存者，功劳应该属于那些英勇牺牲的战友们！”

难忘赴四川抗震救灾的二十多个日夜

黄大河

2008年5月12日，四川汶川发生8.0级特大地震。这次地震是新中国成立以来破坏力最强的地震。“一方有难，八方支援”，地震发生后全国各地迅速掀起了抗震救灾高潮。根据济南市卫生局的安排，担任区卫生监督所副所长的我，作为“山东卫生监督总队济南分队”的一名成员，于2008年6月6日至29日，赴四川省绵阳市平武县南坝镇参加了抗震救灾工

作。我们的主要任务是接替第一批队员，在灾区开展饮用水卫生和食品安全保障工作。如今，10年过去了，但在灾区20多个日日夜夜的特殊工作经历，我仍然历历在目，难以忘却。

在余震中奔赴灾区

6月6日，我们这支由市、区13名卫生监督人员组成的队伍，在市卫生局一名领导的带领下，从济南乘飞机奔赴四川灾区。当天到达成都，住在机场救灾人员接待处。由于救灾形势紧迫，第二天早晨冒雨乘车赶往对口支援的平武县南坝镇。路过绵阳市区，由于唐家山堰塞湖的险情还未排除，市内所有人员全部撤离，绵阳成为一座空城。城外路的一侧绵延数十里停放着某舟桥部队的装甲车辆，路上不时有救灾救援车辆急驰而过，我们也渐渐感受到了灾区救援的紧张气氛。进入平武县后，路变得异常难走，路旁不时出现倒塌的房屋和被砸烂的汽车。我们车队行进途中遭遇了一次余震，山体一下滑落下来，山上不时有巨石滚落。但灾情就是命令，我们也顾不得路上的险情了，一路颠簸，冒着车子随时可能被巨石砸中的危险，经过抢险部队新打通的一条便道，终于在7日中午到达了汶川地震重灾区之一的平武县南坝镇，接替已连续奋战20多天的济南市第一批卫生监督救灾人员。

南坝镇位于四川省平武县腹地，四面环山，古称蜀汉江油关，海拔高度近3000米，山高坡陡，地势险要，紫外线照度强，昼夜温差大。地震后，由于桥梁坍塌和山体滑坡导致南坝镇与外界的交通完全中断，水电通讯也彻底瘫痪，成了与世隔绝的震后“孤岛”。当天下了一场大雨，雨后的抗震救灾营地泥泞不堪，大家站在泥水中经过简短的交接仪式，送走第一批救灾队员后，立即投入紧张的救援工作。中午无法生火做饭，大家简单地吃了自带的方便面，从下午2点开始进入负责的区域开展卫生监督工作。按照分工，我和单位另一名同事郭延春负责南坝镇街头片区和南坝中学的饮用水消毒、食品卫生、传染病防治等工作。

困难面前不退缩

在灾区的生活条件非常艰苦，我们和灾民吃住在一起。住的是临时搭建的小帐篷，睡的是不能翻身的折叠床，床下是潮湿的玉米地，因下雨多，帐篷内时常进水。由于气温高、湿度大、蚊虫多，夜晚难以入睡，让我们这些北方人简直难以忍受。6月中旬以前，因余震不断，山体滑坡，道路时断时续，救灾物资供应非常困难。我们吃的是自带的方便面、火腿肠以及集中供餐点供应的少量米饭和辣椒，基本没有蔬菜。大家嘴上不断上火起泡，晒得又黑又瘦，人都变了模样。

在灾区的工作环境也异常恶劣。震后的南坝，房屋多数倒塌，剩下的也都成了危房。晴天阳光暴晒，尘土飞扬，雨天遍地泥浆，泥泞难行。为了工作，我们冒着不断的余震和湿热的天气，在废墟中行进，在断壁中穿梭。余震掉落的砖瓦、石块时常与我们擦肩而过，稍有不慎，就会

有生命危险。从危楼中通过时，我们一人在外面“站岗”，另一人跑步穿过，把生命危险降到最低。除了不断地余震外，我们遭遇的一次堰塞湖决堤着实令人胆战心惊、终生难忘。我们的营地建在何家坝村边的一块玉米地上，紧靠着涪江，离营地不足2千米的地方就是文家山堰塞湖。6月23日晚7时30分，我们正在吃晚饭，突然有人边跑边敲锣大喊：“堰塞湖开了，大水来啦！”听到有险情，我们立即向东面半山腰转移，这时周围的灾民也都涌向半山腰。8点左右，只见巨大的水流咆哮而来，整个涪江水面大涨，顷刻间已接近坝沿。波涛汹涌，惊心动魄，只见被冲下的十几吨重的大铁罐，在水中像漂浮的易拉罐。两个小时之后，水流逐渐变小，险情解除，我们和灾民下山返回了营地。如果大水漫过涪江，撤退不及时，后果难以想象。

面对灾区生活条件艰苦、工作环境恶劣等重重困难，我们毫不退缩，不怕苦，不畏险，为了确保灾区无大疫，在饮用水卫生监督、食品安全保障等工作中，都出色地完成了任务。

让灾民喝上放心水

地震发生后，南坝镇环境遭到严重破坏，自来水厂和供水设施全部毁坏，灾民的饮水供应完全依靠自备水井和山泉水，水源一旦遭到污染，极易造成传染病的发生和流行。让灾民喝上放心水成为我们的首要任务。

我们负责的区域内共有饮用水源15处，其中水井9处，山泉水6处，用水灾民近4000人。我们每天徒步往返20多里，对全部饮水点进行消毒和监测。对饮用水余氯现场监测不符合标准的立即改进，有其他卫生问题的及时解决，以保证灾民饮用水卫生安全。有一天，我们发现一个饮水井附近不断有人倾倒垃圾杂物，如果水质受到污染，将直接影响500余人的饮水安全。我们将这一情况立即向平武县抗震救灾军地联合指挥部报告，并提出在水井周围20米内填埋新土，加强水源保护的建议，引起了指挥部的高度重视。负责现场调度的平武县副县长安排南坝镇政府立即按照我们建议，组织人员在我们的现场指导下，清理垃圾、填充新土，防止了水质污染。灾民颜在青家的水井供临时安置点300多人吃水，由于井口位置较低，周围各有一处厕所和猪圈，水源易受人畜粪便、生活垃圾的污染。我们指导村里抬高井口，加设井栏、井盖，让灾民定时集中取水，较好地保护了这一水源地。国家疾病预防控制中心的同志也恰巧在南坝镇工作，他们的检测设备先进。我们就主动和他们联系，寻求他们的帮助，请求他们对我们负责的所有水源地水质进行了全面监测，并将合格数据及时向群众公示，让灾区群众喝上了放心水。由于各项工作措施及时到位，在救援工作期间，我们的工作区域内没有发生过介水传染病，群众用水安全得到有效保障。

筑牢灾民的食品安全保障线

做好灾区集中供餐点和救灾食品安全保障工作，筑牢灾民的食品安全保障线也是我们救灾人员的重要工作职能。为此，我们每天都对负责的4处集中供餐点和6处救灾食品分发点的食品进行认真检查。针对灾民餐具消毒保洁意识不强、餐具消毒方法不规范等问题，我们根据当地实际情况，及时提出使用带盖的水桶浸泡消毒加强保洁的监督意见，还利用快速检测设备对集中供餐点的食品进行定期检测。6月9日上午，接到平武县军地联合指挥部电话，因下大雨南坝镇的救灾物资食品分发点进水，希望我们能根据雨后实际情况有针对性地加强监督并给予技术指导。我和郭延春立即赶往现场检查，发现分发点物品较多，食品摆放很不合理，储存大米、食用油和方便面等食品的账篷进水严重，20多箱方便面被水淹泡。我们马上同物资发放人员一起，对水淹食品进行了处理，要求物资发放人员将包装破损的食品立即销毁，同时对各类食品的储存进行了具体指导，有效地排除了食品安全隐患。与此同时，我们还针对灾民卫生防疫知识欠缺、卫生习惯不好的状况，多次培训责任区村、组负责人和卫生防疫人员，宣传食品安全、生活饮用水安全等卫生知识，还结合灾区实际，到救灾帐篷内，向灾民现场普及卫生防疫知识，提高了受灾群众和救灾人员的卫生防疫能力，取得了良好效果。

在24天的抗震救灾工作中，我们共消毒饮用水源、供水点300余次，检测水样185份，监督指导集中供餐点90余户次、食品分发点60余户次、自炊点300余户次，巡查临时医疗救治点70户次，确保了灾民饮用水和食品卫生安全，有效预防了灾区传染病的发生。

我们的工作得到了县救灾指挥部和镇、村领导及灾区群众的称赞，也受到了省、市的表彰和奖励。我被山东省卫生厅评为“山东省卫生系统赴四川抗震救灾先进个人”并记三等功，被济南市委、市政府评为

“济南市抗震救灾模范个人”，被济南市卫生局评为“支援抗震救灾优秀共产党员”。

这次抗震救灾的经历是难忘的，更是对我人生的一次洗礼。回顾在灾区的日日夜夜，面对难以想象的艰辛和困难，特别是面对生与死的考验，自己目睹了重大自然灾害的残酷无情，看到了灾区干部群众的自强不息，更体会到了“万众一心，众志成城，不畏艰险，百折不挠”的伟大抗震救灾精神。这种精神一直激励着我开拓进取、迎难而上，在自己的工作岗位上矢志不渝、不懈奋斗。

身边故事
SHEN BIAN GU SHI

改革开放40年，是中华民族伟大复兴进程中的“黄金岁月”，也是改变人生命运的“黄金岁月”。作为改革开放这一伟大进程的奉献者、参与者、创造者、受益者，每个人身边都有说不尽、道不完的精彩故事。这些故事或追溯改革开放时代的经济发展、城乡变化、生态改善、文化繁荣等的重大事件，或叙述自己的求学经历、家庭变迁、创业历程、事业发展，或反映吃穿住行游购娱、柴米油盐酱醋茶等平凡小事，有的曲折艰辛，有的苦尽甘来，有的苦涩深沉，有的情感真挚。将这些具有文学性、趣味性、可读性和史料性的小故事融为一体，可以唤起人们对改革开放岁月里求索、追寻和付出的难忘记忆。回眸发生在身边的这些故事，能够从不同侧面、不同视角传颂改革开放时代的伟大征程，讴歌改革开放时代的巨大变迁，这些都是为纪念改革开放40年奉献的一份真诚礼赞！

从家庭档案中感受时代变化

张定业　张新胜

孟繁志是全福街道黄台电厂居委会一位普通居民。生性仔细的他，把几十年来记载生活点点滴滴的东西收藏起来，小到一张购物发票，大到荣誉证书。1997年退休后，他就把它们分门别类，建立了一套“孟家家庭档案”。从他的家庭档案（1960年—2002年）中，我们实实在在感受到了改革开放时代的变化。

从工资条看生活“变迁”

在孟繁志的家庭档案里，有一盒收集了他1987年以来的大部分工资条，上面增长越来越快的阿拉伯数字印证了腰包是如何一步步鼓起来的。

他保存最早的一张工资条是1987年10月的，泛黄的工资条上记载着“实发工资152.30元”。他说，刚参加工作时，发工资不给工资条。1961年大学肄业的孟繁志到黄台电厂参加工作，第二年按中专待遇定级，月工资是37.70元，这个工资一拿就是16年，直到1977年普涨工资，他才从二级工提到三级工，月工资是44.42元。这是他第一次涨工资，增加6.72元用了16年时间。第二次涨工资是在1984年，一下子从三级工涨到五级工，拿的是61.63元，他高兴了好几天。

五十年代的户口簿

现在的户口簿

计划经济时期的粮本

计划经济时期的粮票、粮本

计划经济时期的布票

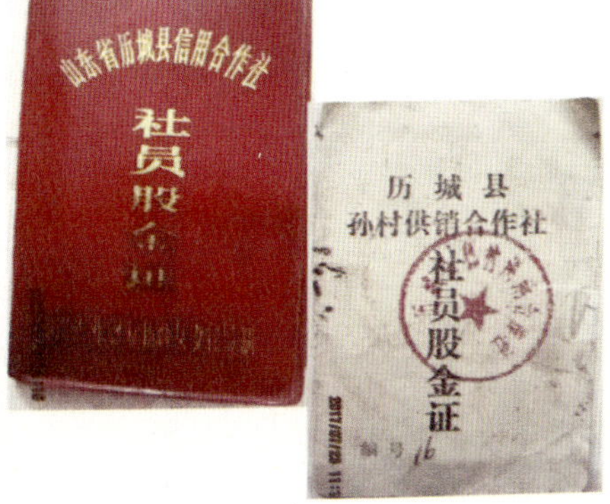

自1984年以后，工资就涨得快了。1987年，他的工资上了一个台阶，突破百元大关。他说按级别拿，不是涨一级二级就能拿到这个钱的。

1992年，企业开始推行用工、人事和工资3项制度改革，他的工资条也出现了技术工资、岗位工资和工龄工资的区分。1993年12月的工资条上实发工资已是550元，到了第二年5月这个数字变成725元。1996年

1月，孟繁志第一次拿到了4位数的工资，那个月他的应发工资是1064.90元，实发1053.30元。一年以后，1997年9月，也就是退休前领的最后一份工资，副科级的他应发工资已到1422.60元。

从几十元工资到突破百元大关，用了26年时间，之后，过千元工资关只用了10年；以前16年涨了一次工资，现在一年要涨几次工资。他说，这几年，最大的感受就是每次工资条上的工资比上次多，他已经习以为常；工资涨得这么快，自己都记不清了。

来自济南市统计局的统计数据也佐证了孟繁志的感受。资料显示，2001年济南市在岗职工的人均工资性收入达到11980元，这一数字在1989年是2037元，短短13年时间增长4.88倍，平均年递增15.91%，成为中华人民共和国历史上城镇职工工资收入增长最快的时期之一。

搬了四次家　越住越宽敞

30多年间，孟繁志共搬过四次家，房子从12平方米到100多平方米，从平房到楼房，面积越来越大，房子也越住越好。

1969年国庆节，孟繁志结婚，之前一直住单位简易单身楼，在他结婚时，简易楼早已住满，腾不出一间空房给他做婚房。他想尽办法，好歹托熟人，在北刘家庄从外单位倒腾了一间12平方米的平房，作为婚房。在这间斗室里儿子、女儿相继出生。他现在还保留着当年小平房的一张黑白照片，两张床之间放着一个小方桌，此外连插脚的地方都没有。

一家四口窝在小平房里，一直到1983年底。当时单位分房，他争取到了后陈家楼一套27平方米的平房，有了两间，一大一小，从里间到外间能走五六步，他高兴了好几天。就在这两间平房里，两个孩子逐渐长大成人，他就在大间里加了一张折叠的沙发。两个孩子都想睡床，不愿意睡沙发，为孩子争床的事，他没少生气。

在后陈楼一住又是11年。1994年，他们一家终于搬进了楼房。房子在黄台发电厂厂区三宿舍，二室一厅，55平方米，但依然没有儿子的房间，晚上还得睡沙发。

1997年11月，按照房改政策，他住进了厂区二宿舍一套总面积110多平方米的房子。后来儿子、女儿相继成家自立门户，老两口守着三室一厅的大房子，连拖地都成了累活。

他的两个孩子也都住得富富余余。本来有了一套房子的儿子，2002年3月又贷款买了一套三室两厅的商品房，一家三口光房子就有两套。女儿现在住的房子也是两室一厅。有时，一家人聊起当年争床的事，想想也不过十来年的工夫。

假介绍信见证"短缺时代"

在孟繁志的家庭档案中，有份发黄的介绍信，这是一张有着鲜明的"文革"年代特色的信笺。介绍信的内文是这样一段话："上海火车站：兹有我厂职工孟繁志系自上海来济南工作，需托运家具六件，请予托运

为盼。敬祝毛主席万寿无疆！”落款是“济南黄台发电厂革命委员会”，时间是“1969年7月7日”。

时至今日，孟繁志还清清楚楚地记得用假介绍信“骗买”结婚家具的前前后后。1969年，他与恋人王玉英准备结婚，结婚总得买件家具，可是转遍了济南城，没买着中意的结婚家具。后来，通过同车间一位上海籍的技术员，得知上海家具比较多，便托这位同事，让他在上海的岳父给帮忙买了一套家具。对方把孟繁志要的五斗橱、方樟木箱子、折叠椅等六件家具买齐后，到上海火车站办托运时，却给卡住了，火车站方面说，上海家具只卖给上海人，外地人买不给托运。

孟繁志老家在烟台，自己和上海不沾一点边儿，这可怎么办？他着急得不得了。最后，只好到厂里的革委会办公室，请求给开个是上海人的介绍信，好让上海火车站给家具放行。起初厂里不给开，但经不住他的苦苦要求，便让他自己拟稿，然后厂子里给盖了个公章完事。就这样，凭着这张假介绍信，总算买到了结婚家具。

孟繁志说，光置办这几件家具前后就用了一个多月的时间，六件家具包括运费在内共用了196.72元，这在当时已经算是不错的了。可在1997年，他儿子买结婚家具时，济南市满大街的家具，要什么样有什么样，儿子置办了近两万元的家具也没费什么事，和他那时比起来，简直是天壤之别。

家用电器“变奏曲”

孟繁志先后共买过四台电视机，每次更换电视机，家里的家用电器都会跟着上一个档次。

他用的最早的家电是一个处理的半导体收音机。他的档案里还保存有这个收音机的使用说明书，上面记载的是“泰山牌7202型七管二波段晶体管收音机”，制造厂家是“山东广播器材厂”。根据他的日记记录，这个收音机是在1976年12月24日在青岛中山路一家商店里买的，原价45元的收音机因为有点故障，他按25元的处理价买到手。这是他家的第一台家电。

1981年，孟繁志一家四口住在北刘家庄12平方米的平房时，当时开始兴黑白电视机，一到晚上，院子里的孩子就到外面找电视看。当时，一台电视机要三四百元，不是一般的家庭能买得起的。于是他就和院里的三个邻居商量，每家出100元，从朋友那里搞了一张电视机票，花了400元合伙买了一台泰山牌12英寸黑白电视机。这在当时，是一件很了不起的事情，院里的孩子们过节似的高兴。到了1984年，在搬到后陈家楼后，他花300元买了同样的一台黑白电视机，此时黑白电视机已经比较普及。八年后，家里添置了21英寸的泰山牌彩色电视机。到1997年，退休后，又花7800多元买了一直用到现在的34英寸海信彩电。

屈指一算，电视机换了三次，冰箱换过两次，空调换过一次。现在孟繁志的家里家用电器齐全，除了彩电外，冰柜、冰箱、全自动洗衣机、柜式空调等大家电一应俱全，厨房里的小家电是全套的，这些早已成了他和老伴日常生活中必不可少的一部分。

两代人的三次结婚旅行

过去叫“旅行结婚”，现在是“蜜月旅行”，别看词差不多，实际内容却是天壤之别。孟繁志跟子女们的结婚旅行比起来，着实大不一样。

他是在1969年结的婚，婚期定在国庆节。因为老家在烟台，单位在济南，婚礼压根就没办，说是旅行结婚，实际上是两头瞒，对济南的同事说，他是在老家结的婚，对老家的亲朋则说是在济南结的婚，目的只有一个，就是为了省钱。现在，他还保留着当年和老伴坐火车的纸板车票，上面的日期是1969年9月23日，从济南到青岛，票价是八元。他回忆说，到了青岛后，为了省钱，小两口住的是澡堂子，男女各在一间大

屋里，睡大通铺，一个床位是三角钱。只住了一天，第二天就从青岛回到烟台老家，也没有去别的地方，说是旅行结婚，实际上就是回了趟老家。他结婚前后所有花费加起来不到100元钱。

1997年孟繁志的儿子孟涛结婚时，他给了儿子5万元让他筹备婚礼。儿子的婚车用的是奔驰600，婚宴办了13桌，之后，又到海南岛、桂林、深圳等地玩了近20天。他大概算了下，儿子的婚礼仅婚宴和旅游就花费近1.5万元。

1999年女儿结婚时，因为到外地学习，女儿错过了厂里的集体婚礼，后来家里人一商量，怎么也得走出国门看看，老两口就陪着女儿、女婿到新马泰转了一圈，前后玩了16天，这一趟下来，四个人总共花了近四万元。

他还讲了一个笑话，说现在年轻人结婚流行拍婚纱照，老伴也很羡慕，于是就强烈要求他一起去补照一张。可他一打听，嫌花费太高，就没有同意去照，老伴自己偷偷地到商场让人用电脑制作了一张。

从大产房到温馨病房

孟繁志的儿子、女儿、孙子和外孙全是在济南市妇幼保健院出生的，对比孩子们出生时的条件，他是感慨万千。

儿子、女儿出生当天的月份牌，他至今还保留着，上面还记有儿子、女儿出生的具体时辰。儿子是1970年生的，当时老伴挺着个大肚子，从刘家庄步行走到了妇幼保健院。住的是集体产房，一个大房间有十多个人，出院时，他借了辆地排车，把母子俩拉回了家。他说，当时公交车还不多，更没有像现在满大街跑的出租车。

女儿出生时条件好了一些，他用自行车把老伴送到了医院，后来出院时，两轮地排车换成了三轮的人力车。等到孙子、外孙出生时，条件就大不一样了。孙子是1998年9月出生的，儿媳妇来回坐的都是小轿车，住院也不再是集体产房，而是一人一间的“温馨病房”，每天90元，冰箱、彩电、空调等一应俱全。2002年，女儿生孩子时，医院条件更是上

了一层楼，单间病房的费用是每天200元。

他说，过去坐月子，吃的营养品就是鸡蛋、老母鸡，除了产妇，其他人不准动。可现在，女儿坐月子时，压根就没有说买点营养品给补补，还是吃平常的那些东西，营养就足够了，现在平常的这些食品，放在过去，可都是上好的营养品。

恋爱季节

2002年，孟繁志与老伴王玉英结婚33周年，谈起当年谈恋爱的那段青春岁月，真是感慨颇多。

1968年，他经人介绍与在市里工作的老伴王玉英认识。那时候，他的工作单位黄台电厂在东郊农村，交通还很不方便。两个人要见一次面，都很难。有时要提前两三天写信，约好见面的时间和地点。有时也通过电话联系，可那时，电话很少，王玉英单位只有一部电话，放在传达室，来了电话，得让传达室的人到车间去喊，接个电话很不方便。有时候冬天遇上雪天，一个多月都见不上一次面，可还得谈呀，不谈怎么培养感情。等到两个人登记结婚时，王玉英才第一次到他的厂子去看看。结果，一到黄台电厂，从没有到过农村的王玉英就傻眼了，怎么是这么一个荒凉的地方，羊肠小道上走着的是驴车、马车。她心里就想，他去见她一面，可真是不容易。后来她还知道，两个人见完了面，他有时要走两个多小时的夜路，其中北园、全福庄一带全是荒郊野外，胆小的他就将一把水果刀打开捏在手里，给自己壮胆。这段弥足珍贵的青春岁月深深印在了两个人的脑海里，两个人也很珍惜，成为以后两个人共同面对生活的风风雨雨时一种内在力量。

孟繁志说，那时谈恋爱能看个电影就很好了，不像现在的年轻人，煲电话粥，用手机发短信，还动不动就下馆子，出外旅游，好事都让现在的年轻人摊上了。

从贫乏走向富足

翻看孟繁志的家庭档案，一个最直接、最深刻的体会是他们的生活一天一个样，几年一个台阶，真的是“芝麻开花节节高”。

在他发黄的日记本里，记下了1960年的一天：“8月26日，星期五，现在的主要问题是粮食，今天早上没有吃饱，中午没有吃饱，晚上没有吃饱。”他说，那时最大的愿望就是能吃上顿饱饭。到现在42年过去了，从吃不饱到吃得饱，再到吃得好，他们这一代人的肚皮最能见证祖国发生的翻天覆地的变化。老伴王玉英说，儿子小的时候，只有一个两角钱的玩具，女儿压根就没有什么玩具。而现在孙子大大小小的玩具堆了一屋子，而且动辄就是上百元的。1969年结婚时，孟繁志曾托人从外地买了一辆“东方红”自行车，一骑就是18年。而儿子几年的工夫，代步工具就从自行车，过渡到摩托车，又过渡到小轿车。比较生活的各个方面，他说，自己这一辈不如儿子这一辈，而孙子这一辈又是他的父辈远不能比的。

现在子孙满堂的孟繁志生活得很幸福，也很知足。他说，他的家庭档案还要记下去，要把祖国正在发生的和即将发生的变化记录下来，等到中国全面实现了小康社会，等到中国达到中等发达国家水平，那时候的生活和现在的比较起来，变化会更大。

我的“电话”故事

王瑞国

改革开放时代是国家电信业“革命性”发展时代。伴随着电信业的飞速发展，衍生了我的许多“电话”故事。

今年五一期间，我侄子带着他的孩子小悦悦来看望我。一进家门，小悦悦就嚷着要手机。手机到手，这个年仅五六岁的小家伙便视频通话、上网、玩游戏，操作起来得心应手。由此联想起自己小时候干的一件“愚蠢”事。20世纪70年代初，六七岁的我常到位于章丘县城的父亲工

作单位玩耍。看到大人们拿起话筒就能和看不到的人说话，感到非常奇怪。于是在强烈好奇心的驱动下，一天晚上爬窗悄悄溜进放电话的办公室，抓起话筒想看个究竟。没料到电话那边传来了一个女人的声音，问接哪里，我慌忙放回话筒逃到了办公室外。这时，电话铃竟接连响了起来。这还了得，颤抖的小心脏吓得跳个不停，赶紧溜之大吉。从此就再不敢动那“黑乎乎”的东西了。

20世纪80年代初，我毕业分配到历城十二中任教。学校教务处有一部摇把子电话，不过被装在木头盒子里，还锁上了一个铜锁，怕老师盗打。木头盒子的设计也颇具匠心，只露出电话的手柄来，可以接听但无法拨打电话。老师们有急事，需校长亲自打开锁才能使用。那时我家乡的村子里搞起了村办企业，为了经营方便，也安了电话，我家又紧邻村子的企业。记得有一次，我有急事想同家里人联系，便从学校往100千米之外的村子里打电话，结果一级一级地接转，足足等了一上午，也没动静。实在憋不住上厕所时，校长派人去喊我，说是电话接通了。厕所上了一半，加速度跑到电话旁，可能是接线员等不及了，把电话给挂断了，只得折腾了大半天坐长途汽车赶回家中。

1986年，我调到历城县委企业政治部工作。那时县直机关安装的是旋转拨号盘式自动电话机，每个单位电话号码都是3位数，单位之间通电话很方便，拨打对方的号码即可。我心想，县直机关就是比乡镇先进。记忆里，县委企业政治部的电话号码是646。但是同县直机关之外的单位联系还得靠总机转接。县里的总机有3个号，因为常用，我至今记忆犹新，分别是43921、46971和47931。由于总机总是忙，要通过总机和其他地方联系，或在其他地方接转县直机关的电话都得耐心等待。

从20世纪90年代初开始，电话“革命”的速度加快。邓小平南方谈话后，全国经济和社会事业进入高速发展时期，对电信业的需求越来越大，电信业也紧跟时代步伐，超常规、跨越式发展着。我在区委宣传部工作时的1992年，区里几大班子和包括区委宣传部在内的重点部门安上了程控电话。程控电话可谓是电信业发展新的飞跃。只要对方也是程控电话，不用通过总机接转，直接拨号就可以相互通话了。虽然区委宣传部只有一部，但工作上的内外联系可就方便多了。当时山东大学胆子大的学生经常跑到宣传部办公室以找人为名偷打电话，无奈部里加强了对这一程控电话的控制。随着市场经济的飞速发展，对电话的需求越来越大，电话的“革命性”进程也迅猛发展，到2005年，济南市固定电话号码已升至8位，自己的电话簿也随着更新再更新。

“大哥大”的兴起是20世纪90年代初期的事。有一次，我到一个镇出差，镇上的主要领导好像有些“显摆”。明明办公室里有座机电话，但他

偏不用，故意手持“大哥大”来回走动着放高声音同对方通话，还无不自豪地说，买一部“大哥大”要10000多块钱，一年电话费也要10000多块钱。那时手持“大哥大”端坐在办公桌旁目视远方的“工作照”可是身份和荣耀的象征。自己也遐想，什么时候俺也能用上这半头砖大小的玩意威风威风。

此后不久又兴起了寻呼机。先是数字的，后是汉显的。由于宣传部材料多，时常需要加班加点赶材料。领导为了方便“寻”我，先给我配了一个摩托罗拉数字机，只要一按寻呼机号，屏幕上就显示出电话号码来，得立即找电话回复，以免误事。记得有一天夜里，一阵急促的寻呼机铃声将我从梦中惊醒，家里没有电话，怕领导有急事找，慌慌张张跑下来去找公用电话回复。结果，对方按错了键，我白花了一块钱，还搅得半宿不能睡觉。后来领导又下血本，给我配了一部摩托罗拉汉显机，号码挺靓：126、128—0066188。有人找我，把内容说给寻呼台，就能显示具体内容。这下领导“寻”我更方便了，一有事就呼我，我一接到信息就得立马跑到办公室去加班。那时候年轻，也想“嘚瑟”“嘚瑟”，天天将擦得崭新的汉显机挂在腰上，故意暴露出来。害怕丢掉，还系上一条金黄色的细链子。在人多处，无论有没有信息，时常从腰上取出来看看，越是人多时就越盼着有铃声，以招来众人羡慕的眼光。那心态简直和当年手持“大哥大”的镇领导差不多。

最初家庭电话的安装可是一件时髦的事。尽管价格高也没大用处，就和现在的工薪阶层住别墅、开奔驰一样，纯粹是打肿脸充胖子。为了赶时髦，1994年，我将父母分给自己在老家的老房子卖掉后，交了3000多元的初装费，等了3个月，也安了一部，但安装后，十天半月也用不了几次。那时的3000元可不是一个小数字。老房子外加0.4亩地的院落才卖了1万元，区政府驻地的房价，中档的也就每平方米七八百元，安一部电话能买四五平方米的房子。最近，老家的一位同学打电话告诉我说村里要搞旧村改造，有老房子的在外人员能分到100平方米左右的楼房，得值五六十万元呢！想想就后悔不已，若不安那部“破电话”，现在不就白赚五六十万元钱了吗？看来赶时髦、虚荣心这些负能量的东西能给人们带来惨痛的教训。

电话“革命”的速度异乎寻常地快。到90年代末，再手持“大哥大”就是“土老帽”了。移动电话由大变小，功能多得让人眼花缭乱。1999年初，我调任区委办公室任副主任兼综合信息处处长。此时早已淘汰了“大哥大”、寻呼机那些笨重麻烦的东西。同样是为了“寻”我方便，领导用上移动数字电话后，便将他的一部七八成新的摩托罗拉掌中宝328C折叠式模拟手机送给了我。由于号码也很“靓”，到现在也能脱口说得出：9016818。有了这小巧轻便的半新货可就方便多了。用的时候轻轻打开翻盖，一按能和全国各地的人通电话，通完话“啪”的一折，装进兜里也蛮神气。当然领导给这东西可不是让你神气的，电话一响不管双休日、节假日还是下班后，得飞也似的跑到办公室去完成领导交办的事。记得2000年大年初二，我刚回到老家，想陪老父亲喝个酒，突然接到领导的电话，让赶回办公室准备全区三级干部大会的材料。无奈立即返回了办公室，带领综合处的小伙伴们一直加班至节后上班，难免案牍

劳形、筋疲力尽。不久全国数字模拟网逐渐停用，改用11位的移动电话。那时候用手机的并不多，选“1360531”号段的电话很容易，我便又选择了一部号码前7位为“1360531”的全球通移动电话，可谓鸟枪换炮了。后来有人说，这个号段就像在北京挂“京A”牌照一样牛，尽管觉得这话不靠谱，但心里还是美滋滋的。或许有点“京A”的虚荣心，当然主要是联系方便，这些年来，手机号码一直没换过。有人还说手机号码10年不换者便是十分令人信赖和可交的人。此言果然有道理。10年前，有位初中同学借了我5000元钱，迟迟不还。不好意思当面要，便打电话委婉地要，没承想，此后这位仁兄的电话号码反复变化，到现在连人也找不到了。我想，算了，不要了，他反复换号也不容易，可能还得匹配新手机。这5000元就算我送他的更新手机费用吧。

随着手机功能的不断更新，手机的型号、外观层出不穷。2003年，我在街道办事处工作时，因招商引资需要，见了一位日本客商。可能

“小鬼子”也喜欢“嘚瑟”，席间竟掏出一部可以拍照的夏普手机，操着半生不熟的中国话，让我们看他存在手机里的女儿照片。这新鲜东西立即秒杀了我手中的那部自以为时尚的彩屏手机。心想，啥时候也能弄个这东西，随意拍照，外出也不用提着那沉甸甸的照相机了。当时还曾突发奇想，除照相外，要是通电话时彼此能看到对方就更好了。这些在当时简直是遥远的科幻梦想。

可是没过几年，这些“科幻梦”竟接连实现，且手机的新功能远远超出了自己的想象，可谓没有做不到，只有想不到。两年前，我一狠心花4000多元买了部华为手机，先是用其基本功能，如照相、上网、微信、导航、视频聊天等，后来又学会了使用其飞速发展的新功能，进行网上支付和刷二微码骑摩拜单车、坐公交车。自己分文不带，手持一部智能手机，也能吃穿住行全无忧了，万能的手机简直

无能不能了。

以前手机是奢侈品，现在普及了，男女老少一人一部，有的人甚至两三部，在大庭广众下，轮换打、轮流看，而且各行各业的人士都能灵活操作。前几天，我在街上碰上一个老太太非缠着我要钱。我说没带零钱，这老太太竟递给我一个印着二维码的小牌牌，让我用微信支付。软磨硬缠非让我扫码，否则不让离开。不得已，我用微信支付了5元钱，才得以脱身，真让人哭笑不得。

最近美国制裁我们，限制我们用他们的芯片。我想这也不是一件坏事，在不久的将来，将国产芯片用在智能手机上，说不定能再次带来手机“革命”呢！我希望那时候的手机薄薄的且能够折叠成火柴盒大小，随意装在哪里都行；操作上别像现在这么麻烦，需要什么功能对着它说一声就行；至于新功能嘛，绞尽脑汁也没想象出来，相信制造商精明得很，为了吸引用户，制造出来的手机一定会更加智慧、更加高端，也能够给我们的工作和生活带来更多的方便、更多的精彩。

我的电话故事可能许多人都经历过，是改革开放才产生了这么多有趣的故事，也算是电信业“革命性”发展变化的一个小小例证吧。随着改革的深入，开放的扩大，有关电话的新鲜事必将越来越多，“电话”的故事一定能继续讲下去，并且会越讲越神奇。

“高考”成就人生

孟兆敏

作为年届“天命”之人，回顾曲折起伏、喜怒哀乐的人生经历，唏嘘嗟叹“人生不易”之余，最刻骨铭心地记忆还是被我辈人戏称为“小鲤鱼跳农门”的“高考”。

改革开放前，我国还是一个实行计划经济的农业大国，难以逾越的城乡二元体制、农村物质的匮乏，都令今天的“90后”“00后”不可想象。中考、高考成为农家子弟能够吃上国库粮、走向大城市的唯一起点和平台，它向面朝黄土背朝天的“泥腿子”切切印证了“知识改变命运”的

不二真理。1978年，恢复高考的消息传到广大农村，犹如天降甘霖，四邻八乡不论是正值毕业的在校学生，还是离校多年已挣工分的适龄青年，都拿起了生涩的中学课本，抱着“临阵磨枪不快也光”的心态，仓促上阵碰运气。只可惜，我们那个小山村第一年的考生全军覆没，我的两位姐姐也在这轮命运之战中败下阵来。此后几年，村里只零星考中了5名初中中专生。

当学长学姐为前途命运鏖战的时候，我还是一个从未踏入过城门半步、基本处于懵懂状态的10岁农家女孩。每天和小伙伴们抱着小板凳到四处透风撒气、以“水泥台”为桌的教室上课。放学后，大家都各自肩负着打猪草、拾柴火的生活“重任”。遇到夏、秋农忙季节，还要帮助大人干些拾麦穗、掰棒子、拾地瓜的小农活，晚上玩的是“捉迷藏”的儿童游戏。对于外界信息的了解，仅仅通过全家唯一的一台收音机和哥哥姐姐的语文课本来实现，听得最多的就是《岳飞传》《杨家将》，家事国事天下事于我而言，几乎声不入耳。至今还记得8岁那年第一次听说“电视”这个怪物时的新奇，当从同学口中得知：它能演电影、能提前预告第二天演什么内容时，大为惊叹，很想一睹究竟。以至于在一个夏季的黄

昏时分，光着脚丫在小河沟里逮鱼的我，来不及回家穿鞋，便跟随三四个大姑娘，翻越十几里山路，到党家庄驻军部队去观看《毛主席逝世》，虽然遭到父母一顿暴打，却满足了好奇心。由此可见，那时农村少年的世界格局就局限在那个三五百人的小村庄，对于外界是混沌无知的，对于理想和未来是没有想象和设计的。对于中考、高考更不知为何物、为何方神圣，只知道比我年长七八岁、十来岁的学兄学姐们为此挑灯夜战，为那一纸通知书望眼欲穿；只知道考中的欣喜若狂、扬眉吐气，从此可以离开黄土地、离开小山村，吃上国库粮、成为人上人；落榜的则一家人愁眉不展、垂头丧气，筹划来年再战。这些，也深深地感染着村里的老老少少，谁家的孩子考上师范了，谁家的孩子考上警校了，都成为老少妇孺茶余饭后津津乐道的重要资料，也激起了我们这些农村小屁孩儿对村外世界的向往和渴望。

我的高考之路是漫长而清苦的。这要从到历城一中求学说起。1981年，近郊农村已实行包产到户，多数家庭基本解决了温饱问题。这一年，我有幸考入离家30里地之外的历城最高学府——历城一中初中部，由此开始了中学6年的求学生涯。那时的历城一中，大门朝北，没有门楼，两扇铁门不算宽大，门右侧悬挂着“历城一中”4个大字，经过门口的唯一一条公路略显狭窄。校内还没有教学楼、宿舍楼，学生的教室和宿舍，老师的家属院，都是一排排清一色的低矮小平房。每个学生宿舍都是3间大屋，搁置了30多张上下层架子床，能够容纳六七十人住宿。食堂很小，没有锅炉，喝的是大锅烧的或馏干粮剩下的馏溏水。当时历城一中的学生大多是南部山区农家子弟，由于联产承包责任制实行时间不长，家家也就是填饱肚子的基本水平。尽管能够转粮食换饭票、吃食堂，但绝大多数学生还是从家里背干粮、拿咸菜。初中3年，自行车还是我们高攀不起的大物件儿，公交线路少之又少，每到周六周日，住校生不得不甩开两条腿往返奔波在回家拿钱粮的征途上。地域条件好的，离家近、道路平，到家能吃顿好的，带的干粮和咸菜也诱人可口；家住偏远山区的，道路曲折不平，翻山越岭走上两三个小时都是常态。家庭条件较差的，面对艰难谋生的父母，忐忑不安，羞于讨要，更不用说改善生活了。这些艰难和差异，在学校食堂体现得淋漓尽致。无论冬夏春秋，食堂的笼屉上一日三餐都展现着黄、黑居多、难以下咽的粗粮饼子和窝头，每顿饭啃干粮、就咸菜、喝白开水成了教室里的一道靓丽风景线。那时候食堂卖的不过是1角钱1份、飘着几点油腥的汤水白菜，但也只有极少数父母有工作的非农业家庭子弟常常吃得起。农家子弟攥着父母掖给的一两角钱，偶尔买上一顿菜就算奢侈了。时至今日，我手捧路遥的《平凡世界》，对孙少平饥肠辘辘的中学生活，依然是心有戚戚，刻骨铭心。但贫不夺志，清苦的学生生活，简陋的教学条件，农业与非农业待遇的天壤之别，非但没有阻挡住一中学子的求知欲望，反而让每个人的“高考梦”变得更加现实、更加迫切。

我的高考之路是幸福而充实的。从教学条件来看，37年前的历城一中与今日其盛况相比，如同实现了历史穿越的前世和今生。但有一点，是当时的任何一所农村联中都无法比拟的，那就是师资力量和敬业精神。向我们传道授业解惑的老师们，有毕业于“文革”前后、刚从运动中解脱出来的老一代大学生，学识渊博、治学严谨、爱生如子；有刚从正规院校毕业的年轻师范生，不知疲倦、干劲十足，与学生们互融互动、教学相长。任课教师各有特色，有的温文尔雅，不怒自威；有的循循善诱，春风化雨；有的活泼风趣，寓教于乐；有的满腹经纶，旁征博引，各科教学成绩都稳稳地排在全区前列。特别是班主任老师虽然是来自农村的单职工，上有老下有小、家庭负担沉重，但对待学生一片赤诚，不计得失、忘我工作，像我们的长辈和兄长。每当流感季节，他都从自己并不丰厚的腰包中拿出饭票，央求食堂为病号做炝锅面，为大家熬板蓝根；无论是三餐断顿儿的，还是缺衣少穿的学生，都不止一次得到他无私的接济和关照，那种至真至纯的师生情谊令人终生难忘，不忍辜负。学校生活紧张有序，而又丰富多彩。在校的每个清晨，天刚麻麻亮，住校生们要么排着整齐队列到操场跑操，要么一路飞奔爬娘子山，有时还到校外公路拉练。此起彼伏的“喊号”声，很快把同学们从睡眼惺忪的慵懒状态解放出来，酣畅淋漓的晨练结束后，大家都焕发了精气神儿，又为一天的紧张生活注入了新的动力和激情。中午时分，不过短短的1个多小时，报栏跟前挤满了啃着干粮的男男女女，看新闻、关注国家大事的习惯从这里开始发端。下午课外活动时间，男生们打篮球、踢足球，女生则有的做运动，有的为男生助威加油，也有的拿上书本到娘子山顶躲清静。晚自习结束后，躺在简陋的小床上讲逸闻趣事、小道消息，在疲惫中酣然入睡。在日常学习和期末统考之外，最富挑战的还要属大规模文体活动。无论是运动会、越野赛，还是歌咏比赛、文艺联欢会，都是每一个学生展示才华、平等竞争的竞技舞台，学习好的、差的都能在这里大显神通、独占鳌头，找回丢失的自信。它又是检验集体荣誉感的庄严时刻，台上的主角儿，为集体而战、为荣誉而拼，台下的看客，为胜利者喝彩，为失利者宽心，台上台下呈现出空前的凝聚力和战斗力，充满

正能量，学生们崇尚进步的强烈进取心、相互扶助的深厚友谊，在这些活动中得到进一步升华。劳动是历城一中赋予我们的重要一课。每年秋收时节，学校都组织高年级学生到试验田参加收割。1983年，正赶上学校建第一座教学楼，平整土地期间，每个班级都按照分配的作业面参加建校劳动。1986年，为建设娘子山电视信号塔，每位学生还往山上背了20块砖，我们用辛勤汗水见证记载了学校和周边环境的日益壮大和改善。

在历城一中求学6年，德智体美劳相得益彰的教学方式，为我们南部山区农家子弟提供了最完整、最系统、最正规的中学教育；造就了我们吃苦耐劳、积极进取，乐观向上、团结包容的优秀品格；也奠定了我们此生为人处世、安身立命的人生态度。一位多年从事教育工作的同班同学，在他撰写的《碎片如歌》中，将我们接受的一中教育盛赞为真正意义的“素质教育”，我深以为然。

历城一中求学是我和我的同学们一辈子的重要转折点，比获取知识更难能可贵的是，它在我们这些农家子弟由少年向青年转型的关键时期，及时指引了我们人生的理想和方向，超过一半的同学通过了高考检阅，迈进理想院校的大门，开始走向五彩缤纷的人生舞台。一批孜孜以求、忠于职守的教育工作者、律师、公务员、企业家和专家学者应运而生。回首这段难忘的人生经历，我们这些当年的丑小鸭、灰姑娘可以毫不夸张地说：我们是改革开放的最大受益者，高考彻底改变了我们的人生路！

如今，历经国家改革开放40年沧桑巨变，历城一中面貌发生了天翻地覆的变化，校园面积扩大了近两倍，数十座现代化高楼取代了一排排破烂不堪的小平房，曾被认为遥不可及的现代化设施早已成为标配，相比当年，学生的衣食住行更是天堂中的小康。这些不可磨灭的记忆和鲜明对比让我们坚信：伴随改革开放的深入推进，历城一中会越来越好，将有更多的莘莘学子从这里进入高考战场，迈向理想和未来！

照片背后的故事

赵　鹏

1978年12月18日至22日，党的十一届三中全会召开，确定了全面实施改革开放的政策。今年是改革开放40周年，翻阅着家里40年来一本本的影集，看着一幅幅已经泛黄的老照片，心中感慨颇多。

现代社会人手一部智能手机，想拍照可谓随心所欲，但是在20世纪70年代的改革开放初期，人们还不知道手机为何物，拥有照相机的家庭更是凤毛麟角。幸运的是，我的童年留下了很多相片，这得益于当时在历城县文化馆工作的父亲，他拥有一架上海产珠江牌120型照相机。虽然有照相机却不能像现在用手机或数码相机一样，想拍几张就拍几张那么随意，因为当时的120型老相机

的胶卷最多只能拍12张。

1978年，母亲、姐姐、二哥和我生活在农村，父亲在县文化馆工作，大哥在济钢工作，这种“一家两制”的形成缘于母亲。那是在1962年，国家鼓励有公职的党员带头回乡务农，支援农业建设。当时任小学教师、有着8年党龄的母亲响应党的号召，毅然放弃公职，离开教师岗位，到父亲的老家务农。能时不常地拍张照片，这让我在小伙伴面前很神气。他们眼巴巴地看着照片上的我，既羡慕又嫉妒，央求我说：“能给我们也照一张吗？”我一拍胸脯说：“没问题，包在我身上。”一个星期天，我把几个小伙伴叫到家里，玩了一会儿，对父亲说：“给我们几个照张相吧！”父亲笑着爽快地答应了。我们几个欢呼跳跃，父亲按下快门，几张快乐童真的笑脸定格在底片上，现在看着当年的老照片还是那么开心。

1985年，随着改革开放的推进，国家出台政策照顾家属在农村的干部，为其家属办理“农转非”。在县机关工作的父亲成为这一政策的受益者，从此，母亲带着我和二哥离开农村老家，享受“农转非”待遇，

来到了城里生活，让乡亲们羡慕不已。谁又能想到现在“非转农”成了香饽饽，划归高新区的老家土地已被冻结，不久的将来，老家及周边村子将变为空港城，每家都将获得拆迁补偿。我们这些当年享受“农转非”待遇的人，现在反过来又羡慕起能通过“非转农”受益的人。

1986年，我去北京游玩时，在天安门广场附近的一家商店，花130元买了一架日本产富兰卡牌135型相机。我用它在天安门广场、故宫、长城、颐和园等景点拍了很多照片留念。

1987年，我应征入伍，成为一名军人。有一年我回家探亲，大侄子看到身穿军装的我威武潇洒，非缠着要与我照相，4岁的他自豪地站在木凳上和我并肩合影。大侄子从小崇拜军人，每当看到电视上出现军人的形象，就会立即模仿军人正步走的样子。全家人看到他一本正经的样子，都被逗得开怀大笑。2003年，大侄子梦想成真，以优异成绩考入中国人民解放军空军第一航空学院。2007年，又考入中国人民解放军空军工程大学硕士研究生班，现在成为一名空军少校军官。改革开放40年，我们家出了两代军人，这让全家人倍感自豪。

1990年，父亲去深圳出差，花500元买了一架理光30D135型相机。这种相机是全自动的，不用调光，不用对焦距，只需按动快门就行，俗称“傻瓜相机”。用的胶卷能拍36张照片，但有时安放胶卷不当，就会因曝光而一张照片也冲洗不出来。1993年，我和未婚妻去上海、杭州、南京等地旅游时，带着这架相机拍照留念，却因胶卷挂在齿轮上不牢固，回来后到照相馆冲洗，一打开相机就曝光了，一整卷全废了，留下遗憾。

2003年春节，我花2600元买了一架佳能A70型数码相机，从此拍照不用买胶卷了，也不担心曝光了，而且对照片不满意还可以任意删除重拍。它与电脑连接后，可以把照片存储到电脑里。我唯一有点不满意的是，要用4节5号电池，需经常更换电池，有时拍得正高兴，电池却没电了，还得到处找商店买电池。

2008年春节，我又花3000多元买了一架卡西欧牌锂电池数码相机，解决了经常买电池的烦恼。这种锂电池比较耐用，用完再换上备用电池

就行。2G的内存卡可以拍800多张照片，而且具有录像功能，能一次录制12分钟的短片。一到过年过节，全家人聚在一起时，我就会用这架相机连拍带录，然后存储到电脑里，快捷方便，拍照成了一件乐事。

2018年春节，在浙江大学读研的小侄子用大学期间积累的10000多元奖学金买了一部尼康D810型单反相机，拍摄效果更上一层楼。

改革开放40年，我家先后买了6架相机，一架比一架价位高，功能也越来越先进、齐全。用这些相机，我们一家人留下了一张又一张不同时期的照片，这些照片见证了改革开放40年一个普通家庭的巨大变化。其中，我们家自1978年以来的全家福照片，在《山东广播电视报》《齐鲁晚报》《生活日报》及济南电视台、历城电视台报道过，还在2015年元宵节趵突泉花灯会上展示过。

如果没有改革开放的好政策，我们的国家就不会取得这么大的成就，也不会发生这样翻天覆地的变化。当今的中国已经走到世界舞台的中央，全世界都在为今日中国的发展巨变而喝彩。国富则民强，现在百姓的物质生活也越来越丰富多彩，我要用手中的相机，拍下更多更精彩的瞬间，让一幅幅美丽的画卷定格在我的镜头里，成为美好的、永恒的记忆。

风雨无阻“夜大”路

李 强

若论改革开放这40年对我影响最大的一件事是什么？那就是20世纪80年代在山东大学中文系3年夜大学习的经历。

20世纪70年代后期，党和政府开始提出“科教兴国”“实现四化”“重视人才”的口号，特别是恢复高考制度之后，更为无数被“文

革”耽误的莘莘学子提供了学习知识的机会。我是“文革”前的小学毕业生，中学就是在一片“复课闹革命”喧闹声中勉强读完。恢复高考制度后虽也参加过两次高考，终因底子薄、基础差而名落孙山。

那年代全国大中专学校的数量恐怕连今天二十分之一都不到，而能够考进任何一所大中专学校，即意味着成为“国家干部”，由国家分配工作。学校数量的明显不足，与无数渴望求学的青年形成巨大反差。于是，除稍微大一点的单位自办“七·二一”大学、职工业（夜）校外，根据国家要求兴办的各种业大、夜大、刊大、函大、电大（俗称“五大”）便如雨后春笋般兴盛起来。当时各工厂也明确要求，35岁以下的青工必须参加厂里举办的初高中文化补习课，成为“四有”新人。与其在厂里补习那些令我生厌的数学、物理、化学，还不如直接报考个电大、业大之类的学校呢！

忽一日，见得报上刊出山东大学夜大学招收首届中文系夜大生的消息，正可谓天赐良机。由于担心自己考不中丢人现眼，便悄悄地瞒着单位去报了名。随即，我利用业余时间，将所考科目参考资料浏览一番，好在所考4门课程中只有历史、地理、政治、语文，且招生简章强调“重点考察其语文分数为主”。虽说我的小学是在“文革”前结束的，但语文成绩一直不错。五六年级时作文就经常被别的班主任拿去，读给同学做示范。底气虽有一些但毕竟没有系统、全面的语文知识基础，然此时不拼搏更待何时？犹记得1982年6月的一天，在山大新校（今主校区）一间阶梯教室里坐满了850名考生。那天我穿一件工作服上衣进的考场，抱有一种“风萧萧兮易水寒，壮士一去不复返”志在一搏的情怀。

究竟能否考上夜大完全没有把握。考后历经一阵短暂而又忐忑不安的期待后，听本车间一位副主任悄悄告诉我：“你是不是报考山大夜大了？今天山大俩老师来咱车间搞你的外调了……”看来考上夜大这事有谱，但仍有小小曲折。因牵扯政治审查、学习时间能否保证等，尚需本单位把关、批准。我去找当时的车间主任王长龙，他却不同意，说：“这个、那个的都上电大、业大，都需要车间照顾，车间的工作怎么安排呢？这样吧，你去找找厂长，看厂长答应了，车间就同意你去。”没办法，我硬着头皮来到厂部，找到了从无往来的李恒福厂长，告知原委。本以为很可能要“黄”，不想李厂长很痛快地说：“你就告诉厂办傅主任，就说我知道了，同意去。”至此一颗悬着的心方才落地。终于迈进了夙寐已久、心向往之的大学校门。多少年后在英雄山文化市场我见到已退休的李厂长，仍心存感激，面致谢意，而至今不敢忘怀：若不是他的亲自批准，我的人生轨迹还将经历何种坎坷与磨难，还真难以预料呢！

夜大同学们来自四面八方。年龄最大与最小者相差20多岁，既有机关单位、厂矿企业、学校、医院等，又有部队现役军官。职务最高者或为当时担任团市委书记的焦连安，他下班后与我们一样急匆匆骑自行车奔赴课堂。

品味了知识盛宴。教授现代汉语的葛本仪（女）副教授讲到，现代汉语词汇丰富、变化多端，运用起来则需根据不同语言环境来准确表述，才能达到目的。如讲到词头词、词尾词时，她说：“‘老虎’，是一般人对虎的统称，但不能照一般意义上的‘老’字来理解，这里‘老’仅是词头词，并非年龄大的老虎；但倘加上‘小老虎’‘大老虎’形容词，便不难理解前者是小虎，后者是成年虎了……”朱广祁老师的古代汉语课则讲得由浅入深、语言诙谐、引人入胜，使这门古板、深奥的课程内容潜移默化地、似涓涓细流般滋润进我们这些极度渴求知识的青年学子心田里了。

风雨无阻求知识。尽管我们每个人都有自己的本职工作，即使路程再远、身体再累也得风雨无阻地去学习；实在出差在外、生病或有他事赶不过来，便会自觉地找邻座同学抄抄课堂笔记，以作弥补。如当年与我邻座的李建明（后调至济南广播电台成为著名主持人的“金山”）有事来不了就借阅过我的课堂笔记本。那一时期是真正完全意义上的“我要学”“我要认真、自觉地学习”，而绝非“要我学”“逼我学”之类。

不知不觉地3年夜大学习期满。师长们寄予我们这些老学生殷殷期

望，1985年7月我们首批夜大学生毕业，山大领导、教师、同学、工作人员济济一堂，合影于山大新校图书馆主楼前，至今我珍藏的毕业纪念册上时任校长、著名化学家、中科院院士邓从豪教授题词“铁杵磨针、滴水穿石、勤奋不懈、有志竟成。夜大同学毕业书以相勉”。前任校长吴富恒题词“自强不息”，戈平副书记题词“做有理想的开拓者，为四化贡献才华。”萧涤非教授题词“我闻夜大带职学习，一身两任，可敬可喜，为兴中华，苦求知识，祝君此去，自强不息”。蒋维崧教授题词“学无止境”，殷焕先题词“继续深造，建设四化兴中华”，高兰题词“学，然后知不足”等。

值得一提的还有，山大当年为了保证我们这些老学生专心致志地上课，不但为班上配备了1名专职辅导员（班主任），还安排了6名工作人员专门为我们班看管自行车、摩托车等交通工具。

沧桑巨变，往事如烟。36年后再回首3年夜大生活感慨良多。我真正走进和认识了大学。儿时总认为大学乃高等学府，高深莫测，心虽向往之却从未能走进它。年少时亦认定非一般人能考取的，倘能考进便是

“登龙门”了，可光宗耀祖。大学之“大”不在于它高楼大厦重重有几多，学子逾万可夸耀，而在于有没有堪称国内、世界一流的教授、学者及能否培养出出类拔萃的专业人才。通过毕业后，这些年学习写作的实践，体味最深刻的则是：进得大学来，也是借得一个台阶，入了门径，懂得了治学研究的方向而已。而若想在某个领域，哪怕一个非常小的领域上扬长避短、学以致用并略有建树，则必得博览群书，用知识不断充实自己。满足一纸文凭，浅尝辄止，则必将被飞速发展的时代所淘汰，为晚辈所鄙夷：“学，然后知不足矣！”

20世纪80年代，那是一个令人回味无穷的火热年代。中国改革开放的历史巨轮刚刚昂首起航，国家要富强奔“四化”，人民追求生活水平的提高，社会风气淳朴向善，没有“不敢扶”，青年人求知若渴蔚然成风。而正是这个年代里，我求学拿文凭、转干、娶妻、生子，成就了人生第一个“黄金时期”。

道不尽的变迁路

王瑞国

“要想富先修路”这句标语在大街小巷随处可见，反映了修路在致富奔小康进程中的巨大作用。道路的变迁恐怕是改革开放伟大征程中最大的变迁之一，经历过改革开放的每个人都有着说不完、道不尽的“变迁路”。

20世纪80年代初，我毕业分配至历城南部山区的一所中学任教。从学校到章丘老家不到100千米的路程，现在开车不到两个小时，而那时由于路况不好，加上途中几番折腾，一个单程就得需要大半天的时间，遇

上堵车得需要一整天的时间。回家时需从学校驻地三倒两转赶到济南中心医院以东的停车场，再乘车经老济青公路回家。那时济青公路虽然是省道，但远比不上现在的县乡道路，路面窄且路况差。特别是每次经过韩仓时，由于道路从村里穿过，济钢的运输卡车、公交车、拖拉机、人力车等各种机动车、非机动车汇集于此，几乎每次必堵且堵上几个小时是家常便饭。汽车好不容易挤出韩仓东行，又得经过曹家馆、十里堡、五里堂三个村，运气好时基本顺畅，运气差时“三连堵”。站立着挤在车上，受累不说，还得忍受着各种刺鼻难闻的气味，让你急不得、燥不得。可能“路怒”一词就是从那时兴起的吧。

省道103线从仲宫到英雄山路段的拓宽改造是20世纪90年代的事。此前，也就十几米宽的路面，店子岭、分水岭犹如两道“天堑”，一遇下大雪，汽车开不上去，道路封闭，人们只得“望岭兴叹”。有一年学校放了寒假，想赶着回家过年，岂料连降大雪，公交车停运。离春节一天天近起来，可是仍无汽车开通的消息，才20岁无依无靠的我，想念父母、归心似箭。眼看到了腊月二十八了，仍未通车，学校几位年龄大、住在北部的老师干脆背起行李，步行往回赶。我年龄小，又从小生长在平原地区，可没有“爬雪山”“过雪地”的勇气，只得赶紧买斤猪肉和几颗冻白菜，准备独自在学校过年。可能是老天有眼，大年三十，公共汽车开通，我连忙挤上开往市区的第一趟班车，几经倒车，费尽周折，总算在年三十的晚上赶回了家。

1986年，我调到历城县直部门工作。尽管比在南部山区工作时路途近了一半，但回家的必经之路老济青公路路况并无大的改善反而随着车辆的增多更加拥挤。记得1987年春节时，我盘算着坐公交车回家可能也得三四个小时，便和在济南工作的一位同乡商量干脆骑自行车回去得了。于是我俩早饭后骑自行车踏上了行程，骑了5个小时赶到了家中。非但没觉得累，心里还乐滋滋的：春节期间走亲访友也有自行车可骑了。

“要致富先修路”的觉醒始于20世纪90年代。始建于1990年7月，历经三年半，以历城为起点、经过章丘刁镇的济青高速公路于1994年初建成通车。在世界第一条高速公路通车62年后，终于见到了高速公路的“真容”，且从此开始享受高速公路的快捷了。多少年来，修路一直是各级党委、政府的民生工程。为提升老济青公路（省道106线）的通行能力，区里先是改建韩仓河大桥、对卡脖子的韩仓大街进行了拓宽，又于1993年11月至1994年9月对郭店至龙山桥路段进行了改造，新线路避开了曹

家馆、五里堂、十里堡等村庄，道路宽阔而平坦。从此再从洪楼回家可就容易多了，尽管那时还没有私家车，但坐公交车，无论走高速公路还是走济青公路，一个小时准能到家。

1995年7月，在区里的积极争取下，市、区着手打通济南南大门，实施了省道002线（今省道103线）分水岭至仲宫段改建工程。该工程由区里负责路基，市里负责桥梁、涵洞和路面。修路时将店子岭和分水岭两个“拦路虎”都爆破下落，路面宽23米，设计时速达到每小时100千米，是济南市第一条山区一级公路。为修这条路区里投资3500多万元。那时候区财政紧张，连续几年每年都让机关干部捐献一个月的工资。我深知修路的好处，更深知修002线这条路对南部山区群众的出行益处，因此每

次捐款都毫无怨言，主动上交。经过市、区道路建设者的日夜奋战，历时两年多，全长12千米的002线分山岭至仲宫段拓宽改建工程完工。在1997年国庆节前举行竣工通车典礼时，任区委宣传部新闻科长的我，组织了省市许多新闻单位前去宣传报道。看到新修的道路宽广平坦、畅通无阻，南部山区群众再也不会为出门而发愁了，自己也由衷地高兴。

洪家楼地区城市道路的变迁更是令人说不尽、道不完。我刚到机关工作时，城区内仅有花园路、山大北路、山大南路、洪楼南路等5条主要道路，且多数为断头路，总长仅有6.25千米，远不如现在的乡镇政府驻地的道路阔气。花园路在1路公交车终点站以东，山大南路在山大新校门口以东，洪楼北路在山大老校门口以北，山大北路在原区粮食局以东都是断头路。山大路两侧是排水沟，闵子骞路是一条几米宽的土路，洪楼西路还是一个农贸市场。什么二环东路、七里堡路、祝舜路等都没有踪影。二环东路以东是大片农田，道路也是羊肠小道。记得若去教育局、党校办事，需经过殷家小庄村里一条泥泞路，再折回北边，从区公路局门口往东，再转向东南才能到达，根本没法通公交车，骑自行车“晴天一身土、雨天一身泥、雪天常滑倒”。

1992年到1993年，区里配合市里硬是从北园大街以南“拆”出了一条东外环路（今二环东路）。记得修这条路的路基时，机关干部还到路上去填土，参加义务劳动呢。以后区里又投资新建了花园路东段、山大南路东段、山大北路东段，改造了北园大街东段和工业南路历城段等城区道路。

洪家楼地区路网建设是在成立城区4个街道办事处之后了。2002年，我在山大路街道办事处任主任时，区里决定自己出资改造山大路。但山大路的路政管理权为历下区，历城修路时，历下城管不时前来“骚扰”，今

天没收你的工具，明天赶走你的人，费尽周折，终于将山大路从山大南路到黄台南路改造完工。2003年，我任洪家楼街道党工委书记后，正值区里发动各街道办事处各显神通，修建、改造本辖区的道路，特别是街巷道路。山大北路从山大老校门口往北全是小吃摊点，脏乱差不说，还常常出现打架斗殴等治安问题，每次市里进行高校环境综合整治这里都是重点和难点。我向区里提出，把道路两侧的小平房扒掉，彻底打通这条路，一劳永逸，彻底解决这个问题。区里赞同我的想法，让街道办事处负责拆迁，区里负责修路。我便动员洪楼居委会收回了对外出租的房子，并将两侧破旧不堪的小平房全部拆除，彻底打通了这条道路。此后办事处配合区里或单独筹资，整治了花园路商业街，改造了花洪路、学府路、黄台南路，新建了七里堡路、洪兴路等道路。尽管在拆迁、筹资、施工过程中遇到了很多困难，但是由于修路是关系群众切身利益的大事，都较好地完成了任务。我还两次代表历城区在全市街巷道路、环境提升大会上做典型经验介绍，两任市委书记都到现场视察过洪家楼办事处的道路改造环境提升工作。

转眼十几年过去了，历城的道路变迁速度越来越快，城乡建设日新月异。二环东路上架起了高架桥，北园高架直达郭店，公路隧道穿山越岭，轨道交通开始施工，济青高速正在拓宽，济青高铁即将开通，济南机场多次扩建，城区道路不断延伸，道路的变迁真是让人说不尽、道不完啊！

走进历史的勤工俭学

张坤堂

20多年以前，“勤工俭学”在教育行业是一个热词，现在已经逐渐淡出人们的视线。在当时提出“勤工俭学”，是为了弥补教育经费不足，提高办学水平和改善教师待遇。我曾经参与过勤工俭学，又作为校长抓过勤工俭学，还作为一个见证人总结撰写勤工俭学的情况。我对勤工俭学有着刻骨铭心的记忆。

20世纪60年代初，正处于三年自然灾害时期后期，生产力极度落后，

庄稼几乎没有什么收成。那时我在村里上小学，人人背粪筐收集肥料，为的是让庄稼有个好的收成。学校也不例外，当时规定中学生每天拾粪10斤，小学生每天拾粪5斤。生产队也会从交的公粮款中拿出一点可怜兮兮的钱，补贴学校一部分经费。个子不高的我，第一次经历了实实在在的勤工俭学。天天早上，天不亮就前面挂着书包，后面背一个粪筐，手中拿着一张铁锨，犹如游击队员探雷一般。拾粪并不是简单的事情，早早起来，围着村子转，搜寻着动物活动的轨迹，不管是猪粪、狗粪还是鸡粪统统来者不拒。如果得到一堆牛粪，那是如获至宝，一下子就能完成任务。就算这样，还是时常完不成任务，只好把家中猪圈的猪粪挖出一些凑够数量。事情过去那么多年，说起来也有些好笑，可是当年的的确确就是这样。我记得还有一首诗反映我们当时的拾粪情况。诗歌是这样写的："小小少年背粪筐，走街串巷拾粪忙。不怕脏来不怕累，为的农业多打粮。"

除了背粪筐拾粪之外，还有一项勤工俭学的活动，就是随着时令采集一些山药材。每年到了六七月份，村后的槐树花儿盛开了，学校会要求学生去采摘槐米，晒干后交到学校。槐米不仅是上等的药材，也是一种天然的植物染料；不仅可以做食品色素，还可以做纺织品的染料。秋季到山上刨野茶叶根，也是一项勤工俭学的内容。小伙伴们手持一把小小的镐头，提着一个不大的竹篮向山上走去，那些生长在沟沟堰堰的野茶叶很多，刨出来的野茶叶根还有一股淡淡的清香。要趁着湿润把野茶叶的根剥离出来，一旦干硬了就难以剥下。有时候忙活一天送到学校的野茶叶根，还卖不到1角钱啊。就是这点微乎其微的钱，也能为民办老师补充一点资金，因为他们一个月的工资才5元钱。

后来，我有幸就读师范学校。在师范读书时也曾经参加过诸如学工、学农的活动。我记得，连续两年都到附近的一个村庄去搞麦收。虽然当时辛苦一点，可是我能承受。学校还是换取了几袋麦子为学生做成了稀饭，那麦香味至今还有记忆。

毕业分配，我留在机关。由于机关上没有房子住，就暂时住在一个学校里。这个学校也就是我后来当校长的那个学校。在这个学校里，我目睹了城市学校师生怎么进行勤工俭学的。学校附近有一家挺不错的企业，主要做脸盆、暖瓶等生活用品。其中，有一项非常简单的配件机器不能做，需要人工来完成，学校的师生就利用周末加工这种配件。有一天我问那位领着学生加工的老师，工厂会给学校多少钱？那老师悄悄伸出两个手指说，200多元！真是厉害，可以抵得上7个老师一个月的工资。我们那个时候刚刚工作才30元零5角。

工作十几年以后，我有机会做了校长。那时，当校长要一手抓教学，一手抓经济收入。学校原先加工配件的勤工俭学项目已经远远落伍，要有大的项目才能维系学校的正常开支。在20世纪80年代后期，国家拿不出更多的钱发展教育，因此提出一个口号，不仅要把教育做成事业，也要把教育做成产业。上级要求大力开展勤工俭学，80年代中叶，县教育局成立勤工俭学办公室，后成立学校生产管理科、校办工业公司，负责学校勤工俭学工作，督促各个学校勤工俭学工作的开展。在我去学校之前，学校已经有个小型印刷厂和蓄电池厂。当时，历城二中、一中还没有优化扩大，这个学校在当时是历城区最大的一所学校，有近2000名学生，100多名教师。学校虽然每年有四五万元的收入，可是还远远不能满足正常的教育教学开支和日益增加的教师待遇的需求。

发展勤工俭学怎么办，要想办法。那时候全民下海，发展经济，大街小巷都是商场、商店。学校便让老师集资利用学校的沿街优势建一处门头房。我们筹集了20多万元的资金，在当时就是一个天文数字。筹集这么多资金要有一定的胆量，如果一旦失手，不好向老师们交代。认真考察建筑队伍，精心审核每一笔经费，经过一年多的努力，460多平方米的门头房建成了。刚刚落成就有租赁者找上门，签订了一年十几万元租金的合同。总算是这个大的项目落地了，勤工俭学也有了光明的前景，再加上学校内部新开发的小项目，学校的收入在当时首屈一指。那时候，学校成为第一家配置电脑的学校，老师的待遇也是最好的。

随着改革开放的不断深入和社会经济的蓬勃发展，勤工俭学日渐式微，学校把主要的精力转移到教育教学上来了。

2008年夏，我有幸负责历城区教育志的编撰工作，特别是整理到勤工俭学这一段时感慨万千。有些数据令人唏嘘，从起初创办勤工俭学到1985年，全县勤工俭学收入3107万元。1986年—1996年，学校创办校办企业和大的勤工俭学项目113家，创收利润2.89亿元，这是一个多么大的数字，令人惊叹。在当时的确弥补了教育经费不足的缺口，促进了教育教学的发展，改善了教职工的工作生活环境。1996年以后，随着政府对教育投入的加大和教育重点的转移，各个校办企业先后停办，2006年就萎缩到10万元左右。是年，区教育局撤销了生产管理科。

随着国家对教育事业经费投入的加大，当年红红火火的勤工俭学终于完成历史使命，画上了句号。可是对当年那些做过勤工俭学的人们来说，却是永恒的记忆。

交公粮

段 维

父亲是村里庄外出了名的“老把式”。播种、收获处处抢先，扶犁、打耙样样不落后，就连那个时代，交公粮这第一要事也得抢先别人半步。

1978年改革开放以后，村里刚实行家庭联产承包责任制的时候，家里人口多、劳动力少，父亲是家里的唯一劳力。一个人肩负着全家人口粮田的耕种任务，但每到夏收的季节，他总爱赶在队里第一个交公粮。当时我还小，不知道为啥粮食丰收之后，总要先把最好的粮食上交到离家较远的镇粮站。

那些年，交公粮是一大难关。农村田地包产到户后，交粮以家庭为单位，一个乡镇往往就设一个收粮点，一个村交公粮的时间就限制那几天，如果粮食验收不过关，就交不上。每逢这个时节，交粮的时间紧，任务重，从乡镇到村大队，到村民片组、再到家庭，中心工作就是交粮。寒来暑往、岁月沧桑，随着改革开放的不断深入，父亲交公粮的情景也不断发生着变化，交公粮的场景仍历历在目。

记得有一年交公粮，那一天，天热得几近发狂，村主任在大队喇叭里通知交公粮。父亲是个急性子，事事都想往前赶。一大早，便把晒好筛得一干二净的小麦用麻包袋码好，然后拿自家的秤按“农民负担卡”的任务数称好。我问父亲：“粮站不是有秤吗？为什么自己要先称好？”父

亲小声告诉我："自己称称，心里有底。"说着，父亲便用农村特有的独轮车推到距离村子10里的镇上唯一的粮站交公粮。为减轻父亲负担，我就用绳子在前面拉拽，缰绳在我稚嫩的肩膀上留下深深的印痕，任由汗水顺着脸往下流淌，努力咬牙经过一段又一段坑洼不平的土路。好容易接近粮站，父亲打眼看过去，说："不好，还是来晚了。"此时，粮站门口排起了长龙，等我们跟上去，差不多已经在2里地开外了。望着蜗牛一样爬行的交粮队伍，父亲心里忍不住焦急万分。没办法啊，只能慢慢等吧！大家都想早点把粮食交上，虽然没有钱，那可是国家的任务啊，那时候交公粮对于普通百姓可是头等大事啊！大家见缝插针，用的大多是独轮推车或是板车，车上都是用麻包袋或盛化肥的袋子装的一袋袋粮食，把粮食交给粮站，我们就可以回家了。终于排上了队，当时验收粮食的人是个40多岁的中年胖子，他用钢钎把每个袋子都捅了一下。那个特制的钢钎中间是空心的，他捅过粮食袋子后，把钢钎熟练地往手里一倒，麦子就溜到他的手心里，搓一下，拿几粒塞到嘴里，咯吱咯吱地咬咬，父亲的眼睛直盯着胖子的表情。“好了好了，搬下去吧。”中年胖子一边朝爸爸说着，一边把咬过的麦子朝磅秤边的地下吐出去。好在这次验收很顺利，粮食过磅秤后，父亲亲手把一袋袋粮食往粮仓里搬。几趟下来，衣服没有一点儿干的地方了。虽然费了大半天时间，但粮食总算顺利交上了。粮站工作人员开具了一张红色收条或叫作证明条，拿着它回到村里就能销号。交完公粮后，我不争气的肚子早已饿得咕噜咕噜直叫，父亲从口袋里掏出五角钱，给我买了两个烧饼、一根冰糕，算是对我的犒劳奖励。我已经不记得那烧饼的滋味，只知道三口五口吞下去，心满意足地吃着冰糕，随父亲推着车子回了家。

截至20世纪90年代，随着耕作技术和粮食品种的不断推广和改良，小麦亩产大幅增长，加上家乡的路更宽阔平坦，有人买回了电动货车，父亲再也不用推着独轮车交公粮了。每到交公粮的时节，父亲只要用麻袋装好粮食，与左邻右舍相约着叫上一辆货车，“嘟嘟”一下子就到粮站。特别是到后期，粮站一改以前的服务观念，收购人员直接开到村里来设

点收粮。由于粮食多了，父亲每次都能超交公粮任务数，并能当场从粮站结算到余粮钱，丰收的喜悦溢于言表。

2003年，税费改革的春风吹进了家乡的小山村，国家有了新政策，给农民种粮补贴和粮食直补，农民种粮的积极性空前高涨。再后来，随着粮食流通体制的改革，粮食市场不断放开，出入村口的粮贩子总喜欢与父亲套近乎，想收购父亲的粮食。也许是受市场观念的影响，原来每次抢先交公粮的父亲，这次可不急于将粮食卖出去，而是挑讲诚信的粮贩、选择最优的价格成交。从装袋、打包、上车，父亲都不用动手。当粮贩将现钞交到父亲手里时，整个屋子回荡着爽朗的笑声。2006年以后，国家全面取消农业税，延续千年农民缴纳的农业税——公粮也成为历史，老百姓不用再交公粮了，国家由此进入改革开放转型新时期。

日子过得太快，如同按了快捷键，转身又是一个新时代。改革开放至今已有40个年头，历城也从过去的城乡接合部逐渐发展成为省会现代化中心城区。随着全区城镇化进程的加速推进，以前的乡镇早已变成现在的街道办事处。父亲所耕种过的土地消失了，我所居住的村庄已拆迁整合，人们的生产生活条件今非昔比，发生了翻天覆地的变化。父亲这曾经种田的“老把式”，与泥土打了大半辈子交道后，如今再也派不上用场。告别种地生涯的他也到了子孙满堂该享清福的年纪，岁月掩盖不了父亲沧桑的容颜，但时光所记录的“交公粮”的那个时代，却永远地铭刻在父亲和我的记忆中。

鸟笼扎出“正经事”

陈　芳

唐王镇王家坡村的手工艺人王传祥扎鸟笼已有40多年，而这门手艺在王家传承了100多年。王传祥将扎鸟笼这种别人看似玩乐的手工活，扎成了“正经事”，这一技艺成功入选济南市第五批非物质文化遗产代表性项目名录，王传祥成为这个项目的代表性继承人。

王传祥排行老三，1973年初中毕业就开始跟父亲王世举学着扎鸟笼。王传祥说自己算是选对了行，想不到读书不如兄弟姐妹，做起竹篾

活儿来却是心也灵、手也巧，扎起鸟笼来又快又好。很多工具都是自己琢磨出来的，用起来得心应手。

就这样，王世举白天下地干活儿，晚上带着儿子点灯熬油扎鸟笼，找机会就运到城市卖掉。凭着这门手艺，他不仅解决了全家老小的生计问题，还给儿子们置办宅院娶媳妇，那时是相当了不起的。在“割资本主义尾巴”的时期，王家父子的“扎笼”生意被视为“投机倒把”，爷俩只能偷着干。

改革开放之后，人们冲破了思想禁锢，小商品经济开始活跃。慢慢地，很多花鸟市场也名正言顺地开放了，王家父子的鸟笼生意也越来越繁忙。20世纪80年代初，历城农村实行家庭联产承包责任制后，土地划分给个人自行安排播种。王传祥此时也成了家有了孩子，他一盘算：种地不如做鸟笼划算，干脆把自家的地承包给别人，自己还是干老本行。父亲年事已高，开始颐养天年，王传祥从学徒变成了师父，妻子宋光英成了他的得力助手。

20世纪80年代初，唐王镇南边的郭店镇开始有南方商人倒卖竹料，王传祥就不用再去市里进材料了；到了90年代，唐王镇的蔬菜大棚经济兴起，需要大量竹竿，附近的竹料厂应声而起，他进材料就更方便了。王传祥两口子没日没夜地在家做笼子，除了吃饭睡觉，手上的活计就没断过，一天能忙活十四五个小时，最多的时候半个月做了11个鸟笼。两个人的手上都布满了老茧和竹刺——这是手艺人的徽章。

王家的鸟笼是纯手工制作，选料严格，工序细致，真刀真工雕刻，从劈竹片、浸泡、上锅蒸、晾干、定型、抛光到钻孔、扎制、雕刻，一个鸟笼需要大大小小400道工序，过程复杂繁琐，这样制作出来的成品质量好，结实耐用，时间久了竹篾上形成“包浆”润泽有光，越用越好看。

王传祥半个月去一次市里，一为给老主顾送货，二为发展新顾客。现在泉城广场东边的南门桥、英雄山、标山等济南各处花鸟市场，他都走了个遍。文化水平虽然不高，但是关于鸟笼的事儿他都烂熟于心。每个顾客定的笼子尺寸、规格、用途、花样各不相同，无须纸笔，他都能牢牢记在脑子里，下一次定然按要求分毫不差地送了货来。王传祥人也实在，不喜欢漫天要价、落地还钱那套做法，一对笼子说多少钱就是多少钱，真材实料不容还价。

辛勤的劳动换来了应有的报酬，王家的经济条件在村里一直都是数得着的，他家的收入甚至超过了当时在政府上班的亲戚，两个女儿也都靠他的手艺顺利读完了大学。

王家的鸟笼样式早前都比较简单，大多是平顶，笼圈无装饰。改革开放之后，人民生活条件渐渐好了，精神文化生活需求也随之多样化，养鸟人也琢磨着把自己的鸟从“毛坯房”乔迁到“精品房”，想要更精美的笼子。王传祥就开始尝试着在大圈和小圈上雕花，梅兰竹菊、琴棋书画、葫芦、寿桃、莲花莲藕、蝙蝠仙鹤，只要客人给了纹样，他都能雕出来；除了笼子主体的大圈、小圈，笼门、水门、底座的腿子也都雕刻成配套的蝙蝠、葫芦、寿桃等花样，后来这些工艺也都被同行纷纷借鉴模仿；笼子样式也更丰富起来，有画眉笼、鹦鹉笼、百灵笼、黄雀笼等10多种不同类型；笼顶造型有蘑菇顶的、馍馍顶的；笼身样式有圆形的、八棱的；有30厘米高的单层手提笼，也有可以抽拉的、高达2米多的4层"巨无霸"……原本普普通通的竹笼，在他手上成了艺术品。

王传祥凭借精湛的手艺和厚道的人品在济南各大花鸟鱼虫市场闯出了名声，因他在家排行第三，花鸟市场的老主顾都叫他"唐王老三"。多年以来，"唐王老三"俨然成了济南本地鸟笼的代表品牌。

1990年左右，王传祥做的一对普通规格的鸟笼，售价50元到70元不等（鸟笼一般都是成对买卖），而市场上卖得最多的青岛即墨鸟笼，50元可以买一套十个。老主顾都认可"唐王老三"鸟笼，有人买来养鸟，也有人买来收藏，王家鸟笼是市场上少有的可以回收的鸟笼，现在最便宜的也要五六百元一对。这样的好笼子，才配得起养鸟人视若珍宝的那些鸟儿。

好笼子当然也需要好配件，老主顾们都说，因为"唐王老三"的鸟笼这么精美，周边市场上的鸟笼配件——铜钩子、水碗、食碗都跟着提升了档次，太粗糙的东西跟这精雕细刻的笼子也不搭配。

王传祥卖的最贵的一对鸟笼售价8000元，1抽8棱，拉开1米多高，葫芦荷叶莲藕纹的笼抓，笼圈雕梅兰竹菊纹，笼门、水门、腿都雕莲花藕纹，倾注了他很多心血。如同父母思念远方的游子，王传祥对自己的得意作品也如数家珍、念念不忘。前几年，有位顾客从王传祥这里买了一对1200元的笼子，不久之后连鸟加笼子9000元转了出去。老王听说后，与有荣焉。

不过，"唐王老三"的鸟笼虽然在济南的花鸟市场叫得响，在本镇本村却鲜为人知。大概是因当地养鸟之风不太盛行，加之王传祥不是

在家扎笼子就是在市区卖笼子，只有周围几户街坊知道他干什么营生。2014年，《齐鲁晚报》的记者通过王家亲戚闲聊了解到王传祥和他的鸟笼扎制手艺，去花鸟市场采访了他。之后，《生活日报》等媒体也相继来访。济南市非物质文化保护中心的副主任李梅海看到报道后，意识到这是一门非常宝贵的手工技艺，恰恰是当前非物质文化遗产工作的普查保护对象，他立刻通知了历城区文化馆的非遗工作人员。区文化馆又通过唐王镇文化站辗转联系到王传祥，动员他申报非物质文化遗产代表性项目名录。2015年，唐王镇的鸟笼扎制技艺成功入选济南市第五批非物质文化遗产代表性项目名录，王传祥也于2016年成为济南市非物质文化遗产代表性项目的代表性传承人。

有了官方“认证”之后，王传祥的手艺人生骤然忙了起来。区文化馆为鸟笼扎制技艺印制了宣传画册、拍摄了专题片，积极推介这门原汁原味的民间技艺参加各级展览和比赛，上到全国非物质文化遗产博览会，下到区里的送文化下乡展览，从会展中心到校园、社区、村庄，经常能看到王传祥和他各式各样的精美鸟笼。频繁的活动也引来了更多媒体的采访报道。

现在，王传祥的笼子已经卖到全国十几个省市，北京、安徽、辽宁、内蒙古、新疆……老客户到了外地也念念不忘“唐王老三”的笼子，新客户通过网络等渠道看到他的信息，便通过电话订货。王传祥时不时就要大笼套着小笼一套十几个运到物流中心发货，日子越过越红火。

现在，不光是花鸟市场，对济南非遗略有了解的，都知道历城唐王有个扎鸟笼的王传祥。而王传祥，仍旧保持着一个乡土手艺人的质朴本色，在他的农家小院里一丝不苟地扎制鸟笼。

改革抒怀

GAI GE SHU HUAI

改革开放四十载，神州处处谱华章。改革开放是决定中国命运的关键一招。四十年逐梦前行，四十年砥砺奋进，中国开启了新的伟大历史征程，实现了从赶上时代到引领时代的伟大跨越。在这个伟大跨越中，每个参与者、亲历者、见证者，每个人和每个家庭的命运都与改革开放紧密相连、息息相关，每个人都有过燃烧的理想、激情的既往、曲折的心路、难忘的经历、细腻的情感。有的真诚表白“心情是多么豪迈”，有的娓娓倾诉“对生活是多么热爱”，有的为“改革开放富起来”感慨不已，有的为“意气风发走进新时代”欣然欢歌，有的为“高举旗帜开创未来”抒发豪迈。这些都是对改革的真挚抒怀，对生活的无限厚爱。“品读历城三十年”道出了历城撤县建区三十年的凤凰涅槃，“唐韵古风映新城”赞美了唐冶新区的成长足迹，“变奏的历城乐章”讴歌了历城的城乡巨变……这些都是时代的放歌、改革的赞美，凸显了对时代发展的无限关切、对历城振兴的炽热情怀。

变奏的历城乐章

林文钦

带着一颗安静的心，体验着城市的声音变幻，是别有韵味的事。

我所客居的济南历城，一直在声音的变奏中不断前行。想来，对于每一个经典的城市，它应有所处时代的声音表达，就像那些在历史中风化了的城市记忆，只要那些老历城人闭上眼睛想象一下，那时的民房、街道，然后感慨改革开放40年的变迁和生活的幸福。

作为一名70后，在与历城的一次次来往间，我的耳朵听到了城市在工业化进程中演唱着一首首不凡的歌。大小建筑工地，轰轰烈烈的挖掘

机和脚手架，指挥台上响起的开工哨子，太阳在头顶上威严地移动，天空中寂静飞过的鸽群……拆迁和重建，像在城市上空频繁吹响的起床号和冲锋号，而这种号角却在这里演变成了若干新的楼群、新的马路、新的公共设施。在这一过程中，历城的市政建设也由单一的号角演变成宏大的交响乐。

日复一日地，历城在周而复始地奏鸣时代乐章，车轮声、某种机械的轰鸣声、流行音乐以及各种人声组成的市声，这种繁杂的声音里面别有一种铿锵的力度，很像火车车轮向前奔跑时的音律，激发着人的想象力。我有时想，时代在前进的时候，不仅会留下万象更新的物证，在前进的过程里面也是有声音的，这种声音伴着光彩、热度、力度，在生活的海洋里全方位地播放。有时我心想，我们无法抗拒城市的喧嚣，这又何妨呢？历城所有的城市嘈杂和喧哗，不正交汇成一支现代摇滚乐么？

一个人独处时，我不由打量起历城——一个古老而年轻的城市，我聆听着它发出的声音，竟发现其中蕴藏的独特味道。那些消失的声音已

经永远消失，如吕剧、民歌小调、贩夫走卒的吆喝声，随着生活方式的剧烈变迁，渐渐成为老一代人的回忆。

“磨菜刀”“补雨伞”“箍桶哟”……这些城乡接合部最熟悉的吆喝声，它回荡于街头巷尾，带着最本土、最亲切的记忆，曾散发着过往岁月的芬芳。随着城市化进程的加速，传统的叫卖声销声匿迹，取而代之的是“有坏手机、坏笔记本修吗？”“有坏冰箱、坏空调修吗？”同时伴着“收购旧电脑、旧手机、旧热水器哟……”21世纪的经济浪潮风起云涌，城区的小街上又飘荡起一种新的吆喝：“收购旧桌椅、老家具、红木家具……”最有趣的是，吆喝声中夹杂着南腔北调，各具特色，抑扬顿挫。这声音听起来简直就是精彩的小品或相声，是一种原汁原味的艺术享受。

城市的蜕变需要漫长的过程，在这一过程中，我慢慢学会了倾听：城市的新生，正在市民身边。请记住城市生长的脆响和剥落，回过头去，在这些声音里，我们会看到一场独特认知的变迁，这是城市留给我们每一个人不一样视角的故事。跟着这多元化的城市声音，我们可以去探寻它的成长脉象。复式调的声音里，隐藏着城市的长和城市的深，以及与这个城市一起成长的文化。

夏日的某个清晨，我悠闲地步入百花公园社区，感觉到这里的声音悄然更换了音色。晨风中，社区广场上飘来了舞蹈旋律，退休大妈们在动感激情的《好日子》中翩翩起舞。富有音乐细胞的姑娘们，拉响了手中的小提琴，优雅的琴声掠过清澈的泉池水面。晨光抚摸着城市，树上早叫的鸟鸣，卖早点的叫卖声，又像是城市交响曲中突然插入的轻快小调，突然间让我精神一缓，心情随之放松。当日午后，我聆听了社区诗歌朗诵会，开场的一首《面朝河水，春暖花开》让人心旷神怡。想来，现代城市是复杂而和谐的，不同音色的声音组合在一起，传统文明与现代都市的交融，让我觉得这种声音是那么的遥远而凝重，却又如此的灵动而亲切。

作为城市的客居者，我的耳朵是有福的。在公共文化服务体系完善后，我在城市聆听的内容多了起来。我的听觉中，不再是多年前单调的地方戏和影视配音。当我充分打开自己的耳朵，敞开自己的心灵，所听到的不仅是天籁般的音乐声、朗朗诵读声和铿锵讲演声，更是城市文化拔节成长的声音。在新区地界上，文化大讲堂、打工文学论坛、新媒体展示周等文化品牌活动方兴未艾，吸引着我加入了“听讲座一族”，享受属于自己的精神生活。

或许城市的声音略显纷繁，而我仍用心去感受，感受那难以抗拒的诱惑。当我穿越历城的网状街区，城市就给我一种想象，这想象在我心中倒腾起一股热浪，使我无法抗拒对它的赞颂。是的，城市在声音中发育，如春天里的草根，所有的根须都张开了……充分伸展、膨胀、吮吸，你可以竖起双耳去听，听着她骨头发育的响声。

城市在扩展，建筑在拔高，这是发展年代必然发生的景象。像济南东站、文博中心等公共场所，它们发出的声音并不一定仅是动人的乐章。华山珑城工地的敲敲打打声、聚隆广场传来的电锯吱吱声、唐冶新城的车来车往声、花园路商业街扩音器的叫卖声……每一种声音，都增加了城市音响的分贝。而这些纷繁的景象，却又掩盖不了城市的休闲品质。在历城，这座被誉为“常回来看看”的城区，四处流淌着如葫芦丝般丝滑悠扬的声音。当你走过一个个茶馆、休闲厅、路边摊点，观察着每一个历城人安逸祥和的表情，每一个表情都是一个音符，共同汇成了这座齐鲁名城的淡雅之音。这种声音的节奏是慢的，乍听起来，有着说不出的慵懒，仔细回味，却发现在这慵懒之中，有着数不尽的安宁与恬淡。在细微之处，又蕴藏着无穷的变化，透出奇妙的城市灵气。我想，你会立刻就迷上这种声音，并情愿停下脚步，沉浸于此。

走在历城的大街小巷，迎面而来的是荡漾着五颜六色的笑脸，那争奇斗艳的姿势，像不谢的鲜花一样，盛放着欢欣的表情。

历城。历城。我默念着这渐渐崛起的北方城市，不由回想起她带给我的几个感动时分。

一次是2015年初秋。在山大体育场，大型助学公益义演文艺演出后的烟火表演。当时我拿着朋友的票去观赏。烟火打到高空中的隆隆的响声，人声一浪高过一浪的欢呼声，在那一刻，我像没有见过世面的小孩子一样惊奇地睁大了眼睛，仿佛看到只有梦中才可能出现的幻象。那样的光亮，那样绚烂，好像整个银河系的星星都落在了这一片上空，来自祖国不同地方的人群的欢呼，足以把一个人的情绪从头到脚都浇透成欢快。原来，欢快是不问来源的，更是不分地域、不分种族的，汹涌成了一个喜悦的汪洋。

另一次是在区文体中心看演出。我踏着厚实的红地毯，靠在宽大的座椅中，屏幕上正放映着“新历城，新形象”的宣传片。画面聚焦着各个民族的脸孔，汇集着齐鲁文化要素，这些鲜明的文化要素，分布在老街新城、院校民居，在新兴的创业园区，在城市的各个角落，相互融合，相互撞击，相互渗透，相互交汇，不断排列组合成一批又一批新的带有地方文化的要素，它们在历城这块得天独厚的土壤生根、开花、结果。

我的记忆中仍保持着一个画面，那是初秋的百花公园下了一场小雨，在寂静的午后，能听见雨滴打在树叶上的嗒嗒声。之前，我似乎从没有体会到“万籁俱寂”是个什么境界，就是到了柳埠森林公园去玩，也是大家成群结队的，到处充斥着人的声音。有时想想，偶尔真的一点声音也没有了，我还会很惊恐呢！待重新回到了市区的喧嚣里，才能暗松一口气。看来，滚滚声浪才是滚滚红尘最重要的组成部分。

古意而新潮的历城，她日新月异的发展汇成一首大型的交响乐，传扬一曲更新、更美、更好听、更动人的“新历城颂歌”。混合多种色彩的声音，记录了历城成长的历程，也融入了市民复杂的文化情怀。前日，我听在区广播电视台工作的朋友说，他将新区大街小巷录入的数十小时的声音重新剪辑编排再放出，在耳机里再现的是一个完全陌生的历城。从中，大家听到的城市声音并不枯燥乏味。通过声音的再现，那些被掩盖在“众声喧哗”里的城市细节，以及隐藏在声音背后的城市表情和情绪都别有一番滋味。

“历城，让明天的生活更美好。”这个目标离人们并不遥远，只是城市在发展进程中，要经历一些时代变奏。我要告诉你的是，城市的声音并不比大自然之声缺乏诗意，关键是你要练就一副善于聆听的耳朵。

品读历城三十年

郭永顺

1987年5月，经国务院批准济南区划调整，撤销郊区和历城县，组建历城区，我从郊区调历城区委宣传部任职，参加了在洪楼电影院召开的历城区成立大会，时任区委书记姬广文铿锵的声音，吹响了建设新历城的集结号。从此，我见证了建区30年发生的翻天覆地的变化：成功地开发保护了名胜古迹资源，建成了令人向往的省城后花园，把绿水青山变成了金山银山，全国林业现场会在这里召开。从一个城郊农业大县，蜕变成城市中心区，完成了凤凰涅槃浴火重生。我爱历城的青山绿水，曾在一首新春联中写道：“川有万顷皆碧水，山无一峦不鲜花。”

弹指一挥间，仿佛就在昨天，时过境迁，如今的洪楼电影院已经拆迁，取而代之的是宽阔整洁、绿草茵茵的洪楼广场。百年历史的天主教堂作为广场的背景，从过去的“藏在深闺人未识”，到现在与百年老校山东大学一起，将绰约的风姿完全呈现在世人面前，成群结队嬉戏的游人流连忘返，也是个健身的好地方。这仿佛就是历城建区的一个缩影，古老的历城焕发青春，诱人的南部山区绽放异彩，建设省城后花园的这一新思路，是一个历史性的突破。

记得是1988年，也就是建区的第二年，我陪同上海电影制片厂摄制组，到四门塔拍摄《潇洒济南》，他们对古老的名胜很感兴趣，尤其对神通寺遗址基座的砖雕“飞天”盛赞不已，称其活灵活现，惟妙惟肖。他们深深为这丛山中的名胜古迹惋惜，并以能把它搬上银幕而自豪。那时，四门塔景区一片荒凉，藏匿在泉子峪庄稼地里。当时我偶遇一位在市级机关工作、携全家出游的同事，他对我说：“我8年前就来过这里，没想

到还是老样子！一点也没变。”我也颇有同感，破落的旧貌依然，让我这个历城人心里很不是个滋味。

1994年，拍《历城走向世界》电视片时，我和摄制组走遍全区，把所有名胜古迹都拍遍了，历时一个月。齐鲁第一大佛、绣川红叶、东龙洞、八里峪，遍地都是美景，伴随着美丽的传说。那时，这些胜景大都隐没在荒草野坡之中，大家都深深感受到历城文物资源的丰富多彩，“历城有文脉，山水品自高”，像港沟的淌豆寺、大银杏树、云台寺，不论搁在哪里，都是难得的瑰宝。1995年，山东电视台《长河东流》剧组来港沟拍外景，看到那里苍松翠柏，小桥流水，草房石屋，导演赞叹不已，认为外景内景浑然天成，如获至宝，一直在那里把戏拍完。只是电力不足，请港沟镇架了一条专用线，字幕结尾对历城区表示感谢。

21世纪初，我随区文联到神通寺博物馆，参加新春联书法展，那是我第一次零距离接触新建的规模宏大的神通寺。历城区筹巨资修复了古

色古香的三大殿，我直到那时才知道，原来神通寺比四门塔的规模恢宏，是古代山东佛教中心。现在它香火旺盛，重新焕发了朗公寺的繁盛景象。九顶塔民族风情园，就更不是一个九顶塔能概括得了，现在九顶塔只是整个景区中一个标志性古建筑，而新建的民族风情园，则集各民族的风俗人情于一地，不出历城就能领略全国各地各民族的风情，园内景点错落有致，使人目不暇接。我陪一个外地亲戚去游览跑马岭野生动物世界，他动情地对我说："柳埠大山里还藏着个这么好的野生动物园哩，真是深山有宝。那就是你过去教学的地方吗？"我欣然点头，深感自豪。

随着历城建设"省城后花园"步伐的加快，红叶谷、九如山、水帘峡、金象山、辛弃疾纪念馆、蟠龙山森林公园、卧虎山滑雪场等，先后建成投入使用。在港沟，投资650亿元的万达文旅城，正在热火朝天地建设，初具规模，那荷花造型的建筑物，像是矗立在历城大地上的一个大花瓣，每年将有两千万人狂欢。经过投资者的精心运营和修建者的艰苦努力，众多景点魔幻般纷纷呈现在世人面前。投资者、建设者慧眼识珠，其远见卓识的决策，使我们看到了焕然一新的山区新景观，有些点石成金的梦幻感觉。与昔日旧貌相比，简直不可同日而语，颇有恍若隔世之感。省城后花园名副其实，即使来个"三日游，也游览不完，不能尽兴"。

在我的心目中，历城是一部书，一部厚重的书，一部耐读的书。我生于斯，长于斯，谋事于斯，相伴30年。尽管我走遍了历城的每一个乡镇和众多名胜古迹，无数次穿过历城的大街小巷，但我并没有读懂它。只知道它有秦砖汉瓦，唐松宋柏，有的是唐太宗东征的传说，而真正读懂它，则经历了很长的一段岁月，大半生的时光。我忽然发现，历城真的很美，魅力无限，它竟有那么深厚的文化底蕴，那么它的文化底蕴的魂魄，究竟藏在哪里呢？

历城的文化底蕴之魂，就在那一个个久远而美丽的传说里。一个地方传说越多，说明这个地方的文化内涵越丰富。历城的传说可谓多矣，

港沟、彩石，每一座山都有一个传说，西营、柳埠，每个村都有一段故事。唐王李世民东征、黄巢战死、檀道济唱筹量沙……那传说就像从荷叶边上，滑落下来的露珠，就像从瓦砖堆里，长出来的芳草，都是历城文化底蕴的写照。国家文化工程“民间文学三集成”中,《济南民间故事集成》，历城民间故事占了很大成分，就足以说明。

历城的文化底蕴之魂，就在区博物馆陈列的那一件件珍贵的文物里，一首首古诗词里。它自西汉设县，距今2100多年的历史，自古就有“齐鲁首邑”之称。就看彩石房彦谦墓碑上的书法吧，那可是唐代大书法家欧阳询的真迹，价值连城啊，连日本人也远道前来拓碑。那石碑后面有着动人的故事：唐初名相房玄龄的父亲房彦谦，一生为官，自奉甚俭，家无余财,《隋书》本传说他：“自少及长，一言一行，未尝涉私，虽致屡空，怡然自得。”本传中载其家训：“人皆因禄富，我独以官贫，所遗子孙，在于清白耳。”房玄龄遵循家训，后来虽位高权重，仍谨慎洁勤，从不矜其功，终得清白传世，成为一代名相。历城一道道文化的洪流，就这样传承下来，成为一盏盏不灭的智慧之灯。唐代大诗人李白，一生曾两次来历城游华不注，写下了《古风》(第二十)，高唱“昔我游齐都，登华不注峰。兹山何俊秀，绿翠如芙蓉”。把华山喻为绿翠芙蓉，既形象又逼真，使后世游华山吟题的诗人，为之动容。至今在华山的空气里，穿越时空隧道，还弥漫着李白诗的气息呢!

历城的文化底蕴之魂，就在小清河畔辛弃疾纪念馆里，在宋代著名词人辛弃疾的诗词里。辛词不是用笔写成，而是用刀和剑刻成的。他以一个沙场英雄和爱国将领的形象，留在历史上和自己的诗词中。时隔八百多年，当我们重读他的作品，仍感到一种凛然杀气和磅礴之势，“醉里挑灯看剑，梦回吹角连营……”有诗评家说，这首著名的《破阵子》除了武圣岳飞的《满江红》可与其媲美外，在中国上下五千年的文人堆里，再难找出第二首那样有金戈之声的力作。

历城的文化底蕴之魂，也在当代文化名人“鲜樱桃”的戏剧里，在王安友的戏剧小说里。“鲜樱桃”是历城人，创立五音戏，唱红大江南北，唱出了历城的气韵，受到京剧表演艺术家梅兰芳赞赏。王安友新中国成立初

期在历城工作，曾任仲宫区委书记，写了著名的小说《李二嫂改嫁》，后改编为吕剧，拍成电影在全国放映。他们的成就不能不说与历城厚重的文化浸润有缘，一出出五音戏，一篇篇小说，从他们心中流淌出来，放射出历城文化的光芒。朋友，你要读懂历城，品读出历城文化的厚重，就走进历城吧！

2017年春日，我随滚滚的车流，去南部山区游览，人流如织。我们一家去了我曾经教学6年的石尧村，在那秀丽的小山村，鲜红的樱桃挂满枝头，全家乐不可支，欢声笑语，举办了一次家庭采摘节。那是在跑马岭野生动物世界下面的一个小村落，从村子到袁子台水库，绿树成荫，果香四溢惹人醉。经过人们创造性的开发，现在已成为生态文明的样板，万亩樱桃采摘基地。我走访当年师生，都已头发斑白，兴奋异常，回忆当年趣事，吃农家饭，流连忘返，恋恋不舍。回来时满载而归，带回核桃、小米、地瓜等土特产，带着重访山区的喜悦，也带着浓浓的乡情，我抚今追昔，流下了幸福的眼泪。

在2017年历城建区30周年时，我写了一首新诗，题目叫《厉害了，我的城》，表达我的自豪之情，诗中写道：

厉害了，我的城，
像浴火重生凤凰涅槃。
综合实力连续三年进全国的百强，
实现了从农业大县到中心城区的华丽蝶变。
厉害了，我的城，
地方财政增幅连续两年全市夺冠。
争当省会建设排头兵，
历城人的雄心壮志，声震云天……

撰春联讴歌历城巨变

李秉楹

光阴荏苒，转瞬间我来历城已近60个春秋，历城已成为我的第二故乡。回忆在历城半个多世纪的经历，特别是目睹历城改革开放以来的巨大变化，真是思绪万千、感触良多。自退休赋闲后，我常常情注笔端，几乎每年都以历城为主题撰春联，歌新貌、咏历城，从某些侧面，赞美历城的历史人文，特别是改革开放带来的巨大变化。

今值纪念改革开放40周年之际，我不揣浅陋，把最近20年来所作以历城为主题的春联，分几个类型，归纳如下，以此展示在改革开放大潮时代历城的奋进历程。

赞誉山川之美

随着改革开放的深入发展，区政协及时向区委、区政府提出了加快省城后花园建设的建议案，区委、区政府随即下发了《关于建设省城后花园加快旅游发展的意见》，如今历城南部山区乃至整个历城区已成为省城后花园。受此感染，我连续几年以己之拙笔，撰写春联，赞美历城的山川巨变和环境之美，为历城的旅游事业摇旗呐喊。

其一：

春临盛世，华泉润孤峰，翠微无限；
日耀当空，卧虎添双翼，腾飞有期。

上联中的“华泉”，在华不注山下，济南七十二名泉之一；“润孤峰”的“孤峰”，是《水经注》中描写华不注的用语，说华不注“孤峰特拔以刺天”；“翠微”，形容山的翠绿之貌；下联的“卧虎”指卧虎山，“添”对上联的“润”，“双”对“孤”，“有期”对“无

限”。此联用历城北部的泉对历城南部的山，表现新时代的历城蒸蒸日上的气势。

其二：

红叶谷莺歌燕舞，万花竞艳；
跑马岭狮吼虎跃，百兽争雄。

当年，跑马岭野生动物世界一运营便红红火火，红叶谷也曾一枝独秀，我撰写的春联反映了这种景象。上联“莺歌燕舞”中两个名词皆为鸟类，两个动词一个表声音，一个表动作；下联以“狮吼虎跃”相对，两个

名词都是兽类，两个动词也是一表声，一表动；上联的“万花竞艳”，下联以“百兽争雄”对之。

其三：

绣川锦阳川，川川秀美；
朗公谷红叶谷，谷谷新奇。

此联以两川、两谷为代表，概括省城后花园的秀美。上下联各用四个相同的字相对应。

其四：

蟠龙山莽莽林木造就天然氧吧；
张而村簇簇草莓形成秀丽画廊。

蟠龙山，指地处彩石街道的蟠龙山森林公园，属旅游景点；董家街道张而村的草莓起步最早，独具特色，成为品牌，闻名遐迩。

其五：

梯子山山高日近云出岫；
神通寺寺静僧恭客进门。

梯子山，历城东南部的一座高山；岫，指山穴或山峦；云出岫，形容云彩自山穴中升起；陶渊明《归去来辞》中有“云无心以出岫”之句，借而用之。上联写山高云飞的自然美景，下联力图表达一种宁静、祥和的太平景象。

颂扬厚重人文

历城系“齐鲁首邑”，名人荟萃，古迹众多。改革开放以来，党和政府对历史古迹和乡贤文化十分重视，我先后撰写了数副春联，反映历城的悠久历史，赞美古人的忠贞气节以及历城人民继承传统、再创伟业的雄心壮志。

其一：

古邑古城古县，历史成就齐鲁首邑；
新区新貌新风，改革振兴海右历城。

上联，写历城历史之悠久，地位之重要。春秋战国时期，历城先后称“历下邑”“历下城”，汉景帝四年（公元前153年）始设历城县；后来在较长一段历史时期内，历城成为山东省省会所在地，成为山东第一县，因此号称“齐鲁首邑”。下联写改革开放振兴历城。1987年，存在2100多年的历城县改为历城区；“海右历城”，唐代杜甫曾有“海右此亭古”的诗句（亭，指历下亭，时属历城县），此处借而用之，以便与上联“齐鲁”对应。

其二：

水绿山青，自古岱阴出志士；
钟灵毓秀，从来首邑多豪杰。

岱，泰山的别称；山的南面为阳，北面为阴，故岱阴即泰山北面，借指历城。此联歌颂历城人杰地灵。

其三：

全节河传承隋唐正气；
大辛庄见证夏商文明。

全节河在董家街道，唐初曾在这一带设全节县，以旌李义满、李君球父子在齐王李佑反叛时的忠贞气节。下联则指大辛庄商代遗址的发掘，佐证了早在商代，历城的文明就达到较高的程度。

其四：

龙虎塔砖砖肃穆，饱含释子厚义；
彦谦碑字字珠玑，凝聚欧体精华。

“释子”，释迦牟尼弟子之意，是僧人的通称；“欧体”，欧阳询书体。历城赵山之阳的房彦谦碑，由唐初著名历史学家李百药撰文、著名书法家欧阳询书丹，极具文物价值。

其五：

攀青阳台，极目泰山雄风，感怀杜甫望岳；
登华不注，放眼历下胜景，称颂李白吟诗。

此联讴歌唐代两位伟大诗人李白、杜甫与历城结下的不解之缘。诗圣杜甫漫游山东时，曾两次光临济南历城。他虽未攀登泰山，却写下著名的《望岳》诗篇。有学者分析，杜甫望岳的立足点，很可能是在历城南部长城岭上与泰山南北相对的山巅青阳台。此说可信，登上青阳台，确能“感怀杜甫望岳”。诗仙李白曾亲自登上历城的华不注峰，写下了《古风》五十九首，传为美谈。

咏叹重大事件

有些春联，是有感于上年发生在历城境内的大事而撰写的。

其一：

阿閦回琨瑞，四门古塔重现神采；
圣严莅济南，两岸亲情再暖人心。

这是2003年的一副春联。2002年12月17日，台湾圣严法师一行10余人，专程护送被盗并流失境外多年的四门塔阿閦石雕佛首回归四门塔，谱写了两岸同胞血浓于水的光辉篇章。此联便为歌颂这件盛事而作。联中的“琨瑞”，指四门塔所在之山，《水经注》称它为“琨瑞山”。

其二：

高举旗帜、绘制蓝图、继往开来十六大；
抓住机遇、迎接挑战、波澜壮阔十五年。

这是2003年的另一副春联。2002年，中共十六大胜利召开，又恰值历城建区十五周年，故以此联共贺之。

其三：

忆丰功，百姓情牵幸福柳；
感大爱，工农心系韶山冲。

这是2010年的一副春联。2009年，迎来毛主席两次视察历城大辛庄

50周年纪念日，大辛庄群众在幸福柳广场举行了隆重的庆祝大会，区委、区政府也开展了一系列纪念活动。此联在赞颂纪念活动的同时，也表达了我对毛主席的深切怀念。

其四：

志如抗“非典”，岂容雾霾常肆虐？

情似申“奥运”，定让蓝天不偶然！

最近几年，区委、区政府按照市里的统一部署，在斗雾霾、美环境、创建卫生城市活动方面，决心大，行动快，措施有力，2016年作此春联咏叹之。

其五：

已见地净河清众鸟闹；

正赢天蓝气爽白云飞。

济南终于成为全国文明卫生城市，历城为此作出了重大贡献，城乡干净了，蓝天增多了，2018年写此春联颂扬之。

借“二安”佳句抒怀

2004年第二期《齐鲁文史》，发表了济南著名学者徐北文先生《李清照原籍考》一文，令人信服地得出了李清照是历城人的结论。据此，史上所称“济南二安”（李清照，号易安；辛弃疾，字幼安）皆为历城人。有感于此，我撰两副对联咏叹之。

其一：

稻香蛙声，幼安词里有和谐美景；

人杰鬼雄，清照诗中含盖世豪情。

辛弃疾词《西江月·夜行黄沙道中》，有“稻花香里说丰年，听取蛙声一片”的佳句，表现了人与自然的和谐之美。“人杰鬼雄”取自李清照五言绝句中“生当作人杰，死亦为鬼雄”的名言，反映了李清照的壮志豪情。

其二：

李清照妙言“绿肥红瘦”，堪称才华横溢；
辛弃疾高唱“金戈铁马”，可谓热血沸腾。

李清照在词作方面是婉约派代表，她在《如梦令·昨夜风疏雨骤》中用“绿肥红瘦”来形容风雨之后的海棠花应是绿叶多红花少，备受历代词评家的推崇。对于辛弃疾的豪放词风，人们常以《永遇乐》中的“金戈铁马，气吞万里如虎”作为例证。

展现多彩地名文化

2006年，由张德绍先生编著的《历城地名溯源》一书出版，付梓之前，我有幸先读为快，深为书中宝贵的史料、生动的掌故所吸引，于是完全用历城地名，不另加一字，撰写了数副能表达一定含义的对联。

其一：

老僧安家神通寺；
大汉利农核桃园。

“老僧”，唐王镇有老僧口村；“安家”，港沟街道有安家村；“神通寺”，在柳埠镇境内，著名的佛教圣地。“大汉”，大汉峪村，原属港沟街道；“利农”，指山大路街道的利农社区；“核桃园”，高而办事处有核桃园村，以盛产核桃得名。

此联力图表达一种平安、静谧的田园生活情景。

其二：

阁老积米黑龙峪；
唐王拔槊黄鹿泉。

“阁老”，西营镇有阁老村，相传唐王李世民曾因战事失利兵困于此，君臣分兵屯守，由阁员在此操练兵马，得名阁老村，后因村民增加，分为上、中、下三个阁老村；“积米”，西营镇有积米峪村；“黑龙峪”，港沟街道有黑龙峪村。“唐王”，历城区有唐王镇、唐王村；“拔槊”，指西营镇拔槊泉村，民间传说，唐王李世民东征至此，干渴难耐，插槊长叹之间，追兵已近，他拔槊迎敌，却见泉随槊出，从此有了拔槊泉这个泉名和村名；“黄鹿泉”，既是泉名，也是村名，属西营镇。

其三：

三官跑马，张越滩头七里堡；
二仙廻龙，并渡冷水两岔河。

“官”，董家街道有三官庙村；“跑马”，指柳埠跑马岭；“张越”，遥墙街道有张越家村；“滩头”，王舍人街道有滩头村；“七里堡”，指洪楼街道七里堡村。“二仙”，仲宫街道有二仙村；“廻龙”，王舍人庄有廻龙寺，传说唐太宗东征高丽回銮时，曾驻跸于此，后人建廻龙寺纪念之；“并渡”，仲宫街道有并渡口村；“冷水”，指王舍人街道冷水沟村；“两岔河”，彩石街道有两岔河村。

此联从地面和水上两条路线，体现“跑马”“廻龙”的奔腾气势。

从1998年至今20年间，我共撰春联近50副，其中绝大多数是以历城为主题的，以此表达我对历城改革开放的衷心赞美和对第二故乡的无比热爱。

唐韵古风映新城

刘怀才　李秉楹

在省城东部，一座美丽新城——唐冶新城，拔地而起。这座美丽的现代化新城在唐风古韵的映衬下，更加光彩夺目。

一

这座新城，有着古老的根基。据济南市考古研究院2006年对唐冶片区拉网式调查，在18平方千米的范围之内，共发现从史前大汶口文化至东汉时期重要的古文化遗存有6处12个点，对我们了解济南东部古人的生活状态和古文化的传承有重要的价值。

新城片区的村庄，大都历史悠久，最早的是章灵丘，始建于汉代，元代“济南王”张荣的墓就在这里。据《历城地名溯源》(以下简称《地名溯源》)“章灵丘”条释：“汉代称兴元屯，俗称章灵丘……”2003年5月，一窑厂施工取土时，一座宋元时期的壁画古墓出土。始建于唐代的村庄，至少也有三处，如唐冶、邢村、官庄等。其中的唐冶，顾名思义，是唐代冶炼之地，村中那三眼古井，其井口被井绳磨勒出数十道深深的沟痕，让人联想到“绳锯木断，滴水石穿”这令人震撼的力量，它们都诉说着唐冶历史的沧桑与悠久。

二

唐冶新城中，有一座海拔不高的小山，俗称“唐冶山”，传说是唐太宗李世民东征时在此屯兵、冶铁、制造兵器之处。看来，1958年唐冶村东出土的古代铁锤、铁锹、矿灯等物，并非偶然。

历城为产铁之地，汉时便有记载，《汉书·地理志》：“历城有铁官。”既设“铁官”，可见铁矿之富、产铁之多。从已知状况来看，历城有多处铁矿，尤以孙村以西、郭店以南、港沟以北这一带最为丰富，唐冶处于这一地区的中心地位。所以，1958年大炼钢铁时，历城县由县长挂帅，浩浩荡荡的采矿大军，在唐冶、邢村、章灵等处开挖铁矿，继而就近在郭店建设县冶炼基地（时称“小铁联”），运营至今。顺便说明的是，如今景色美丽的唐冶公园，地下便是铁矿采空区。其实，从唐冶出土的文物中有矿灯这一点来看，也证实在历史上这一带早就是采铁基地。有了矿石，就近冶炼便顺理成章，唐冶之“冶”，显然由此而来。《济南通史》第二册，谈到魏晋南北朝、隋唐五代的“采矿、冶铁”时指出：“历城也是盛唐时期的一处冶铁基地。”这“冶铁基地”中，唐冶至少占有一席之地。

唐代济南地区采矿、冶铁的发展，既是经济和社会发展的必然结果，也是军事斗争的实际需要。从太宗李世民到高宗李治，先后五次东征，持续二十多年。其间，济南、历城，不仅是东征的必经之地，而且必然要为东征提供后勤保障，其中包括兵器的制造。说到兵器的制造，早在东汉时期济南地区便负有盛名，汉章帝赐给三位文臣的宝剑中，尚书陈宠的宝剑——椎成剑便是济南制造的，其他两位文臣的宝剑，分别由楚（龙渊剑）、蜀（汉文剑）两地制造。济南的这种冶炼技术，到了唐代必定有重大提高，历城也必将从中受益，所以有关李世民在唐冶山、唐冶村进行屯兵、冶铁、接受制造兵器的任务等传说，确有一定的历史根据。

三

说唐冶新城有古老的根基，还表现在这里曾是佛教圣地——在邢村有始建于唐初的千年古寺——灵鹫禅寺，在大官庄，曾有明代以前所建的释迦寺。

邢村的灵鹫寺，相传始建于唐朝，这恐怕与唐代佛教盛行及“唐王东征”密不可分，至今村民中还流传着李世民与灵鹫寺的动人故事。明清两代曾多次重修灵鹫寺，保存至今的是一处四进院组合建筑，山门上镶嵌着“灵鹫禅林”石匾，由此进入，依次是天王殿、大雄殿、观音殿、灵鹫阁。天王殿顶部小瓦已仿古重修，殿前竖着一块残碑，上面记载着康熙年间重修灵鹫寺的事迹。目前，原始风貌保存最好的当数位于寺院最后面的灵鹫阁，这是一栋五开间二层小楼，五梁八柱结构，古香古色的花棂窗保存完好。灵鹫寺的原始范围比现在大得多，尽管“文革”中寺内佛像、碑刻遭受了灭顶之灾，但附近村民们对这个寺院建筑的保护意识越来越强，寺内观音殿就是借助村民捐款和外来资金得以重建，使佛像归位。据济南市考古研究所专家介绍，灵鹫寺目前是历城区辖区内保存面积最大、最完整的寺院，早在20世纪80年代就被列为历城区重点文物保护单位。

大官庄的释迦寺，《地名溯源》中指出，大官庄“原建有一座释迦寺，僧人500多，香火兴旺。同时这里人烟稠密，经济、文化发展兴盛。据明万历十年（公元1582年）第三次重修释迦寺碑碑文记载，当时村名为奇古村”。从这段话里，至少可以说明既然万历十年为第三次重修释迦寺，那其始建年代至少在百年以上，甚至已达数百年，其历史颇为久远；说它“僧人500”，不一定是确数；但说它“烟火兴旺”，则是完全可能的，否则，何必三次重修呢？

近在咫尺的两个村庄，在古代能先后出现两座佛寺比肩而立，说明唐冶片区，确曾是佛教圣地，增加了这里的文化内涵。

四

唐冶新城片区的周围，也集聚着唐代古迹，流传着唐代传说，洋溢着唐代文化气息。

唐冶新城南侧的淌豆寺，流传着唐王李世民曾在此得到神助获得军粮的故事；北侧的韩仓，流传着李世民危难时借粮、胜利后还粮装满村民粮仓的故事；东侧的武将山，则因附近有李世民两员武将的坟墓（段志贤墓和马三宝墓）而得名。唐冶新城的左邻右舍，还与唐代贞观名相房玄龄家族有不解之缘。在赵山之阳，有房玄龄之父房彦谦墓，其墓碑由著名书法家欧阳询书丹、著名历史学家李百药撰文，属省级文物保护单位，其历史价值、文物价值、书法价值不言而喻。而赵山北麓，则是房氏族茔（见韩明祥先生所编《济南历代墓志铭》第29页），房玄龄二伯房彦诩之墓、房彦诩之子房夷吾之墓，均迁葬于此。至今，在唐冶村及原港沟镇境内有不少房姓村民，与房玄龄家族是一脉相承的。

五

文化，是一个民族的灵魂，也是一座城市的灵魂。唐冶片区众多的文物古迹，体现着博大精深的传统文化；这里许多美丽的民间传说，反映着人民群众向往幸福生活、扬善惩恶的美好愿望；唐冶三口古井井口那“入石三分”的绳痕，见证着人民群众吃苦耐劳、坚忍不拔的精神风

貌；唐冶的孝子牌坊，虽已不复存在，却潜移默化地传承着中华民族讲究孝道的传统美德。

在这样一片古老土地上崛起的唐冶新城，有得天独厚的文化优势。唐冶新城的决策者们高瞻远瞩，将新城的发展方向首先定位在文化上，这确实具有高屋建瓴的气魄，令人钦佩。

我们深信，沐浴着唐韵古风的唐冶新城，必将成为经济发展、文化繁荣、社会和谐、环境优美的一颗璀璨明珠，矗立在历城东部大地上。

唐冶十年

范红亮

世界著名规划学家沙里宁有一句名言："城市是一本打开的书，从中可以看到它的抱负。"而今提起唐冶，人们首先想到的一定是曾经刷爆朋友圈的那几张美图，四通八达的道路，环境优美，宁静自然，繁花碧树，绿地蓝天，空气清新，一年四季听得到的枝头鸟鸣，这是一个幸福的家园该有的模样。

唐冶，有着悠久的历史和灿烂的文化。据史料记载，唐太宗当年东征高丽，率领大军经过此地时，粮草匮乏，大军疲惫不堪，于是下令就

地安营扎寨，休养整顿。他无意间发现此地铁矿丰富，便命令兵士在此修建冶炼厂，大规模冶炼兵器。由此，一个由担负着为李世民东拓扩张冶炼锻造兵器重任的村落逐渐形成，祖祖辈辈的冶铁人在此繁衍生息，“唐冶”也作为一个地名流传下来。唐冶作为一个兵家重镇，是唐代文明的一个重要支撑，唐朝的辽阔版图里有她不可磨灭的功劳。唐冶之美，美在历史。

然而，历史的脚步从不停留，1000多年的时间倏忽而过。在这1000多年的时间里，历史跌宕，朝代更迭，昔日繁荣的唐冶却随着铁矿的开采殆尽逐渐没落。沉寂的唐冶，破旧的房屋，困顿的乡民，日复一日的田间劳作，这里的一切与任何一个村落无异，甚至远远落后于许多原本名不见经传的地方。唐冶，在沉默中等待新生。

终于，唐冶等来了新生的机会。2009年，历城区委、区政府根据济南市委、市政府“东拓、西进、南控、北跨、中疏”的城市总体发展战略，进一步明确了“一带四区”的发展布局，引导全区上下进一步统一思想、抢抓机遇，加快建设省会现代化中心城区。

随着唐关四村、唐城七村、章灵四村……村庄整合，片区开发项目的引进，渐渐地，一个宜居宜业，充满魅力的现代化新城已经初具雏形，正向世人展示其宏远深厚的潜力。

秉唐达盛，聚冶人和。站在围子山畔，土河奔流之侧，让我们一起感受这块热土勃发的现状和充满希望的未来。

地理位置优越。济南国际机场、新东站等交通枢纽近在咫尺，京沪高速公路穿城而过，M3、R2等多条地铁、轻轨将穿梭其间，四通八达的交通网已经初步形成，畅享便捷交通配套，便利生活触手可及。

环境旖旎动人。唐冶公园、鲁能体育公园、灵鹫寺公园、唐冶山公园等6大公园生态宜居的环境逐步形成。“七山夹三河”，凤凰山、围子山等青山点缀其中，刘公河、土河等河汊贯穿南北。听得见泉水叮咚，看得见一城山色，优美宜居的城市环境已逐步形成，绿意盎然，拥揽浩瀚山林美景。

教育资源充沛。除百年老校“历城二中”外，还建有唐官小学、艺安小学、明睿小学等多所小学、初中和高中，山东建筑大学、山东青年政治学院、山东省体育学院等多所大

学林立，拥有高标准教育资源，强大的师资团队，九年制一贯教育，为莘莘学子保驾护航。

居住条件舒适。自2007年第一个住宅项目落户唐冶，先后有恒大名都、银丰唐郡、绿地城、鲁能泰山七号、帝华鸿府、幸福城、春江悦茗等一大批房产落户唐冶。遛弯的老人，嬉戏的孩童，匆忙上班的年轻人，构成了唐冶安居乐业的美丽画卷。

生活便利。历城区文博中心、历城区体育馆、历城区便民服务中心等一大批公共设施相继投入使用，省煤田地质局、省畜牧防疫局、山东水发大厦、省地矿科技大厦等一大批总部办公落户唐冶，山东省文化创意产业园、银丰新能源互联网产业园、首创奥特莱斯、鲁商综合体、鲁能综合体、帝华综合体等一批特色园区与商业综合体，先后引进唐冶，15分钟生活圈日臻成熟，为居民带来便捷舒适的生活条件。

“15分钟生活圈，过去想都不敢想，但现在来看，距离实现也不远了，15分钟内步行可以到达学校、超市、医院，甚至可以到达单位，每天可以节省大量的时间，生活品质可以得到极大的提升。”家住济南唐冶一处小区的孙先生对15分钟生活圈憧憬不已。

宽敞的街道、林立的高楼、一望无际的蓝天白云，唐冶新区正以崭新的面貌重新被大众接受。唐冶，一座配套完善、功能齐全的现代化新城悄然崛起！繁华与静谧从容转换，让居者在此安享诗意生活。

什么是改革？一座新城的崛起，是对改革最好的诠释。

故乡北望是济钢

赵中平

济钢停产一年多了。每当路过那曾经门庭若市、车水马龙而今却门可罗雀、悄然矗立的厂门，每当看到济钢新村内那一座座建于20世纪五六十年代朴素而又不失厚重的5层红砖楼，内心就会涌动着种种复杂的情绪。留恋？遗憾？尊重？……说不清，或许都有，而且，是那么强烈。虽然，我不是济钢人。

我的家在章灵丘村西北角，距离济钢也就5里路左右。早年，站村头往北一望，便可清清楚楚地看到那一座座红色的5层砖楼。当然，还有那一根根耸入云天喷云吐雾的大烟囱。据说济钢是1958年建厂，我们那儿的人都称济钢为“四工地”。这可能是因为当时有黄台电厂、济南铁厂等许多工厂上马，建设工地的排序中，济钢工地序号是第四的缘故吧。济钢建厂初期，我还在上小学。农村的孩子，除了家乡的衣食住行、锄镰锨镢、驴牛马骡，没见过什么世面。关于“城市”的概念，最早就是从接触济钢形成的。这，也包括我的同伴以及相当数量的长辈们。

那时候，我和小伙伴们去济钢就是玩儿。只要去，就先奔炼钢车间澡堂洗澡。其实，几个贪玩的熊孩子根本不认真洗，乱冲一通即算洗完。不过，自从有了济钢澡堂，我们可是再也不去村西头的瓢湾洗澡了——那里面驴粪牛粪小孩子屎什么的，啥都有。炼钢澡堂洗完澡，我们就赶紧去炼钢车间。干什么？喝“冰糕水”去。工人叔叔们待我们都挺好，有时还帮我们从大保温桶里接水。这是济钢自制的冰镇碳酸饮料，凉滋滋，甜丝丝，喝得我们的小肚子圆鼓鼓的，直打嗝。当然，我们也是“叔叔”“叔叔”地叫个不停。有一次，一位叔叔突然叫出了我一个小伙伴的名字。原来他就是我们学校崔老师新婚的丈夫王叔叔。王叔叔每次下班回家，都穿着干干净净的夹克服或蓝色工装，特潇洒！特精神！现在却两手油污，满脸灰尘，只有牙齿还是一如既往，白白的。真是判若两人！原来工人叔叔们和农民伯伯一样，都是非常非常的辛苦！那时，我和小伙伴们那顽皮的童心里都多了一份沉重，也加深了对叔叔们由衷的尊重。

济钢的生活区——济钢新村也是我们常去的地方。那时的我，经常用羡慕的眼神观赏着那一幢幢高高的5层楼，并想象着在这些红色的建筑里，在那明净的

楼窗内，应该是怎样一种温馨的生活：里面的家家户户每顿饭肯定都是雪白的馒头和香喷喷的炒菜，不管是自己亲手做的还是从职工食堂买的；里面的每一个家庭肯定都有一部手摇的电话机，可以随时与很远处的人说话。而我们村，这样的电话机大队部办公室里才配备了一部——啊，“楼上楼下，电灯电话”，顿顿饭吃白面，这不就是村里人最理想的生活写照吗？难怪那时每次去济钢玩，我们对那令人神往的楼房望了又望，看了再看。

地处生活区东部的济钢商业街主要是为职工家属服务的，也是附近农村人的最爱。副食品商店长长的一排，简直就是一座宽敞明亮的礼堂。鲜鱼生肉糕点香油等琳琅满目，可惜多用票券，我们只是眼馋地看一遍，然后便买盐买醋打酱油什么的。不过，我们这些小孩对商店可以里外开门的“自由门”挺感兴趣，每次去都借着门的弹力推玩一会儿。但是不久，一件很“不幸”的事便降临到我头上。有一次，我们几个小孩一同去王舍人庄街里大槐树换酒点，用地瓜干给家里换酒。回来时路过济钢副食店，我们就把独轮车放在店外，各自背着酒坛进店玩。粗心大意的我推门进去，一不留神，平日里那么好玩的“自由门”飞快地弹回来，毫不留情地击中我背上的酒罐。尽管有布袋装着，还是罐裂酒流，闹出了大笑话。回家后当然是被父母痛责一顿。

副食店在路北，往东去同在路北的是济钢蔬菜公司，前店卖菜，后场贮存，规模很

大。蔬菜店，孩子们一般不感兴趣，相比较而言，他们更喜欢去菜店对面的百货商店看文具、赏玩具。村里的大人们却是蔬菜店的常客。村里最北面的农田距离济钢生活区不过2里路。生产队一收工，村民们（当时称“社员们”）便成群结队地去济钢买菜购物。国营蔬菜公司的蔬菜比集市小贩的价格公道便宜，一般是几分钱一斤，又不缺斤少两，所以很受村民欢迎。农忙时节，家家都抽不出人手买菜。这时就忙了生产队里两位用马车给济钢运送石料的赶车人。他俩利用来往济钢的便利，经常去蔬菜公司给村民捎菜。久而久之，便和蔬菜公司的大姐阿姨们混得很熟。有时他俩一进菜店就指着苔菜开玩笑地喊：“同志！你们店里的太太（苔菜）多少钱一斤？”售货员们就笑骂着回敬他俩：“这里没有太太，只有老爷。你们滚吧！”整个菜店里便一阵哄堂大笑。有时候菜店里临近下班，那些不能过夜的蔬菜就按一角钱几十斤处理给两个赶车人，有时甚至分文不收让他俩运回去分给村民。

村里许多人至今记忆犹新的还有济钢新村北门的小市场和济钢饭店。小市场，村里人都叫它“小市”，它对活跃城乡经济，方便居民生活起到了不可替代的作用。村里的老太太用竹篮盛着家养老母鸡下的鸡蛋，大嫂们用胶轮太平车推着本地的新鲜地瓜……各类鲜活土特农产品纷至沓来。小市场不断扩容，芝麻绿豆干粉皮，鲜枣萝卜老玉米，在北门至铁路之间的马路旁排了长长的两大溜。“鸡蛋5分钱一个”“地瓜3分钱一斤”，吆喝声此起彼伏，喜坏了前来选购的家属区阿姨老太太。而村里人盛钱的小布袋则随着货物的销售也渐渐鼓了起来。后来，村里人对小市场的作用概括成一个歇后语：四工地小北门——成事（市）了。

小市场在北门外，国营的济钢饭店则在北门里。济钢饭店的开业不仅满足了济钢及当地人的就餐需求，也丰富了农村人出访时的礼品构成。那时，春冬两闲走亲访友或遇到孩子生日娘满月之类事情，所带礼品一般是鸡蛋红糖挂面小米之类。随着济钢饭店的运营，该店的油条便稳居职工家属们早餐排行的首位，而此时还未实现温饱的农村人也将油条当作送礼的新宠。香喷喷，金灿灿，柔软中不失筋道，这就是济钢饭店的油条！称上一斤半的油条，足足一大盘，两只手掐不过来，只收一斤粮票六角钱。够实惠！可是不好买，买的人太多。我曾经去过几次，都是在冬季。凌晨4点多出发，5点前到达，饭店门前已经排了好长的一队，都是奔油条来的。不管多么辛苦，总算买上了。寒风刺骨一趟，如果买不到，多窝心。回到家中，母亲照例把油条给年迈的爷爷留几根，我兄妹几个两人一根。其余大部分则包好放入竹篮。又把一斤包成五把的挂面包好，也放入竹篮内，最上面放鸡蛋。然后再盖上蓝底白花的包袱或新的毛巾。一份走亲戚的礼品就准备好了。

其实，济钢作为济南地区首屈一指的国营大厂，它对周边的良好影响绝不仅仅体现在物质生活方面，在文化思想方面也是有口皆碑的。如像当年堪称一流文艺院团的济钢文工团，为周边农民在新村影院举办的文艺演出：演员们身着藏族、维吾尔族等华丽多彩的少数民族服装，飞旋在五彩灯光的舞台上，那一首首动听的民歌从美妙的歌喉里飞传到影院的每个角落。试想，近千名在黄土地上摸爬滚打的农民，炎炎夏日的夜晚，在现代化的影剧院，享受着沁人心脾的清凉，观赏着高水平的艺术杰作，那该是一种怎样的感受？真的，直到现在，我的耳畔还经常回响起《逛新城》《新疆好》《草原上升起不落的太阳》等令人如痴如醉的优美旋律。村里的宣传队也经常和济钢文艺团体互动，主动向他们请教，演艺水平大有提高。

还有，那就是绝对不输趵突泉灯会的济钢元宵花灯会，一年一度，连续多年。地点就在济钢新村南门北门之间的中心大道上，那可真叫一个"人山人海""水泄不通"。夜晚的周边各村几乎就是"万人空巷"，人们从四面八方涌向济钢花灯会。济钢人就像是技艺绝伦的刺绣艺人，把路旁的大树用五彩的灯泡装扮得如同繁星点点、流光溢彩。济钢人又如同绝顶聪明的魔术师和心理专家，他们每年都能把当年的生肖造型设计得惟妙惟肖，制作得活灵活现，引得人们尤其是小朋友们手舞足蹈，

流连忘返。智慧的济钢人还有着最宽广的胸怀和长远的眼光，他们在元宵花灯会上用一双双神奇的艺术之手，形象地制作并传播着祖国的最新成就，像我国的万吨水压机、东方红一号人造地球卫星、高高耸立的运载火箭、驶向大海的万吨远洋巨轮等。在电视机还是奢侈品的年代，济钢人以工人阶级特有的高度责任心，艺术地展现着祖国日新月异的变化，开阔了人们的视野，提振了人们建设伟大祖国、改善家乡面貌的信心和决心。以济钢人为代表的中国工人阶级就是中国的脊梁，就是中国人民改天换地勇往直前的一面旗帜！

说到旗帜，我又联想到1983年金秋时节的一件事。那时，我要去长清师范民师班上学。百十里的路，没有辆好的自行车怎么行？我便从妻子手中接过家中所有的积蓄——200元人民币，来到了济钢商业街东段路南的百货商店，买了一辆长征牌自行车。推车西去，路过副食商店，店前几位工人师傅喊住我，“同志，刚买的新车吧。不能马上骑，需要先紧紧辐条。来，我们给你整理整理”。说着，就摸出扳手，一根根地认真调整。从师傅们的话中得知，自行车在商店待售期间，车辐条处于放松状态，如果不进行专业调整就骑行，很容易把车圈压弯。那就很难恢复原状了。我这个外行打心眼儿里感谢师傅们。他们指了指挂在杨树上的红旗，说："今天是周日，我们休班，出来给大家帮个忙。"我抬头一看，随风飘扬的红旗上写着"炼钢分厂学雷锋服务队"几个金黄大字，心里充满了温暖。

其实，多少年来，济钢和我们村的关系就是一家人。每年丰收时节，生产队的马车就会把刚收获的农产品送往车间让工人们尝鲜。生活困难时期，好多工人家属来我村购粮或捡拾庄稼，村里人都很友好地对待并提供帮助。有时候厂里有紧急任务，即便是农忙，村里也尽可能地多派出临时工去支援，尽管当时一个三级壮工每天工资只有一元四角八分钱。而厂里也是急农民之所急，每当旱情严重，农民肩挑人抬找水保苗的时候，济钢的多辆大水罐车就及时地出现在抗旱第一线。当村里想增加收入苦于没有项目时，厂里就安排村里加工耐火粉。尽管职工子弟还不能全部招工进厂，济钢还是以亦工亦农的方式从村里招收了一大批优秀青年。

改革开放40年了，济钢的历史正在翻开新的一页，原来朴素的商业街也变成华丽的金融中心，曾经高高的5层红砖楼也失去了往日的风光而代之以高楼大厦。但是，当年副食商店前大杨树上那面鲜艳的红旗还在我的心中飘着，工人师傅们的音容笑貌在我的头脑中还是那样的鲜活，工农团结奋斗攻坚克难的优良传统仍在新的征程上继续发扬光大，济钢工人多少年来所熔铸的济钢精神必将继续影响着一代又一代的人！

我为改革鼓与呼

郭永顺

1978年12月，我正在历城县吴家堡公社教学，当业余通讯员。党的十一届三中全会闭幕后，公社干部学习公报，我给新闻单位写了一篇通讯稿。一天，在大礼堂开会，会前播放济南新闻，听到了我写的稿子，很振奋。那时只知道把工作重心转移到经济建设上来，不知道停止了“以阶级斗争为纲”的提法，不久，地富反坏右，“帽子”一风吹，才知道改革开放的新时代开始了。

由于我常年生活在农村，对十一届三中全会后的变化，特别敏感。

1979年，我报道了段庄大队发展副业生产，组织社员编柳条包致富，年末每家都分到现金，社员喜上眉梢。整个公社也在改革中出现新气象，开始打破“大锅饭”，推行生产责任制，农民致富积极性提高了。就此我写了通讯《吴家堡公社在前进》，举了一个老水利干部给我讲的例子，有一个村，因为贫穷，十年没有娶过一个新媳妇，现在开始富了。稿子写得比较生动，发表在《济南日报》一版，反响热烈。这一年，我由于写稿积极，被历城县广播局评为“优秀通讯员”。

1980年4月，我被调到郊区区委宣传部，任《济南农民》专职报道员。我如鱼得水，不怕吃苦，经常和报社记者一起，骑着自行车，跋涉几十里下乡采访。曾报道了华山公社卧东大队老书记，培养年轻干部，主动退出领导岗位，写成通讯《让贤之后》，登在《济南农民》报头条。几年的时间，我还重点报道了段店镇小金大队党支书金志忠，发展集体经济，修起村内水泥路，搞好回汉民族关系，划出村头峨眉山下一角，让汉民集中居住，允许养猪，把汉族当成本村的少数民族，受到广泛赞扬，当选为全国人大代表。我还报道过部队转业干部颜锡笙的事迹，他

原是军委长沙政治学院校官，因为非议林彪，受到错误处理，回乡务农。但他一身正气，不为挫折而屈服，平反后，带领社员培育食用菌，帮助农民致富。我写了一篇《共产党员的本色》，发表在《济南农民》头版，后来省、市新闻单位相继大力宣传，他被选为十二大党代表。我由于新闻报道工作成绩突出，被提拔为区委宣传部副部长。

1987年5月，我调来历城区委宣传部任职，有幸参与报道了省劳模郭文英和张耀堂的动人事迹。郭文英是仲宫镇南杨村女支书，丈夫是省委党校教授。她放弃了人们梦寐以求的"农转非"指标，扎根山区干革命，带领干部群众，奋战3年，使全村2500亩荒山全部绿化，栽种各种果树45万株，1990年果品总产量达到40万公斤，收入25万元。她还大力发展工副业，办起半机械化粉坊等，安排80多个剩余劳动力，当年工农业总收入有60多万元，人均分配800元。我和记者多次到她家采访，称她大姐，就吃她做的农家饭，吃煎饼卷土豆丝，喝小米粥，关系很融洽。她有事也到单位来找我，还带来自家种的上好美人梨。她村里规划修路时，我给她请区交通局张高工，帮助测量设计，我从她身上学到了艰苦奋斗的精神。我曾和同事杨炳云共同采访，撰写了通讯和报告文学《大山的女儿》，被《济南日报》采用，获党建征文奖；报告文学登上了冯德英主编的《时代文学》杂志。

张耀堂是仲宫镇农机站长，坚守农技推广战线40多年，培养农业技术员208名，完成科研项目206项，其中15项获省、市科技成果奖。镇农技站十几年，配制杂交良种1500万公斤，推广种植500万亩，增产粮食6亿公斤，实现社会效益2亿多元。我和同事王传德采访他后，写成了《丹心难写是精神》，在《农村大众》发表，并被收入《人民日报》出版社出版的《中华大地之光获奖作品选》。

我还有幸参与报道了全国劳模、金刚纂村新愚公马广业和人民公仆杨振刚的事迹。马广业是锦绣川办事处金刚纂村党支部书记，从1994年冬天开始，带领全村干部群众，劈开一座大山，动用土石10万立方，修建了一条宽8米、长1530米的盘山路。对这个不足600人的村子来说，难度可想而知。他们凭着不怕吃苦、顽强拼搏的精神，靠钢钎铁镐、小铁车，手搬肩扛，预计三年完成的盘山路，只用了一年半。金刚纂人的新愚公精神，感动了社会各界，在大家帮助下，完成了下落36.7米的劈岭工程。1996年7月10日，实施定向爆破。当时我和新闻记者见证了这个动人的场面。时任区长坐镇现场指挥。可是，爆破没有完全达到预期目标，剩下6万多立方米石渣。面对挫折，马广业没有泄气，而是带领村民又投入战斗，经过1年多的努力，终于啃下了这块“硬骨头”。现在陈列室里陈列着当年用过的钢钎、铁镐、小铁车等，还陈列着新闻单位当年报道的发黄的剪报，建成了历城区党员教育基地。我见到马广业，他一再说感谢新闻宣传部门的大力支持。的确是这样，受到金刚纂新愚公精神的感染，《大众日报》摄影记者、《济南日报》全体记者，都到该村捐了款。我陪中央电视台记者到现场拍摄，他们扛着机器跑上爬下，很辛苦，受到感动，中午只要求弄个煎饼卷韭花吃，就乐在其中了。

杨振刚是历城区政协副主席，我曾陪区电视台记者去王家峪，采访他帮助培植大樱桃的事迹。在一个山头上，有杨振刚吃住的小屋，那时已引进优质果树15万棵，1.7万棵樱桃进入盛果期。老百姓说，杨主席帮我们建立樱桃基地，可吃了大苦。押车去胶东买樱桃苗，正是冬季大雪天气，奔波两个日夜，一路冻饿，他关心的却是保护好树苗，这是大伙凑的5万块钱的心血啊！现在大樱桃丰收，杨主席却退休了。我在和村民座谈时，有人说，咱每棵樱桃树上采一颗最好的送给他，他可能不接受；又有人说，那就立块石碑吧；大家说，金杯银杯不如老百姓的口碑。我点头称是。王家峪被时任济南市市长谢玉堂誉为“山区建设的一面旗帜”。

“新闻报道二十年，辛辛苦苦心里甜。”我为改革鼓与呼，多次被省、市新闻单位评为“优秀通讯员”，还被《齐鲁晚报》评为十个“荣誉通讯员”之一。2013年，《济南日报》聘任我为“市民记者”，我欣喜地写了一首小诗：“三十年前记者梦，梦想成真倍高兴。市民记者有担当，边学边干自多情。”

退休后，我爱上了政协文史工作，参与编写了《济南区域文史存珍·历城区卷》等文史书籍，还为家乡编印了《七里铺村志》。我多年爱好舞文弄墨，也写了些反映改革变化的散文，出版了几本散文集，其中

《黄河柳》还获得济南文学奖，觉得退休生活过得很充实。

近些年，我参加区文联、区政协文史委组织的采风，目睹了历城的巨大变化，心灵受到震撼，动彻心魄，思绪飞扬，觉得只有运用诗的艺术形式，为历城30年的成就放歌。2017年5月，在庆祝建区30周年时，我写了一首新诗，题目是《厉害了，我的城》，其中写道：

我跃上泉城大地的云端，扶摇苍穹往下看：
历城区一片片塔吊林立，
核心区建设正在如火如荼奋战，
那是华山片区，打造济南第四张名片，
顶五个大明湖的华山湖，
鹊华烟雨，将似真似幻赛江南。
北跨的桥头堡，泉城最大面积的拆迁。
创造了著名的“华山速度”，建设的步伐直冲霄汉。

那是唐冶新城，历城文体中心公园。
那是一片公园似的片区，
预示着历城东部崛起的制高点。
那里齐聚着高新技术企业群，
一个个综合体次第出现。
抓住济钢等搬迁的大好时机，
历城将会有更多的白云蓝天。

新东站正在建设东部新中心，
一个交通枢纽的画卷，
高铁地铁联通，
直达石、青、莱，扩大了济南的“朋友圈”。

白泉将建湿地公园，和华山景区连成一线。

城区建成100平方公里，

历城人的目光，志存高远。

那是洪家楼片区灯火辉煌，

直插云霄的高楼已经连成片。

人流物流资金流，比那泉城金街还耀眼。

临港开发区南移，

郭董地区有了更大的发展空间。

最新最美的蓝图，引来了多国产业园……

校园情深

邢　彬

不知不觉走过50年，我的人生之路似乎很简单，从上小学、念中学到读大学，再到工作，似乎一直没有离开过校园，没有离开过故乡历城这方热土，我的脉搏始终与她一起跳动着。

激情岁月求学路

1968年，我出生于董家公社邢家洼大队。7岁时被家长送进了村里的“育红班”。那时候农村孩子上学都比较晚。我已经在父亲的教导

下，会写“人口手、山水田、大中小”“毛主席万岁”“中国共产党万岁”等百十个字，我时常拿着红砖的碎块或者粉笔头，在家里的墙上、木板门上涂鸦。

邢家洼小学有着悠久的历史。听长辈说，晚清或者民国初年就有了学堂，方圆十几里地的孩子都来上学；据《济南市校史集》(1994年4月出版)记载，邢家洼小学建于1920年(民国九年)，校址在本村庙内。我上学时，只招收本村和任家庄的适龄儿童，每个年级设一个班。学校前面是一个开阔的土操场，平时上体育跑跑圈，农忙时就成了村民的晒场，麦秸、玉米秸、地瓜秧几乎四季不断。村里放电影也在这里，夜幕降临，就可以提着小凳子来看电影了。那时候的电影就那几部，如《地雷战》《地道战》《南征北战》……

学校里除了两三排土墙瓦房做教室和办公室之外，后面还有一片小树林。印象最深的是那座大殿和大殿前的不知名的古树了。大殿是学校里最高大最悠久的建筑物，有三间，颜色斑驳，断垣残壁，殿顶上有几丛杂草在风中瑟缩着。育红班的教室就在大殿的西面。没过多久那大殿就被夷为平地了。殿前面那棵叫不上名字来的老树，树干皴裂，树杈上挂着个大铁钟，上下课的号令就是它发出的，声音悠扬浑厚。老树每年春天会开出有些香气的白色碎花来。

我属于那种比较听话且用功的学生，自觉完成作业，从不麻烦父母。晚间伏在煤油灯下的八仙桌上认真写我的字，父母在一旁做着永远做不完的家务活。我的成绩应该是比较突出的。上五年级时，因为学习成绩优秀，我还当过少先队大队长。一个夏日的早晨，穿戴朴素整洁的老校长给我们训了一番话之后，大部分同学被老师带着队去王新考试了，我和七八个同学组成的小分队在另一位老师的带领下，踏上了前往历城二中的考试之路。这就是我小学正式毕业的日子。那时候没有毕业证，也没有毕业合影，在邢家小学的一切都只能留在记忆里了……

迷迷糊糊的考完试就在家等消息。不几天，与我一起去的同学都已经收到通知去联中上学，但我还没有接到任何信儿，茶饭不思，寝食难安。母亲托比我高两级的历城二中学生打听消息。直到一星期后，同村的学友捎来了历城二中的录取通知书，久悬的心终于放下了——我成了那一年本村唯一一个考上县级中学的学生。那是1981年的夏天。

历城二中，我的母校，我在那里上了6年学——初中和高中。初中部只招收附近的学生，不能住校。我家离校3华里。每天斜背着黄帆布书

包，书包里塞进绒布包裹着的两个窝头或者馒头，带上水缸子，跟在同村和邻近村子的学哥们身后，在乡间小路上一路疾走，迎着朝阳奔向学校，需要半小时。到了学校先到食堂一溜摆开的大笼屉前，放上随身带来的干粮，食堂负责免费蒸馏，然后去班里上课。中午拿了馏好的自己的干粮就着咸菜吃了，再喝点开水，算是一顿午饭。放学时按照原路返回，走大街，穿小巷，过村庄，溜田埂，迎着夕阳高高兴兴回家。

那时候，骑自行车的人很少，家里有一辆永久牌自行车，爸爸上班骑。只有爸爸歇班在家时，我才可以骑上车子去上学。

我上初中时，农村的联产承包责任制开始在家乡推行。初一时带的干粮像多数同学一样——窝头加咸菜。第二年，吃上了掺了玉米面的馒头，虽然也不是很可口，但比起窝头来强多了。偶尔还能吃上纯白面的软软的馒头。食堂里的菜有两个价位：5分钱的和1角钱的，5分钱的菜基本见不到肉，1角钱的菜肯定有肉。我基本上吃5分钱的菜。

1984年，我考上了高中部。父亲兑现了他的诺言：考上高中的话就给你买辆自行车。我终于可以天天骑着自行车上学了。那是一辆龙凤牌的28吋（英寸）自行车。新车一到校，总会引来同学们的围观，评头论足，有的还要骑上试试新。

最怕阴雨天，特别是秋冬之交的阴雨天。放学路上，寒风刺骨，雨雪交加，绕着小镇的公路回家，还有将近2里地的土路，泥水满路，骑不了多久，自行车的轮子和挡泥板之间就被塞满了泥巴，走不动了；找根树枝掏干净，再上路。泥泞得厉害，即使推着自行车，一步一滑地走，车子还是会被塞住。一路挣扎，一路默念着“天降大任于斯人也，必先苦其心志，劳其筋骨……”满身泥水到了家，父亲忙着给自行车掏泥巴、刷洗，母亲给我出换洗的衣服叫我换上，我则庆幸书包里的书本没有被淋湿。晚饭后可以安安稳稳、暖暖和和地在煤油灯下做作业了（阴雨天常常停电）。

历城二中创建于1958年，我上学时初中部每级2个班，高中部每级4

个班，高三还有个复读班，全校共有19个班。学校教室和办公室全是砖瓦平房，只有两层的实验楼不起眼地藏在食堂后面，陈旧得如同古建筑。操场是200米的土操场，一下雨就不能上体育课。当时印象比较深的是二中的劳动，学校的西南角有一块不小的菜园，由一位姓田的师傅负责管理，当然也负责安排各班轮流值周劳动。主要的活儿是挖厕所，把大粪抬到菜园里当肥料。因为都是农村的学生，脏活儿累活儿都干过，尽管这个活儿气味很不好，但同学们每次还是圆满完成了任务。学校所给的回报是，每学期的运动会两天午饭免费为学生们提供两角钱的菜，吃饱为止。那可是学生们的节日啊！当班长和几个同学兴高采烈地抬来一桶菜时，全班都高兴得像是过年，女生饭量小就少要点，男生饭量大就多盛点，往往还会有余，就再分分，把一桶菜全部消灭。于是，吴伯箫《菜园小记》里描写的一些劳动场景，我仿佛也亲身经历过，终生难忘了……

我不住校，偶尔也到同学的宿舍里看看。说是宿舍，其实就是一大间教室，纵横排着十几张甚至更多的两层铁床，被褥自带，花花绿绿，自行车见缝插针地靠在墙边或者床边。学校里，冬天没有炉子等取暖设备。高一的冬季，我的手长了冻疮，红肿流脓，在手掌小指的外侧，留下了至今还有的疤痕。现在想来，没有什么苦难可言，只是在教宋濂的《送东阳马生序》时，才会恍惚记起那时求学的不易。

农村的孩子知道上学不容易，往往很用功。我按部就班地完成老师们布置的作业。假期和周末也曾经跟着父亲，蹬着我的自行车驮着自家种的瓜菜，凌晨4点来钟出发，赶2小时的路程到市区去卖，深深体味到了谋生之艰辛。父母也期盼着家里能出个大学生。由此，我学习更加努力，成绩还算不错，当过语文课代表、数学课代表。

1987年，我参加了高考，原本模拟考试一路飙升的我，马失前蹄，离本科线差8分。我不想复读，打算早点参加工作为家庭分忧，因为家里还有上学的弟弟和妹妹。我走进了济南师专的校门，成了我们那个生产队里的第一个大学生。

自由宽松的大学生活转眼即逝，1989年我毕业了，开始了教书生涯。

孜孜耕耘眷眷情

经历了3个学校的教学后，我分配到了第4个学校——刚刚建成的董家镇中心中学。一直工作到现在，将近30年，其间，我也在不断成长……

怀着绚烂的憧憬和火热的真情，投身到为家乡教育事业增砖添瓦的平凡工作之中。一开始就被任命为初二一班的班主任。从忐忑不安地走上讲台的那一天起，我就知道我的命运已经和三尺讲台相伴了。刚刚度过了青涩的红脸面对学生的时期，我又不得不接受一个残酷的现实，我的班管理有问题。老领导找我谈话，免去了我的班主任职务，接着叫我转行改教初一政治课。我接受了这一安排，因为我的确还有许多要改进之处，如内向的性格，大学书本知识与现实教育的脱节等。我需要磨炼基本功。前3年，我还教过初二的地理。那时候有重点班与普通班之分，我一直教普通班。从1992年开始，我专教语文课了。学校实验四年制教

材，我教着七、八班，从初一到初二，专心钻研教材和教法，把语文课教出美感来，让每一课至少都有一个亮点，让学生学到点真正属于语文的东西。其间，从1990年到1993年，我完成了山东师范大学本科的在职函授学习。我的教学成绩有了显著提升，从1994年起，我专教两个重点班了——一班和二班。

经过4年的不懈努力，1996年我的第一届完整的初中学段的学生毕业了，升学成绩不错。学校推荐我为区级优秀青年教师。也是从那一年起，我又担任了班主任，循环送班。我按照上级领导和学校的安排，按部就班，踏踏实实地做好每一项工作，得到了领导、学生和家长们的肯定和赞扬。直到现在，我还记着自己曾经设计过的颇具创意的板书，指导过的学生在演讲与朗诵比赛中获得一等奖的情景。我像一头老黄牛一样默默耕耘着。

生活是平凡而琐碎的，但不能过得平庸。教书育人10多年，该有自己的特色了，否则只能永远跟在别人后面。我要开动脑筋，提升自己，做个反思型教师。学习、读书、教学、管理、写作、反思，成了我生活的主旋律。

感谢网络，感谢书本，让我走近、了解、学习了诸多名师的风采，汲取了丰富的营养，获得了明确的进取方向：我是语文老师，所以我要多读多写；我是班主任，所以我要写我的学生，写我的工作与生活。不仅自己写，而且指导学生写。我指导学生在各级各类作文比赛中得奖上百人次，其中有全国一、二等奖；公开发表学生习作数十篇。我也发表了几十篇各类文章。我和学生们都尝到了立足现实、创新写作的甜头。我主编的校刊《润田》迄今已出15辑。我获得了“区级骨干教师”的荣誉称号。2005年，我评上中学高级教师。2014年3月，我在青岛市举办的全国班主任培训班上做了经验介绍，把我的“海燕之班”推向全国。2016年，被评为“济南市学习之星”。

我在成长，学校也在发展。工作初期，当时的董家中学的教学大楼堪称“历城区农村中学第一楼”。2006年，董家中学被授予“省级规范化学校”称号；2007年，政府投资实现了教室都有“大背投”，教师人手1台电脑，随时可以上网查阅资料。硬件设施一下子赶超了市区先进学校。特别是2015年以来的校园改造，可以说是天翻地覆的变化，新的教学实验楼建起，并投入使用。2018年，盼望已久的塑胶操场投入使用。与此同时，师生的教学观念、学习方法等都有了质的飞跃。历城区近10年来的初中区域教学教改成果显著，董家中学作为教改典型学校一直走在全区街镇学校的前列，近两年迎来了全省各地的一批批参观者。有参观者参观后问我：“你们学校是乡镇中学吗？恐怕是有实力的企业搞的民办学校吧？”我不禁哑然失笑，自豪地说：“我们就是历城区的一所普通中学！”

的确，进入21世纪，农村喜事接连不断：农业税免缴了，学生的杂费、书费全免了，困难家庭有补助了，老师们的工资待遇大幅提升了，学生们上学放学有校车接送了……近年来，作为新旧动能转化的主要区县，历城区朝着全国教育示范区迈进……硬件变，观念变，董家中学在向着一流的规范化学校迈进！

故地重游慨而慷

昔日的邢家小学，在90年代末经立志造福桑梓的人士鼎力赞助，建起了4层教学楼，完善了教学设施，校名改为“邢家希望小学”。笔直的公路直通校门口。透过栅栏围墙，我们看到大楼端庄地面对着那片希望的原野，楼后面是幼儿园，平房整齐，游乐设施完备。邢家希望小学的生源不再是单一的本村学生了，而是涵盖了周边七八个村庄的生源，学校也有食堂了。我上学时有印象的物件，只有那棵不知名的古树了，至今郁郁葱葱。区里文物单位来挂过保护牌。前些日子，询问张校长那棵树的情况，他答复：那是流苏树，已有400多年的历史。

母校历城二中，更是在我的身边变戏法似的发展着。参加工作后，

不管是开会、听课，还是带学生参加中考，经常出入这熟悉的校园。10多年间，二中没有多大变化，教学楼只有一两座，操场从土质的变成了灰渣的。从2000年起，“忽如一夜春风来”，政府加大了对二中的扶持力度，二中成为优化升级的重点高中。几年间，几座教学大楼拔地而起，体育馆、塑胶操场、大型餐厅、宿舍楼、稼轩广场……纷纷建成，占地规模比原来翻了两番，40多年的老校发生了翻天覆地的变化！原来曾有的菜园、影壁、水塔、平房……寻不见一丝一毫的踪迹了。其建设规模和办学水平丝毫不比市区的一流学校差，影响力逐年提高，现在已经成为省城举足轻重的重点高中。2018年，二中迎来了建校60年，还有更大的事件——举校搬迁至新校址唐冶。相邻相伴30多年，一朝分别情难舍。

时光荏苒，尽管我青春不再，但是历城正值芳华，祖国青春不老。

正是：

故园风雨四十龄，
酸甜苦辣细品评。
苦尽甘来改革计，
柳暗花明杏坛情。

又是一年麦收时

刘元奇

2018年6月6日是芒种节气，又到了一年收麦的季节。从上一年秋分时开始的播种，到浇水、施肥，再到管理、收割，农民朋友们悉心照料麦田，像呵护自己的孩子一样，看着它一天天长大，成熟，收获。人们期盼着风调雨顺，有个好收成，能够颗粒归仓。

我的家乡在小清河畔，七十二名泉之一白泉泉群旁，是远近闻名的鱼米之乡，从老辈人开始就以种植稻麦两作为主。到了麦收时，人们就提前做准备。首先准备的是搓“腰子”，也就是用来捆麦子的草绳子，每根1.5米左右，25根捆成1把。然后准备的是杈耙、扫帚、扬场锨和其他农具，还有就是存放麦子的场院。

1978年党的十一届三中全会召开时，我们那个地方的行政体制还是东郊人民公社下的生产大队、生产小队。主要生产力是人和牲畜，根本没有机械更提不上农业机械化。麦子熟了，准备收割，生产队长一吹哨子，社员们就拿起镰刀排着队，队长在前领头，社员们依次排列，兴高采烈往前赶。

1979年，我17岁，刚刚高中毕业，就到生产队里劳动，跟在大人的后面割麦子。大人们头也不抬，弯着腰，飞快地收割。眼看着大人们即将割到地头，将自己远远甩在后面，自己却累得腰酸腿疼，这一刻才知道收割麦子多么不容易，真正理解了“锄禾日当午，汗滴禾下土，谁知盘中餐，粒粒皆辛苦”，《悯农》这一千古名诗的含义。此时，心里还想，国家提出的实现四个现代化之一的农业现代化，要是能早日实现该多好，农民就不用饱受这烈日之下弯腰割麦之苦了。

收割后，麦子用草“腰子”打成捆，然后用马车拉到事先铺好的场院里。农民把麦子拉到场院后，用镰刀将麦穗割下，然后将麦穗铺到场院里，在烈日下暴晒晾干后，用牲口或者人力拉着石头碌碡将麦粒碾压下来，通过扬场，将麦皮去掉，最后只看到麦粒时，才算完成了从播种、管理、收割、打场到脱粒一系列工序，一套完整的人工收获过程。骄阳似火的初夏时节，每一个收获环节都靠人力来完成，其辛苦程度可想而知。

1982年下半年，我所在的东郊人民公社曲家生产大队实行了家庭联产承包责任制，此时国家也在大力提倡发展农业机械化。到了1983年，我们生产大队首先用上了十二马力小型拖拉机，麦收时在它前面装上收割机械，用来收割麦子，从此人们摆脱了烈日暴晒下的割麦之苦。但是割下来的麦子还要用人工打捆来完成，随后被运到场院里。在场院里也有了机械脱粒机，麦子被一把一把地放到脱粒机里，麦粒就从机器下面漏了出来。这样一来，农民的劳动强度大大减少，而劳动效率却大大提高了。

到了20世纪80年代末，背复式收割机逐渐代替了小四轮收割机。背复式收割机前面收割麦子，后面可以直接脱粒，但它没有储粒仓。收割时要随着接粒，且脱粒后麦皮较多。农民们在减小劳动强度且劳动效率大大提高后，感慨农业机械化的同时，期待着更高效更专业的农业机械

研制出来。

到了20世纪90年代初，国家在农业、工业、科技、国防等方面现代化水平有了很大进步，特别是农业现代化发展更快。此时，小麦联合收割机出现了。芒种季节到了，麦子熟了，人们拿着口袋在地头上，指挥着收割机手，仅仅十几分钟，一两亩地的麦子收割完成，地头上装袋，运回家或存储或卖掉，只需一天或半天，麦收就结束了。种上玉米，整个夏收、夏种就这样轻松度过。农民们接下来就投入到做生意、打工等适合自己的职业，来增加收入。

2008年，随着建设步伐的加强，农业机械化发展更是突飞猛进、日新月异。国家出台了农民购置农业机械补贴政策，政策规定，凡是农民自己或集体购置大型农业机械，按照所购置机械总值的30%给予补贴，包括小麦联合收割机、玉米联合收割机、水稻插秧机、秸秆打捆机、秸秆还田机等几十种机械，都给予了不同程度的补贴。政府这一惠农政策的出台，大大激发了广大农民购置农业机械的积极性。我当时就在镇政府负责此项工作，区农机局从中央、省、市争取到上千万元的补贴资金，我们镇为鼓励广大农民积极购置大型农机设备，镇政府也出台了相关政策，在各级补贴的基础上再补贴20%资金。于是，在这一系列补贴政策的推动下，当年全镇就购置了各种大型农业机械30多台，特别是小麦和玉米联合收割机，实现了秸秆还田，增加了土壤有机质，同时也解决了困扰我们基层的秸秆焚烧问题。当然，最重要的是实现了农民期盼多年更高水平的农业机械化，农民已成为产业农民，麦收已不再是一年中农民最繁忙、最辛苦的季节，而是最愉悦、最有收获感的季节。

我相信，随着改革的深化、科技的进步，迎接我们的将是一个更具革命性的农业现代化新时代。

岁月的小河静悄悄

段 维

我是土生土长的乡村80后，扎根的地方曾是历城区东部一个普通的小村庄。自打记事起，改革的春风就早已吹遍村庄的角角落落，青黄不接挨饿这种滋味我真的没有经历过，只是那时物质相对匮乏，信息相对闭塞，家庭生活条件也相对比较艰苦，好在自家按人头分了口粮地。一年四季，人勤地不懒，父母没有文化但也本分老实、勤快能干，一年到头全家吃饱都不成问题。

小时候，生活聚焦的镜头里是一幅有边有沿的画面：巴掌大的村庄被分成五个队，比村庄更开阔的是连片的庄稼地，村子被庄稼地包围。村庄的西南角有座不高的虞山，山上种着苹果树，满山遍野松柏、桑树和野酸枣。这山是集体土地，因在半山腰，之前是被开垦的荒地，种庄稼当粮田不划算，后被开垦种上苹果树。农村实行家庭联产承包责任制后，被村里有经济头脑的人承包，果园分成三大块承包给三家人。三条通往山顶弯弯曲曲的土路，将果园与整个山体贯通联系在一起，果园四周用篱笆围起。村北头洼地处有片小杨树林，与杨树林紧密相邻的是农家院墙和五队的打麦场。村西头有个小河湾，没有鱼虾，曾是鸭子、鹅的天堂。小学以前，日子慢慢悠悠，模模糊糊，如影随风，只记得在有一棵老枣树和石磨衬托的简陋房子里，我曾跟着比我年长一点的孩子，提着自家板凳去幼儿园学唱歌。没过多久，便匆忙地迈进了村中心小学的大门。从上小学起，直到升初中之前，我的大部分时光是在村中心小学度过的，除了本村这片小天地，没有见识过也没有想象过村庄以外的世界的模样。上小学那会儿没有念不完的书，也没有做不完的功课，有下地拾麦穗的麦假，有放牛割草的暑假，也有单调漫长的寒假。那时，自家里养鸡、兔子、鸭子、猪，小狗、小猫都

成为跟脚的玩伴。雨水丰沛的季节，水集聚成小河，趟泥巴窝子里的水，没人觉得脏也并不觉得凉。小树林水洼子里鼓肚子鸣叫的青蛙永远不知道疲倦，打麦场上两棵老槐树间的粗绳秋千一直摇摆在我的记忆里，村书记家闺女跳皮筋时吃的五角钱一包碾碎了蘸着调料吃的方便面却也一直馋在我心里。

升初中时，国家实行九年义务教育，大多数农村孩子有学上，就近的历城二中要考试录取，没考上的也只得去镇上的中学读书。我的脚步终于伴随着自行车跨出了村庄。中学的时光在日复一日自行车碾压的轨迹中度过，很多画面也都遗忘了，但运动会操场上伴着响亮的音乐我跑完最后一圈的尴尬，依然还闪现在我的脑海里。上学恰逢镇上修公路，土路被挖成大壕沟，上学路上集中上演"自行车骑人"的画面也让人久久挥之不去。上初中那会儿，村里正鼓励调整种植结构，家家户户曾一窝蜂地种芦笋，种出的芦笋按照尺寸品相分等级被上门收购的人贩走出口了。那时村民的钱袋子是鼓了一阵，我家的生活条件逐步改善，早餐竟

然也能吃上油条了。但不知因为芦笋种植防病害技术不行还是其他的问题，风靡一时的芦笋种植就淹没在记忆里了。

1997年，香港回归那一年，我又一次与家门口的历城二中失之交臂，只得迈进了命运安排的历城四中的大门。高中位于孙村镇，离家更远，只得住校，学校允许一周回家一趟。高中生活的不适我大都忘记了，记得上学报到头一天发的毛巾被都是紫荆花图案，我那时终于吃上方便面了，学校食堂伙食还不错，尽管打饭的老九又抠又算计，我却能享受到5角钱一大缸子凉拌黄瓜的实惠，吃完后偶尔会发现里面有苍蝇。为高考奋斗的岁月里，为排遣单调苦闷的学习生活，夜晚熄灯后宿舍姐妹们也曾打着手电筒躲在蚊帐里悄声笑谈“祥林嫂”。还有通往学校的那段土路，高大的杨树如哨兵般排列在路的两旁，连着附近的村庄和庄稼地。这条路中间穿过一个桥洞，桥洞子上方是通往青岛方向的铁道，路轨两旁满是硌脚的石子，每每遇到火车疾驰而过的时候，桥洞被震得发抖，那声音震耳欲聋。这条路没有名字，是通往历城四中的捷径，经常泛着尘土。一场大雨过后，路面喝了个水饱，路也变得坑洼泥泞起来，桥洞子下面，更如锅底般积攒下不少水。这个时候，骑自行车会比较麻烦，车前后的挡泥瓦圈上经常会被塞满泥巴，我总会找根木棍，把塞在瓦圈中的泥巴抠出来，继续前行。我曾经抱怨它给我带来的麻烦，期盼着哪一天能变成光滑的柏油马路。好在有响晴的天，路面的水洼很快被阳光晒干，变得软硬舒适起来。这条路我来来回回骑自行车碾压了无数遍，也陪伴我度过了枯燥而又乏闷的高中岁月。

我高中读了一点书，内心产生了些许变化，心也开始随着肚子里那点墨水晃来晃去，顿时发现心已变野，发誓这辈子再也不像父母那样在土地里刨食。漫漫求学路，静静时光流，2000年，至18岁，我走出了村庄，迈出了乡镇，坐上了通往济南大学的公交车。村庄街镇以外的世界很大，也很精彩。美丽而陌生的泉城，像是一座宫殿，除了莫大的物质诱惑，有诗意的远方，更有浪漫的情怀。城市的马路很繁华，夜晚霓虹灯也直耀眼。大学的时光相对安静而美好，有图书馆、有比高中大很多倍的操场，还有自由学习的自修室，相对宽松、自由、美好的大学时光在年复一年的蝉鸣中结束。普通高校不断扩招，2004年毕业之际，虽然没有搭上大学毕业包分配的末班车，但那时国家毕竟已经鼓励高校毕业生广开就业门路，除了自主择业、双向选择、自行创业外，还可以通过公平竞争的考试进入机关事业单位的行列，我就是在这样的毕业大潮中，被裹挟着幸运地一路走入今天的单位，从事着、经历着与时代变迁、与历城经济社会改革发展相关的工

作，住上了楼房，搭上了新时代的便车，享受着一切美好，迈入崭新的人生岁月。

岁月的河水静悄悄地流淌，时间的车轮滚滚向前，不曾停歇。光阴荏苒，今天已距离改革开放40年，40年沧海桑田，变革的新时代里，我所敬畏扎根的土地发生了翻天覆地的变化。泥路、土路早已变成了宽阔整洁的柏油马路，物质的极大丰富正日益满足人们不断变化的味蕾。我所居住的村庄正随着郭董片区规划开发建设迎来崭新时刻，随着撤镇建办，随着区划调整，随着村庄整合，城镇化进程加速推进，站在十九大新的历史起点上，历城已迈入一个大建设、大发展的新时代，也必将迎来一个更美好、更辉煌的明天。

后 记

以中共十一届三中全会为标志，中国改革开放走过了40年的伟大征程。习近平总书记在党的十九大报告中指出，“党团结带领中国人民进行的改革开放这一新的伟大革命，使中国赶上了时代，实现了中国人民从站起来到富起来、强起来的伟大飞跃”。40年励精图治，40年沧桑巨变。改革开放40年，是历城发展史上综合实力提升最快、城乡面貌变化最大、人民得到实惠最多的时期。40年来，历城经济总量持续扩张、转型发展不断推进、城乡区域协调发展、对外开放成果丰硕、绿色发展硕果累累、富民战略有效落实、社会事业蓬勃发展，全区经济、政治、社会、文化、生态文明各个领域取得了令人瞩目的成就。

“要下大功夫总结和运用我国改革开放的成功经验”，习近平同志这一重要指示为今年文史工作指明了方向。今年年初，省、市政协发出了征集改革开放以来文史资料的通知，并将编辑出版征集成果。为了认真客观回顾改革开放40年历城取得的辉煌业绩，总结历城区改革开放的伟大实践和宝贵经验，抢救性地征集改革开放以来的文史资料，把改革开放的历史真实呈现出来，激发全区党员干部群众的积极性、主动性、创造性，区政协文史委确定编辑出版《改革开放时代的历城》一书。出版该书既是按上级要求向改革开放40年献的一份真诚礼物，也是对《建设新中国初期的历城》文史资料的传承，可以较系统地反映从新中国成立到改革开放以来的发展变化。

区政协高度重视《改革开放时代的历城》一书资料的搜集、整理、编辑、出版工作。区政协党组书记、主席寇少杰多次提出工作要求，并欣然为该书作序。区政协各位副主席十分关心和支持本书的编辑出版工作，分管副主席王钢城统筹策划该书，并对该书的征稿出版工作提出了重要指导性意见。为顺利推进工作，今年2月初，区政协文史委印发了关于编辑出版《改革开放时代的历城》实施方案，提供了征集参考提纲。为提高征编质量，召开了专题会议进行安排，并于今年3月，邀请省政协文史委副主任刁仕军同志为历城区街道政协委员联络室主任、文史委员、文史资料撰稿员作了关于改革开放以来文史资料征集与撰写专业知识讲座。为了做好资料征集工作，我们广泛发动各街镇、区直各部门和社会各界，多方提供相关资料；各街镇政协委员联络室、区直有关部门将此项工作作为今年政协工作的一件大事抓在手上，积极宣传发动，提供了大量资料；我们联合区改革办、区新闻中心，于今年3月至8月，在《历城》设立专栏，开展了“忆改革开放，讲身边故事”征文活动，面向社会各界人士、文学爱好者征集了大量稿件。文史委几位同志，多次深入基层，深入改革开放见证者、参与者中间进行采访，获得了大量可靠的资料，采写了许多分量较重的稿件。同时大家不辞劳苦，对征集到的文史资料进行认真细致地遴选、修改和编写，从而确保了按时成书。

由于征集到的有价值的资料较多，题材角度各不相同，为增强本书的可读性和条理性，我们将选用的58篇稿件，分为光辉历程、砥砺奋进、时代人物、精彩回望、身边故事、改革抒怀6个部分，力求从不同侧面、不同层次、多角度勾画历城40年奋斗前行的发展轨迹和改革开放这一伟大进程的奉献者、参与者、创造者、受益者的求索、智慧、付出和奉献。同时我们采取图文并茂的形式，将征集到的图片穿插于书中，以反映改革开放的历史瞬间和精彩一刻，也能为读者了解改革开放时代的历城增加一个视角。

在本书征集、出版过程中，我们得到了社会各界的大力支持，许多年逾古稀的老领导、老同志认真撰写稿件，使我们倍受感动。山东人民出版社的编辑人员，从出版角度尽职尽责，确保了本书的顺利出版发行。在此，借本书出版之际，特向本书资料征集、撰稿、编辑、出版作出贡献的所有同志表示深深的谢意！

由于改革开放40年历史跨度较大，年代久远，多人撰稿执笔，一些资料叙述、数字、时间和某个节点可能有谬误之处，同时由于所征集资料的局限性，难以反映改革开放时代的历城全貌及各行各业的发展变化。加之时间仓促，我们水平所限，文稿的选定、编辑工作难免有瑕疵疏漏、失当之处，敬请各位专家和读者谅解、指正。

编　者

2018年10月